本书获二〇二一年贵州省出版传媒事业发展专项资金资助

本书获贵州省孔学堂发展基金会资助

指向现代的儒学

欧阳祯人　陈中　朱小明　著

孔學堂書局

本书获2021年贵州省出版传媒事业发展专项资金资助

本书获贵州省孔学堂发展基金会资助

图书在版编目（CIP）数据

指向现代的儒学 / 欧阳祯人, 陈中, 朱小明著. ——
贵阳：孔学堂书局, 2022.10
 （孔学堂文库 / 郭齐勇主编）
 ISBN 978-7-80770-361-7

Ⅰ. ①指… Ⅱ. ①欧… ②陈… ③朱… Ⅲ. ①儒学—
研究 Ⅳ. ①B222.05

中国版本图书馆CIP数据核字(2022)第158605号

孔学堂文库　　郭齐勇　主编

指向现代的儒学　欧阳祯人　陈中　朱小明　著

ZHIXIANG XIANDAI DE RUXUE

策　　　划：张发贤
责任编辑：张发贤　王紫玥
责任校对：陈　真　禹晓妍
封面设计：刘思妤
责任印制：张　莹

出　　品：贵州日报当代融媒体集团
出版发行：孔学堂书局
地　　址：贵阳市乌当区大坡路 26 号
印　　制：深圳市新联美术印刷有限公司
开　　本：787mm×1092mm　1/16
字　　数：432 千字
印　　张：23
版　　次：2022 年 10 月第 1 版
印　　次：2022 年 10 月第 1 次
书　　号：ISBN 978-7-80770-361-7
定　　价：88.00 元

目录

第一编　中华传统道德价值观的核心思想

第一章　天人之际

第一节　论《大学》与《中庸》的天人关系

　　《大学》《中庸》是中国人的圣典，在中国古代，其是中国人名副其实的精神家园和灵魂归宿。从这两部经典的文本中，我们可以看到，宗教性是其核心的、根本性的、基石性的内容之一，天人关系始终是这两部经典的重中之重。这一思想不仅是两部圣典的精神原点，而且也是它们理论的依托。从世界范围来看，宗教性是所有古代经典都必然存在的一种基本现象，但是，由于当代的中国人生活在一个没有宗教的时代，对这两部经典的宗教性解读，一直没有得到应有的重视。因此，本文在这个方面做一点基础性的工作，以就教于相关专家。

（一）

　　《大学》一文为儒家经典"四书"之一，出自《礼记》，是先秦儒学的圣典。虽然它是南宋以后读书人的必读书目，也是科举考试的基本教材之一，地位十分崇高，但是，关于"格物、致知"的解释，根据明末大儒刘宗周（1578—1645）的说法，"格物之说，古今聚讼者有七十二家"[①]之多。由此可见，这是千百年来聚讼不已的一个大问题。笔者在系统了解了相关的论点之后，深以为，虽然古代学人的学术功底深厚，研究态度也很严谨，但是，毕竟受到了时代和知识视域的局限，尤其是对史前文明进入文明时代的过程完全不了解，因而终究没有得到"格物、致知"的正解，进而对先秦儒家的真谛没有透彻领悟，因此，这个重大的问题还需要进一步研究。

　　在训诂学界的前贤时彦看来，对"格物、致知"的理解应该都不成问题了。他们的相关资料以及论证过程如下：《说文解字》："止，下基也，象艸木出有址，

[①] 戴琏璋、吴光主编：《刘宗周全集》（第1册），台湾"中央研究院"文哲研究所筹备处1996年版，第771页。

故以止为足。"甲骨文中的"止"都呈脚板形。"夂","夂，行迟曳夂，夂象人两胫有所躧也"，就是"止"倒着的形状。"各"是脚趾向居所走来。所以，有到达的意思。在注释《大学》"致知在格物，物格而后知至"时，郑玄注："格，来也。物，犹事也。其知于善深，则来善物。其知于恶深，则来恶物。言事缘人所好来也。"（《礼记正义》卷六十六）。章太炎认为，古代各家的相关注释都有问题，唯独郑玄的注释"其义乃至卓""盖孔子曰：'我欲仁，斯仁至矣'"之义，在学术史上意义重大。只有郑玄的注释，"上契孔子，而下与新建知行合一之义适相会"。①

　　由于"格物"的"格"本是"各"，"各"是客人脚趾向主人居所走来，所以古人的解释是"至也、来也"。清代徐灏《说文解字注笺》云："各，古格字，故从夂。夂有至义，亦有止义；格训为至，亦训为止矣。"《尔雅·释诂》云："格，至也。"《释言》云："格，来也。"《礼记·月令》云："则蝗虫为灾，暴风来格。"郑玄注："格，至也。""各"又作"徦"，《方言》卷一云："徦，至也。"郭璞注："古格字。"则"各——徦、格"为古今字，"徦——格"为通用字，就"到达"义而言，从"彳"（半边路）比从"木"更符合造字本义，然经典习惯用"格"。"致知"的"致"本是"至"，"至"的本义是来到、到达，《说文·夂部》："致，送诣也，从夂，从至"，则"至"是自动的"来到、达到"，"致"是使动的"送到、使到达"。"格物"与"致知"，明显是一个并列的结构，但是，前者是条件，后者是结果。只有"格物"才能够"致知"。"物"来了，"知"就会来。这个解释是否正确？笔者认为，至少从字面的意义上来讲，应该没有太大的错误。

　　在《大学章句》中，朱熹也依据郑玄的注释，把这个"格"字理解为"至"，"格物"就是"穷至事物之理，欲其极处无不到也"（《四书章句集注·大学章句》）。但是朱熹更进一步阐述："物格者，物理之极处无不到也。知至者，吾心之所知无不尽也。"把"格物"引到了"理学"之中，因此遭到章太炎的批评。章太炎在《致知格物正义》一文中评论司马光、朱熹、颜元、惠栋、傅玄、王艮的观点时道：

①上海人民出版社编：《章太炎全集　太炎文录续编》，黄耀先、饶钦农、贺庸点校，上海人民出版社2014年版，第47页。

　　古今说格物者甚众，温公言格拒外物，则近于枯槁。徽公言穷至事物之理，则是集众技而有之，于正心、修身为断绝阡陌矣。颜易直举乡三物，而六艺于古为小学，非大学之务。惠天牧说以絜矩，是乃平天下事，又非从入之途。盖四说无一合者。昔《仓颉篇》训格曰量度，魏晋间或取斯义。《魏志·管宁传》引《傅子》曰：邴原性刚直，清议以格物，是则"子贡方人"之术也。孔子且不暇，而以教庠序鼓箧之士，亦大泛矣。新建之弟子王汝止曰：格物即物有本末，致知即知所先后，是则近拾本记，不以它说参之，据文若最安稳者。然若是遂可以诚意邪？本记言本末先后者，为下八目起本。八目有先后，故逆言是以引之，借令致知格物举不出是，则于文为重沓也。[①]

　　对朱熹观点的评价是"言穷至事物之理，则是集众技而有之，于正心、修身为断绝阡陌矣"，这当然是否定的态度。

　　王阳明站在自己的心学角度，对这个问题有了全新的解释。他把这个"格"字理解为"正"。他受到道家、佛教的影响，认为世界上一切有相无相都是变动不居的，只有心灵是正确的，而人的心是来自天的良知，所以，"格者，正也。正其不正，以归于正也"（《传习录上》）。王阳明完全不讲"格"字本身的训诂，但他所言的"格"是诚意的功夫，也未尝没有受到郑玄的影响。由于朱熹与王阳明是中国古代儒家思想史上的两大高峰，所以，他们的诠释影响非常大。无可厚非，他们都是为了完善自身的哲学体系，但是，他们的根本问题是出生太早，对人类史前史的历史史实没有认知及理解的条件，进而对"格物、致知"的历史渊源和深层理解就失去了穿越历史的洞见。

　　笔者认为，从郑玄到朱熹、王阳明，他们有一个共同的缺点，就是对上古时期原始文化的巫术传统没有基本的认识。原始文化研究是伴随着人类学、民族学、民俗学、原始宗教学等相关学科的兴起，从19世纪逐步发展起来的一种新型学科，带来了英国人类学之父E. B. 泰勒的《原始文化》、苏格兰詹姆斯·乔治·弗雷泽的《金枝：巫术与宗教之研究》等等一大批优秀作家与经典作品，对现代人类社会，尤其是人文社会科学研究界产生了深远的影响。他们从一个完全意想不到的领域对中国先秦儒家经典的诠释拓展了全新的研究视野。

　　阅读了E. B. 泰勒和弗雷泽的大作之后，我们才能够真正体会到，如果不把上

---

①上海人民出版社编：《章太炎全集　太炎文录续编》，黄耀先、饶钦农、贺庸点校，第47页。

古时期的宗教传统、巫术传统结合起来，如果不关注先秦儒家经典与它们之前的上古社会历史与思想发展的关系，我们就不可能注意到先秦儒家经典中深刻而宏大的宗教背景，就不可能把《大学》的"明明德"、"格物致知"的"格物"与《中庸》的"天命之谓性"整合起来，因此也就不可能对先秦儒家原始经典著作进行正确的理解。

所以，我们现在首先要讨论的问题是，"格物"到底指的是什么？"致知"指的是什么？难道真的是"致，推极也。知，犹识也。推极吾之知识，欲其所知无不尽也"（《四书章句集注·大学章句》）吗？应该说，这是千古之谜。笔者认为，在上古宗教的视域下，它是"莫见乎隐，莫显乎微"的隐微世界的启示与显豁。当我们从全新的视角对这一公案进行诠释之后，我们会发现，自秦汉以后，中国古人两千年来一直都生活在迷茫的黑暗之中。当然，从秦汉郑玄开始的这种诠释，在朱熹、王阳明以及众多学者那里都能找到共鸣，也与中国中古、近古，以及近现代以来去宗教化的社会现实不无关系。

换言之，无论是郑玄、朱熹还是王阳明，都犯了一个失之毫厘、谬以千里的错误。这个错误也许在常人看来，只是一个小小的错误，但在笔者看来，这个"小小"的错误，却使儒家的经典蒙受了巨大的损失，使中国文化的传承蒙受了巨大的损失，不仅思想深度大打折扣，而且，他们的理解使《大学》《中庸》文本的思想丧失了历史的传承性，更没有了人之所以为人的深刻性，而且也无法在两部经典之间建立起思想的连贯性。

（二）

笔者认为，在这篇文献中，"格物"的"格"字应该是"挌"的通假字。它的意思是用手摆弄算筹（小棍儿），是占卜、卜卦、算命的意思。我们知道，繁体字的"學"字，上面是老师的两只手正在摆弄卦爻，或占卜的算筹，学生正在学习这种沟通天人的学问。孔子为什么要说"学而时习之，不亦说乎"（《论语·学而》）呢？大家都知道读书、学习是一件苦差事，为什么孔子却与众不同，在读书、学习之中找到了这种快乐（"悦"）呢？关键在于孔子已经是"知天命"的人，所以，他说："人不知而不愠，不亦君子乎？"（《论语·学而》）没有"天"下贯到人之所以为人的天生的"灵虚不昧"的良知良能，人就不会有这种不断努力读书、学习的动力。

正是基于这种思考，笔者对"格物、致知"有了全新的理解。当然，这种理解的本身是完全可以站在文字学的角度来论证的。

从通假字的角度来讲，"挌"与"格"本来相通。《管子·地员》有："五粟之土，干而不挌，湛而不泽。"《管子·国蓄》有"夫国之君不相中，举兵而相攻，必以为扞挌蔽圉之用"，这个"挌"与"格"相通。郑玄注《法言》云："扞格，坚不可入之貌。"《睡虎地秦简》中有"求盗追捕罪人，罪人挌杀求盗"。《前汉书·武帝纪》中有"主人公挌斗死"。在先秦的文献中，"格"的义项要比"挌"多得多，"挌"字为提手旁，是一个表示用手来做的动作。只是人们用"格"字的机会较多，所以《大学》的抄写者抄写成了"格"字。"挌"指用手做的一个动作，当然，其中依然还包含着"来"的意思，因为它依然有一个"各"字做偏旁。上面已有论述，这里不再赘述。"物"的本义是指杂毛牛，引申为杂色，再引申为万物。上古时期的算筹可能用牛骨头做的居多，用牛骨头做算筹的原因可能是：第一，富有神圣感；第二，便于保存，经久耐用。而且在使用的时候为了便于区别不同的算筹，可能还涂上了不同的颜色。所以，这个"物"，就是指杂色的算筹。于是，"挌物"的意思，就是拨弄卦爻、算筹，进而运筹算命、起数用的签。也就是说，"挌物"就是要通过起数等巫术来算命，来知道天人之际的自己，知道他人，知道社会历史之大势，进而知道相关的吉凶祸福。如果我们从这样的角度来理解"格物"，那么"致知"就是知道我自己是从哪里来的？我是谁？我要到哪里去？就是要知道"天命"，在"天"与"人"的关系之中来探究"人"的实质。这是一个人之所以为人的大本大原的问题。

《大学》整个文本的文眼、文根在"明明德"的这个"德"（悳、𢛳、德）字上。在甲骨文中的"悳"中，"十"，就是与天通话的意思；"乚"，是无所不见的意思。整个字就是用心的眼睛与上天通话而无所不见，究天人之际的意思，这是先秦儒家哲学思想的精髓。所以，离开了宗教性，《大学》中的"格物、致知"是无法理解的。这个"悳"字后来加了一个双人旁，许慎的《说文解字》训为人走路时的小腿，这个"悳"成了"德"，表示要把"天"的美德，落实在人生的视、听、言、动之中。所以，《大学》的八大条目，怎么讲都是离不开这个"天"之根源的。

从《大学》上下文来理解"格物"，如果仅仅按郑玄、朱熹这样来解释，无论如何都是说不通的。为什么这么说呢？因为我们知道，春秋战国时期是一个各国统治者贪欲膨胀，"争地以战，杀人盈野；争城以战，杀人盈城""率土地而食人肉"（《孟子·离娄上》）的时代，试问在那样险恶的环境下，谁还能够"正心、诚意"呢？人人都在作奸犯科、巧取豪夺，个体为什么还要正心、诚意？所以，从上下文的意思来说，没有依托于"天"的"格物、致知"，不知道自己的"天命之谓性"（《中庸》）的终极关怀，没有"明明德"的内在超越，任何人都不可能有真正的"正心、诚意"。我们可以设身处地地想一想，如果我们身边人人都是充满贪念，整个社会贪欲横流，并且这还成为一种潮流和风尚，单独的个体还能够出淤泥而不染，正心、诚意吗？显然，这基本是不可能的。孔、曾、思、孟实际上早就想到了这一点，抓住了人性中随波逐流、贪得无厌的特点，所以，他们保留了自上古流传下来的、巨大的宗教力量，来安顿我们每一个人根本的灵魂世界。正如《中庸》讲："道也者，不可须臾离也，可离非道也。是故君子戒慎乎其所不睹，恐惧乎其所不闻。莫见乎隐，莫显乎微。故君子慎其独也。"要随时随地克服七情六欲的侵扰，对我们每一个人的道德修养来说，都是一件十分艰难的事情。环顾左右，别人并没有像我这样严格要求自身，也并没有"慎其独"，那我为什么一定要这样洁身自好、孜孜以求呢？原因是"明明德"，也就是《中庸》里面的"天命之谓性"。"明明德"的第一个"明"字，是动词，是通晓、明白的意思；第二个"明"字是一个形容词，是日月之明，通体透明、空明澄澈的意思。《殷周金文集成》中，"慜"字凡110见，其中，称"明慜"者多达20余处。①所以，根据《殷周金文集成》文献的上下文，笔者可以确信，"慜"为心上之见，是一个体认天命的宗教性动词，指人心与天神冥合的状态，其中的宗教意蕴，显而易见。

从E.B.泰勒的《原始文化》、弗雷泽的《金枝——对巫术与宗教的研究》、列维·布留尔的《原始思维》、朱狄的《原始文化研究》等相关著作，我们知道，在人类初期皆有万物有灵的观念。中国是世界的一部分，因此，我们的早期也是一样的。恩格斯在其《家庭、私有制和国家的起源》一文中说过："摩尔根的伟大功绩，就在于他在主要特点上发现和恢复了我们成文历史的这种史前的基础，并且在北美印第安人的血族团体中找到了一把解开古代希腊、罗马和德意志历史上那些极为重要而至今尚未解决的哑谜的钥匙。"正是基于恩格斯通过摩尔根《古代社会》的启发，我们从上述著作中，确乎看到了中国史前史的某些特征。换言之，无论是我们早已发现的殷墟甲骨文，后来发现的湖北曾侯乙墓，还是刚刚发现的成都三星堆文化遗址（这种遗址其实非常多），已经足以证明，在中国文明的早期，巫术活动、祭祀活动，在那个时代是非常普遍的一个基本的日常生活内容。

当时的人类在伟大的自然面前不能不拜倒在神或天的脚下。自古以来的文化传

---

① 参见张亚初编著：《殷周金文集成引得》，中华书局2001年版，第491—492页。

统，也使得当时的人们不能不代代相传地通过"格物"来"致知"。郑玄、朱熹的局限不仅仅是文字训诂的局限，而且更重要的是没有这种原始文化研究的视野和诠释的维度。由于时代的原因，我们掌握了更多的知识，历史的视野也更辽阔了，这是前人不如我们的地方。正是从这种独特的历史传承视域来考察《大学》，我们可以从它的思想深处，洞见到这篇重要著作对"天"的依赖。"三大纲领""八大条目"的每一个思想递进都是以"天"作为动力、根源的。没有"天"，就没有了宗教性的动力，也没有了从上古一以贯之的人文传统和思想脉络，《大学》就不成其为《大学》了。

（三）

关于《中庸》的理解，也具有同样的思维向度。如果我们把《中庸》的思想置放到天人之际来讨论，那么，我们的收获也许就大不一样了。实际上，没有"天"，《中庸》就没有立论的基础；没有"人"，《中庸》就没有了理论的方向，而且两者完全不能分离。只有把两者结合起来，究天人之际，"尊德性而道问学，致广大而尽精微，极高明而道中庸"，"鸢飞戾天，鱼跃于渊"，即凡即圣，"造端乎夫妇，及其至也，察乎天地"，我们才能充分认识《中庸》思想的深刻性。

关于《中庸》的宗教性问题，关键在于对"中"与"庸"这两个字的理解上。由于我们当代已经没有了宗教，所以，1979年版的《辞海》对"中庸"词条的解释是："儒家伦理思想。指处理事务不偏不倚、无过不及的态度，认为是最高的道德标准。"[①]1983年版的《辞源》的解释是："不偏叫中，不变叫庸。"[②]孤立地从字面来看，这种解释不能算全错，但是如果从整个《中庸》的文本来看，至少我们可以说这种解释是断章取义，以偏概全。

"中庸"的"中"字在先秦时期的文献中，有十多种意思。根据笔者的了解，"中间"的意思只是其中的一个引申义。前贤时彦已经有了很多相关的研究，笔者在此不再全面阐述"中"的意涵。笔者在此要特别表述的是，站在原始文化万物有灵、生殖崇拜的角度来理解"中庸"的"中"字，我们会发现《中庸》中"中"的

---

① 《辞海》，上海辞书出版社1979年版，第1408页。
② 《辞源》，商务印书馆1983年版，第87页。

概念与《周易·系辞上》有着深刻的联系。其文曰："夫《易》广矣大矣！以言乎远则不御，以言乎迩则静而正，以言乎天地之间则备矣。夫乾，其静也专，其动也直，是以大生焉。夫坤，其静也翕，其动也辟，是以广生焉。广大配天地，变通配四时，阴阳之义配日月，易简之善配至德。"这应该是我们把握《中庸》之"中"本义的钥匙。"其静也专，其动也直"是"乾"的特性，"其静也翕，其动也辟"是"坤"的特性。由此可见，在这里"乾"与"坤"的特性就是对男人与女人之特殊性的形象概括。所以，"乾"就是男人之阳，"坤"就是女人之阴，最终在汉字中就直观化为"中"。在《系辞下》中说得更加简单明了：

> 乾坤其《易》之门邪？乾，阳物也。坤，阴物也。阴阳合德，而刚柔有体。以体天地之撰，以通神明之德。

这里的表述很有意思，"阴阳合德，而刚柔有体"，明显是对男女交媾的一种诗化的表达，是上古先贤对生命起源的直观猜测。在具象上，中国文化就采用了"中"字来描绘。"乾坤其《易》之门邪"，即六十四卦之门，就是通向天地宇宙之奥秘的大门，因此能够"以体天地之撰，以通神明之德"。这两句体现了《系辞传》的作者对男女之"阴阳合德"与"刚柔有体"的进一步提升性思考，最终的结果，引向了"天地"和"神明"。用《中庸》的话来讲，就是"天命之谓性"。

由此可见，"中"的外表形式就是"一阴一阳之谓道"的摩荡，就是"刚柔相摩，八卦相荡。鼓之以雷霆，润之以风雨"（《周易·系辞上》）的概括。其生物不测，万物生化，难以把握的状态，正是古人由生殖崇拜推而广之，而引发的对世界宇宙发生过程，特别是人的来源的一种猜测。在这里，我们已经看到了"中"的原始意义，在《连山》《归藏》和《周易》漫长的发展历史之中，十分朴实、十分直率、十分刚猛。那个"口"就是女阴，那个中间的"丨"就是男人的阳物。它是对人之所以为人之来源的直接表述，它讲的是人的性命之根源。由此可以断言，目前我们在出土简帛中看到有旒线飘动的"中"只是一个引申义，《中庸》之"喜怒哀乐之未发，谓之中"的"中"，"中也者，天下之大本也"的"中"，都是引申义。后世中间的"中"，就更是引申义了。

而且《周易·系辞上》还说，"乾"与"坤"是六十四卦之门。"门"既可以进，又可以出。换言之，世界上的一切事物，都要从这里进，都要从这里出。因为它是天地之"根"，万物之"源"，是大生、广生的不二法门。六十四卦，三百八十四爻，阴阳变化，跌宕起伏，都是"乾"与"坤"不断推动、摩荡的结果。《周易·系辞上》描述这种"刚柔相推而生变化"的过程所体现出来的哲理十分形象："阖户谓之坤，辟户谓之乾。一阖一辟谓之变，往来不穷谓之通。见乃谓之象，形乃谓之器，制而用之谓之法，利用出入，民咸用之谓之神。"《周易·系辞上》的高妙之处就在于通过乾与坤的摩荡，超拔出来一套深刻的思想，从"一阖一辟"的过程中寻找万事万物的变化，从"往来不穷"的运动中探寻世界的真谛。然后出神入化，推广到万事万物，"民咸用之谓之神"。"乾"的"大生"和"坤"的"广生"，彼此结合与摩荡，构成了天地之间最高的至善，沟通男女，协调阴阳，联通神明，冥合天地的根本性大本大原。这就是《周易》"时"与"中"的精髓，也就是"中"字的精神实质。所以，《周易·系辞上》云"广大配天地，变通配四时，阴阳之义配日月，易简之善配至德"。这是对"中"之精神的精确概括，天地、四时，无所不包，阴阳、日月，无所不有，博大精深。这就间接地从根本上揭示了《中庸》的内涵。

在笔者看来，从人学的角度上来讲，《中庸》的首要理论贡献，在天与人的关系之中，界定了人之所为人的定义。《中庸》的"天命之谓性"与《大学》的"明明德"，异曲同工，可以彼此丰富，彼此诠释。从人学的角度来讲，至少指出了五个方面的内容，值得我们注意：

第一，我们每一个人都有来自天的博厚、高明、悠久的背景。所以我们要自尊，珍惜自己，爱护自己，让自己的生命显发"天"的光辉，因此变得高尚，把天的博、厚、高、明、悠、久融化在自己的视、听、言、动之中。正因为人具有这样的神性，因此，我们每一个人都应该受到他人的尊重，尤其是要得到社会和政府的尊重，甚至应是一切政府工作的出发点。《郭店楚简》云："天生百物，人为贵。"此之谓也。

第二，我们每一个人都是有神性的，因而我们每一个人都具有不可替代性。我们每一个人都是独一无二的、与众不同的个体，所以，我们每一个个体，必须自主独立，精神独立，意志自由，才能够与天地精神自主往来。有了人之所以为人的独立性，人才有可能面对天的圣洁，才有可能针对自己的七情六欲生发反省之心，忏悔之意。中国的耻感文化，就是建立在个人的独立性上的。"是故君子戒慎乎其所不睹，恐惧乎其所不闻"，就是强调人的独立性。缺乏独立性，人是不可能有世界观的。在一个社会之中，如果我们只有集体性、群体性，那就只是一个庞大的群氓，如果没有人之所以为人的独立性，这个社会也就没有创造的原体、发展的基因。

第三，人之所以为人者，因他是生生不息的，他像天一样，周而复始，自强不息。所以我们每一个个体，必须有前进的理想和前进的方向。没有理想的人不仅会活得迷茫，而且不知所终，甚至危害社会，最终害人害己。正确的理想，来自正确的信仰和世界观。信仰的内容由感恩、敬畏、责任三个富有内在逻辑性的内容构成。一个真正的人，没有感恩、敬畏和责任，基本不可能树立起正确的理想。即便有了所谓的理想，最终也会走向邪路。没有理想的人，也没有高远的人生目标，缺乏高远的人生目标，他们就不可能拥有人的恕道。一个没有恻隐之心、悲悯之心、礼让之心、是非之心的人，是不可能真正从人的意义上产生正确理想的。只有熔铸了"天"的阳光雨露、雨雪风霜、至诚无息的人，才有可能拥有真正的理想。

第四，"天命之谓性"的核心思想之一，就是人之所以为人者，不是工具，不是机器，而是一个具有神性的、顶天立地的人，他具有无限的创造力。所以，创造性，是人的最根本的特性之一。因为"天"是周流六虚的，创生万物的，所以"天命之谓性"的人，也必须具有创造性。创造性就是站在前人的肩膀上，站得更高，看得更远。要达到这样的效果，唯一的办法是学习。所以，不断努力学习，是人之所以为人的天职。努力学习，就可以扩充我们的生命内涵，超越阶级、国界和时代，进入人类文明的顶峰。孔子"发愤忘食，乐以忘忧，不知老之将至"（《论语·述而》）的精神，正是一种创造性的基石。习近平总书记指出："我们的民族是伟大的民族。在五千多年的文明发展历程中，中华民族为人类文明进步作出了不可磨灭的贡献。"之所以有这种效果，关键在于中华民族从来就是一个喜欢读书、尊重知识的民族。没有学习，没有对真理的追求，就不可能有人生的超越和创造。

第五，"天命之谓性"之中包孕着在"天"的面前人人平等的意涵。根据笔者的体会，这里至少有"有教无类""学而优则仕"和"王子犯法，与庶民同罪"等三个层级。"有教无类"说的是我们每一个人都是"天民"，都应该受到良好、公平的教育。"学而优则仕"，则是说政府在干部的选拔、监督、轮替上必须公正。否则这个政府就会根基不稳，最终导致整个社会的道德沦丧。因为在任何社会中，权力没有关进笼子，领导干部为所欲为，那就是全社会反面的旗帜，危害之惨烈，无以复加。"王子犯法，与庶民同罪"，说的是司法公正。在一个司法不公正的国度里，人民不可能拥有任何的安全感。进而，这个国家的一切，与广大的平民百姓已经没有多大的关系了。用《中庸》的话来讲，就是"和也者，天下之达道也"，就是人人都可以享受这个国家的一切福利，享受一切政治和经济的权利，尤其是他必须拥有参政权。

本文试图把《大学》的"明明德"与"格物致知"以及《中庸》的"中"与"天命之谓性"整合起来，对先秦儒家天人之际的"人"的概念进行一些思考，以便于我们正确领悟先秦儒家经典的真正内涵。这是我们把握经典思想和精神的必须，更是我们承前启后、继往开来、走向未来的一项必修课。笔者的观点也许浅薄，但是本文提出的问题可以抛砖引玉。笔者翘首以待来者的高论。

第二节　《尚书》的性情思想研究

《尚书》是中华传统哲学思想之终极源头之一。它丰富的人学思想，是中国历朝历代、各家各派心性学说的重要基石。本文立足于《尚书》的文本，从儒家性情思想出发，研究传统道德的人性根源。《尚书》具有丰富的性情思想资源。由于它植根于三代历史兴衰更替的动荡之中，作者们大凡都经历了殷革夏命、周革殷命所带来的情感煎熬和振荡，因而对人本身以及人类社会的思考就特别深刻，并由此奠定了儒家性情思想的基调，树立了特殊的理论范式，是值得我们深入研究的。

（一）情真意切，敬德保民

刘熙载《艺概·经义概》云："文不易为，亦不易识。观其文，能得其人之性情志尚于工拙疏密之外，庶几知言知人之学也与？"《尚书》虽"皆典、谟、训、诰、誓、命之文"（《史通·六家》），但其敬天保民、明德慎罚、体恤苍生、诛讨独夫的思想后面，毫无疑问是有性情支撑的。《文心雕龙·原道》有云："唐虞文章，则焕乎始为盛！"可见，刘勰感受到了《尚书》的性情。《尚书》的性情思想，是整个儒家心性思想的一个重要组成部分，它从一个特定的视角来展示儒家心性的深远与博大。

《尚书》之文既作者众多，成文的年代又不一致，因而文章的旨趣、水平、风格都有一定差别。诚如章实斋所言："《书》无定体，故易失其传；亦惟《书》无定体，故托之者众。"（《文史通义·书教中》）但总的来讲，无论《今文尚书》还是《古文尚书》，其思想的主体都笼罩在儒家思想之下，虽然文体庞杂，但是江河归海，它们共同地体现了儒家著述的人文情怀、创作规范以及相关的美学思想。我们如果深入这种美学思想，再深挖一层，就必然会在"工拙疏密之外"得其"性情志尚"。正因为它文体庞杂，"托之者众"，因而它在中国文化史上，尤其是在中国心学史上，影响相当深远。

　　《尚书》是一本君对臣、上级对下级、长辈对晚辈的训诰之书，因而它最大的特点是肃穆、庄严、诚恳。例如开篇的《尧典》，虽文章质直古朴，但由于它的基本思想是"钦明文思"的大德昭显，"光被四表，格于上下""协和万邦，黎民于变时雍"，因此，庄严之中透着圆润，质朴之中透着华贵，现实之中透着超迈，展现的是一幅天人合一的闳大景象。很显然，这是一种类似孟子之大智大勇，存浩然之气的人才具备的性情之美。章实斋说得好："《尚书》圆而神，其于史也，可谓天之至矣。"（《文史通义·书教下》）我们应该看到，这是一种思维的模式，这种模式对中国历朝历代心性思想的发展有模范作用。

　　例如，它的基本思想就是："明明德者，立其天地万物一体之体也。亲民者，达其天地万物一体之用也。……君臣也，夫妇也，朋友也，以至于山川鬼神鸟兽草木也，莫不实有以亲之，以达吾一体之仁，然后吾之明德始无不明，而真能以天地万物为一体矣。夫是之谓明明德于天下，是之谓家齐国治而天下平，是之谓尽性。"[①]从根本上讲，这种思路始终没有脱离"光被四表，格于上下""协和万邦，黎民于变时雍"的模式。《传习录》的开篇说得更加直接：

　　　　爱问："'在亲民'，朱子谓当作'新民'，后章'作新民'之文似亦有据。先生以为宜从旧本作'亲民'，亦有所据否？"先生曰："'作新民'之'新'是自新之民，与'在新民'之'新'不同，此岂足为据？'作'字却与'亲'字相对，然非'新'字义。下面'治国平天下'处，皆于'新'字无发明，如云'君子贤其贤而亲其亲，小人乐其乐而利其利'；'如保赤子'；'民之所好好之，民之所恶恶之，此之谓民之父母'之类，皆是'亲'字意。'亲民'犹孟子'亲亲仁民'之谓，亲之即仁之也。百姓不亲，舜使契为司徒，敬敷五教，所以亲之也。《尧典》'克明峻德'便是'明明德'。'以亲九族'至'平章''协和'，便是'亲民'，便是'明明德于天下'。"

　　这段文字表明，王阳明的思想，毫无疑问承接于孔曾思孟之源、折中于周程朱陆之间，但是，当我们把目光进一步投向遥远的《尚书》时，我们会发现，王阳明的文字深具中国文化三昧，与《尚书》具有明显的联系。

　　夏商周三代战乱频仍，环境恶劣，人们迁徙无常，因此，《尚书》之中几乎每

---

①〔明〕王守仁：《王阳明全集》，吴光等编校，上海古籍出版社2011年版，第1067页。

一篇文章都潜伏着一种浓郁的忧患意识："皇祖有训，民可近，不可下，民惟邦本，本固邦宁。予视天下愚夫愚妇一能胜予，一人三失，怨岂在明，不见是图。予临兆民，懔乎若朽索之驭六马，为人上者，奈何不敬？"（《五子之歌》）"若网在纲，有条而不紊；若农服田力穑，乃亦有秋。汝克黜乃心，施实德于民，至于婚友，丕乃敢大言汝有积德。乃不畏戎毒于远迩，惰农自安，不昏作劳，不服田亩，越其罔有黍稷。"（《盘庚上》）"我不可不监于有夏，亦不可不监于有殷。我不敢知曰，有夏服天命，惟有历年；我不敢知曰，不其延。惟不敬厥德，乃早坠厥命。我不敢知曰，有殷受天命，惟有历年；我不敢知曰，不其延。惟不敬厥德，乃早坠厥命。"（《召诰》）"自时厥后立王，生则逸，生则逸，不知稼穑之艰难，不闻小人之劳，惟耽乐之从。自时厥后，亦罔或克寿。或十年，或七八年，或五六年，或四三年。"（《无逸》）这种忧患意识使整个《尚书》的文气直切、诚恳而淳厚，韵味古朴而深沉，真诚之中流荡着令人震颤的情感，具有独特的感人力量。章实斋云："凡文不足以动人，所以动人者，气也；凡文不足以入人，所以入人者，情也。气积而文昌，情深而文挚，气昌而情挚，天下之至文也。"（《文史通义·史德》）又云："夫情本于性也，才率于气也，累于阴阳之间者，不能无盈虚消息之机；才情不离乎血气，无学以持之，不能不受阴阳之移也。"（《文史通义·质性》）感于天地阴阳之移，动乎血气才情之性，化而为诰命文章，此《尚书》之所以感人者也。

由此可见，《尚书》的性情思想以真挚、诚恳为最高的境界。夏商周三代有远见的统治者无不认识到，只有对天帝真诚，对人民真诚，体恤苍生，才能够永保国祚，因为"我受命无疆惟休，亦大惟艰"（《君奭》），"惟王受命，无疆惟休，亦无疆惟恤"（《召诰》），承受天的大命，是无上的美好，也是无穷的艰辛、无限的忧患！但是，"敬哉！天畏棐忱"（《康诰》），只要真诚地关心民生疾苦，就可以感动天地，永祈天命："欲至于万年，惟王子子孙孙永保民。"（《梓材》）于是"敬德保民"成了《尚书》中最大的主题：

王若曰："呜呼，群后！惟先王建邦启土，公刘克笃前烈，至于大王肇基王迹，王季其勤王家。我文考文王克成厥勋，诞膺天命，以抚方夏。大邦畏其力，小邦怀其德。惟九年，大统未集，予小子其承厥志。厎商之罪，告于皇天、后土、所过名山、大川，曰：'惟有道曾孙周王发，将有大正于商。今商王受无道，暴殄天物，害虐烝民，为天下逋逃主，萃渊薮。予小子既获仁人，敢祗承上帝，以遏乱略。华夏蛮貊，罔不率俾。恭天成命，肆予东征，绥厥士

女。惟其士女，篚厥玄黄，昭我周王。天休震动，用附我大邑周。惟尔有神，尚克相予以济兆民，无作神羞！"（《武成》）

以仁义为皈依，以人民为根本，上承天命，下继大统，拯救苍生，辞真意切，谴责独夫，声讨无道，神人共愤，正气冲天，此檄文之情也。袁宗道曰："盖昔者咎、禹、尹、旭、召、毕之徒，皆备明圣显懿之德，其器识深沉浑厚，莫可涯涘，而乃今读其训诰谟曲诗歌，抑何尔雅闳伟哉？千古而下，端拜颂哦，不敢以文人目之，而亦争推为万世文章之祖。"（《白苏斋类集·士先器识而后文艺》）那么这种深沉浑厚、真挚诚恳的性情观是从哪里来的，有什么样的哲学背景呢？我们不妨在下文作进一步的探讨。

（二）降衷于民，天畏棐忱

王应麟曰："《仲虺之诰》言仁之始也，《汤诰》言性之始也，《太甲》言诚之始也，《说命》言学之始也，皆见于《商书》。'自古在昔，先民有作，温恭朝夕，执事有恪。'亦见于《商颂》。孔子之传有自来矣。"皮锡瑞《经学通论》曰："《商书》四篇，皆出伪孔古文。""此乃伪孔书袭孔学，非孔学本于伪孔书。王氏不知，乃以此等书为圣学所自出，岂非颠倒之甚哉？惟《商颂》作于正考父，乃孔子六世祖，以为孔子之传有自来，其说尚不误耳，然亦本于近祖正考父，而非本于远祖商王也。"[①]

根据陈梦家先生在《尚书通论》一书中的考证，我们现在已经确知，上述的"《商书》四篇"，早已为先秦时期的《缁衣》《左传》《孟子》《墨子》等典籍所征引，可见这四篇文献自古就有。况且，笔者在研读"《商书》四篇"之后以为，王应麟氏之论并非肤浅之说，而是深得四篇文献之精神的。倒是皮锡瑞之论囿于古代小学的局限，不能从思想史的规律上来思考问题，因而犯有常识性的错误：第一，孔学的出现，必有一个从无到有、由远而近、再由小到大的发展过程。把孔子设定为一个没有前期思想铺垫的圣者，这是儒家经学道统观念在作怪，并不是历史地看问题。孔子自己就说过，他学问的最大特点，就是"温故而知新""述而不作"。即孔子所做的只是整理、注释、传述，甚至发展、提升古人的学说，没有以

---

① 〔清〕皮锡瑞：《经学通论》，中华书局1954年版，第95—96页。

前辉煌的文化传统作积淀，孔子博大精深的思想便成了无水之源，无本之木。第二，具体的文献显示，《商颂》的文字，有些地方可以与《商书》相互发明。近世王国维有《说商颂》一文，从卜辞的角度考证出《商颂》为宗周中叶的诗，成诗于公元前770年左右，学术界已经公认此为《商颂》成诗年代的定论。宋襄公生活的时代是公元前700年到前637年之间，可见《毛诗正义》记载"《那》，祀成汤也。微子至于戴公，其间礼乐废坏。有正考甫（父）者，得《商颂》十二篇于周之大师，以《那》为首"才是正确的，而皮锡瑞"惟《商颂》作于正考父，乃孔子六世祖"的说法则很不严肃。况且，孔子（公元前551—前479）生活的时代相距正考父已经两百多年，即便《商颂》真是正考父所作，又何以见得孔子的思想就一定是正考父的嫡传，而正考父就没有受到商代文明的熏陶呢，即便正考父是孔子的六世祖？第三，近百年来随着考古学的发展，甲骨文、金文、简帛文献以及各种其他材料的出土，人们不仅进一步确定了《今文尚书》的价值，而且正在纠正由来已久的对《古文尚书》的偏见，甚至对《逸周书》的许多篇章，人们也都在以信史视之。①这就是皮锡瑞完全没有想到的事情了。

　　王应麟之说注重了孔子之学的渊源与传承，这是可贵的。但就其言《尚书》言仁、言性、言诚、言学之谓，倒也未必绝对准确。例如，他说"《汤诰》，言性之始也"就以偏概全。《君陈》云："惟民生厚，因物有迁，违上所命，从厥攸好。"生，性也。这句话的意思是说，人的自然之性是淳厚诚悫的，但是会因外物的诱惑发生变化。性情因诱于外物，而放纵无收，以至乖异倨慢，故人主要注重教化，正确引导，慎重地指导人民的接物之道。这段话有性善论的倾向，强调人与生俱来的淳厚诚悫。为此，《泰誓上》有云："惟天地万物父母，惟人万物之灵。"天地是人的父母，万物造化而钟秀于人的性灵，因此，天生之性只能是善的，因为它是以天地为范本的，所以《康诰》称人民为"赤子"，保民就"若保赤子"。《立政》将人民称之为"受民"，受民者，受天而降，受命而生，故而受天帝之庇护也。很明显，从《君陈》《泰誓》《康诰》《立政》四篇中都可以看出包含着性善论的观念，或者说，都是孟子性善论的滥觞。

　　其中，《汤诰》讲得最为彻底："惟皇上帝降衷于下民。若有恒性，克绥厥猷惟后。"伟大的上帝降下了"衷"（即"善性"）给天下苍生，顺从人的天性，能够找到安定他们性情的人，只能是君主。大约三代之际，天下纷争不息，民不聊

---

① 参见杨宽：《论〈逸周书〉》，《西周史》，上海人民出版社1999年版，第857—870页。

生，"尔万方百姓罹其凶害，弗忍荼毒"（《汤诰》），故"民不静"，忍无可忍，揭竿反抗，致使统治者深感"艰大"（《大诰》），于是"德政"由是而生，修身养性之学在统治者的倡导之下，蔚然而形成了传统，因为只有保住人民的"恒性"才能使人民安定。所以，三代统治者的保民思想中，很大的成分是保民之"恒性"，保"赤子"的婴孩之心。当然，《尚书》的性善论思想从内容上来讲并没有形成体系，从理论的水平上来讲还没有脱离朴素的阶段，与孟子作为人学基础的性善论不可同日而语。

《君陈》的"惟民生厚，因物有迁"，"从厥攸好"，《汤诰》的"若有恒性，克绥厥猷惟后"都认识到了天生之性，在后天磨砺交接的过程中，会发生变化的特性。因此，"习与性成"（《太甲上》），注意到了人的习尚、习惯、修习的德目与人的生存环境等等后天的因素，都是与"性"相辅相成的，所以，人们必须主动地、有意识地去"养性""习性""成性"，注重修身的实践性。在《尚书》中，修身养性实际上是一个回应天命的过程，既然天是世界上最大的真实，是世界万物最高的范本，那么人的性情修养也一定是以拥抱天的美德为目的的。

因此，真诚的情感就必然在《尚书》受到极高的重视。《尚书》关于情感的叙述特别多，其中有几个概念值得注意。例如，"允"："钦明文思安安，允恭克让，光被四表，格于上下。"（《尧典》）"浚哲文明，温恭允塞，玄德升闻，乃命以位。"（《舜典》）"人心惟危，道心惟微，惟精惟一，允执厥中。""祗载见瞽瞍，夔夔斋栗，瞽亦允若。至诚感神，矧兹有苗。"（《大禹谟》）"尔克敬典在德，时乃罔不变。允升于大猷。"（《君陈》）《尚书》中"允"字凡32见，其中绝大多数是"诚信、真诚"的意思。《尔雅·释诂》云："允，孚、亶、展、谌、诚、亮、询、信也。"也就是说，"允"，在《尚书》中与"诚、亶、忱"等在表达真情至性的意向时，实为同一概念："鬼神无常享，享于克诚。"（《太甲下》）"诞告用亶。"（《盘庚中》）"敬哉！天畏棐忱；民情大可见，小人难保。往尽乃心，无康好逸豫，乃其乂民。"（《康诰》）应该指出的是，在《尚书》中，真挚的情感，是人的主体之心贯通天人的桥梁，是人与上天对话，或者说，与"天冥合为一"的精神状态。这种状态实际上就是儒家哲学宗教性赖以存在的基本土壤，与《中庸》的"诚"实际上已经相去无几了。

（三）敬德修德，律己克诚

在《尚书》中，"真诚"是"情感"的最基本的质素，但是，远非唯一的内涵，它具有深远而广阔的理论背景。《尚书》中的情，以"欲"为基础。从人天生的欲望来讲，《尚书》的作者们早就看到了"生则逸"（《无逸》）的人性本质，他们已经认识到，为了国家的长治久安，"永祈天命"，统治者就必须满足人民物质生活的基本需求，并且在德性上对人民进行必要的教化，否则人民就不会"安静"，也不会听从统治者的领导。对统治阶级内部来说，由于"生则逸"的天性，在他们没有掌握国家政权的时候，往往励精图治，修德正身；可是一旦大权在握，"玩人丧德，玩物丧志"（《旅獒》），则不知稼穑之艰辛，荒亡淫逸，是为三风十愆："敢有恒舞于宫，酣歌于室，时谓巫风，敢有殉于货色，恒于游畋，时谓淫风。敢有侮圣言，逆忠直，远耆德，比顽童，时谓乱风。惟兹三风十愆，卿士有一于身，家必丧；邦君有一于身，国必亡。臣下不匡，其刑墨，具训于蒙士。"（《伊训》）后果不堪设想。于是，《尚书》就提出了"节性"的主张："节性惟日其迈。"（《召诰》）就是说，每天都应该努力向上，克己修习，锤炼性情，不可稍有惰怠。"节性"的方式和途径在《尚书》中有如下几条：第一，继承先祖艰苦创业的传统，敬德修德，律己克诚。"先王顾諟天之明命，以承上下神祇。社稷宗庙，罔不祇肃。天监厥德，用集大命，抚绥万方。"（《太甲上》）"呜呼！厥亦惟我周太王、王季，克自抑畏。文王卑服，即康功田功。徽柔懿恭，怀保小民，惠鲜鳏寡。自朝至于日中昃，不遑暇食，用咸和万民。文王不敢盘于游田，以庶邦惟正之供。文王受命惟中身，厥享国五十年。"（《无逸》）尊崇先祖的传统，用孔子的话来讲就是"慎终""追远"，古则久，久则天也。这是一种宗教情怀的表现，它的最终结果是使人的性情与天融为一体。第二，尊崇先王的遗策遗典，努力学习知识，诚心诚意，恪尽职守，就不会出现错误。"明明我祖，万邦之君。有典有则，贻厥子孙。关石和钧，王府则有。荒坠厥绪，覆宗绝祀！"（《五子之歌》）"乃惟由先正旧典时式，民之治乱在兹。"（《君牙》）说得最为透彻的是《说命下》："人求多闻，时惟建事，学于古训乃有获。事不师古，以克永世，匪说攸闻。惟学，逊志务时敏，厥修乃来。允怀于兹，道积于厥躬。惟敩学半，念终始典于学，厥德修罔觉。监于先王成宪，其永无愆。惟说式克钦承，旁招俊乂，列于庶位。"只有通过学习，才能够增长自己的"胆识"，也只有心胸开阔，有胆有识的人才能够真正地拓展自己的性情领域，提升其宗教性和美学性的境界，从而上承天命，控制自己的自然情欲，养性情之正。第三，在《尚书》中，先秦儒家以"礼"为手段，辅之以刑法的统治思想已经形成，但是，其中心是一个"德"字。《仲虺之诰》中的"仁"已经不是一个肤浅的标签，而是渗透到文章骨髓之中去了的"仁体"，有一种内在的精神力量："呜呼！惟天生民有欲，无主乃乱，惟天生聪明时乂，有夏昏德，民坠涂炭，天乃锡王勇智，表正万邦，缵禹旧服。兹率厥典，奉若天命。"欲望是人人都天生具有的，因此，统治者的任务就是有效地控制自己的欲望，以身作则，教化人民正确地宣导情感，非如此，社稷就不可能国泰民安。"有夏昏德"，骄奢淫逸，丧失天命，致使生灵涂炭，民怨沸腾，震动天威："夏王有罪，矫诬上天，以布命于下。帝用不臧，式商受命，用爽厥师。简贤附势，实繁有徒。肇我邦于有夏，若苗之有莠，若粟之有秕。小大战战，罔不惧于非辜。矧予之德，言足听闻。惟王不迩声色，不殖货利。德懋懋官，功懋懋赏。用人惟己，改过不吝。克宽克仁，彰信兆民。乃葛伯仇饷，初征自葛，东征，西夷怨；南征，北狄怨，曰：'奚独后予？'攸徂之民，室家相庆，曰：'徯予后，后来其苏。'民之戴商，厥惟旧哉！佑贤辅德，显忠遂良。"原来，在《仲虺之诰》中，"仁"只是"德"的一个子系统，而"仁"的具体内涵就是宽厚慈爱，体恤民生疾苦，诛伐无道，救民于水火，也就是《康诰》的"保赤子"之心。这对孔子、孟子都毫无疑问产生了深远的影响。①

　　为了吸取"有夏"的失败经验，《仲虺之诰》在理论上找到了从人的性情上永祈天命的法宝："德日新，万邦惟怀；志自满，九族乃离。王懋昭大德，建中于民，以义制事，以礼制心，垂裕后昆。予闻曰：'能自得师者王，谓人莫己若者亡。好问则裕，自用则小。'呜呼！慎厥终，惟其始。殖有礼，覆昏暴。钦崇天道，永保天命。"谦虚谨慎，努力向学，诚心修德，以符合社会公共道德的"义"，以此来指导做人的原则，以符合天地精神的"礼"来制约自己的"心"，以身作则，"建中于民"。

　　"中"的概念，可能是中国上古时代的先哲们受到地理学、政治学的影响和启发后，引进到性情论中来的一个概念。性情的中和之美，在《毕命》中，是一种不刚不柔、既刚且柔的人性状态："不刚不柔，厥德允修。"性情的"不刚不柔"，究其实质，是有效地控制欲望的结果："予小子不明于德，自厎不类。欲败度，纵败礼，以速戾于厥躬。天作孽，犹可违；自作孽，不可逭。既往背师保之训，弗克于厥初，尚赖匡救之德，图惟厥终。"（《太甲中》）欲望如果不加以控制，就会乱了法纪和纲常，给自己带来无边的罪过。对统治者本身来讲，修身养性就更为重要："惟敬五刑，以成三德。一人有庆，兆民赖之，其宁惟永。"（《吕刑》）欲

---

① 孔子的思想主体是仁。另外，此段文字被《孟子·梁惠王下》引用，孟子从精神上吸收了《尚书》中有关仁政、德政的思想，也是显而易见的。

不可纵，礼不可败。受命于天，承天侍命，始终追求一种不偏不倚的中道状态，最终才能与天道相合为一。

可贵的是，《尚书》坚持中道的思想并没有仅仅停留在"不刚不柔"之上。

> "夔！命汝典乐，教胄子，直而温，宽而栗，刚而无虐，简而无傲。诗言志，歌永言，声依永，律和声。八音克谐，无相夺伦，神人以和。"夔曰："於！予击石拊石，百兽率舞。"（《舜典》）
>
> 皋陶曰："都！亦行有九德。亦言其人有德，乃言曰，载采采。"禹曰："何？"皋陶曰："宽而栗，柔而立，愿而恭，乱而敬，扰而毅，直而温，简而廉，刚而塞，强而义。彰厥有常，吉哉！"（《皋陶谟》）

这是一种以阴阳相济、刚柔互补为基础的性情论，正直而温柔，宽厚而坚栗，刚毅而不暴戾，简约而不傲慢，刚柔相间，互惠互补，既是性格上的概括、德性上的要求，也是情感上的提升；但是"八音克谐，无相夺伦"就不仅仅限于阴阳了，而是全面吸收了五行综合性思维方式的思想成果，其本质是要将人喜怒哀乐的自然情感超拔成本性之上的、以道德修养为基础的中和性情。尤其是"神人以和"一句，说明这种刚柔相济、阴阳互补、综合牵制、处中而制的性情，本来就来自天，最后又要通过自我的修习、提升，以回应天的"大德"，其本质是天人合一。

由于中国自古以来就是一个农业国，所以四方、五方的观念起源相当早。《尚书·洪范》中提出的五行思想，也许诚如许多研究者言，经过了无数人的理论加工，[①]但是，笔者以为，其五行的理论内核是古已有之的。历史学家庞朴先生曾说过："殷人已经具有了确确实实的五方观念""这种以方位为基础的五的体系，正是五行学说的原始"。[②]所以，与其说思孟学派改编、提升了《洪范》，倒不如说原始的《洪范》给了思孟学派以启示。

笔者在此要说明的是，《尚书》中的性情论，已经深刻地吸收了阴阳五行综合性思维方式的成果，其中阴阳消长、刚柔相济，彼此牵制、彼此吸收的内在机制，

---

① 刘起釪先生认为，《洪范》原本是商代的作品，但是从西周到春秋战国，不断有人给它增加新的内容。（参见刘起釪：《〈洪范〉成书时代考》，《中国社会科学》1980年第3期）郭沫若先生又说："《洪范》那篇文章其实是子思氏之儒所作的。"（参见郭沫若：《青铜时代》，人民出版社1954年版，第8页）

② 庞朴：《阴阳五行探源》，《中国社会科学》1984年第3期。

已经为后来的儒家性情论提供了一个理论的范式。

第三节　先秦儒家哲学的宗教特质

长期以来，儒家给人的印象好像是只关注世俗的政治、伦理、道德等人道的层面，而不注重超越的天道层面。学者也总是偏重于讨论儒家重人事轻鬼神、重实用轻思辨的实践理性的一面。从明末清初来华传教士的争论开始，关于儒家是否是宗教这个问题，学术界长期以来争论不休，这关系到对宗教本身的定义问题。然而，如果说儒学具有宗教性，则较少持有异议。过去，中国古代在西方学术界眼中似乎是一个没有经过童年梦幻期和英雄史诗期的文明形态，好像它一登上历史舞台上便是一个理性而人文的"成年人"。这种观点无疑有失偏颇，因为它忽视了人文主义的历史源泉，也割裂了人文主义和宗教、神学之间的联系。孔汉思先生是对的，他认为中国古代有一个"儿童时期"，一个"充满梦幻、英雄的神话时代"。他指出，中国古代社会具有明显的宗教特质，追溯五千年前的历史，人们的日常生活之中渗透着如萨满教、占卜术、祖先崇拜等超越性精神生活，一切社会生活都围绕着宗教而运转。中国文明是一种连续的文明，而不是一种断层的文明。人类进入文明社会以来，与原始宗教有一种剪不断理还乱的关系，并对人类生活的方方面面产生了深远影响。

（一）上古儒学的宗教背景

1. 何为宗教

何为宗教这个问题历来争论不休。按照西方宗教学家马克斯·缪勒（Friedrich Max Müller）的观点："宗教是一种内心的本能，或气质，它不独立地、不借助感觉和理性，能使人们领悟在不同名称和各种伪装下的无限。"[1]从中国文化的语境来看，宗教概念有着与之相似的解释。关于"宗"，《说文解字》曰："宗者，尊

---

① ［英］马克斯·缪勒：《宗教的起源与发展》，金泽译，陈观胜校，上海人民出版社1989年版，第15页。

祖庙也，从宀，从示。"这里的"示"，是"天垂象见吉凶所以示人"之义，表示人们对于祖先、神灵的敬畏。关于"教"，《说文解字》曰："教者，上所施下所效也。"侧重对天道的效法和道德的教化。从"宗"与"教"二字的解释中可以发现我国古代有着重视宗教的文化传统，同时也可以看出古代宗教的两大显著特征：一是祖先崇拜和上天崇拜的联系，二是对于道德教化的侧重。从宗教本身来看，任何宗教都有一个神圣因素，这种神圣因素与世俗相区别，并在世俗中显现自身。对儒家而言，这种神圣性就存在于超越的天道之中。孔孟儒家富涵人文精神，但这种人文主义不排除宗教精神，是一种开放的人文精神，是一种在天道投射下的人文精神，儒家的宗教精神可在祭天、敬天、畏天的宗教情怀中，在礼的起源和践行中，在以身殉道、舍生取义的精神气概中充分地体现出来。

再者，从"儒"字的解释来看，《说文解字》曰："儒，柔也，术士之称。"《汉书•艺文志》云："儒家者流，盖出于司徒之官，助人君顺阴阳、明教化者也。"章太炎先生在《国故论衡•原儒》中写道："需者，云上于天，而儒亦知天文，识旱潦……明灵星舞子吁嗟以求雨者，谓之儒。"他认为，"儒"在中国古文字中本来是写作"需"的，而"需"在古代指的是求雨的巫觋，从中我们可以看出先秦儒者的宗教出身。胡适先生也在《说儒》中指出，"儒"——原是"殷商的教士"，后来随着社会大动荡，他们逐渐失去了昔日的尊贵地位，以"治丧相礼"为业。因此可见，孔孟儒家具有一定的宗教信仰是必然的，正是对于天道的绝对信念成为儒家道德实现的终极依托和动力之源。不可否认，自殷周以至春秋战国，中国文化在神性色彩的淡化和人文色彩的显著中实现了人文化的转向，天的概念也随之呈现出义理化、道德化和天命化的趋势。周人"忧患意识"和"人文精神"的跃动凸显出人的积极性和自觉性。人们关注的重心也从鬼神、祭祀移向道德主体的努力，道德、理性、实践和政治的精神对于世界愈加重要。虽然可以说，殷周之变到先秦时期，经历了巫术宗教—祭祀宗教—礼乐教化的演变过程，但是这并不能说明，以孔孟思想为代表的先秦儒学中缺少了超越的宗教因素。毋宁说，正是基于对天道、天命的追求和遥契才使儒家走向了人的自由。因此可以说，虽然孔孟儒学对于天的言说与基督教对于上帝的言说有着根本的差别，但是，二者都指向了一种超越而客观的绝对精神，这种绝对精神也意味着人类精神的终极关切。

2.孔子的宗教情怀

孔子作为传统儒学的先行者，他对于儒家传统的发展演变乃至于中国文化的宗教性格都起到了至关重要的作用。《论语》中"未知生，焉知死"（《论语•先进》）、"子不语怪、力、乱、神"（《论语•述而》）、"未能事人，焉能事鬼"（《论语·先进》）、"敬鬼神而远之"（《论语·雍也》）等内容常常成为众矢之的。墨家就以"执无鬼而学祭礼，是犹无客而学客礼也。是犹无鱼而为鱼罟也"（《墨子·公孟》）讽刺儒家。以往学术界也据此认为孔子缺少宗教信仰。如胡适先生就从"祭神如神在"指出，孔子的"如"写尽了宗教的心理学，鬼神只是儒家自己创造出来加以崇拜的对象。①郭沫若先生也认为孔子至少是一位怀疑论者，他对实际和政治的浓厚兴趣使其对于鬼神只是采取了形式上的敬而远之，表现出孔子世俗的聪明。②其实，从孔子思想的整体理路来看，孔子绝非仅仅只是一个人文主义者，更重要的是，他也同样拥有浓郁的宗教情怀，是一个敬天知命的虔信者。孔子重视祭祀，通过其"尔爱其羊，我爱其礼"（《论语·八佾》）一语便可以发现孔子对于古代祭祀之礼的保留与认同，"斋、战、疾"是他所关心的几件大事。孔子的宗教情感也体现在他对祖先的祭祀和崇拜中，他坚持对父母"生，事之以礼；死，葬之以礼，祭之以礼"（《论语·为政》）的孝道原则。"丘之祷久已"（《论语·述而》）、"获罪于天，无所祷也"（《论语·八佾》）等语句也体现了孔子的宗教思想。更重要的是，孔子始终对天道怀有一种敬畏之心和崇拜之情，"君子有三畏，畏天命、畏大人、畏圣人之言"（《论语·季氏》）便分别显示了孔子对于超越天道、世俗政治和道德理想的敬畏感。正是对于天道的这种敬畏和"天生德于予"的道德使命感使孔子能够表现出"朝闻道，夕死可矣"（《论语·里仁》）和"志士仁人，无求生以害仁，有杀身以成仁"（《论语·卫灵公》）的宗教热情和殉道精神。

孔子之所以被世人误解，主要缘于孔子对古代宗教形态所给予的人文、理性转化。如牟钟鉴先生所言："孔子对宗教传统的改良主义态度，既不完全抛弃宗教，又要对传统宗教中许多重要观念进行人文主义的解释。"③孔子对宗教始终抱有一种俗世、人文、理性、冷静、实用、功用主义的理解。孔子之所以"不语怪力乱神"，不是不信鬼神，而是采取了一种谨慎的存而不论的态度。之所以"敬鬼神而远之"，关键在于"务民之义"，将宗教生活的重心从对天道本身的崇拜转移到人道本身的努力上来。孔子对天道并非不崇敬，对鬼神未尝不信，对死亡也不是漠然视之，但是在天道与人道、事鬼与事人、事死与事生之间，孔子毅然选择了后者，

---

① 胡适：《中国哲学史大纲》，上海古籍出版社1997年版，第95页。
② 郭沫若：《十批判书》，人民出版社1954年版，第90页。
③ 牟钟鉴、张践：《中国宗教通史》，社会科学文献出版社1997年版，第170页。

在道德的追求中始终以现实的人道作为关注的中心，他重视人道胜于天道、关注事人胜于事鬼、强调事生重于事死，将一切宗教仪式和情感都放在了理性的天平上来衡量。孔子对于鬼神、祖先的祭祀，并不单是一种报本返始的宗教心态，更重要的是，这种祭祀的礼仪对于维持家庭伦理和社会秩序亦可以起到重要的调节作用，这使得先秦儒家的宗教更多地表现为一种神道设教的特色，即所谓"慎终追远，民德归厚矣"（《论语·学而》）。因为，宗教的一大社会功能就在于它能够在一定的历史条件下，通过确立神灵的权威来保证世俗道德的神圣性与尊严性，使人能够把世俗道德抬高到一种宗教的超越高度，从而有利于社会的稳定安宁和政治的和谐有序。

3.子思的天人之道

继孔子之后，思孟学派也发扬了孔子的道德、人文的宗教精神，以"诚"连接天人，通过心性之学的建构将天道与人道更为紧密地联系在一切。荀子在《荀子·非十二子》中指责思孟学派道："甚僻违而无类，幽隐而无说。"荀子之所以这样兴师问罪，并非空穴来风。从《中庸》文本来看，多次将至诚之道与祭祀、鬼神与祯祥等内容杂糅在一起，确实让重视逻辑和思辨的人看来有一种神秘莫测的感觉，如"子曰：鬼神之为德，其盛矣乎！""洋洋乎！如在其上，如在其左右""国家将兴，必有祯祥；国家将亡，必有妖孽；见乎蓍龟，动乎四体"等。这同时也从另一个侧面反映了思孟学派对于天道观的发挥。萧公权先生指出："然仲尼既为宋后，或则未尽弃殷人尊神之教。《中庸》如果系子思所作，则其中鬼神诸说，纵非孔门'心法'，亦或为祖孙家学。孟子大唱天命，其思想亦于此近古。"

（二）孟子的宗教精神

与孔子相比，孟子的宗教信仰更有增无减，如萧公权先生所言："夫'子罕言命'，不语怪神，于敬天之中，略寓存疑之态度。孟子则宗教之信仰较深。观荀子讥斥五行幽隐之说，以子思孟子并举，即可想见。"①孟子的道德自觉、救世使命、生死超越都是其宗教性的集中体现。与孔子相仿，孟子也主张保留古代的祭祀。孟子曰："西子蒙不洁，则人皆掩鼻而过之。虽有恶人，斋戒沐浴，则可以祀上帝。"（《孟子·离娄下》）孟子也以"使之主祭而百神享之，是天受之"

①萧公权：《中国政治思想史》（上册），商务印书馆2011年版，第107页。

（《孟子·万章上》）为三代禅让制找到了超越的天道依据。孟子在与白圭的辩论中也指出，"大貉小貉"因为"无城郭、宫室、宗庙、祭祀之礼，无诸侯币帛饔飧，无百官有司"（《孟子·告子下》），所以其税收二十取一足矣，但"中国"作为礼仪之邦却应该保留这些祭祀之礼，否则就背离了尧舜之道。孟子认为，"礼"的宗教性，其意义不仅仅在于"齐明盛服，非礼不动"（《中庸》）的外在仪式，也不仅仅在于社会交往的规范原则和价值标准，更在于它有超越性的内在牵引和终极天道的神圣感召。没有这种超越的感召，人的自我救赎是不可能完成的。最重要的是，孟子也像孔子一样，始终对天道怀有敬畏和信赖之心，始终以弘扬道义作为自己终极的道德使命。正是如此，所以孟子能够自觉地回应上天对他的宗教使命和道德召唤，坚持"道义至上"的原则，无论富贵还是贫贱、无论通达还是困顿，都能够坚持那份道德的信念。也正是如此，所以孟子能够以"尽其道而死"为正命，始终坚持"士穷不失义，达不离道"的道德操守，甚至表现出"舍生而取义"（《孟子·告子上》）、"以身殉道"（《孟子·尽心上》）的超越情怀。从中可见，孟子的终极追求中蕴含着天命的根据和宗教的性格，其超越生死的精神是对天道的冥悟。一方面天道、人道贯通，天命性情相系，另一方面其属世的关怀中仍有超越的天道作为其最后的终极关怀。

孟子作为先秦儒家人文思想的代表人物，其宗教思想中也体现出宗教精神与人文精神的整合。如前所言，孟子之天比孔子之天，更加内化为人的心性之中，使人能够通过"反求诸己""反身而诚"的存养扩充功夫自觉地领悟天道，并逐渐达到尽心知性知天的天人契合之境。因此，孟子宗教思想的重点，不只是关注天道本身，而是强调天道对于人道的启示作用和教化意义以及人道通过自身的道德努力对于天道的弘扬，是一种心性教化的宗教，这种教化与孟子的仁政、王道的政治理念和内圣外王的道德理想有着密切的关系。当齐宣王与孟子谈论是否毁掉明堂的时候，孟子对曰："夫明堂者，王者之堂也。王欲行王政，则勿毁之矣。"（《孟子·梁惠王下》）所谓明堂——原有"明政教化之堂"的意思，明堂原是周天子东巡接见诸侯的地方，也是周王进行政治教化、祭祀奖罚的地方，在当时具有重要的宗教意义和精神意涵。战国之时，周天子有名无实，不复巡守，诸侯又不能居之，因此，便有人建议齐宣王将其毁掉。然而在孟子看来，虽然周天子已日薄西山，但是，明堂对于政治的教化仍有其积极的象征作用。如果连明堂都不复存在的话，人们便连这种精神象征也失去了。如果齐宣王能够接纳孟子的谏言，施行仁政、王道、与民同乐的话，他就可以重建周王昔日的荣耀，光明正大地居于其中施行德教。从"不毁明堂"的故事中可以发现孟子宗教思想中神道设教的政治教化功能。

　　自商代以来，"宾于帝"的观念便使子姓远祖与上帝之间就有纠缠不清的联系，甚至将其等同于神的化身。①对于古人而言，昊天上帝作为宇宙的主宰，通过祖先与世间联系，从而形成了天帝崇拜与祖先崇拜的合一，"万物本乎天，人本乎祖"（《礼记•郊特牲》），这种天道与人道合为一体的做法便赋予了儒学宗教性以人文精神和道德象征的含义。从某种意义上，祖先崇拜是中国宗教观的主要内涵，孝道是儒学宗教的主要形式。在传统的丧葬形式中，体现了古代人们追求天人沟通和溯本追源的宗教情感。更有学者从宗教学的角度解读了儒学的祖先崇拜，如牟钟鉴先生所言："祖先崇拜是在鬼魂崇拜的基础上，由生殖崇拜的传宗接代意识，加上图腾崇拜的氏族寻根意识和后期的男性家族观念，而逐步形成并发展起来的。"②他进而指出，祖先崇拜可以用"慎终追远"来概括。对于祖先的丧葬和祭祀活动，一方面为颂扬先祖的丰功伟绩，表达了一种报本返始的寻根意识，另一方面也表露出古人原始质朴的宗教情感，相信祖先死后仍然扮演着家庭成员的角色，继续与后世子孙保持联系，并通过某种神通的方式护佑或荫泽后世子孙，从而成为跨越生死、超越天人的神灵代表。祖先崇拜为特色的宗教形式，在古代宗法血亲的家庭结构中，对于家族团结、社会稳定都起到了积极的作用，并深刻地影响着中国文化的民俗礼仪和精神生活。祖先崇拜经过孔子等先哲的改造和发展，逐渐融入了理性、道德和伦理的精神。孟子也继承这种祖先崇拜的宗教形式。他继承了曾子的"生，事之以礼；死，葬之以礼，祭之以礼"的孝道观，反对墨家的节葬，主张厚葬其亲，认为真正的君子乃是"不以天下俭其亲"（《孟子•公孙丑下》），甚至将事亲从兄视为仁义的根本所在。从而，更多地将祖先崇拜与道德教化功能联系在一起，这在《孟子•滕文公上》关于滕文公居丧的故事中体现出来。滕文公在居丧问题的处理上听取了孟子的建议，并起到了很好的教化作用。"百官族人可谓曰知。及至葬，四方来观之，颜色之戚，哭泣之哀，吊者大悦。"这与"慎终追远，民德归厚"的思想以及道德政治的思想是一脉相承的。

　　虽然孟子思想中表现出一定的宗教性特质，但是总体而言，孟子并非一个宗教学家，他并不为上帝存在的本体论问题绞尽脑汁，不为灵魂如何得救而诚惶诚恐，也不为某一宗教信念而狂迷，毋宁说，他的宗教性始终站在理性而冷静的人文基础之上，这同时也赋予了他的宗教观念中实用主义、功利主义的成分。孟子说道：

---

① 胡适：《中国哲学史大纲》，第95页。
② 郭沫若：《十批判书》，第90页。

"诸侯危社稷，则变置。牺牲既成，粢盛既洁，祭祀以时，然而旱干水溢，则变置社稷。"（《孟子·尽心下》）朱熹《集注》解释道："祭祀不失礼，而土谷之神不能为民御灾捍患，则毁其坛壝而更置之，亦年不顺成，八蜡不通之意，是社稷虽重于君而轻于民也。"[1]孟子的意思是，社稷之神应该为人民谋取福利，保佑人民福寿安康，如果祭祀有礼，社稷却不履行其护佑职能的，就应该将之变置。也即是说，社稷之神应该听命于人，而不是人听命、顺从于社稷之神。这种思想虽然在某种程度上还留有原始宗教的影子，但是这种宗教没有希腊神话中酒神的狂迷，也没有基督宗教中的灵肉冲突，而是将二者融合于实用理性之中，体现了儒学中体用不二、灵肉合一的人文宗教特质。

（三）儒学是不是宗教？

从孔孟的宗教思想中，我们可以看到先秦儒家思想的丰富性和深刻性，集宗教、哲学与政治于一体的整合性。天道始终是孔孟心性教化的终极出发点和超越指向。可以说，儒学既重视人类生命的终极关切，也关注人们的生命不朽等宗教问题，是一种道德化的宗教形态。长期以来，学术界对于儒学的宗教性认识不足，认为儒家不是宗教。从蔡元培的"美育代替宗教"、陈独秀的"以科学代替宗教"、梁漱溟的"以道德、伦理代宗教"到冯友兰的"以哲学代宗教"，由来已久，这在很大程度上源自学术界对宗教的误解。受孔德（IsidoreMarie Auguste François Xavier Comte，1798—1857）所谓"神学—形上学—科学"的三段论的影响，人们往往将宗教与迷信、封建、落后相提并论，甚至混为一谈。随着中西文化不断交流，人们的思想逐渐开放，从对宗教的排斥发展到对宗教的认可乃至积极肯定。在中国大陆学术界，出现了一批为儒教"正名"的学者，以任继愈、李申的"儒教是教"论，蒋庆的"儒教重建"论以及康晓光的"国家儒教"论为代表。在港台，与熊十力等第一代新儒家学者不以宗教指称儒学不同，也与徐复观先生反对形而上学的倾向不同，第二代新儒家学者对于儒家的宗教性有了新的改观。如刘述先先生所言："当代新儒家的一大贡献就是指出了儒家的宗教意涵，既然吾道自足，可以安心立命，那就是一种终极关怀。"[2]特别是牟宗三、唐君毅等人真正体会到宗教

---

①〔宋〕朱熹：《孟子集注》卷十四，《四书章句集注》，中华书局2011年版，第344页。
②刘述先：《全球伦理与宗教对话》，河北人民出版社2006年版，第124页。

对于儒学的深层意蕴和超越价值，面对西方学者对于儒学缺少超越层面的指责，他们竭力为儒学的宗教性辩护。如唐君毅等人在《为中国文化敬告世界人士宣言》所言，儒学虽然不具备基督教那样的宗教模式，但是儒学仍然不失为一种宗教向度的道德宗教，有其独特的宗教性。现代新儒家所言的儒学特殊的宗教性，就是指儒学即道德即超越，即人文即宗教、即人道即天道的宗教特质，这与天人合一、体用不分、性命一源的思想是一脉相承的。牟宗三先生认为，儒教的宗教意识和宗教精神完全渗透在人道的道德实践和道德认识中，其重点在于如何在人道中体现天道，"其真实意义则在于个人有限之生命中取得一无限而圆满之意义"①。他借此将儒家的宗教称之为"成德之教"，或者"道德的宗教""即宗教即道德"。唐君毅先生也指出，儒家中国哲学、道德与政治，都与原始敬天的精神有密切的关系，儒学宗教性的独特性即在于"融宗教于人文，合天人之道而知其同为仁道"②。他根据儒学中天人同德、以人承天、人性即天命的特点指出儒学是一种"人文宗教"。同时，杜维明先生作为第三代新儒家的代表，也秉承了牟、唐二人关于儒教的观点，同时他也将儒学宗教性的认识放到比较文明的格局之中予以考虑，他指出："强调儒家人文精神的宗教性，无非是要阐明儒家的人生哲学虽然入世，但却有向往天道的维度。"③需要指出的是，如任继愈、李申等人直接将儒学看作儒教不同，现代新儒家并没有直接将儒学视为一种宗教，而只是强调了儒学的宗教性。这主要基于将儒教与以基督教为典型的制度化宗教相区别的考虑，其中或许还有强调儒教相对于基督教的圆融性与独特性的优越感在其中。

　　从现代新儒家对儒学宗教性的再发现，我们可以发现以孔孟为代表的儒家宗教性的显著标志在于"即高明而道中庸"的特殊品格。虽然儒学以人文精神为中心，但仍以天人合一的宗教境界为终极理想。它在凡庸中体现神圣，在人道中彰显天道，在道德中追求超越，在入世中探寻出世。它既是道德、伦理的，也是宗教、神圣的。诚然保留了天道超越性和神圣性的统一，但并没有发展出完整的宗教系统。更多的是将天道贯注于人道的内在心性之中，在人的道德生活中体现天道之诚。诚然追求天道的超越，却缺少对灵魂不朽的渴望，而是在"立德、立言、立功"中追求人道的"三不朽"。诚然有人穷呼天的依赖感，但并没有探求一种奥秘的启示，

①牟宗三：《心体与性体》（上），上海古籍出版社1999年版，第5页。
②唐君毅：《中国文化之精神价值》，江苏教育出版社2006年版，第38页。
③［美］杜维明：《杜维明文集》（第3卷），郭齐勇、郑文龙编，武汉出版社2002年版，第374页。

而是在反躬自省中回到自身的道德努力和自我境界的提升，在道德主体的道德心性中去感悟其对天道的精诚信仰。与以基督教为代表的典型宗教比较而言，儒学宗教性的显著特征在于道德性与宗教性的融合。它既含有教化的意义，同时又拥有宗教的内涵，它始终坚持从道德主体的精神操练处去追求天道的精神，在中庸中体现高明，在世俗中表现神圣，在人道中体证天道，既不脱离日用常行，又富有宗教的神圣性和使命感。我们可以将其称之为人文的宗教。以韦伯为代表的西方哲学家长期以来对儒学的宗教性存在误解，如韦伯曾言，中国语言中没有与宗教对应的专门名词，有的只是教义、礼等无宗教性质的约定俗成，他从儒教与佛教的对比中指出，儒学仅仅是"人间的俗人伦理"，是"一部对受过教育的世俗人的政治准则与社会礼仪规则的大法典"①。因此，面对西方哲学家对儒学宗教性的否认，我们认为，不应该以基督教等制度化的宗教为参照狭义地定义宗教，而应从宗教的内在精神中去解读宗教。我们大可以说，宗教性是儒学超越精神的必然指向，或者说，按照广义的精神性的宗教定义而言，儒学也可称为一种宗教。儒家在天道与人道的关系中，虽然在实践中将重心落在了现实的人道中，然而，从根本上而言，天道对于人道而言依然具有本体论的优先性。从以上的论述中我们也可以总结出儒学宗教性的双重特质：一方面，儒学作为心性教化之教，能够在法天则天、圣人立教的基础上，通过心性修养在人伦日常生活中起到化民成俗的教化作用；另一方面，儒学作为宗教之教，亦能以天道为超越依托，在成圣成贤、生命不朽、超越生死方面起到典型宗教所具有的作用。虽然今天没有祭天大典等公众的祭祀活动，但在精神内涵的深处，天道的超越性从来没有在儒学中失落过，儒学的宗教性也是一个不容置疑的事实。

（四）儒家宗教哲学的特质

与以基督教为代表的西方宗教不同，儒学的宗教性表现出与西方宗教不同的特质。首先，传统儒学表现为多神崇拜或者某种泛神论的思想，除了对至高无上的天道的崇拜以外，还有自然崇拜、祖先崇拜、圣贤崇拜等多种形式的崇拜。其次，传统儒学的宗教观与政治有着密不可分的联系，儒学的心性教化和圣贤崇拜往往扩大到政治的领域，圣王崇拜本身就是政治、道德与宗教的融合。最后，就对现实世

---

① ［德］马克斯·韦伯：《儒教与道教》，王容芬译，商务印书馆1995年版，第203页。

界的认知而言，儒学宗教观关心的重点在于现实的道德、伦理，家国天下的伦理结构均是以此世人生的道德关切为首要目标，不期望纯粹灵魂的救赎，而是以道德的救赎作为人类生命永恒的盼望。无论是对天的崇拜还是对其他自然、祖先的崇拜，都指向这个生活的世界与现实的人生。"未知生，焉知死"，是儒家这种道德宗教的集中体现。李泽厚先生将儒学的这种宗教观定义为"一个世界"的宗教观，他认为，儒学这种"一个世界"的宗教观的形成与远古黄河流域优越的自然环境以及中国巫术的过早理性化有着密切的关系。①韦伯也从基督教的神学维度去批判儒学，他指出："儒家也没有任何伦理的先验寄留，没有超凡的神的诫命同被造物现世之间的任何紧张关系，没有对来世目标的任何向往，没有任何原罪概念。"②此外，传统儒学的宗教观表现为一种理性的特质。长期以来，儒学以"重人事、轻鬼神""不语怪力乱神"为标准形成了某种实用理性或者实践理性的特征，从而避免了非理性的狂迷或盲目性服从。对于儒学而言，一切都应该服务于现实的需要与人的德性与幸福，一切都应该用理性的标尺去衡量。

（五）道德的救赎与自我发现

总而言之，我们可以将儒学概括为一种以人为中心的宗教，其宗教主旨在于"人能弘道"，其宗教体验在于"自我的发现"。因此，一切天地神灵都是以人和人的道德与幸福为基本出发点，人的救赎不是一种来世的、灵魂的救赎，而是一种道德的救赎，这种救赎的力量源于人类自身的善性以及由此而来的自我修养和政治作为。对于儒学宗教学的特质，我们应该予以客观而整体的评价，更应该在与基督教等宗教的相互对话与会通中实现自我的提升与转化，因为传统哲学的资源与负担是一根而发的。对于儒学而言，对心性道德的发挥虽然是其优势，但它可以从基督教的独一神论中学到信仰的纯粹性，避免信仰的过度世俗化和功利性；可以从基督教两个世界的思想中借鉴其超越历史的眼光，以一种彼岸的视野审视现实本身，防止人类历史的自我封闭；也可以从基督教的启示和神秘的宗教中，看到人类理性的局限与限制，并发现人类理性之外的灵性领域或者超越于理性的"优雅精神"。可以说，宗教与人文是一种水乳交融的关系，正如沈清松先生所言："失去了人文精

①参见李泽厚：《中国古代思想史论》，生活·读书·新知三联书店2008年版，第66—67页。
②［德］马克斯·韦伯：《儒教与道教》，王容芬译，第281页。

神，宗教将失去其内在的动力根源；同样地，若失去宗教精神，亦将使人文精神无以完整。"不论是伊利亚德（Mircea Eliad）的"宗教是一种人类学的常数"、希克的"人本性的第五维度"还是蒂利希的"宗教是人类精神的深层"，都表明了宗教的重要性，可以说宗教是一切哲学理论的摇篮，是一切思想观念的母体。宗教作为文化的内核，它为人的社会生活提供了基本的信仰依托、价值规范以及道德准则。它所拥有的超越性、神圣性与形而上性为正确认识人与神圣者之间的关系提供了终极的参照。正如蒂利希所言："宗教赋予人类精神的所有机能以要旨、终极意义、判断力和创造的勇气。"[①]在宗教思想进一步普及化与深入化的今天，我们无须对宗教问题躲躲闪闪，而应该看到宗教和信仰对于道德的神圣动力以及宗教对于文明的重要影响，因为，真正伟大的文明必须建构在伟大的信仰根基之上，一个不会"仰望星空"的民族迟早也会失去生机与活力。

---

① [美] 保罗·蒂利希：《文化神学》，陈新权、王平译，工人出版社1988年版，第9页。

第二章　诚之者人之道也

第一节　先秦"仁"的心性学研究

在中国传统哲学及其文化大系统中，以儒家道家为本土主流而古今通贯，纵横交错，泛及诸子百家。溯而上之，源自上古三皇五帝、下及三代，中华哲学文化何尝不是同根同本？后世因时致用，逐渐演而化之，遂分家分派，正如庄子所感"道术将为天下裂"（《庄子·天下》）。在作为主流的儒家道家哲学中，皆言天、命、精、气、神、圣、道、德、仁、义、礼、智等核心德目范畴，其中，又以儒家似乎更多地将诸种本一贯的德目化用于世道人情，故而给人以更近乎人情世故的感觉，也更多地被推崇。因此，历代以来凡以身家国天下为己任的学者及士大夫甚至帝王将相莫不以阳儒而显用于世。形成这样的文化心态也并不奇怪，因为就儒家而言，以开创奠基性的《论语》为例，孔子与学生之间的问答探讨，一方面少言精、气、神、圣等，如"子不语怪、力、乱、神"（《论语·述而》）；另一方面却常言道、德、仁、义、礼、智，而尤以仁为最常言及之内容，所以，仁义道德、仁义礼智等成为传统哲学文化尤其是儒家哲学文化最为惯用之词。如今，又有不少学者更将孔子及其儒学定义为"仁学"，即以仁为核心的学说体系，而以"仁者爱人"为说，更多地将所谓的仁学又归于"爱人"之上，爱人则基于人与人及人与其他诸种关系之间，故孔子及其儒学就自然而然地被理解为是一种所谓的情感并重在处理社会关系之学。事实上，包括儒家在内，其思想体系也不是偏而不圆的，也就是说，儒家思想本身就是一个圆满一贯的体系，若只谈情感，那理智何在？只讲关系，那本体何在？如果儒学就是仁学，那孔子所说"志于道""据于德"又在？只"依于仁"，那"朝闻道，夕死可矣"又作何理解？不一而论。因此，仅仅将仁界定为儒学的核心，恐怕确有不周全之处，因为仅就一部《论语》而言，也无法获得令人满意的解读。并且，退回一步，单独就仁而言，也还有许多需要不断加以理清的地方。下面从几个方面对此试作阐证。

（一）仁的群己性辨正

关于仁的探讨，在此处所涉及的"群"，即以社群为核心，它的主要对象是人与人的社会关系，此外，群还可以包括人与自然的关系。而所谓的"己"，此处探讨的是人的属性及先秦儒家对人的哲思与理解。

关于仁与群的关系问题，有不少学者认为儒学的重心在于生活化、社会化，因此作为儒学核心的仁就是关于生活社会的应对之策。近代以来，受到西学的冲击影响，不乏学者甚至几近滑向"人是社会关系的总和"及"人是工具化动物"的异说，用西学的视域格义和架构中学，将儒家自本自根的具有深厚人文情怀以及生命终极关怀的义理道德之学视作庸俗化的阶级学说和处理社会关系的知识，严重误导了社会大众对国学根基的认知。这样的误导由来已久。例如享誉世界的哲学家黑格尔，在其《哲学史讲演录》中不仅根本无法理解老子所谓的"道生一，一生二，二生三"为何物，而且也根本无法读懂孔子的精神世界。

通过中文的翻译，我们不难看出黑格尔的大意，他认为："我们看到孔子和他的弟子们的谈话（按即《论语》——译者），里面所讲的是一种常识道德，这种常识道德我们在哪里都找得到，在哪一个民族里都找得到，可能还要好些，这是毫无出色之点的东西。孔子只是一个实际的世间智者，在他那里思辨的哲学是一点也没有的——只有一些善良的、老练的、道德的教训，从里面我们不能获得什么特殊的东西。西塞罗留下给我们的《政治义务论》便是一本道德教训的书，比孔子所有的书内容丰富，而且更好。我们根据他的原著可以断言：为了保持孔子的名声，假使他的书从来不曾有过翻译，那倒是更好的事。"[1]事实上，近代以来，西方通过打开中国的大门，不仅对中国在政治制度及生产力等方面形成强势心态，而且也一并对中国的哲学文化保持一种强者心态，这主要基于物质力量的考量及无知与偏见。到了现代，西方学术界虽然也不乏有识之士对中国学展开了富有诚意的学习研究，但毕竟是个别与极少数，而且就少数知名的所谓汉学家而言，其对中国的儒家道家为主流的哲学文化研究是否达到了足够的深度广度，也是有待商榷的问题，所以这方面并不值得乐观和自豪。

相反，中国自近代以来，在西方的船坚炮利下，尤其是在科技化、工业化、商

---

① ［德］黑格尔：《哲学史讲演录》（第1卷），贺麟、王太庆等译，上海人民出版社2013年版，第117—118页。

业化等方面，在客观上西方确实占据绝对的领先地位。加之作为一国极其重要的治国理政的政治文明，包括政治学说和制度设计，也几乎全盘源自西方，而一国的政治文化及其制度设计，又将极其深刻地影响乃至左右一个国家的社会文化发展及民众心态形成。也就是说，无论是在形势上，还是在自我的演化进程中，近代以来的中国人实际上始终处于一种危机、急躁、被迫、拿来、实用、工具、师夷长技的局面，这就把重心放在寻求西方的政治、科技等为主的知识文化上，由此也减弱甚至抛弃了中国自己的许多宝藏。而且，在此要说的是，由此长期以来形成了一种以西方学说的视域和思路来梳理审视中国哲学文化的习惯。如果仅仅是增加一种视角和眼光，也未尝不是好事，但结果却常常是舍此就彼、削足适履，这种形态和势头暂时还看不到根本扭转的希望。近代以来的历史，某种程度上形成了一种东西夹击对待中国尤其是儒家文化的趋势。

且就上述所引黑格尔对中国儒家的见解，如果一个人能放弃偏见，心平气和且真诚地研读体悟数遍乃至数十遍儒家基本的"四书"，并化用于动止语默间，也不至于将《论语》说为仅仅是"一本道德教训的书"，更不至于将孔子界定为"只是一个实际的世间智者"。不得不套用黑氏的话，他的东西最好没有翻译到中国，这样还可以保持一种距离和神秘性，而不至于一言以为不智，败坏名声。部分西方学术界甚至中国，有许多人根本没有认真甚至没有通读过"四书"，更谈不上研究，便以某种歪理邪说对儒家乃至中国哲学指手画脚，这样的情形十分常见。黑氏虽有阳明所说朱子"著述考索""继往开来"的志向，其毕竟生长在西方的哲学文化大流之中，其何能窥得孔子堂室？他即便穷诸玄辩，又何能知道孔子"四十而不惑""五十而知天命""六十而耳顺""七十而从心所欲不逾矩"是何种实实在在的生命修养境界，他的所谓"绝对精神"尚不足以成为孔子"知我者其天乎"的注脚。黑氏认为孔子是道德说教家，但黑氏根本不会明白东方孔子所说的"道"为何物，"德"为何境，他最多能沿用古希腊苏格拉底以来以对所谓"正义""善"等的哲思追问和概念界定的方式来解读孔子所说的道德，如此，说孔子的道德教训随处可见甚至比不上一本《政治义务论》，便不足为奇了。

此处并非有意纠缠于种种低级无知的言说，只是意在表明，要对儒家及其有本有源的义理道德之学进行正本清源，开显其本来面目于世人，即便到了现在，恍惚容易，实则亦并非易事。因为如上所述，先秦儒家以孔孟为主之学至今仍然在相当大的程度上笼罩于传统专制腐朽的政治阴影中，加之种种现代中西方学说的夹杂，以及一些人并非出于真诚向道之心的工具主义和实用主义的目的，原儒开显之路并不十分乐观。

　　姑且就中国哲学而言，也还有待时间以去蔽。如将孔子关于仁的思想说为爱，并进一步解释为爱人的关系说，那孔子所说的"唯仁者能好人，能恶人"（《论语·里仁》）的"恶人"难道不是仁者所具备的内容吗？为何只说仁者只为"爱人"即"好人"呢？说仁为"一种情感""涉及某种关系""关联着一种秩序"并"从关系的角度来理解作为爱的仁"，初看似乎并未有太多不妥之处，然而结合《论语》细看，恐怕就不会让人安心。①如果孔子的仁着重于"关系"和"秩序"，那它涉及的是何种"关系"和"秩序"呢？过去一度认为孔子学说是奴隶主的代言人，他是在维护奴隶主的统治利益，那这样的"关系"和"秩序"到了今天还充满"爱"、还"爱人"吗？退一步而言，至今还让人有一定心理阴影的所谓"君君臣臣、父父子子"等"三纲五常"，那这样的"关系"和"秩序"是绝大多数普罗大众需要的吗？如果仁涉及并指向一种"关系"和"秩序"，那么今天，这种所谓的"关系"和"秩序"一定发生了根本的改变，仁的对象性就不存在了，那仁是否也随之失去其昔日的内容而成为历史的概念了呢？

　　此外，又有一种看法，认为构成孔子仁学思想模式和结构的有"血缘关系""心理原则""人道主义"和"个体人格"四种因素，并认为仁的根本目标和历史责任在第一者和第四者即"血缘关系"和"个体人格"上。认为孔子讲仁是为了释礼，与维护礼直接相关，而所要维护的礼，正是以血缘为基础、以等级为特征的氏族统治体系，仁的根本目标就是要维护和恢复这种体系。而看似最为接近仁的本意的所谓"个体人格"，也被认为是在礼崩乐坏而周天子无能为力的情况下，孔子把复兴周礼的任务和要求交给氏族贵族的个体成员，要求他们积极主动地承担这一历史重任。②

　　如果按照如上这种理解，今天的"血缘关系"显然已经不再普遍存在于社会，那么作为当时以维护和恢复以血缘关系为基础的统治体系为根本目标的孔子学说的仁，显然早已过时，即便有一小部分人有这样的情感和想法，也是不可能的，而作为基于这样一种根本目标的仁，怎么可以在今天的社会进行传承弘扬呢？在以民主、自由、平等、人权、法治为追求的现代社会，这样的东西已经可以投进历史博物馆。而作为以复兴周礼为历史重任的"个体人格"的仁，今天并不全然需要复兴

---

①参见王博：《中国儒学史·先秦卷》，汤一介、李中华主编，北京大学出版社2011年版，第71—73页。
②参见李泽厚：《新版中国古代思想史论》，天津社会科学院出版社2008年版，第18、25页。

周礼，是否这样的个体人格的仁也应该抛弃呢？

其实将人视作所谓的"关系"或"秩序"在中国历史上可谓由来已久。众所周知的东汉文字学家许慎的看法毫无疑问具有重要影响，其《说文解字·人部》认为："仁，亲也，从人从二。"对此，清代文字学家段玉裁便在此基础上进一步注解以为："从人二，会意。《中庸》曰：'仁者，人也。'注：'人也，读如相人偶之人。以人意相存问之言。'……'人耦（偶）'犹言尔我亲密之词，独则无偶，偶则相亲，故其字从人二。"①显然，许慎生活在东汉，其所见文字已经经过秦汉演变，他所认为的仁是亲意，而亲则必然要有对象性即关系对待，故从人从二，即发生在人与人之间，在两人或以上。段玉裁顺此思路，也认为仁以象形为基础，也就是左人右二，因此会意为人偶，即双数以上的人之间的关系，并解释为亲，类似于今天所常被理解的爱或爱人之意。因此，今天许多专家学者信以为然地认为孔子和儒家的核心是仁，而仁的核心即爱和爱人，便渊源有自了。实际上不光是许慎，西汉的董仲舒也将仁作类似的解读，如其说："春秋为仁义法，仁之法在爱人，不在爱我；义之法在正我，不在正人；我不自正，虽能正人，弗予为义；人不被其爱，虽厚自爱，不予为仁。"（《春秋繁露·仁义法》）董仲舒的不周全之处在于，人不自爱，何以有真正爱人之可能？其不知孔子"唯仁者能爱人，能恶人"吗？儒家不是不讲爱人，但儒家认为爱人也是一种能力，而且真正的能爱人、能恶人者，必然是具有仁、智、勇的主体性修养智慧者，他们才能不见风使舵，才能有本有源，不随物欲世俗和世道人心流转，才会刚健光辉而不被歪理邪说所蛊惑。董氏之见显然是舍本逐末，丢掉主体性而言存在关系，有悖于儒家仁的安身立命之道。正如李学勤先生所认为的那样，以湖北郭店楚简和湖南长沙马王堆出土的帛书为代表，其中的新发现可以佐证学术史上的一些错误，甚至有些方面需要彻底刷新认知。比如，郭店楚简中的仁字即非汉代许慎、董仲舒等以来所见的左人右二象形结构，而是上身下心的象形结构，郭店楚简"仁"字写法有三种形式，一从心从身，二从心从千，三从心从人。如果结合许慎《说文解字·人部》所谓"仁，亲也，从人从二""古文仁，从千心，或从尸"中的第二种看法，即许慎当时并不确定，而是估计古文的仁或许是从千或从尸，实际上就是郭店楚简中从身从心的演变，千和尸实际上就是身体的身的演化形态。因此，有理由相信，仁本来之意即为从身从心的象形会意，即仁是一个人的身心高度合一和谐的修养，只有这样的人才

---

① 〔清〕段玉裁：《说文解字注》，中华书局2013年版，第369页。

配谈真正的道德和公德，它表征人的生命关怀和终极指向，这从儒家"四书"以及先秦道家等典籍中的思想完全可以得到确证。今天有学者仍然坚持认为："先秦诸子这些对'仁'字的训释，无一不落在'爱人'上，可见'爱人'为'忁（仁）'之本义无疑。'爱人'就是心中有百姓，心中有他人，想百姓之所想，急百姓之所急，这就是'仁'，这就是以此为核心的儒学永远充满魅力之所在。"①如果作这样的解释，何要孔子和先秦儒家？正如黑格尔所说，今天的许多政治口号说得比孔子及儒家圆满周遍得多，甚至实在煽情得多！只可惜，没有作为人生真正信仰建立的口号和说教，并不能如《中庸》中孔子对仁德者所说"天下国家可均也，爵禄可辞也，白刃可蹈也"。天下国家可均，即民主自由人权法治一定要真正落实，但自古以来，又有多少统治者愿意呢？一朝获得天下，便随即翻手为云、覆手为雨，一改之前的忁惠煽动和欺骗之言，人们见得还不够多、感受还不够深刻吗？将先秦儒家之仁界定为社会关系、人际关系、政治关系、等级关系学，似乎还要舍己从人。没有真仁、没有真情实感、没有仁义道德为本体的人，却搞社会运动和公众主义，正是悖德悖仁，风气之害，叹为观止！人们见得还不够多吗？

　　如上略举一二，且是作为现代有关儒学及其仁的思想的具有相当地位和影响的解释，若细加追问思索，便已难于掩洽。问题在于，孔子有关仁的思想学说，恐怕不能就仁解仁，而应该将之纳于整个孔子的天人道德之学中加以领会，才有可能得以正确领悟和贯通。如果将孔子的仁以关系乃至等级的视角加以理解，显然有悖于孔子仁的本意。从孔子所说"人而不仁，如礼何？人而不仁，如乐何？"（《论语·八佾》）已不难看出，孔子认为，一个没有仁德的人，便不配为礼乐。孔子关于仁的重心是以"人"为本的，也就是说，没有了人的真正的个体性的仁德的建立和维系，一切所谓的礼和乐都是粉饰太平的矫揉造作和一厢情愿，都是一种自我歌颂的形式主义和掩人耳目之举。至于孔子回答颜回所说的"非礼勿视听言动"，这里的"礼"也绝不应该刻意固执地理解为周礼或者说所谓的封建传统的尊卑贵贱之礼仪等级关系，而应该是每一时代人们所约定俗成的、被大众普遍认可接受的社会公德，这是所谓的"礼"的外在标准。至于内在标准，违背社会公德的比如偷盗抢杀淫等，这是一个仁者完全可以根据一己的道德良知之心判断的，这并不需要特定的礼来规约，而且这也是古今中外普世性的准则。

---

① 廖名春：《"仁"字探源》，刘东主编：《中国学术》（第8辑），商务印书馆2001年版，第138页。

因此可以进一步说，所谓仁的"爱人"也不是一定基于社会关系和对象性而言的，因为仁者本心即具备"爱人"的德能，它是如《中庸》所说"未发之中"所本自具足的，也正如孟子所说，仁义礼智非由外铄于我，而是我自本有的，它不是对象性的必然结果，恰恰是对象性的本体起用处，没有对象性或者说没有特定的等级和社会关系时，这个仁的本体便是《中庸》所谓"寂然不动"的，一旦周遭出现特定的关系和对象性，则仁者本体之心当即"感而遂通""物来顺应"而"发而中节"。这才是我们理解孔子及儒家仁的根本之道，也只有如此，才能进一步读懂孔子在《论语》中两次示意的"一以贯之"之意。如果还是固守传统陈见，认为孔子所说的仁是基于特定的乃至奴隶或封建的等级关系的学说，那么我们今天非但不需要孔子及其仁学，而且孔子也不如一个东西方普通的思想哲学家乃至一般学者，这样显然就会落入黑格尔所说的"常识性"的道德说教和"实际的世间智者"的无知之地。

至于仁所涉及"己"的理解，一方面，正如孔子所说"古之学者为己，今之学者为人"（《论语·宪问》），孔子及儒家之根本关涉处，无不在于人的安身立命与道德人格的完善，乃至于孔子所强调的"下学而上达"，达到"知我者其天乎"的终极神圣的"天人合一"的境界，这一切的起止终始在人，正如《中庸》所言"人之为道而远人，不可以为道"，亦正如孟子所言："仁也者，人也。合而言之，道也""尽其心者，知其性也。知其性，则知天矣。"（《孟子·尽心上》）儒家的仁所关涉的始终是以人及人心人性为根本。另一方面，就己即人而言，仁也绝不仅仅是所谓的"情感"，如果仁只落在情感上，那么儒家君子三达德之一的"智"又做何解释呢？而且，如果仅仅以情感界定仁，那么孔子所谓"四十而不惑""智者不惑"等又作何理解？

此外，如《论语·公冶长》所载："子张问曰：'令尹子文三仕为令尹，无喜色；三已之，无愠色。旧令尹之政，必以告新令尹。何如？'子曰：'忠矣。'曰：'仁矣乎？'曰：'未知，焉得仁。'崔子弑齐君，陈文子有马十乘，弃而违之。至于他邦，则曰：'犹吾大夫崔子也。'违之。之一邦，则又曰：'犹吾大夫崔子也。'违之。何如？子曰：'清矣。'曰：'仁矣乎？'曰：'未知，焉得仁？'"从这里不难看出，即使是"忠"与"清"，如曾子忠恕之道的"忠"与伯夷圣之清者之"清"，在孔子看来固然有值得肯定之处，但"未知"即如果没有智慧，或许其将成为后世所说的愚忠与清高，却不是孔子所称许的仁的修养境界。也就是说，仁在孔子处，是内在地包含着智慧的，而智慧便不是所谓的情感，也不是西方意义上的理智，孔子及儒家所说的智慧是超越了情感和理智的具有本体性、原生性、创发性、神圣性的天生人成的存在本体之智。如果仁是情感，那何待孔子及儒家，古今中外谁没有情感？甚至将情感描绘抒发得淋漓尽致的古今中外的文人诗家，以及悲喜深刻的小说歌剧，也可能不亚于孔子及儒家的情感。而且，即便就情感而言，儒家的情感是如张载所说的"民胞物与"，是天地万物一体同仁的至大无外的天地之大德，而不是通常意义上所说的情感，更不是血缘氏族的狭隘之说。

因此，先秦儒家的仁可能关涉的群即所谓的社会关系、等级秩序等，并不是孔子即儒家仁的根本。仁的根本是基于"天地之大德曰生"的天道终极性形上关怀的人我生命本体之仁德，这种仁德是人安身立命的本根，它本是一团和气的浑厚之境，所谓"廓然大公""寂然不动""未发之中"的天人通贯的生命本体，遇名物时变则为"发而中节""应物不穷""感而遂通"的用化之境，它本身不是依赖于关系或特定等级礼节而存在，一切的对象性只是它在感物起用中的自然之物。而仁所涉及的己即人，也绝不是情感之动物，而是基于高妙神奇的万物灵秀的、禀赋天道性命、灵动智慧本体的神圣存在者。人与自然的关系，同样基于涵括于天地一体同仁的化境中，而且实际上基于万物一气通化的神灵性而非物质性的存在境中，才是儒家意义上的人与自然之道及其关系，儒家不是西方学说意义下的把自然看作相对于所谓主体的人的客体化的僵死存在，也不是绝对唯物性的庸俗思维模式。至于群中的其他关系，如动植物乃至于一瓦一石，以及亲疏远近，无不是基于仁者感通天道大德生化之境而待之，故其本源上亦不是诸多学科视域中的关系学和知识论，它的本体与主体在于每一个鲜活的，以"位天地""育万物"为远大修养境界的以仁德为依守的人。

（二）仁的主体性确立

如上所述，以先秦儒家为主所指的仁，始终是以活灵活现的个体的人作为根本出发点，而一切的观照也始终以此人的存在境为中心。儒家所说的仁不是与所谓客体对应的主体，它不是西方学说普遍意义上的主客对立与主客二分模式，而是天地人物我一体共生同化于本体意义上的天道神圣存在境之中，因此在根本上来说，儒家的仁是天地感应、物我感通、一体气化灵性的生命实践境界。这样的天地生生之境按《周易·乾·彖》所描述即为："大哉乾元！万物资始，乃统天。云行雨施，品物流形。大明终始，六位时成，时乘六龙以御天。乾道变化，各正性命。保和大和乃利贞，首出庶物，万国咸宁。"乾元大明即为天道，它是神气一体的神妙存在本体，因此其行状描述为"云行雨施""品物流形"，也即《周易·系辞下》

"一阴一阳之谓道，继之者善也，成之者性也"所说的境界，它是生化变异的天地大德，是《中庸》所谓"天命之谓性"，"天"者"乾道"，"命之谓性"即"各正性命"，"保和大和"即"《易》之为书也不可远，为道也屡迁。变动不居，周流六虚，上下无常，刚柔相易，不可为典要，唯变所适"。所以，正是在这样一种"生生之谓易""天地之大德曰生"（《周易·系辞下》）的天道化境中，《周易·咸·彖》才谓："天地感而万物化生，圣人感人心而天下和平。观其所感，而天地万物之情可见矣！"

因此，只有在如上的天道化生之道德境界中，在"乾道变化""各正性命"的一体化境中，孔子才言"下学而上达""知我者其天乎"（《论语·宪问》），才谓"由！知德者鲜矣"（《论语·卫灵公》），才说"畏天命"（《论语·季氏》），"不知命，无以为君子也"（《论语·尧曰》）。

正是在如上天道化境中，孔子修养体证感应于天道神圣境，故而谓："天生德于予，桓魋其如予何！"（《论语·述而》）也正因此，《中庸》才谓"天命之谓性，率性之谓道，修道之谓教"，"率性"与"修道"必要在明达天道存在神圣境的前提下，贞定作为天道灵秀的人的生生之性命，这就是所谓的主体性的确立。而正是在这一主体性确立之下，孔子才谓"仁远乎哉？我欲仁，斯仁至矣"（《论语·述而》）也正因此，孟子才谓"万物皆备于我矣。反身而诚，乐莫大焉；强恕而行，求仁莫近焉"（《孟子·尽心上》）。也正因此，《大学》故谓"大学之道，在明明德，在亲民，在止于至善"，大人君子之学，其根本在于自证、自觉、自明天生人成的天命之性的光明之德，并推之于"圣人感人心而天下和平"的"亲民"之实践中，以终极性成就"继之者善"的天道、天德至善之境。也正因此，《中庸》才强调："故至诚无息。不息则久，久则征，征则悠远，悠远则博厚，博厚则高明。博厚，所以载物也；高明，所以覆物也；悠久，所以成物也。博厚配地，高明配天，悠久无疆。"并进而谓："唯天下至诚，为能经纶天下之大经，立天下之大本，知天地之化育。夫焉有所倚？肫肫其仁，渊渊其渊，浩浩其天。苟不固聪明圣知达天德者，其孰能知之？"

"至诚"者，只因"诚者，天之道也；诚之者，人之道也"（《中庸》）。"诚之者"，即孔子所谓"畏天命""知德""不怨天""下学而上达"；《大学》所谓"明""止"；《中庸》所谓"率性""修道"；孟子所谓"放心""尽心""知性"，无不是基于天生人成的一体同仁以为说。因此，先秦儒家的仁，根本不可以用所谓的社会关系、阶级等级等诸种所谓对象性和关系性的视域来理解，否则，势必流于以小人之心度君子之腹，顿显愚蠢无知与丑陋。如果勉强不得不说有所谓的"关系""等级""秩序"的话，如上所述，也完全不是通俗学科所认为的"关系""等级""秩序"。这种"关系""等级""秩序"是一体同仁、天道共化、感而遂通的"天生烝民，有物有则"（《诗经·烝民》）的神奇灵妙之境，这可能确实是一般以关系性、物质性为见的庸俗僵死之学所无法理喻的，可谓匪夷所思！中国儒家的天道及其生命仁德之学，其重大使命是要同化和拯救某些只能越来越将世道人心牵引向不断关系化、阶级化、物质化、斗争化、庸俗化、去魅化、堕落化以至作死化方休的思想学说，此当然难而不易，如若不然，孔子便不谓："故君子和而不流，强哉矫！中立而不倚，强哉矫！国有道，不变塞焉，强哉矫！国无道，至死不变，强哉矫！"（《中庸》）因此才谓"日月得天而能久照，四时变化而能久成，圣人久于其道而天下化成"（《周易·恒·彖》）。也因此之不易，故孟子强调指出："仁之胜不仁也，犹水胜火。今之为仁者，犹以一杯水救一车薪之火也；不熄，则谓之水不胜火，此又与于不仁之甚者也，亦终必亡而已矣。"（《孟子·告子》）

正如牟宗三先生所说："孔子从哪个地方指点仁呢？就是从你的心安不安这个地方来指点仁"，"道德的自觉心当然是主体，你讲道德意识怎么可以不讲主体呢？就是因为道德意识强，所以主体才会首先透露出来。你不喜欢讲主体，那你怎么能讲中国文化呢？不只儒家重视主体，就是道家、佛家也同样重视主体，中国哲学和西方基督教不同就在这个地方，你反对讲主体你能相应吗？……主体和天可以通在一起，这是东方文化的一个最特殊、最特别的地方，东方文化和西方文化不同最关键的就是在这个地方。"[1]毫无疑问，儒家的仁，是一种天道境界的观照境中的天德性命的主体性挺立之境。这种主体性的建立，说难，所谓从善如登、从恶如崩，何况未闻未知者；说易，则又人人天生人成，个个自具自足，"万物皆备""为仁由己"。它的根本在于如何能闻知觉证天道神圣境的生生寂寂的实在境，这即所谓的真正意义上的信仰的自明与建立，它必须基于主体的生命和神圣境而非外在的政治理想或社会物质关系，这也是真正人生信仰建立的极其不易之处！没有大中至正的文化命脉，没有充满人文关怀、终极关怀的生命尊重，没有平等自由、开明包容的社会氛围，没有仁义和乐、谦和共济的人格品性，欲明白而建立，属实不易！因此，到了现代，能刚正不阿、仁爱平等、自在包容的智仁勇的儒者似乎愈加难得，一者本即不易，又加之种种不见大道之思想学说的夹杂与种种怀有诡

---

①牟宗三：《中国哲学十九讲》，上海古籍出版社2005年版，第62页。

异目的的工具主义和实用主义以对待儒家的行径，以及现代物质化、信息化、碎片化、格式化的牵累和宰制，致使先秦儒家真正基于人性关怀的仁学暗而不彰，难以普照惠及世道人心。这也是今天探讨儒家仁学及其主体性确立所面临的一个重大课题和使命。

（三）仁的心至身次修进

基于天道生生大德化境中的仁，感于人则立于身心性命。然而因为种种的世俗之习的交感和物化异化之遮蔽，回归开显仁的生命境界，即孔子所谓"知德""上达"，《大学》所谓"明"，《中庸》所谓"率性""修道"和孟子所谓"必有事焉"，则需要一个修养觉证的过程，其本则仍然基于个个鲜活的主体之人本身，并以身心为本根。

孟子曾在与公孙丑的问答中，谈及如下一段话："曰：'敢问夫子之不动心与告子之不动心，可得闻与？'告子曰：'不得于言，勿求于心；不得于心，勿求于气。'不得于心，勿求于气，可；不得于言，勿求于心，不可。夫志，气之帅也；气，体之充也。夫志至焉，气次焉；故曰：'持其志，无暴其气。''既曰志至焉，气次焉，又曰持其志，无暴其气者，何也？'曰：'志壹则动气，气壹则动志也。今夫蹶者趋者，是气也，而反动其心。'"（《孟子·公孙丑上》）孟子认为，告子所言不得于心则勿求于气是正确的或者说可以这么做的，即不得道义和自我心安，就不能任气逞强。而如果在言语或者说道义之理上不得逞，就不用再在自我内心去寻求或者说反观自正，这是不可以的。孟子进而指出，在一般的表象上看来，人由心和身二者构成，心即所谓的心志，而身则由气所充沛构成，在这二者之间，心志是身气的统帅，因此"志至""气次"。所以孟子进一步认为一个人应该持守心志，不能任气逞强而暴躁。公孙丑似乎越听越无法明白孟子之意，便追问：既然说"志至""气次"，又何故还要说持其志无暴其气呢？孟子则回答他，这么说是因为心志专一则会动气，也就是在心志高度虚灵专一无杂时，身气会产生相应的变化，同样，如果身气达到高度的纯一凝练时，心志也会随之产生相应的变化。孟子怕公孙丑难于理解，又举例作比喻说明这种关联的变化，他形容这种志壹则动气、气壹则动志的微妙情形，正如一个人突然跌倒或者急促奔跑，这本来只是身气的变化，但会马上影响到心志的波动。在此，孟子之意也许同样说明，一个人如果要准备做急促的奔跑或者其他高难度或无法预知、控制的动作或竞技时，这本来是心志的准备，却马上会让人产生身气的紧张或者说急促巨大的波动。

　　上述孟子与公孙丑的问答对话中，核心是"志至""气次"，在如上解说中之所以只引而未作释义，正因为其重要而又不易说明。所以，在《公孙丑上》中，当公孙丑继续追问涉及所谓的气及"浩然之气"时，孟子也只能摇摇头，因为这桩事或者说这种境界是很难用言语说清楚并告诉别人的，正如孔子所感"书不尽言，言不尽意"（《周易·系辞上》），心意也无法通过语言得到完全地表达，更何况涉及天道性命的神奇微妙的生命修养体证境界，这样的溟会体证境界更难用语言告诉别人。如果告诉一个毫无体证者，有时甚至是对牛弹琴，所以正如孔子感叹"中人以下，不可以语上也"（《论语·雍也》），而老子更指出"下士闻道，大笑之。不笑不足以为道"（《老子》第四十一章），所以孟子说"难言"。

　　如上所述，先秦儒家的仁是一种实实在在的身心性命的修养境界，是基于天道神气一元本体的生命境界，是"天地之大德曰生"的天道生化神圣境界在人自我生命上的体证和感应通化，而绝对不可以用西方所谓社会关系学、等级概念、秩序等等极其庸俗的概念范畴去理解、格义儒家的仁，如果这样的话，便当下将神圣灵动的天道性命之境理解为逻辑论证和理性推理及其思维判断的西方惯常套路，便永远不会明白达到"人能弘道"的难知难言之生命境界。

　　上文所说的"志至""气次"，这两个概念本来是指同一个身心性命的修养变化境界，但正如西方从柏拉图将理念与现象世界分为两个截然不同的存在形态以来，西方哲学文化思维中一直将身心作为二元论无法调和。近代的笛卡尔试图探索解决，但也无能为力，最后竟落到以所谓的"松腺体"作为破除化解身心二元论的历史性悖论和理论桎梏的境地，实在让人感到人类的无能与有限性。近代以来，不少西方偏激的学说传入中国，被国人称道和大加运用，以为利器，故对中国哲学展开了一场所谓的唯心主义、唯物主义或所谓主观唯心主义、客观唯心主义等等的格义和批判，实在是无知和傲慢，丑陋和无救！正因西方学说的思维在历史上长久以来形成的主客二分的思维模式，唯物、唯心的思维模式，毫无疑问，这样的模式根本无法理喻儒释道为主流的中国主流哲学文化！如果强力为之，那无疑是以小人之腹度君子之心！然而，今天笼罩着人类社会、霸占着各种话语权的，主要是西方学说的思维模式。就政治性的思维模式而言，其至高处，也是从所谓的伟大哲学家中形成的，而哲学家即便穷诸玄辩，也只是理性的智思和逻辑辩证的推演论证与自圆。西方的逻格斯中心主义大传统始终落在后天的头脑智思和逻辑论证层面，因此根本无法理喻中国特别是儒家、道家的哲学境界，因为后者是以"志于道""据于德""依于仁""求其放心""尽心知性知天""明德至善""率性修道""食母""抱一"等为修养体证天道的进路，因此，正如老子、孔子、孟子所感叹的，难以与一般人言说，因此也就常常会出现所谓"见仁见智"，结果便导致"君子之道鲜矣"（《周易·系辞上》）的情形。也就是说，以中国儒家道家为主流所修养体证的仁，之所以在今天或者说近代以来难以像西方种种学说一样横行于世，是因为它来得太高深微妙，并非常人常心所可以随意得知，而当下我们探讨仁，也同样面临这样一个境地，而且又多只在学理思维上言说，当然不易晓达于世。有人说，哲学是将简单的东西复杂化，这样的说法并不十分准确，因为简单与否，关键在于主体的心志与程度！总之，在此只是因为谈及先秦的仁，而不得已需要涉及其甚深的道德境界，才不得已而作一点说明，也仅仅旨在打消种种对仁的可能的庸俗化误读，如此而已，若要彻底阐明仁的境界，便不可能也不是本文可以实现的。此处且引王阳明所言为止，其谓："'志之所至，气亦至焉'之谓，非极至次二之谓。'持其志'则养气在其中，'无暴其气'则亦持其志矣。"（《传习录上》）

此外，关乎仁的修养实境，其所涉及的身心修养之"志至""气次"，如果不作上乘之解，而做退一步的理解，则相对简易一些。这就是心为主而身为辅，如此，只是后天身心性命层面的修养之道。如孟子所言："体有贵贱，有小大。无以小害大，无以贱害贵。养其小者为小人，养其大者为大人""从其大体为大人，从其小体为小人""耳目之官不思而蔽于物，物交物，则引之而已矣。心之官则思，思则得之，不思则不得也。此天之所与我者，先立乎其大者，则其小者弗能夺也。此为大人而已矣"。（《孟子·告子》）所谓的"贵""大"，即"心之官"，也就是心志或者说本心、本性，而所谓的"贱""小"，即"耳目之官"、即身体，所言需要心官统帅身官，才可以成就大人的修养，反之则暴气，身官乱心官，就会堕落为小人，就谈不上道德仁义的修养。同时，孟子所言，也就是《大学》以"明明德"为始，以"至善"为止，强调"修身为本"，并指出"物有本末，事有终始，知所先后，则近道矣"的原因所在。因此《大学》强调"正心"，即心对于身的主宰，"所谓修身在正其心者，身有所忿懥，则不得其正；有所恐惧，则不得其正；有所好乐，则不得其正；有所忧患，则不得其正。心不在焉，视而不见，听而不闻，食而不知其味。此谓修身在正其心"。《大学》所说的先秦仁的修养进路，即身心高度合一的主体性和谐，在这里就不用论及精神气一元的本体性道德修养境界，即上述的"志至""气次"所涉及的根本境界，而只是退一步作理解，则仁的修养是以心主身，即志为主、气为辅，以修心养性为本，而以修身养生为辅的人生修养之道。

综上所述，先秦以儒家为主的所谓仁的内涵意义，绝不可以用通常的学科概念和视角去格义和理解。它是以天道一元生化的神圣本体存在境为根源，以个体鲜活的人的身心性命为主体性，并进而通过实实在在的明达、感悟、自觉、体证才可能有所真实理喻的人生生命境界。如果在今天而言，公民社会希望每个人都做一个有道德、仁义礼智涵养的君子，而由此试图启用儒家的智慧资源，那么这必须基于对人、对生命、对天地、对存在境有人性化和神圣性的关照，并在生命的美大神圣的真诚实在的修养进德中，才有可能结出世道人心的和谐美丽之花。相反，一切出于工具理性和实用主义、拿来主义的所谓为我所用的心态，试图达到世道人心的和谐之道，需要提醒和强调的是，正所谓因地不真、果遭迂曲，非但不可能实现目的，而且两相其害。儒家的仁，自是高深广大、沉潜悠久、感天动地、通化物我，它是这个小小的星球上乃至整个宇宙存在中体证玄冥、通久达化的璀璨一支，故周折不断而又千古不息，因其本然之美。本文仅涉及先秦仁的边界，尚不足以窥得其圆大的意境。

第二节　"礼之三本"的道德意义

礼是中国传统哲学文化中最为重要的德目内容之一。作为儒家"五经"之一，《礼》在经学史上占有重要地位。三代以降，礼在中国传统的国家政治中占有极为重要的地位。儒家认为，礼本身不是目的，礼的目的是教化、感化社会人心归于朴实厚道，引导规范社会风气走向纯正和谐，并由此促进天下的修齐治化大业。也就是说，儒家是取礼的义而非礼的形，正如《论语》中孔子所谓："礼云礼云，玉帛云乎哉？乐云乐云，钟鼓云乎哉？"（《论语·阳货》）"人而不仁，如礼何？人而不仁，如乐何？"（《论语·八佾》）礼乐的精神本质不在于外在的器物形式与排场规格，而在于人们出于仁义忠信的真实内心，并由此促成对世道人心的仁义道德的长久性化成。正如《礼记》所谓："礼义也者，人之大端也。"（《礼记·礼运》）"凡人之所以为人者，礼义也。"（《礼记·冠义》）《礼记》一书中有七篇以"义"为标题，即《祭义》《冠义》《昏义》《乡饮酒义》《射义》《燕义》《聘义》，其本意在于强调仪节后面的义，即礼义的精神内涵和终极指向。孔子在《论语》中对礼及其在修身与治世中的重要性倍加强调，也反映出孔子对礼义精神的培养与塑造的远大情怀与坚贞志向。孔子认为："君子博学于文，约之以礼，亦可以弗畔矣夫。"（《论语·雍也》）颜回向孔子请问何谓仁，孔子回答："'克己复礼为仁。一日克己复礼，天下归仁焉。为仁由己，而由人乎哉？'颜渊曰：

'请问其目？'子曰：'非礼勿视，非礼勿听，非礼勿言，非礼勿动。'颜渊曰：'回虽不敏，请事斯语矣。'"（《论语·颜渊》）可见，"克己复礼"是成仁的重要途径，孔子强调一个人常做到非礼勿视听言动则具有礼义精神的内在涵养，则庶几近于仁德。

礼在国家治理中的重要性，正所谓"不知礼，无以立也"（《论语·尧曰》），人不立，国家社会何以兴，世道何以平治？所以孔子认为："道之以政，齐之以刑，民免而无耻；道之以德，齐之以礼，有耻且格。"（《论语·为政》）孔子主张通过德礼的礼义精神与文化，更能从根本上使天下人心归善归厚、自觉于荣辱廉耻之间，由此以人为本地催促长久的人文化成。因此，"或问禘之说。子曰：'不知也。知其说者之于天下也，其如示诸斯乎！'指其掌。"（《论语·八佾》）在孔子看来，如果能领受真正的禘祭大礼关于对天地及先祖的无限敬畏与虔诚的心灵世界及其意义，那么由此礼义精神做底子，治理天下甚至可谓了如指掌。所以，"子贡欲去告朔之饩羊，子曰：'赐也！尔爱其羊，我爱其礼'"（《论语·八佾》）。孔子认为礼的形式可能会被人破坏和践踏，但礼的精神即礼义却不可以被亵渎和消解。孔子曾经积极称赞过管仲的丰功伟业，并指出："管仲相桓公霸诸侯，一匡天下，民到于今受其赐。微管仲，吾其被发左衽矣。岂若匹夫匹妇之为谅也，自经于沟渎而莫之知也。"（《论语·宪问》）通过孔子的称赞，更可以看出管仲功劳之显赫。然而在礼义精神与功勋面前，孔子仍然毫不客气地批评指出："'管仲之器小哉！'或曰：'管仲俭乎？'曰：'管仲有三归，官事不摄，焉得俭？''然则管仲知礼乎？'曰：'邦君树塞门，管氏亦树塞门；邦君为两君之好，有反坫。管氏亦有反坫，管氏而知礼，孰不知礼？'"（《论语·八佾》）在孔子看来，管仲之所为正与季氏之所为性质相同，所谓："八佾舞于庭，是可忍也，孰不可忍也！"（《论语·八佾》）所以，孔子对破坏社会正常礼仪礼制，并由此导致社会风气的腐化、社会正义的沦陷者，不论是自己的学生还是公卿显贵，其立场都是坚定不移的。对孔子而言，一个人和一个国家如果不讲礼而导致全社会道德文化与正义美善的败坏，即便再大的功勋和再多的物质都不足以弥补其缺陷。由此，无论是个人的修身还是家国天下的治理，礼及其内在的礼义精神文化须臾不可或缺。可以说，如何更良善地引导世道人心走向仁义道德、美政美俗、仁政德治之道——这一身一家一国一天下的根本上来，正是儒家礼义精神的本质属性和内在动能。按现代的话说，"如果说礼的宗教属性表现出人类最原初的理性生活和情感生活，那么，礼的道德属性使人的理性进一步成为内化于人们心灵中的具有自我约束力的生活准则和良知，并在既定的社会组织关系和结构中发挥效用"①。

（一）礼事天地与道德的终极敬畏

儒家自孔子之后，有"亚圣"之称的孟子更加突出地开显了孔子思想的道德仁义理路，成为心性儒学的重要奠基者，而荀子则更加突出地发挥了孔子沿袭三代尤其是周代以来的礼之理路。隆礼的一面在荀子那里极为凸显，荀子为此提出了"礼之三本"，即："礼有三本：天地者，生之本也；先祖者，类之本也；君师者，治之本也。无天地，恶生？无先祖，恶出？无君师，恶治？三者偏亡焉，无安人。故礼，上事天，下事地，尊先祖而隆君师，是礼之三本也。"（《荀子·礼论》）此外，出自汉人之手的《大戴礼记》也同样有礼三本之说，与荀子所论并无大的出入。

荀子认为，贯于天人之际的礼有三大根本和来源，即天地为首，先祖次之，君师为三。荀子强调指出，天地为生之本，是所有众生及生物之本，是生化万物的母体。先祖则为人类繁衍生存至今的宗本，君师则是社会国家得以治理有序的根本。并而言之，在荀子看来，礼之三本既存在生化和先后的顺序，同时又存在三者不可一时偏亡的同在性和共生性。因此，荀子一方面指出："无天地，恶生？无先祖，恶出？无君师，恶治？"即没有天地，我们人类的先祖从何而生，广而言之，天地间众生万物从何而生？没有先祖，人类从何而生？没有君师，身家国天下又何以得治？由此，荀子进一步指出："三者偏亡焉，无安人。"荀子认为，礼之三本如若有所偏颇亡失，那么人类社会将无所得而安稳生存。所以，荀子总结指出："故礼，上事天，下事地，尊先祖而隆君师，是礼之三本也。"举凡人类社会的所有礼法制度，在荀子看来，无外于上下以事天地，尊崇先祖以及隆礼君师，这是所有礼制的三大根本。

正如荀子所论，如果西方宗教意义上的上帝创世说也许会给人一种渺茫在外而捉摸不定之感，中国哲学意义上的"无天地，恶生"则显得更加平实易懂。实际上，所谓礼之三本，与其说是出自荀子之手，不如说是荀子给出了一个相对合宜的概括总结而已。天地在中国哲学及其文化中的重要性已毋庸赘言。说天地，似更易于理解，而在本源意义上，天就已包含天地，如荀子所谓："天行有常，不为尧

---

① 姜广辉主编：《中国经学思想史》（第1卷），中国社会科学出版社2003年，第301页。

存，不为桀亡。"（《荀子·天论》）因此，说天，更多时候既包含了形上终极性的生发义与本源义，而说天地，则在涵括以上意义的同时，似乎更显实在。也就是说，作为礼之本的天地，既包含了礼的形上理据，也包含了礼的自然天序层面。例如，作为孔子回答颜回所指的"克己复礼"之礼，在孔子那里，我们可以说主要指周代之礼，而如果不断地追问和返本溯源，则一切的所谓礼，以及所谓的"克己复礼"而成就仁的道德修养，莫不源本于天地。因此说，由礼入门，不失为很好的教育与治化之道。当然，在重视礼的道德教化与治理功能的同时，并不意味着一定要降格礼"事天地"的本源性意涵，否则，就有可能落于礼的形式而弱化礼的精神即礼义之道。

就现代而言，如果违背种种成文或不成文的礼节礼仪，既是一种不合礼、不讲礼的行为，也可以说是缺乏道德涵养的行为。若在中国传统社会，总归可以纳入不道德之列。道德与礼，在传统哲学文化及其社会中，几乎是混而为一的。孔子在《论语》开篇教导人们"学而时习之"，在结尾则强调"不知礼，无以立也"。人无德不立，道德修养必须知礼，而礼之大本，在儒家而言，正源出于天地。因此，最终只有在知礼事天地的根源上，才可以建立真正遵礼而致道德的终极敬畏，实现礼义精神的根本开显，否则，道德或许会徒有他律的条文规定，却难有发自内心自觉自愿与自律的敬畏之基，那么，礼不但不会促成道德，反而会拘束窒碍道德的活现与生命意志的自在，这并不是原始儒家的礼义精神。

由此，如《礼记》所载，孔子曰："夫礼，先王以承天之道，以治人之情。故失之者死，得之者生。《诗》曰：'相鼠有体，人而无礼；人而无礼，胡不遄死？'是故夫礼，必本于天，淆于地，列于鬼神，达于丧祭、射御、冠昏、朝聘。故圣人以礼示之，故天下国家可得而正也。"（《礼记·礼运》）孔子认为，礼是先王承天之道而来，目的在治人之情，因此，人得之则生，失之则死，何其严重。孔子强调，礼并非先王想当然的创制，更不是哪位古圣先贤凭空而作，其根源在"承天之道"，从这一点可以看出，即便古代宣读皇帝谕令也称为"奉天承运"，也有理有据，并秉承源出天道之意。孔子说其为得生失死，恍惚听来甚觉出奇过重，然而如若从天生万物，万物自必遵从天生之伦序律则而言，却并非奇谈与不可理喻，这正是遵从礼的道德属性即礼义的内在精神，这既是天然属性，更是天道的神圣律则，这甚至与科学规律一般不可出入。所以，"克己复礼"而成就道德美善的人与天下国家，既是必须性、必然性，亦是神圣性之道。

所以，按孟子所说："《诗》曰：'天生蒸民，有物有则。民之秉彝，好是懿德。'孔子曰：'为此诗者，其知道乎！故有物必有则；民之秉彝也，故好是懿德。'"（《孟子·告子上》）正如中国最古老的智慧之书《诗经》所说，上天化生万物万民，则必然生之有道，与物成之有则，此是天然本性如此，众生包括万民觉悟领受遵循如此天之道律，则既可谓"学而时习之，不亦说乎"，亦唯如此而得以成就优良光辉的道德品性。孟子引用的不是别人而正是孔子对此诗的赞叹无已，可以想见孔子见此诗时，可谓拍案叫绝，如获知音，直呼："作此诗者，其知道乎！"并兹兹重复而和之"故有物必有则；民之秉彝也，故好是懿德"。孟子只转引《诗经》原文，并只转述最伟大的注释者孔子之言，就此对于儒家礼义精神的强调，已足见其意。礼之本之首的事天地，其对于由此成就道德仁义的大本大宗之极端重要性，已可见一斑。

实际上，除了上述孟子引述《诗经》及其孔子之解外，礼之本于天地而循之成德之礼义内含，在古经典里比比皆是。如《周易·乾》所谓："夫大人者，与天地合其德，与日月合其明，与四时合其序，与鬼神合其吉凶。"也给我们展示了大人明觉天地之大道而遵循即"合"之，也正体现了由礼而德的道德神圣性。此外，如《论语》所载："陈亢问于伯鱼曰：'子亦有异闻乎？'对曰：'未也。尝独立，鲤趋而过庭。曰：'学《诗》乎？'对曰：'未也。''不学《诗》，无以言。'鲤退而学《诗》。他日，又独立，鲤趋而过庭。曰：'学礼乎？'对曰：'未也。''不学礼，无以立。'鲤退而学礼。闻斯二者。'陈亢退而喜曰：'问一得三：闻《诗》，闻礼，又闻君子之远其子也。'"（《论语·季氏》）一般意义上，人们可能会觉得孔子教育自己的孩子，应该是"六艺"并重，但却唯独说"学《诗》乎""学礼乎"，且强调"不学《诗》，无以言""不学礼，无以立"，后世常言"诗言志"，何谓志，言何志？如果回顾上述孔子赞叹"作此诗者，其知道乎"，便不难而知，孔子所言之"知道"，与"有物有则""秉彝""懿德"等等，以及与孔子自谓"志于道，据于德"（《论语·述而》）何其关联！因此，中国的《诗经》不是后世诗词歌赋可与相提并论的。孔子教育孩子伯鱼"学《诗》"与"学礼"，并且将"学《诗》"放于前，"学礼"至于后，正是突显儒家基于教育的根本精神即明礼之大本——天地，并进而明"天地之大德曰生"的志道据德之德礼的神圣性根源，包含着神圣的教育精神与生命价值。分而论之，如果只"学《诗》"，或许亦能成就浩浩如天的德性智慧，但可能会流于空大气象而落空，难于在世俗社会立身行世；而如若只"学礼"，也完全可能会落入小人儒的拘束淤滞，而缺乏大礼大德通天达地的伟大人格的德性成就，弱化乃至阉割了礼义的伟大志向与精神品质。因此，儒家最重礼，但原儒也反对庸俗异化、功利夹杂、愚忠愚孝、拘谨无明、有形无神的扮戏子式的形式主义之礼，儒家讲求注重礼义的根本精神。正如王阳明所说："孟氏'尧、舜之道，孝弟而已'者，是就人之良知发见得最真切笃厚、不容蔽昧处提省人，使人于事君处友仁民爱物，与凡动静语默间，皆只是致他那一念事亲从兄真诚恻怛的良知，即自然无不是道。"①因此说，礼正如事君处友仁民爱物，关键在相互发自内心的真诚恻怛的精神品格，而不是作揖跪拜与逢场作戏的外在修饰。所谓礼教杀人，是人杀人，以礼杀人，这恰恰是儒家在根本上所反对和不容的，一切偏离了仁义道德本身即礼义精神本身目的指向的所谓礼，都只能是所谓的封建性、阶级性、愚民化的误国误民的政治把戏和文化敷衍而已。

因此，正如孟子所说："《诗》曰：'天生蒸民，有物有则。民之秉彝，好是懿德。'孔子曰：'作此诗者，其知道乎！故有物必有则；民之秉彝也，故好是懿德。'"在孔子看来，礼事天地，真正的礼义精神正在于"秉彝"与"懿德"，并由此而实现安人与治世的根本目标。由此，也许会逐渐消除对孔子及儒家之承礼成德之道即礼义精神的迂腐繁难的成见，而不断觉悟并对其充满"有物有则""秉彝""懿德"的天地智慧或天道智慧的赞赏。由此而言，一个国家民族应该不断回归和提升道德文化的大本大根，以更好培养自强不息、厚德载物、充满人文人性关怀与终极敬畏的社会教育文化，并夯实立人兴国的道德礼义精神之基。

（二）礼尊先祖与道德的返朴归厚

正所谓："一个人的一生之中有两件大事，一件是生，一件是死。死是生的终结，但却是人生中的大事。"②中国传统对祖先祭祀的神圣、临终丧葬的庄严隆礼，实际上不应仅视其为对过去事物的留念，也不应仅说为是情感化的对象性膜拜，当然亦不应仅以封建性内容概而论之。从根源深处追思，它是关于人之为人最为根本的生与死的生命感悟与表达。正如荀子所说："先祖者，类之本也"，"无先祖，恶出"，人类之所以能繁衍生息至今，所谓祖宗之德不可忘，没有先祖，人类无法生存延续，也不可能有博大精深的各种文化宗教及其哲学系统。也就是说，无先祖，恶出者有二，一为人类生物性生命即肉身，另一为人类文化道德智慧生命即慧命。就儒家而言，如果淡漠对生与死的深切观照，尤其是对人之为人的终极性

①〔明〕王守仁：《王阳明全集》，吴光等编校，第96页。
②冯友兰：《三松堂全集》（第9卷），河南人民出版社2001年版，第88页。

一事即死的深切观照，其间有一种极其不安和飘散不定的文化心理和现实观觉。同时，亦是一种对个体生命及其类生命的不尊重或者说不厚道的行为，并极其缺乏人性与人文关怀。因此，正如《礼记·昏义》所说："夫礼，始于冠，本于婚，重于丧祭，尊于朝聘，和于乡射。"就其间的"重于丧祭"，正是强调对尊先祖的关照。正如饮水思源，尊先祖，无论是从肉身还是从慧命而言，都是人类生存繁衍以及厚道、厚德的重要本根。因此，在儒家看来，尊先祖，并由此培养涵化其中的礼义精神，是人类个体及其社群道德教化与建立丰厚的道德土壤最为重要的基础之一，或者说，是人类个体及其社群道德返朴归厚的一大本根。

因此之故，便不难理解儒家何故如此重视尊先祖，对祖宗的祭祀如此庄重，亦不难理解其对人的临终与丧葬后事的庄严肃穆。正如孔子所说："生，事之以礼；死，葬之以礼，祭之以礼。"（《论语·为政》）亦如《礼记》谓："礼有五经，莫重于祭。夫祭者，非物自外至者也，自中出生于心；心怵而奉之以礼。是故，唯贤者能尽祭之义。""养则观其顺也，丧则观其哀也，祭则观其敬而时也。"（《礼记·祭统》）《礼记》强调礼"莫重于祭"，而要点是"自中出生于心"，而绝非外在的种种目的与手段和形式主义，即强调礼义的内在精神。因此，如《礼记》关于丧礼谓："居丧之礼，毁瘠不形，视听不衰。升降不由阼阶，出入不当门隧。居丧之礼，头有创则沐，身有疡则浴，有疾则饮酒食肉，疾止复初。不胜丧，乃比于不慈不孝。五十不致毁，六十不毁，七十唯衰麻在身，饮酒食肉，处于内。生与来日，死与往日。知生者吊，知死者伤。知生而不知死，吊而不伤；知死而不知生，伤而不吊。吊丧弗能赙，不问其所费。问疾弗能遗，不问其所欲。见人弗能馆，不问其所舍。赐人者不曰来取。与人者不问其所欲。适墓不登垄，助葬必执绋。临丧不笑。揖人必违其位。望柩不歌。入临不翔。当食不叹。邻有丧，舂不相。里有殡，不巷歌。适墓不歌。哭日不歌。送丧不由径，送葬不辟涂潦。临丧则必有哀色，执绋不笑，临乐不叹；介胄，则有不可犯之色。"（《礼记·曲礼上》）现代人可能会觉得古人何其烦琐乃至造作多事，但事实则不然。如从古人而言，即便再烦琐再细致入微，乃至三年之守孝，如从宗教化哲学化或者道德化而思之感之，人生一世，仅此最后一事，亲人亦仅此最后一事待之，再郑重也不为过。事实上，对于太忙乱甚至迷茫、沉沦的现代人而言，恐连自己亦忘之九霄，谈论尊先祖，言之何其缥缈。即便就在丧葬之礼当时，少些聚会烟酒麻将而多几分真诚恻怛与哀戚肃穆已属不易，而如"子食于有丧者之侧，未尝饱也"（《论语·述而》），就更加不易了。

正如孟子所谓天下之学不归杨则归墨，历史证明，墨家曾经一度成为显学，然而千百年来却一蹶不振，这与墨家对尊先祖的淡薄，由此对人的临终与丧葬祭祀大节的消解与功利物化对待，是有很大关系的。因此，正如："曾子曰：慎终追远，民德归厚矣。"（《论语·学而》）"慎终追远"既体现了对生命的尊重与关怀，又体现了对先祖的追思缅怀与祭祀精神，这是培植民众道德，使民德归于厚重的最为重要、也最为有效的方法之一，是儒家礼义精神的重要实现途径与表现形式。

对先祖的尊重，无论是慎终还是追远，此两方面孔子皆极其庄重待之。仅就《论语》之中，亦所见不少。如："子曰：'禹，吾无间然矣。菲饮食而致孝乎鬼神，恶衣服而致美乎黻冕，卑宫室而尽力乎沟洫。禹，吾无间然矣。'"（《论语·泰伯》）孔子对禹的赞叹，除了农田水利等农耕之事外，其他两方面都涉及祭祀，其中所谓"恶衣服而致美乎黻冕"，即与上古先祖祭祀与丧葬祭奠直接关联，由此可以想见孔子及儒家对尊先祖之重视程度。又如："孟懿子问孝。子曰：'无违。'樊迟御，子告之曰：'孟孙问孝于我，我对曰，无违。'樊迟曰：'何谓也？'子曰：'生，事之以礼；死，葬之以礼，祭之以礼。'"（《论语·为政》）又如："卫灵公问陈于孔子。孔子对曰：'俎豆之事，则尝闻之矣；军旅之事，未之学也。'明日遂行。"（《论语·卫灵公》）其中，所谓的"俎豆之事"，实际上就与祭祀尤其是祭祀先祖关联，孔子如此坚决，他不赞成卫灵公穷兵黩武，而更希望其学习礼事天地而尊先祖的文化精神，并身体力行、上行下效，注重礼乐教化，才能更好地走上平治国家社会的正道。因此，"宰我问：'三年之丧，期已久矣。君子三年不为礼，礼必坏；三年不为乐，乐必崩。旧谷既没，新谷既升，钻燧改火，期可已矣。'子曰：'食夫稻，衣夫锦，于女安乎？'曰：'安。''女安，则为之。夫君子之居丧，食旨不甘，闻乐不乐，居处不安，故不为也。今女安，则为之！'"（《论语·阳货》）孔子从深厚的礼义精神出发，认为礼乐耕作之务固然重要且不可废弃，但作为父母子女的骨肉之情，临终的丧祭人生一世只有一次，郑重为之，正是事关天下人心厚德朴实、庄重诚敬的"安"心大事，世道人心得安，则修齐治平之大业可大功简易、事半功倍。

当然，对于现代人而言，愈加深刻异化物化的人类终极存在意义上的无赖和窘迫之境正进一步笼罩而来，在愈发散裂于器物世界、愈加偏离人性的生活世界，对孔子以丧祭之礼实现民德归厚的安心之道的礼义精神理解起来可能不太容易。总之，儒家对先祖之尊重敬仰，对临终的庄敬隆重，其不仅仅成就了一种高深终极的宗教哲学情怀与人文精神及礼仪文化，同时也铸就了深沉悠久而又淳朴厚重的道德文化底蕴及其肥沃土壤。儒家通过丧祭所透显的礼义精神，对"慎终追远"于民风民德散薄的治化，并非功利权宜之举，这更不是对废弃祭祀、掘地平坟可敢为之的许多现代人可以随意领悟明白的。

（三）礼隆君师与道德的现实关怀

正如荀子所言，作为"礼之三本"的第三大本，即所谓"君师者，治之本也"。先儒认为，君师，是天下国家得以治理有序的大本，用今天的话来说，真诚谦虚地效法先王之道，取法于古圣先贤的德治仁政的精神文化和方法途径，并在全社会树立教育为本、尊师重道的风气，不失为治世的大本大根之计。所谓礼"隆君师"，从反面而言，如若不尊重历史，不尊重先王之道，不尊重师长，不尊重文化智慧传统及其知识经验积累，非但不合乎仁义道德，更不能有效地实现修齐治平之道。"礼隆君师"是儒家礼义精神的现实关怀的重要体现。儒家的道德智慧及其哲学精神，不仅追求身心性命的终极关怀与安顿超越，同样追求世俗社会的身家国天下与修齐治平大业，这正是原儒智慧及其宗教哲学文化的光辉宝贵之处。说到这里，由"礼隆君师"所涉及的传统中国家庭堂屋所供奉的"天地君亲师"的神龛牌位，也许有人会指斥并视其为封建迷信与愚忠、愚孝，然而，如若追溯其文化与信仰的根源，天地为万物生之本即母体，可不敬乎？君者，如尧、舜、禹、文、武、周公等先王及其成功之治世之道，放而言之，即古今中外的圣贤豪杰，何有不敬重取法之理？亲者，毋庸置疑，六亲不认者，非遭诛即遭灭，所谓失道寡助、亲戚叛之，历史昭昭。师者，正如唐人韩愈所谓传道授业解惑也，尊师重道、教育为本，放之于古今中西，莫有敢违背者，而师之本意，代表着人类传续积淀的优良哲学文化与道德智慧及一切知识经验，岂有不尊之礼？因此之故，"隆君师"，实则何其言简意赅，何其大本大宗！略述一二，想必对于传统社会百姓家家户户虔诚供奉"天地君亲师"的神龛牌位，便不但不会嗤之以鼻并视为封建迷信与愚昧无知等等，相反，可能会为中国传统哲学智慧及其文化教育的博大精深而感叹，可能会为传统上真正的中国人、中国黎民百姓的智慧、文化、道德、宗教、虔诚、信仰而尊重之，赞叹之，仰慕之，甚至进而与之同化。

常言道，以史为鉴知治道兴衰，殊不知"君"为本；"百年大计，教育为本"，殊不知一"师"已涵括其大义。正如《礼记》所谓："是故古之王者建国君民，教学为先"（《礼记·学记》），其中的"教学"，便是今天所谓的科教，也就是上述所谓的"隆君师"之"师"，而《论语》开篇孔子所谓"学而时习之，不亦说乎"，也正与"师"之义相关。由此可见，儒家何其重视由"君师者，治之本也"所开出的礼"隆君师"之重要礼义精神与实践智慧，这当然更是对现实社会德业修为与治世成就的强烈观照。《论语》所载"子曰：'我非生而知之者，好古，敏以求之者也。'"（《论语·述而》）孔子所说的"好古"，当然包括"隆君师"意义上的先代圣王以及先代王道之治，以及自古以来的一切宗教哲学与文化道德智慧。这一点，从孔子屡屡对尧、舜、禹及文、武、周公等先君先王及其治世的赞叹，不难而知。当然，孔子的推崇，对于所谓"礼崩乐坏"的周末之世，具有一种强烈的现实关怀，而且众所周知，孔子本人只要有名正言顺的正当、正义契机，便不忘践履推行实践先王之道，这正是孔子对礼"隆君师"的礼义精神的又一强烈现实关怀的重要体现。孔子及儒家的德礼，不是高高在上的空大气象，其同样具有实实在在的人间法则的现实力量与不朽智慧。从此意义上而言，孔子在《论语》中以"学"开篇，以"知言"结尾，所学除了当下之指外，也同样指向孔子所言的"好古"，而所谓的"知言"，除了今天所谓的言辞话语外，也可以解读为"君师"之言。由此，更加深了对宋人所谓"半部《论语》治天下"的内涵深意的理解。所以说，礼"隆君师"岂止道德礼教，它更是礼义精神的深刻强烈的现实关怀与实践精神。

正如孟子所说："离娄之明，公输子之巧，不以规矩，不能成方圆；师旷之聪，不以六律，不能正五音；尧舜之道，不以仁政，不能平治天下。今有仁心仁闻而民不被其泽，不可法于后世者，不行先王之道也。故曰，徒善不足以为政，徒法不能以自行。《诗》云：'不愆不忘，率由旧章。'遵先王之法而过者，未之有也。"（《孟子·离娄上》）由此，孟子强调："不信仁贤，则国空虚。"（《孟子·尽心下》）"仁贤"者，近于"君师"之谓。换而言之，在孟子看来，如果一个国家不能很好地继承和弘扬其优良的传统哲学文化及取法于古圣先贤的成功治世之道，不注重教育文化这一根本，不树立尊师重道的社会价值，那么，这样的国家即使一时拥有雄厚的物质经济，也可能会走向空虚与危险的境地。总之，儒家提出"礼之三本"，即天地、先祖、君师，并由此强调"三者偏亡焉，无安人"，这样的思想文化是值得今人认真领悟的。如果"无安人"，由此而论身家国天下的德业进程，当然也就很难得以长治而久安。儒家所说"礼之三本"及其内涵的礼义精神，虽言之浅近，然而其中所包含的深刻哲理与思想智慧及其现实意义，却值得今人去深刻感悟与化用。"礼"是中国传统哲学文化资源中最为重要的内容之一，我国历来被称为"礼仪之邦"，"传统中国没有今天分科的学问，如社会、政治、法律、伦理、宗教、艺术、哲学等，这些内容其实都在'礼'之中"，"礼学资源的创造性转化对当代中国具有重大的意义"。①然而，创造性转化的前提在于正确理解与真实继承，因此，不断发掘开显以儒家为主的礼学及其内在的礼义精神，对于世道人心的贞定与安顿，对于现实道德文明的建设以及修齐治平事业的实在功效，都是十分重要的。

第三节　论孟子仁政理想的重要途径——"养"

孟子的"养"是一种修养的功夫，更是一种治国平天下的方法或途径。在《孟子》的文本中，"养"所依据的理路是从内圣到外王的理路，更是从人道之"凡"到天道之"圣"，有一个内在超越的过程。援天下以道，拯救天下苍生的苦难，解除人民的倒悬之苦，首先要修养自己，养生，养心，养性，养勇，养志，养浩然之气，都是内圣。在此基础之上，养义，养人，"孝悌之养"，"父母之养"，养老，兼养天下，就是把心中的道德理想在治国、平天下的活动中展现出来。这个从个人的修养到治理国家、兼养天下的理路与《大学》的格物、致知、正心、诚意、修身、齐家、治国、平天下，总方向是一致的。孟子的"养"是修身以俟命、立命、事天的功夫践履，来自孔子"孝乎惟孝，友于兄弟"（《论语·为政》）的启示，是孟子"仁政"的重要组成部分，在整个《孟子》的文本中，草蛇灰线，千里伏脉，形成了一种特殊的中国哲学的范式，值得我们认真探究。

（一）

从"德"字的形体演变，我们可以体会到中国文化是一种非常重视体验，重视实践，注重功夫、内圣外王的形态。从"德"字的演变可以看到，原始儒家思想由天道到人道，再由人道到天道的践履过程、超越过程。原始儒家的哲学就是一种非常注重体验、品味和践履的哲学。孔子云："弟子入则孝，出则弟，谨而信，泛爱众，而亲仁，行有余力，则以学文。"（《论语·学而》）又云："下学而上达，

---

①郭齐勇主编：《弁言》，《儒家文化研究：礼学研究专号》（第3辑），生活·读书·新知三联书店2010年版，第1—2页。

知我者其天乎？"（《论语·宪问》）实际上就是一种承接天命的下贯，下学上达，践履天道，体验生命，实现自我价值的哲学形态。

在《论语》里，"养"只是一个一般性的动词。例如孔子说："今之孝者，是谓能养。至于犬马，皆能有养；不敬，何以别乎？"（《论语·为政》）凡四见，都是赡养、喂养的意思。上羊下食，会意兼形声，其字的原意意涵十分明确。这个字在《孟子》里面，多得不可胜数。虽然依然保留着赡养、喂养的意思，但是，这个词已经普遍地用于精神的哺育、性情的培养之上了。从思想的潮流上来理解，这种变化可能与先秦时期科学的发展，尤其是养生学的发展有关，也可能与先秦儒学的生活化有直接关系。

"养"在《孟子》中是一个非常著名的观念，因为孟子的"我善养吾浩然之气""直养而无害"（《孟子·公孙丑上》）非常有名。相关的用法还有"养勇"（《孟子·公孙丑上》）、"养老"（《孟子·尽心上》）、"养心"（《孟子·尽心下》）等等，都与个体性的修养有关：

> 曰："有北宫黝之养勇也，不肤挠，不目逃，思以一豪挫于人，若挞之于市朝。不受于褐宽博，亦不受于万乘之君。视刺万乘之君，若刺褐夫。无严诸侯。恶声至，必反也。孟施舍之所养勇也，曰：'视不胜犹胜也。量敌而后进，虑胜而后会，是畏三军者也。舍岂能为必胜哉？能无惧而已矣。'孟施舍似曾子，北宫黝似子夏。夫二子之勇，未知其孰贤，然而孟施舍守约也。昔者曾子谓子襄曰：'子好勇乎？吾尝闻大勇于夫子矣：自反而不缩，虽褐宽博，吾不惴焉；自反而缩，虽千万人，吾往矣。'孟施舍之守气，又不如曾子之守约也。"（《孟子·公孙丑上》）

从这段文字，我们可以知道，孟子所说的"养"，是说要把儒家的理念落实到相关的行动中。孟子认为，性情是"养"出来的，好的"勇""性""心"以及各种特殊的习惯、性格、脾气、胸怀、眼光、定性等等，都是"养"出来的。大约这个"养"字与孔子的"习相远也"（《论语·阳货》）的"习"字有异曲同工之妙，也有深厚的渊源。因为孟子的"养"的过程也是习惯、习性，通过有目的的切磋琢磨，逐步形成的过程。它有历史的纵向积淀，更有社会的横向锤炼。曾子所说的孔子"自反而不缩，虽褐宽博，吾不惴焉；自反而缩，虽千万人，吾往矣"的精神，在《孟子》的文本里被放大，实际上就是孟子精神的体现。这种精神和人格力量，也是"养"出来的。如果没有现实的锤炼，没有家族之内和家族之外错综复杂的人际关系的呵护、磨砺，这种"养"就不能形成。

在各种各样的修炼之中，对人来讲，并不是打坐修禅，也不是经历痛苦，而是生活日用之中的与他人的交往。这正是先秦儒家注重"养"的社会生活基础。《礼记·中庸》借孔子之口提出了"五达道""三达德"，其实都是要通过生活中具体的磨砺，从细节入手，从错综复杂的人际关系入手，来锤炼人之所以为人的性情与品格：

> 天下之达道五，所以行之者三。曰：君臣也，父子也，夫妇也，昆弟也，朋友之交也。五者天下之达道也。知、仁、勇三者，天下之达德也，所以行之者一也。或生而知之，或学而知之，或困而知之。及其知之一也。或安而行之，或利而行之，或勉强而行之，及其成功一也。……好学近乎知，力行近乎仁，知耻近乎勇。知斯三者，则知所以修身，知所以修身，则知所以治人，知所以治人，则知所以治天下国家矣。[1]

君臣，父子，夫妇，昆弟，朋友，其实就是对一切人际关系的概括；知、仁、勇就是需要通过这种修炼所要抵达的目标。离开了"五达道"，人不能成其为人的社会性；离开了"三达德"，人不能成其为人的独立性。《中庸》把"五达道""三达德"设置为"九经"的前提与基础。也就是说，注重人生的生活细节，注重在生活日用之中，随时随地锤炼自己，在此基础之上，再谈安邦定国。但是更为重要的是，这里表达的意思是，人的"内圣"正是在人的"凡俗"之中，个体的举手投足，就是个体的天堂与地狱。如果个体心怀悲悯仁慈之心，就可以进入知、仁、勇三达德的精神境界，如果满怀贪戾不轨之心，那个体就堕入禽兽之路，等待个体的是地狱。

从这个角度来讲，孟子所说的"天将降大任于是人也，必先苦其心志，劳其筋骨，饿其体肤，空乏其身，行拂乱其所为，所以动心忍性，曾益其所不能。人恒过，然后能改；困于心，衡于虑，而后作；征于色，发于声，而后喻。入则无法家拂士，出则无敌国外患者，国恒亡。然后知生于忧患而死于安乐也"（《孟子·告子下》）等等，都是在"养"的过程中逐步形成的道德自觉。在孟子看来，大约我

---

[1] 本文引用的《礼记》，皆出自〔清〕朱彬：《礼记训纂》，饶钦农点校，中华书局1996年版。以下再不出注。

们人生的一切兴衰成败、生老病死，无不是"养"的机缘。换言之，孟子认为人生就是修养的平台，就是"养"。"养"无处不在。如果一个人在精神层面没有"养"的意识，缺乏有意识的道德修养，人就不再是人。

上文已经指出，"养"是一种道德的自觉。这种道德的自觉如果没有信仰的支撑，是完全不能成立的。这个信仰在《孟子》中，就是性善论。它是良知、良能的"赤子之心"，是人之所以为人的"天爵"，也就是《礼记·大学》中的"明明德"，《礼记·中庸》的"天命之谓性"之后的"率性"之"诚"。因为这个"养"是一个"动心忍性，曾益其所不能。人恒过，然后能改；困于心，衡于虑，而后作；征于色，发于声，而后喻"（《孟子·告子下》）的过程。他必须随时随地主动地去克服各种困难，以宽厚的胸襟、胸怀，去接纳生命中的各种际遇，并且以此为人生的平台，打磨性情、锤炼能力、修养情操、提升人格。"动心忍性"及反思、反省，如果没有信仰的支撑，没有人的"善性"支持，没有道德的自觉，则完全无法做到。

从思想传承上来讲，孟子关于"养"的思想，对荀子的影响是最大的。有文本为证，曰："礼起于何也？曰：人生而有欲，欲而不得，则不能无求。求而无度量分界，则不能不争；争则乱，乱则穷。先王恶其乱也，故制礼义以分之，以养人之欲，给人之求。使欲必不穷乎物，物必不屈于欲。两者相持而长，是礼之所起也。故礼者养也。刍豢稻粱，五味调香，所以养口也；椒兰芬苾，所以养鼻也；雕琢刻镂，黼黻文章，所以养目也；钟鼓管磬，琴瑟竽笙，所以养耳也；疏房檖貌，越席床第几筵，所以养体也。故礼者养也。君子既得其养，又好其别。曷谓别？曰：贵贱有等，长幼有差，贫富轻重皆有称者也。故天子大路越席，所以养体也；侧载睪芷，所以养鼻也；前有错衡，所以养目也；和鸾之声，步中《武》《象》，趋中《韶》《护》，所以养耳也；龙旗九斿，所以养信也；寝兕持虎，蛟韅、丝末、弥龙，所以养威也；故大路之马必信至，教顺，然后乘之，所以养安也。孰知夫出死要节之所以养生也！孰知夫出费用之所以养财也！孰知夫恭敬辞让之所以养安也！孰知夫礼义文理之所以养情也！"（《荀子·礼论》）由此可见，从孔子的"习"到孟子的"养"，发展到荀子的"礼"的时候，就已经彻底系统化、理论化了。这是先秦儒家哲学的实践本质决定的哲学走向。

关于孟子的"养"，在《孟子》中最有名的阐述，莫过于孟子的"我善养吾浩然之气"，"至大至刚，以直养而无害"，它是"集义所生"的结果。它到底是怎么"养"出来的？我们现在的理解实际上可能已经脱节、断层了。孟子的原文如下：

“敢问夫子恶乎长？”曰：“我知言，我善养吾浩然之气。”“敢问何谓浩然之气？”曰：“难言也。其为气也，至大至刚，以直养而无害，则塞于天地之间。其为气也，配义与道；无是，馁也。是集义所生者，非义袭而取之也。行有不慊于心，则馁矣。我故曰，告子未尝知义，以其外之也。必有事焉而勿正，心勿忘，勿助长也。无若宋人然：宋人有闵其苗之不长而揠之者，芒芒然归。谓其人曰：‘今日病矣，予助苗长矣。’其子趋而往视之，苗则槁矣。天下之不助苗长者寡矣。以为无益而舍之者，不耘苗者也；助之长者，揠苗者也。非徒无益，而又害之。”（《孟子·公孙丑上》）

这里的“直养而无害”，就是赵岐所注释的，以“正直之气”，没有“邪事干害”的“养”。所谓“集义所生”，就是长期持久地，毫不间断地，没有外在妨害、影响、干扰，专心致志地修养。然后，孟子用揠苗助长的故事进一步说明，既不能操之过急，也不能如三天打鱼两天晒网般断断续续。孟子“直养而无害”形成的“至大至刚”“塞于天地之间”的“浩然之气”，“是集义所生者，非义袭而取之也”，是一种大丈夫的精神动力，是孟子修身、齐家、治国、平天下的精神支柱。笔者认为，这样的解释是很肤浅的。笔者的意思是，孟子的“三乐”并没有直接地包含治国、平天下，所以，孟子其实发展了曾子、子思子的思想。万物皆完备于我，不仅仅只有天下贯于我的内容，同时也隐含了下学上达的新内涵。在先秦儒家思想的各个环节中，孟子“中天下而立”的独立精神，不容忽视。孟子是排除了直接的功利主义的。在这里，我们看到了孔子孟子与秦汉以后功利主义人学观的巨大差距。太史公《论六家要指》“儒者博而寡要，劳而少功，是以其事难尽从”的高论，是没有真正了解到先秦儒家深厚的人学内涵而产生的误解。

下面的这段文字虽然并没有说是养的“浩然之气”，但是，骨子里依然是说“浩然之气”，因为它的主题是曾子对“胁肩谄笑”的批评：

公孙丑问曰：“不见诸侯，何义？”孟子曰：“古者不为臣不见。段干木逾垣而辟之，泄柳闭门而不内，是皆已甚。迫，斯可以见矣。阳货欲见孔子而恶无礼，大夫有赐于士，不得受于其家，则往拜其门。阳货瞰孔子之亡也，而馈孔子蒸豚；孔子亦瞰其亡也，而往拜之。当是时，阳货先，岂得不见？曾子曰：‘胁肩谄笑，病于夏畦。’子路曰：‘未同而言，观其色赧赧然，非由之所知也。’由是观之，则君子之所养可知已矣。”（《孟子·滕文公下》）

在孟子看来，君子之所"养"，目的在于养德，就是要养自己"居天下之广居，立天下之正位，行天下之大道。得志与民由之，不得志独行其道。富贵不能淫，贫贱不能移，威武不能屈"（《孟子·滕文公下》）的"大丈夫"精神。没有这种精神，就不足以养父母、养自己、养妻子，进而养天下。所以，面对诸侯，侃侃而谈，做王者之师，就是君子的"养"，不喜欢权贵，不"胁肩谄笑"，独善其身，也是一种君子的"养"，而且是更为根本的"养"。在孟子看来，这种"养"对于个人的立身处世是不可或缺的，不论他是否要治国平天下，他都不能不"养"，因为如果他不"养"，那他就不再是真正的人。

所以，在孟子的文本中，"浩然之气"的"养"无处不在。因为它就是"收放心"的过程，更是提升自己性情境界的过程，也就是每天"存夜气"、养"平旦之气"的过程。但是，仅仅从这个层面理解孟子是远远不够的。笔者始终认为，孟子的"养浩然之气"，结合《孟子》的整个文本，确有更加深刻的意思。笔者的理路是这样的：孟子的思想来自曾子和子思子，孟子的性善论，意在指明人之所以为人的圣洁来源，在于确立人之所以为人的"天爵"。它的理论背景是《礼记·大学》的"明明德"和《礼记·中庸》的"天命之谓性"。所以，孟子的性善论是孟子人格独立的前提，更是他自由论思想的基础。上文"胁肩谄笑，病于夏畦"的引文，充分说明了孟子是在告诉我们，即便社会极端不公、不平，即便我身怀治国绝技，但是我绝对不可能委屈自己，同流合污。孟子通过王良与嬖奚的故事，生动地告诉我们，与小人实在没有办法合作，因为你不可能成就他，而他却能害了你。在这样的状态下，即便是"枉尺而直寻"（《孟子·滕文公下》），在利益上收获丰赡，但丧失人格，得不偿失。所以，孟子所追求的，始终是人格的独立性。人格的独立性，是性善论的基础，更是"养"的前提，还是孟子的人之所以为人的终极目标。

人格的独立性，其实是先秦儒家思想体系中非常重要的内容。孔子的"三军可夺帅也，匹夫不可夺志也"（《论语·子罕》）讲的是独立性，《礼记·大学》的"明明德"，《礼记·中庸》的"中立而不倚，强哉矫！国有道，不变塞焉，强哉矫！国无道，至死不变，强哉矫"，都在强调人之所以为人的独立性。没有人之所以为人的精神独立，任何哲学体系都不能成立。孟子正是在这一点上，为先秦儒家哲学的丰富与发展，做出了巨大的贡献。

（二）

在进入治国平天下的境界之后，孟子的"养"便全方位地释放出来。下面的这段文字，就是孟子"养"的思想对老百姓、对自然环境等各个方面，较为系统的展现，是"得志与民由之""兼养天下"的具体蓝图：

> 不违农时，谷不可胜食也；数罟不入洿池，鱼鳖不可胜食也；斧斤以时入山林，材木不可胜用也。谷与鱼鳖不可胜食，材木不可胜用，是使民养生丧死无憾也。养生丧死无憾，王道之始也。五亩之宅，树之以桑，五十者可以衣帛矣；鸡豚狗彘之畜，无失其时，七十者可以食肉矣；百亩之田，勿夺其时，数口之家可以无饥矣；谨庠序之教，申之以孝悌之义，颁白者不负戴于道路矣。七十者衣帛食肉，黎民不饥不寒，然而不王者，未之有也。（《孟子·梁惠王上》）

这段文字首先给人的印象就是"不违农时"，不折腾，不竭泽而渔，一切顺其自然并保护环境，长治久安。孟子认为这是"王道"的前提与基础。然后以定额的田亩分配给老百姓，使他们男耕女织，老有所养，并"谨庠序之教，申之以孝悌之义"，先富后教，这是孟子从孔子那里学来的思路。孔子"庶之""富之""教之"（《论语·子路》）的三个步骤，与孟子在这里勾画出来的、全方位整体性的"养"的蓝图基本思想是一样。

孟子还有"庠者，养也。校者，教也。序者，射也。夏曰校，殷曰序，周曰庠，学则三代共之，皆所以明人伦也。人伦明于上，小民亲于下。有王者起，必来取法，是为王者师也"（《孟子·滕文公上》）的表述，思想更直接明确。对其中的"庠"字，王念孙与赵岐、王引之有不同的理解。焦循的《孟子正义》记载如下：

> 王氏念孙《广雅疏证》云："《孟子·滕文公篇》'庠者，养也。校者，教也。序者，射也。'《广雅》卷四云：'校，教也。'卷五云：'序，射也。'皆本《孟子》。引之云：《说文》'庠，礼官养老也。'《王制》'有虞氏养国老于上庠'，郑注云：'庠之言养也。'赵岐注《孟子》云'养者，养耆老。射者，三耦四矢以达物导气。'此皆缘辞生训，非经文本意也。养国老于上庠，谓在庠中养老，非谓庠以养老名也。《州长职》云：'春秋以礼会民而射于州序'，谓在序中习射，非谓序以习射名也。《王制》：'耆老皆朝于庠，元日习射上功。'而庠之义独取义于养老，何也？《文王世子》：'适东序养老。'而序之义独取于习射，何也？庠序学校，皆为教导而设；养老习

射，偶一行之，不得专命名之义。庠训为养，序训为射，皆是教学之名，初无别异也。《文王世子》：'立太傅少傅以养之，欲其知父子君臣之道也。'郑注云：'养，犹教也。'言养者，积浸养成之。《保氏职》云：'掌养国子之道。'此庠训养之说也。"①

王念孙认为，"庠"，应该训为"积浸养成之"，是"掌养国子之道"，而赵岐、王引之的注释为"此皆缘辞生训，非经文本意也"。笔者赞同王念孙的观点。因为只有这样的诠释才能够在最大程度上体现儒家的理论目标。这样由夏代之校、殷代之序，进入周代儒家人学的"积浸养成之"的"庠"→"养"，这是对人学认识的一个深度把握，也体现了先秦儒学一脉相承的发展过程。

从上文孟子的表述之中，我们看到，孟子有关"养"的意义就是"人伦明于上，小民亲于下"，就是要在全社会建立起诚信和谐、和睦互助的环境。这当然是孟子整个仁政思想的一个组成部分。作为一位有志之士，只要善于"养"自己，成就自己，进而善于兼"养"万民，就可以成就自己独立的人格，进而成为"王者师"。真正的"王者"，要成就"仁政"的大业，他就不能不来"取法"有关"养"的学问。

概而言之，孟子的教育思想和人学思想之精髓在"养"。这个"养"不是耳提面命所能达到目的的。孟子的意思是，教育是熏陶、"积浸养成之"、是"养"的结果。这种观点非常重要，因为，这不仅是上承孔子、下开荀子一以贯之的儒家传统在中国古代数千年的历史上被验证为行之有效的教学方法和哲学范式，对中国，乃至整个东南亚的哲学思想以及传统教育都做出了巨大的贡献。而且，它与我们现当代的应试教育相比较，具有巨大的优越性，值得我们当今社会教育机构及相关部门认真借鉴。

孟子曰："以善服人者，未有能服人者也；以善养人，然后能服天下。天下不心服而王者，未之有也。"（《孟子·离娄下》）

从教育的角度来讲，其内涵是，自己做得好，并且以此威慑他人，企图达到教育的目的，这是不可能的。只有潜移默化，以身作则，像春天的雨，润物细无声地

①〔清〕焦循：《孟子正义》卷十，沈文倬点校，中华书局1987年版，第344—345页。

默默感化周围的人，从心灵深处打动人，才能够让人心悦诚服。换言之，耳提面命，老师一言堂，绝对不是教育的最佳形式，在生活中教育，在细节中感受，在视听言动的情节中熏陶，才是最好的教育。

这使我们想起了孔子循循善诱，与他的学生讨论问题时平易近人、温文尔雅、温良恭俭让的形象和风格。与孔子生活在春秋时期不一样的是，孟子在待人接物、表述思想的方式上很不一样。因为战国时期毁儒灭儒、恶意攻击儒家思想的人层出不穷，杨朱也好，墨子也好，各种奇谈怪论都不能不让孟子"息邪说，距诐行，放淫辞，以承三圣"（《孟子·滕文公下》），但在根本上，孟子也很想平易近人、温文尔雅，温良恭俭让，然而形势逼人，实在是不得已也！

> 孟子曰："中也养不中，才也养不才，故人乐有贤父兄也。如中也弃不中，才也弃不才，则贤不肖之相去，其间不能以寸。"（《孟子·离娄下》）

这个"中"字，指的是"喜怒哀乐之未发，谓之中"的"中"。它指的是来自"天"的灵冥的纯德、中和之"性"，即《白虎通义·五行篇》所说的："中，和也。中和居六德之首。"那就是最高的"德"了。我们应该知道，孟子私淑孔子，是子思子的门人（再传弟子），子思子是《中庸》的最终成文者，所以，《孟子》与《中庸》的文本是一脉相承的。孟子的这个"中"，就是已经掌握了"天下之大本"（《礼记·中庸》）的"中"的人。赵岐的注释是："中者，履中和之气所生，谓之贤。才者，谓人之有俊才者。有此贤者，当以养育教诲不能，进之以善，故乐父兄之贤以养己也。"[①]当然，这段文字的关键在于，人之所以为人，不仅仅是个人自己的"养"，而且更在于"如中也弃不中，才也弃不才，则贤不肖之相去，其间不能以寸"。道德品质好、修养好的人具有天生的教育周围人的职责和义务。如果大家不能和睦友爱，互相帮助、提携、教育的话，那怎么可以显示具有"中"与"才"的与众不同？更重要的是，"不中""不才"的人在与道德品质高的人在一起的时候，怎么提升自己？儒家的教化理想何以得到实现？所以，孟子的这段话与孔子引《书》所说的"孝乎惟孝、友于兄弟，施于有政"（《论语·为政》）的思想是完全一致的。人与人之间不能相弃，这就是儒家的理想，也是孔子孟子一以贯之的思想。

---

① 〔清〕焦循：《孟子正义》卷十六，沈文倬点校，第551页。

孟子曰：“孝子之至，莫大乎尊亲；尊亲之至，莫大乎以天下养。为天子父，尊之至也；以天下养，养之至也。”（《孟子·万章上》）孟子的“养”，对于一位有志之士来说，修养自己只是一种途径，是一种精神财富上的准备。“养”的思想理路始终是“老吾老以及人之老，幼吾幼以及人之幼”（《孟子·梁惠王上》），最后“莫大乎以天下养”，而“以天下养”，就是“养之至也”：

> 孟子曰：“伯夷辟纣，居北海之滨，闻文王作，兴曰：‘盍归乎来！吾闻西伯善养老者。’太公辟纣，居东海之滨，闻文王作，兴曰：‘盍归乎来！吾闻西伯善养老者。’二老者，天下之大老也，而归之，是天下之父归之也。天下之父归之，其子焉往？诸侯有行文王之政者，七年之内，必为政于天下矣。”（《孟子·离娄上》）

“善养老者”，就是“仁政”“王者”的表征。在一个施行了“仁政”的国度，人们不仅有丰富的物质生活保障，而且也有精神灵魂的依托。由于这个国家有了像文王一样的精神领袖，大家自然都愿意到这个国家来养老。“使天下仕者皆欲立于王之朝，耕者皆欲耕于王之野，商贾皆欲藏于王之市，行旅皆欲出于王之涂，天下之欲疾其君者皆欲赴愬于王。”（《孟子·梁惠王上》）这应该是孟子“仁政”理想的最高境界。这个境界的产生因为有文王这样的“圣人”兼养天下，所以达到了极好的效果。

所以，孟子的“养”，外发出来有一个由己及人、由近及远的过程。在《孟子》文本中，首先是“孝悌之养”“父母之养”，最后是天下父母之“养”。孟子把这个理路视为人之所以为人的天生的良知、良能的自然发展之路。孟子曰：“仁之实，事亲是也；义之实，从兄是也。智之实，知斯二者弗去是也；礼之实，节文斯二者是也；乐之实，乐斯二者，乐则生矣；生则恶可已也，恶可已，则不知足之蹈之、手之舞之。”（《孟子·离娄上》）在孟子看来，仁、义、智、礼、乐，这些方面都可以“养”人，而且它们是从天生的良知、良能入手，切入人的灵魂，使人改过迁善。这是就一般人的“养”而言。下面的这段文字，则是从非凡人物的身上讲“养”。

> 孟子曰：“天下大悦而将归己。视天下悦而归己，犹草芥也。惟舜为然。不得乎亲，不可以为人；不顺乎亲，不可以为子。舜尽事亲之道而瞽瞍厎豫，瞽瞍厎豫而天下化，瞽瞍厎豫而天下之为父子者定，此之谓大孝。”（《孟

子·离娄上》）

　　孟子的"养"始终没有脱离"亲亲"的基础，在《孟子》的文本中，圣人大舜始终是孝亲的楷模，更是治理国家的丰碑。一方面是"视天下悦而归己，犹草芥也"，另一方面又"不得乎亲，不可以为人；不顺乎亲，不可以为子"，二者之间，看似矛盾，实际上是一回事。孟子把个人的"养"与治国、平天下，最终融为一体的内在力量，正是"养"的内在道德光辉，感发出来的巨大张力。它是教化的德性感召，诚于中，形于外，四体不言而喻，让人心服口服地道德飞跃。

第三章　天视自我民视

第一节　从对《韶》乐的态度看孔子的政治思想

《论语》中，总共有三次谈到了《韶》乐。从表面上看，这只是一个"乐"的审美问题、教化问题，实质上这涉及了孔子非常深远的人学理想和政治理想。纵观中国政治理论的源远流长，深刻体察中国当下的政治理论建设，笔者深以为，这个问题，依然历久弥新。它不仅涉及个人的人性修养、性情打造、审美净化、人格塑造、人的价值实现和社会的诚信建设等等问题，而且还关涉了政治权力更替的方式问题，其中隐藏着深刻的政治哲学理论，值得我们深入研究。

（一）

《论语》三次提到《韶》乐的原文如下：

> 子谓《韶》："尽美矣，又尽善也。"谓《武》："尽美矣，未尽善也。"（《论语·八佾》）
> 子在齐闻《韶》，三月不知肉味。曰："不图为乐之至于斯也！"（《论语·述而》）
> 颜渊问为邦。子曰："行夏之时，乘殷之辂，服周之冕，乐则《韶》舞。放郑声，远佞人。郑声淫，佞人殆。"（《论语·卫灵公》）

从这三章我们明显看到，孔子是非常喜欢《韶》乐的。在先秦时期相关典籍中，类似的对《韶》乐推崇备至的文字，是比较多的。例如：

> 以乐舞教国子。舞《云门》《大卷》《大咸》《大韶》《大夏》《大濩》《大武》。以六律、六同、五声、八音、六舞、大合乐，以致鬼神示，以和邦国，以谐万民，以安宾客，以说远人，以作动物。（《周礼·大司乐》）
> 《大章》，章之也。《咸池》，备矣。《韶》，继也。《夏》，大也。殷

周之乐，尽矣。（《礼记·乐记》）

这两条史料已经说明，中国上古时期有一个伟大的经典"乐"的传统，从黄帝到尧、舜、禹三代，再到周文王、周武王、周公，各个时代都有代表性的大乐。从艺术发展的规律来讲，任何一种艺术的形式，都只能从民间的诞生，逐步发展提升而来，我们通过上述史料所展现出来的内容，可以想见，中华民族上古时期"乐"的盛况。其历史之源远流长、博大精深，不可想象。

以至于到后来，它被提升到了政治的层面。上文所引《周礼》说得很清楚，它有它的政治目的："以致鬼神示，以和邦国，以谐万民，以安宾客，以说远人，以作动物。"这种表述说明，"乐"已经在中华民族的精神传统中被政治化、神化，仿佛一种图腾性被崇拜的对象。这应该有一个相当长的历史过程。下面的史料更进一步地说明了这一点：

《箫韶》九成，凤皇来仪。夔曰："於！予击石拊石，百兽率舞，庶尹允谐。"（《尚书·益稷》）

禹乃兴《九韶》之乐，致异物，凤凰来翔。天下明德也。[1]

"《箫韶》九成""《九韶》"，可能是指《韶》乐有九章，或是有九场，是九幕连续歌舞剧。它的场面非常宏大，因为它可以"击石拊石，百兽率舞"。其音乐应该也非常空灵、神奇，犹如天籁之音："致异物，凤凰来翔，天下明德皆自虞帝始。"那就是惊天地、泣鬼神，可以"明明德于天下"，可以"庶尹允谐"，即整个世界的人，不论他是官员还是庶民，全部被这种伟大的"乐"（诗乐舞三位一体的歌舞剧）给感动、震撼了，音乐唤起了他们的良知、和蔼与诚信（"允谐"），沟通了天与人的关系，不仅可以"致异物"，世界上的一切都被吸引来了，甚至感动上苍，"凤皇来仪""凤凰来翔"，无以复加。在这些表述中，我们看到，上古时期的"乐"，是政治稳定的反映，是安邦定国的方式，也是从根本上净化人的性情、打造人的品格的手段。

关于《韶》乐更加精妙绝伦、带有哲理性描述的文字，来自《左传》：

---

[1]〔汉〕刘向撰，赵善诒疏证：《说苑疏证》，华东师范大学出版社1985年版，第572页。

　　（季札）见舞《象箾》《南籥》者，曰："美哉！犹有憾。"见舞《大武》者，曰："美哉！周之盛也，其若此乎！"见舞《韶濩》者，曰："圣人之弘也，而犹有惭德，圣人之难也。"见舞《大夏》者，曰："美哉！勤而不德，非禹，其谁能修之？"见舞《韶箾》者，曰："德至矣哉，大矣！如天之无不帱也，如地之无不载也。虽甚盛德，其蔑以加于此矣，观止矣。若有他乐，吾不敢请已。"（《左传·襄公二十九年》）

　　季札是春秋时期的一位政治家、预言家，精通历史和艺术。他在观看了《韶箾》乐舞之后，感叹至极，认为它贯通天人，"如天之无不帱也，如地之无不载也"，像辽阔的天空一样笼罩着世界，像大地一样承载、生养着万物，无以复加，登峰造极，叹为观止，因为这是"德至矣哉，大矣"！季札把所有的乐都视为"德"的体现，而《韶》则是所有乐中至善至美者。①这样的一种观念，是我们理解孔子思想的基础。阅读了这样的文字之后，我们就知道《论语》中为什么记载了孔子对《韶》乐如醉如痴、超乎寻常喜欢的原因了。

　　子在齐闻《韶》，三月不知肉味。曰："不图为乐之至于斯也！"（《论语·述而》）

　　无以复加、推崇备至的观点，与季札毫无二致。由文献学家刘向根据上古史料编纂的《说苑》还非常生动地记载了孔子特意到齐国去观赏《韶》乐的具体过程：

　　孔子至齐郭门之外，遇一婴儿挈一壶，相与俱行，其视精，其心正，其行端，孔子谓御曰："趣驱之，趣驱之。"《韶》乐方作，孔子至彼，闻《韶》三月不知肉味。故乐非独以自乐也，又以乐人；非独以自正也，又以正人矣哉！于此乐者，不图为乐至于此。②

　　这里展现的孔子，是一位非常具有童心的学者，趣味盎然。他看到一个小孩子

---

①《韶》是虞帝大舜的大德的体现，上文所引《说苑·修文》所说的"天下明德皆自虞帝始"就是这个意思。
②〔汉〕刘向撰，赵善诒疏证：《说苑疏证》，第584页。

拿着一只壶，孔子在这个孩子的精神气质上感受到了《韶》乐独特的艺术魅力："其视精，其心正，其行端"，九个字，厚重凝练，精妙绝伦，把《韶》的审美净化作用和巨大的感召力描述出来了：凝聚人的精神，净化人的良知，端正人的视听言动。而且，《说苑》在这里的意思是，《韶》乐对这个国家的所有人，包括小孩子的人格塑造、性情打造都有非常深远的效果。通过对《韶》乐的欣赏，孔子还对"乐"的作用、审美方法参悟出了一些规律：第一，单独一个人欣赏乐，不如与他人一起欣赏。第二，不应仅是单独一个人享受乐的美，而应让大家都享受乐的美。第三，真正的传统经典大乐不仅可以正己，而且可以正人。"乐"具有巨大的教化意义，因为它的根本是"道"，也就是乐以载道。第四，欣赏乐是与乐的作者的思想进行交流与对话，是与古人对话，与古代文化传统的对话。第五，人与乐交流的最终结果是人与天的对话与融合，这就是《乐记》所说的"大乐与天地同和"。孔子是一位闻一知十，一叶知秋，非常具有洞察力的人物。

　　所以，孔子的乐教可能由此而形成了强大的体系：

　　　　子曰："兴于《诗》，立于礼，成于乐。"（《论语·泰伯》）

　　如果我们对上述关于《韶》的强大魅力没有知识性的背景，我们就无法理解孔子"成于乐"的思想深度。"其视精，其心正，其行端"，指的是欣赏古典雅乐之后的精神状态，那是净化的结果。在孔子的思想体系中，这说的是"忠"。"乐非独以自乐也，又以乐人；非独以自正也，又以正人矣哉"，这说的是"恕"。忠恕之道，一以贯之。如果把它与《礼记·乐记》结合起来理解，我们就知道，在孔子看来，"乐"的审美过程不仅仅是人自身的净化过程、人与人的沟通过程，而且是人与"天"交流沟通的过程，是人之所以为人、天人合一的人格得以打造的过程，是一个诚信和谐、讲信修睦社会得以建立、逐步完善的过程。

　　所以，孔子认为《韶》乐是治理国家的重要工具：

　　　　颜渊问为邦。子曰："行夏之时，乘殷之辂，服周之冕，乐则《韶》舞。放郑声，远佞人。郑声淫，佞人殆。"（《论语·卫灵公》）

　　在这里，我们看到，孔子是一位传统文化的坚定捍卫者。他好像对自身所面对的礼崩乐坏的现实世界的一切都是看不惯和否定的，因为他要"行夏之时，乘殷之辂，服周之冕，乐则《韶》舞"。在各个方面，似乎只有古代的才是经典的。因为现实的艺术状态，实在令人不堪："放郑声，远佞人。郑声淫，佞人殆。"只有夏、商、周三代的乐，才是好的。我们知道，虽然三代的文化具有主流性的传承性，但是，毕竟它们也有彼此之间的巨大差异。由此，我们也看到了孔子思想来源的复杂性。"乐则《韶》舞"四个字，更把《韶》推向了经典与极端，它是对三代之"乐"的一个总结，是最优秀的代表。乐教，在后来整个孔子的学术体系、教化体系中，都是施行德性教化的重要手段：

> 大乐与天地同和，大礼与天地同节。和故百物不失，节故祀天祭地，明则有礼乐，幽则有鬼神。如此，则四海之内，合敬同爱矣。礼者殊事合敬者也；乐者异文合爱者也。礼乐之情同，故明王以相沿也。故事与时并，名与功偕。
> 及夫礼乐之极乎天而蟠乎地，行乎阴阳而通乎鬼神，穷高极远而测深厚。乐著大始，而礼居成物。著不息者天也，著不动者地也。一动一静者，天地之间也。故圣人曰礼乐云。（《礼记·乐记》）

《乐记》将礼与乐结合起来，协调人心欲望，建立诚信和睦，塑造性情世界，这是对上古以来的乐教深谋远虑的改造与提升。《乐记》虽然出自孔子后学①，但是其思想源自孔子，这是毫无疑问的。它最精深的思想在于，把政治的诚信与社会的和谐建立在打造人之所以为人的艺术境界之上。这是千古不易的人学理论。这种传统一直影响着孟子、荀子，及其百万的后学，这也是不言而喻的：

> 孟子曰："仁言不如仁声之入人深也，善政不如善教之得民也。善政，民畏之；善教，民爱之。善政得民财；善教得民心。"（《孟子·尽心上》）
> 夫声乐之入人也深，其化人也速。（《荀子·乐论》）

---

①孔颖达《礼记正义》引《艺文志》云："黄帝以下至三代，各有当代之乐名。孔子曰：'移风易俗，莫善于乐也。'周衰礼坏，其乐尤微，以音律为节，又为郑、卫所乱，故无遗法矣。汉兴，制氏以雅乐声律，世为乐官，颇能记其铿锵鼓舞而已，不能言其义理。武帝时，河间献王好博古，与诸生等共采《周官》及诸子云乐事者，以作《乐记》事也。其内史丞王度传之，以授常山王禹，成帝时，以谒者数言其义，献二十四卷《乐记》。刘向校书，得《乐记》二十三篇，与禹不同，其道浸以益微。"〔〔清〕阮元校刻：《礼证正义》卷三十七，《十三经注疏》（清嘉庆刊本），中华书局2009年版，第3310页〕《乐记》的作者有很多种说法，其实都是猜测，真正靠得住的还是这段文字。

　　由此我们可以看到，孔、孟、荀所面临的社会问题与我们当今有惊人的相似，他们提倡乐教的目的：第一，要把老百姓团结起来，整个国家要有向心力、凝聚力，这是建立社会诚信的前提与基础（"得民"）。第二，化解官府与老百姓之间在情绪上的对立。民"畏之"的结果，只会引发一连串的社会矛盾，最终难以解决。第三，"得民心"的结果，就是政治局面的长治久安。这里的长治久安，不是建立在暴力统治之上，而是建立在老百姓安居乐业、幸福美满、具有审美追求的基础之上的。个人的自足圆满与社会的诚信和谐，完全是统一的。

<h1 style="text-align:center">（二）</h1>

　　但是，走笔至此，这篇文章真正要说的话现在还完全没有下笔，因为孔子的思想非常深远。在《论语》中，孔子最有震撼力的话是：

　　　　子谓《韶》："尽美矣，又尽善也。"谓《武》："尽美矣，未尽善也。"（《论语·八佾》）

　　《韶》是三代时期大舜的乐舞，而舜的国家权力是尧禅让给他的，不是大舜通过武力征伐夺取的。而且舜又尊崇尧的传统，最后他将手中的部族最高权力禅让给了十分勤勉、并对部族做出了巨大贡献的大禹。这种禅让制最大的优点，在于政权交接过程的平稳过渡，没有流血事件，因而也就没有仇恨。没有仇恨也就没有阶级的对立，以及由此而来的一系列阶级斗争。

　　孔子说，《韶》乐"尽善尽美"，什么是"善"？什么是"美"？美指的是形式之美。而善，则指的是内容。"善"的根基是"仁"，这是历代注家的共识。仁者，恻隐之心也。这就是季札在观看了《韶》乐以后大加赞赏，称《韶》乐为"德至矣哉，大矣"的原因。孔子与季札的观点是一脉相承的。后代的注家都走了这条诠释的道路。[①]

　　为什么《武》"尽美矣，未尽善也"？由于《武》是历代大型经典乐舞的总

[①]《论语补疏》曰："武王未受命，未及制礼作乐，以致太平，不能不有待后人，故云未尽善。善，德之建也。"（参见程树德：《论语集释》，程俊英、蒋见元点校，中华书局1990年版，第223页）这是直接在批评武王没有把社会之德建立起来。

结性乐舞，所以，做到"尽美"是可能的，但是，在孔子看来，"未尽善也"。因为周武王是武力夺取政权，推翻商纣王的统治而建立起了周王朝。此乐舞号称《武》，其中必然充满杀伐征战之声。在这里，我们应该沉思片刻，对孔子的话做一个深沉厚重的思考，把先秦儒家所有的原典结合、整合起来，我们会发现一个铁打的事实，那就是：孔子推崇禅让制，反对武力夺取政权。但即便在《论语》中，孔子自己也没有落实，①在孟子的理论体系中，孟子也提倡当广大老百姓生活在水深火热之中，暴君草菅人命、骄奢淫逸、倒行逆施的时候，豪杰之士都可以像武王一样"一怒而安天下之民"（《孟子·梁惠王下》）②。

但是，现实与理想，有着非常遥远的距离。孔子的理想是什么呢？我们在《论语》中可以找到证据：

> 子贡曰："如有博施于民而能济众，何如？可谓仁乎？"子曰："何事于仁，必也圣乎！尧、舜其犹病诸！夫仁者，己欲立而立人，己欲达而达人。能近取譬，可谓仁之方也已。"（《论语·雍也》）

长期以来，人们只关注了"夫仁者，己欲立而立人，己欲达而达人。能近取譬，可谓仁之方也已""己所不欲，勿施于人"（《论语·颜渊》）的德行修养训诫，而没有注意到前面的话。对于"博施于民而能济众"，孔子的评价是："何事于仁，必也圣乎！尧、舜其犹病诸。"这是一个至高至大至上的境界，是一个以"天"为楷模，公平正义的境界：

> 子曰："巍巍乎！舜、禹之有天下也，而不与焉。"（《论语·泰伯》）
> 子曰："大哉！尧之为君也！巍巍乎！唯天为大，唯尧则之！荡荡乎，民

---

① 《论语·阳货》载：佛肸召，子欲往。子路曰："昔者由也闻诸夫子曰：'亲于其身为不善者，君子不入也。'佛肸以中牟畔，子之往也，如之何？"子曰："然。有是言也。不曰坚乎，磨而不磷；不曰白乎，涅而不缁。吾岂匏瓜也哉？焉能系而不食？"孔子在政治上一直有特别的想法，这是很明显的。

② 《孟子·梁惠王下》载："《书》曰：'汤一征，自葛始。'天下信之，东面而征，西夷怨；南面而征，北狄怨，曰：'奚为后我？'民望之，若大旱之望云霓也。归市者不止，耕者不变，诛其君而吊其民，若时雨降，民大悦。《书》曰：'徯我后，后来其苏。'今燕虐其民，王往而征之，民以为将拯己于水火之中也，箪食壶浆以迎王师。"这是孟子碰到的特殊时代必然寻求的解脱之道。

无能名焉！巍巍乎！其有成功也！焕乎！其有文章。"（《论语·泰伯》）

这并非我们置身于功利主义的时代、处于较低的人性水平能够企及的政治境界和人的性情境界。这样的状态，让孔子高山仰止，而且是"唯天为大，唯尧则之"，已找不到更美好的词语来形容那个时代的公正、公平。因为，在这种社会里，完全没有贪污腐败，更没有不公正，像"天"一样，不仅周流六虚，而且无私不覆。它由此带来的是整个社会人文主义、人道主义的巨大发展（"巍巍乎！其有成功也！焕乎！其有文章"）。这其实就是孔子"天下为公""世界大同"的理想：

> 孔子曰："大道之行也，与三代之英，丘未之逮也，而有志焉。"大道之行也，天下为公。选贤与能，讲信修睦，故人不独亲其亲，不独子其子，使老有所终，壮有所用，幼有所长，矜寡孤独废疾者，皆有所养。男有分，女有归。货恶其弃于地也，不必藏于己；力恶其不出于身也，不必为己。是故谋闭而不兴，盗窃乱贼而不作，故外户而不闭，是谓大同。（《礼记·礼运》）

在中国思想史上，这是非常有名的文段。但是，怎么才能够达到这样的政治、文化境界？在孔子的知识世界和政治理想中，唯一的办法，只有禅让制。笔者通过认真思考，坚定认为，这是唯一的一条道路。孟子深刻领悟孔子的思想，也有十分经典的表达：

> 孟子曰："行一不义，杀一不辜，而得天下，皆不为也。"（《孟子·公孙丑上》）
>
> 孟子曰："争地以战，杀人盈野；争城以战，杀人盈城，此所谓率土地而食人肉，罪不容于死。故善战者服上刑，连诸侯者次之，辟草莱、任土地者次之。"（《孟子·离娄上》）

因为，孔子、孟子都已经看到，从纯理论上来讲，武力夺取政权，会给人性的修养、诚信的建立、社会的安定等等相关问题带来无法言状的各种弊端：

第一，从儒家的思想体系来讲，它提倡"礼"。即便商纣王草菅人命，骄奢淫逸，倒行逆施，人民生活在水深火热之中，周武王有一百个、一千个理由推翻商纣王的暴政，一怒而安天下之民，但是，儒家的理论是"夫孝，天之经也，地之义也，民之行也。天地之经而民是则之，则天之明，因地之利，以顺天下，是以其教不肃而成，其政不严而治。先王见教之，可以化民也。是故先之以博爱，而民莫遗其亲；陈之以德义而民兴行；先之以敬让而民不争；导之以礼乐而民和睦；示之以好恶而民知禁。《诗》云：'赫赫师尹，民具尔瞻。'"（《孝经·三才章》）如果暴力夺取政权，就开了以臣犯君、逆天造反的先例，违反了天尊地卑、天人合一、移孝于忠的基本常态。从此以后，国家政权在领导老百姓的时候，就不能真正地、彻底地自圆其说。

第二，暴力夺取政权的真正危害，是人为地制造了敌人。固然，在统治集团内部很多人是既得利益者，但是，他本人也是制度、政权的受害者，他未必是作恶多端的人。当新的政权建立之际，他自然而然将遭到镇压。旧时代把人变成鬼，新时代把鬼变成人。冤冤相报，永无宁日。对于被压迫者，仇恨永远存放在心灵深处。对于压迫者，处处草木皆兵。党锢之祸、文字狱，由此而比比皆是，人们长期生活在恐惧与反恐惧之中，阶级斗争成了整个国家的常态。但是，真正的罪魁祸首，是暴力夺取政权。

第三，暴力夺取政权，根本的问题是社会政治与经济成本投入太大。因为战争一起，兴师动众，生灵涂炭，玉石俱焚，民不聊生。孙子曰："凡兴师十万，出征千里，百姓之费，公家之奉，日费千金。内外骚动，怠于道路，不得操事者，七十万家。"[1]一将功成万骨枯！战争所制造的真正的苦难承受者，不是既得利益者和操纵战争的人，而是广大的黎民百姓。无数的生命卑贱如草芥，历尽磨难，生不如死。对于国家来说，一切的经济建设，一切固有的、传统的价值观念，一切的理想与生活梦想，全部被推倒重来，进而对历史彻底地推翻重来，甚至进入彻头彻尾的历史虚无主义。

第四，暴力夺取天下的"你死我活"的性质，从根本上决定了新的政权始终摆脱不了以武力管理天下的噩梦。秦始皇以文化弱小之国，用强悍的兵马力量战胜了东方六国之后，难道他不知道实施仁义，推行仁政，"攻守之势异也"[2]的道理吗？情势所必然也。中国社会几千年来，一直没有摆脱这个噩梦，是中国人的灾难。因为，以武力、以暴力来管理天下，最后的必然结果，是真理的沦丧，进而是

---

[1] 国学整理社：《诸子集成·孙子十家注》（第6册），中华书局1954年版，第226页。
[2] 贾谊曰："秦以区区之地，致万乘之势，序八州而朝同列，百有余年矣。然后以六合为家，殽函为宫。一夫作难而七庙隳，身死人手，为天下笑者，何也？仁义不施，攻守之势异也。"[参见〔汉〕贾谊：《过秦论》（上），《新书校注》，阎振益、钟夏校注，中华书局2000年版，第3页]

道德的沦丧。为了权力，有识之士无所不用其极。愚夫愚妇，因为权力而低三下四，像猪狗一样地生活，没有任何的尊严。社会的弱势群体，胁肩谄笑，为了生存，笑贫不笑娼。一切为了权力，成了这个国家唯一的真理。在一个毁灭了人性的国度里，是不能夸耀任何其他成就的。

第五，暴力夺取政权和由此而带来的、不得不施行的暴力管理，将严重压抑人性，忽视人的个性，摧毁人的尊严。最终，人的价值被忽视，进而彻底摧毁了人之所以为人，性情世界中那彩云追月般的艺术境界、幸福境界、天人境界，以及能够真正体现人类"天地之德，阴阳之交，鬼神之会，五行之秀气也"（《礼记·礼运》）的创造力。整个社会处于物质的醉生梦死之中，好死不如赖活着。在这个时候，这个国家绝大多数人对于人之所以为人的真正的崇高价值闻所未闻，对整个人类辉煌壮观的传统经典、世界名著，整个的精神文化传承，闻所未闻。人，仅仅作为一个物质的奴隶，"与物相刃相靡，其行尽如驰，而莫之能止，不亦悲乎"（《庄子·齐物论》），完全被物质所异化，生活在短暂的几十年的肉欲贪婪之中。在这样的社会里，人根本不知道真正的人的概念，是历史文化的传承，几千年来文化的结果，他的生命本来可以穿越几千年，成为一个站在巨人肩膀上的人。"子在川上曰，逝者如斯乎，不舍昼夜。"（《论语·子罕》）这些观念，对暴政下的臣民来讲，犹如夏虫不可以语冰。

对于暴力夺取政权的危害，作为圣人的孔子，已深入地思考过。江熙《论语集解》曰："孔曰：《韶》，舜乐名也。谓以圣德受禅，故曰尽善也。《武》，武王乐也。以征伐取天下，故曰未尽善也。"[1]古代注家在这一点上，观点非常一致，他们完全理解孔子的心。这样的注释，几乎俯拾即是，已经无须讨论。这在《礼记·乐记》中也有明确阐述："乐者，天地之和也。礼者，天地之序也。和，故百物皆化。序，故群物皆别。乐由天作，礼以地制。过制则乱，过作则暴。明于天地，然后能兴礼乐也。论伦无患，乐之情也。欣喜欢爱，乐之官也。中正无邪，礼之质也，庄敬恭顺，礼之制也。若夫礼乐之施于金石，越于声音，用于宗庙社稷，事乎山川鬼神，则此所与民同也。王者功成作乐，治定制礼。其功大者其乐备，其治辩者其礼具。干戚之舞非备乐也，孰亨而祀非达礼也。五帝殊时，不相沿乐；三王异世，不相袭礼。乐极则忧，礼粗则偏矣。及夫敦乐而无忧，礼备而不偏者，其

---

①程树德：《论语集释》，程俊英、蒋见元点校，第223页。

唯大圣乎"①也就是说，天地之和，百物之化，论伦无患，欣喜欢爱，敦乐不忧，礼备不偏，这样的人性敦厚、社会诚信境界，只有靠礼乐文明为教化途径的仁政，才能够实现。而且它还直接指出："干戚之舞非备乐也。"《乐记》作者的意思是，在乐舞中炫耀武力，奖励征伐之胜，将唤起治国者的穷兵黩武，助长老百姓的霸道行为，因而与实现这种"仁政"的社会境界背道而驰。

换而言之，暴力夺取政权之后，后患无穷。当然，孔子生于武王之后，当时的诸侯贪欲无穷，连年征战，已经一发不可收拾。孔子的禅让之梦，最终没有实现。但是，孔子已经将问题提出来了。面对经典，我们发现，孔子提出的问题是，诸侯大权在握，无法无天，贪婪狠毒，草菅人命，并失去了反思和忏悔的能力，我们到底怎么才能制约他们？这确实是一个古老的问题。

第二节　《孝经》——安邦定国的法宝

笔者认为，《孝经》根本性的哲学理论基础来自孔、曾、思、孟。所以，理解《孝经》，首先必须要把它置放于孔、曾、思、孟的理论体系之中，必须把《孝经》与孔、曾、思、孟彻底结合起来，才能有深入的洞悉。性善论是《孝经》的立论前提，也是性善论的完善与保障。也就是说，《孝经》就是要把孔、曾、思、孟的政治哲学思想、宗教伦理思想落到实处。因此它的现实意义非常大。《孝经》从天子、诸侯、卿大夫、士、庶人五个方面入手，讲我们每一个人的人生来源，讨论我们人之所以为人的大本大原，然后从三才、孝治、圣治等各个方面讲述"孝"的性质、特点及"以孝治国"的巨大好处。仔细研读《孝经》，我们不能不叹为观止，因为它确实是中国古代治国安邦的法宝。

（一）天地之性人为贵

子曰："吾志在《春秋》，行在《孝经》。"（《钩命决》）这两句被历代注

---

① 〔清〕阮元校刻：《礼记正义》卷三十七，《十三经注疏》（清嘉庆刊本），第3317—3318页。

疏家所引用，也被李隆基所重视，足见它的重要性。邢昺曰："言褒贬诸侯善恶，志在于《春秋》，人伦尊卑之行，在于《孝经》也。"（《十三经注疏·孝经注疏》）"人伦尊卑之行"，就是指社会的行为规范，人伦日用的社会管理。它的目的，是社会的长治久安。"圣人因严以教敬，因亲以教爱。圣人之教不肃而成，其政不严而治。其所因者本也。"（《孝经·圣治章》）因为坚守了"孝"这个"本"，社会的各个方面都井井有条，顺理成章。这个"本"在《孝经》中，是"夫孝，德之本也"（《孝经·开宗明义章》）。但是，如果这个"本"字与《论语·学而》篇的"君子务本，本立而道生。孝弟也者，其为仁之本与"整合起来理解，那就深广多了。如此，这个"本"，便不仅仅是"德"之本，而且还是"人"之本了。

如果仔细研究《孝经》，我们就会深刻地体会到《孝经》的人性关怀、人本关怀。《孝经》说得很清楚："天地之性人为贵。"（《孝经·圣治章》）人是最宝贵的存在。但是人不能没有孝道："人之行莫大于孝。"（《孝经·圣治章》）没有了孝道，人就不成其为人。《孝经》的理路是"夫孝，天之经也，地之义也，民之行也"（《孝经·三才章》），孝是天经地义的事情，在这个世界上，再没有比"孝"更重要的事情。

孝为何这么重要？这是《孝经》背后的哲学问题。《孝经》里"天地之性人为贵"的命题，就回答了这个问题。它与《礼记·礼运》中"故人者，其天地之德，阴阳之交，鬼神之会，五行之秀气也"是一样的理路。在儒家的哲学体系中，人为什么可贵？与禽兽相比较，人到底有什么不同？关键在人的天生善端、善性。用孟子的话来讲就是：

> 孟子曰："乃若其情，则可以为善矣，乃所谓善也。若夫为不善，非才之罪也。恻隐之心，人皆有之；羞恶之心，人皆有之；恭敬之心，人皆有之；是非之心，人皆有之。恻隐之心，仁也；羞恶之心，义也；恭敬之心，礼也；是非之心，智也。仁义礼智，非由外铄我也，我固有之也，弗思耳矣。"（《孟子·告子上》）

这是孟子最著名的关于性善论的论断。这段话只有在孔、曾、思、孟整体理论背景之下来讨论才能说清楚，它是专门谈善端、善性的。在学术界，相关的论述已经很多，此处毋庸赘言。但是，我们必须指出的是，引文的"情"字、"才"字都是指人的天生资质，先验性的良知良能，由此萌蘖生发，人就有恻隐之心、羞恶之心、恭敬之心、是非之心。而这种"萌蘖生发"最基本的途径就是孝悌之道。《孝经》认为，这是人的天性。因为父母在我们的生命之中，我们的身体就是列祖列宗、父母的遗体。而且，父母是我们的第一任教师。孝悌之道的前提是父母本身有一颗"恻隐之心、羞恶之心、恭敬之心、是非之心"，是父母的修身养德给孩子树立的榜样，是父母给予孩子的无边的爱所激发出的向善的勇气。《孝经》曰："是故先之以博爱，而民莫遗其亲。"（《孝经·三才章》）对于父母来讲，这种爱，是孝子贤孙人性的自然显现，是人性在爱的环境教养之下展现出来的人的善性，更是一个家族、一个家庭福泽绵长所必需的。

面对这样的父母，孩子不能没有孝悌之情。《孝经》引孔子的话："孝子之事亲也，居则致其敬，养则致其乐，病则致其忧，丧则致其哀，祭则致其严。五者备矣，然后能事亲。"（《孝经·纪孝行章》）父母如天地山川高远深厚的爱，将培育儿孙世世代代的孝悌之道，这同样是一种人性的自然呈现。没有这种自然情感之人，便无法面对天地神明、兄弟姐妹、君臣父子、夫妇朋友。因为他没有感恩之心、敬畏之心，进而也就没有责任之心及对世界的奉献精神。最终，干一番事业，"立身行道，扬名于后世，以显父母"（《孝经·开宗明义章》）就会成为一句空话。在其生命的进程中，没有真正的爱、坚韧的精神和前进的动力，终将碌碌无为，草木一秋。

更为重要的是，《孝经》"天地之性人为贵"的根本要义，在于人之所以为人，在于尊严、幸福和人性的快乐，在于有内涵、有底蕴、有精神。"教民亲爱，莫善于孝。教民礼顺，莫善于悌。移风易俗，莫善于乐。安上治民，莫善于礼。礼者，敬而已矣。故敬其父，则子悦。敬其兄，则弟悦。敬其君，则臣悦。敬一人而千万人悦：所敬者寡，而悦者众。此之谓要道也。"（《孝经·广要道章》）亲爱礼顺、孝敬欢愉，这是孝道的基础和目的。由个体本人的修养产生的快乐，最终会因为我们每一个人都心怀敬意，而变成"千万人悦"。反过来由"千万人悦"，又进一步激发了个体本人的"悦"。这是和谐世界的人性根基，更是幸福人生的社会环境。《孝经》还有更加深刻的表述：

子曰："君子之教以孝也，非家至而日见之也。教以孝，所以敬天下之为人父者也。教以悌，所以敬天下之为人兄者也。教以臣，所以敬天下之为人君者也。《诗》云：'恺悌君子，民之父母。'非至德，其孰能顺民如此其大者乎！"（《孝经·广至德章》）

《释诂》云："恺，乐。""悌，易。"由此可知，"恺悌君子"，有两个基本意思：第一，快乐；第二，平易。这段经典的内在精神在于，君子的孝悌之道，不是每天素隐行怪、装模作样、标新立异，而是平易和乐，以敬父母之心、敬兄弟姐妹之心，去面对天下苍生。从深层次的人性来讲，这段话展示的是一种"顺民""其大者"。笔者的理解为，是一种肃穆的人性世界、静穆的性情世界及和乐的亲亲、尊贤世界。这是一种精英文化，更是一种人之所以为人的高贵精神、贵族精神，其骨子里是一种挺立的人格和刚正精神。《孝经》在其《开宗明义》第一章中就明确指出：

> 身体发肤，受之父母，不敢毁伤，孝之始也。立身行道，扬名于后世，以显父母，孝之终也。夫孝，始于事亲，中于事君，终于立身。

此章置放在《孝经》的最前面，不可等闲视之。它与我们自秦汉以后所理解的"孝道"之精神实质，是不一样的。"立身行道，扬名于后世"，成了整个《孝经》的根本思想。它与《大学》的"明明德"，《中庸》的"天命之谓性""致中和"（"致"，就是推而极之。"致中和"，就是对个体充分的尊重）完全一致，而且更进一步。人生只要为社会做贡献，"立身行道"，使列祖列宗含笑于九泉，就是最高级别的"孝"、最终极的"孝"。所以，在孔圣人那里，没有丝毫的教条和后世的道学气，他心胸之中充满的只有仁爱慈悲的情怀。所以，从这个角度上来讲，《孝经》异常地重视人之所以为人的人格挺立和核心价值，因为没有这个基础，孝道也就失去了它的基本意义。

（二）孝悌之至，通于神明

《孝经》的另一个理论基石，是它的宗教性。《孝经》的表述是这样的："子曰：'夫孝，天之经也，地之义也，民之行也。天地之经而民是则之，则天之明，因地之利，以顺天下。'"（《孝经·三才章》）"孝"是对天地精神的效法，是天经地义的事情，否则逆天而行，就是大逆不道，天下大乱之道。这是先秦儒家的基本思想之一。《大戴礼记·曾子大孝第五十二》曰："天之所生，地之所养，人为大矣。父母全而生之，子全而归之，可谓孝矣。不亏其体，可谓全矣。"孝，是人之所以为人的基本内涵、基本素质、基本职能，"故君子一举足不敢忘父母，一出言不敢忘父母。一举足不敢忘父母，故道而不径，舟而不游，不敢以先父母之遗体行殆也。一出言不敢忘父母，是故恶言不出于口，忿言不及于己。然后不辱其身，不忧其亲，则可谓孝矣"。时刻没有丝毫的懈怠，没有忘记自己生命的本源，时时拥有感恩之心、敬畏之心、责任之心和奉献精神，这才是人之所以为人者。所以，奉天之明，因地之利，以顺天下，无时无刻不深怀敬意。相对于其他经典来讲，《孝经》文本并不是很长，但是在不长的文本中，"敬"字凡23见，整个文本始终贯彻了一种"敬"的精神。这是"孝"道的心理前提。

这种心理的前提，还有更加崇高的来源：

> 子曰："天地之性人为贵。人之行，莫大于孝。孝莫大于严父，严父莫大于配天，则周公其人也。昔者，周公郊祀后稷以配天，宗祀文王于明堂，以配上帝。"（《孝经·圣治章》）

这里的逻辑是，天地之间之所以人为贵，是因为人有来源于"严父"的血统。它基源于列祖列宗筚路蓝缕、开启山林的奋斗精神，传承到此时此刻我们感受到的一脉相承的承续力量。这种力量使我们成为"配天""配上帝"的人。这就是在精神上具有无穷源泉的人。所以，人之所以为人，天之所生，地之所养，父母恩情，"续莫大焉"（《孝经·圣治章》）。在笔者看来，"续莫大焉"，并不仅仅指的是肉体上的传承、精神上的弘扬，而且还在于对自我生命根源的一种深度的认同，以及由此而萌生并坚守的一种自尊、自爱和自强不息。这就是"立身行道，扬名于后世，以显父母"（《孝经·开宗明义章》）的精神源泉。这就是天地的精神，更是《孝经》的精神。这在先秦儒家思想体系中是一以贯之的。子曰："吾不与祭，如不祭。"（《论语·八佾》）孔子的意思是，我们对列祖列宗的祭祀活动，一定要真诚，一定要真心实意地表达我们的感恩之心，"孝"的根本精神是真诚，因为我们的生命、我们的精神源泉都来自这里。这就是《大学》的"明明德"，就是《中庸》的"天命之谓性"。笔者曾对此有系统的表述。①在《中庸》中，这种证据是无处不在的：

---

① 参见欧阳祯人：《论〈大学〉〈中庸〉的天人关系》，《中国文化研究》2015年第1期。该文把《大学》的"明明德"与"格物致知"以及《中庸》的"中"与"天命之谓性"整合起来，研究了《大学》《中庸》的宗教性。

> 子曰："鬼神之为德，其盛矣乎！视之而弗见，听之而弗闻，体物而不可遗。使天下之人，齐明盛服，以承祭祀。洋洋乎如在其上，如在其左右。《诗》曰：'神之格思，不可度思，矧可射思。'夫微之显，诚之不可掩如此夫。"（《礼记·中庸》）

"鬼神"，在这里是一种天地的精神，朱熹在《四书章句集注》中注释曰："鬼者阴之灵也，神者阳之灵也。以一气言，则至而伸者为神，反而归者为鬼，其实一物而已。"① 它是一种无处不在的"莫见乎隐，莫显乎微"（《礼记·中庸》）的隐微存在。这是心理上的暗示，更是一种生命上的信仰。我们相信神灵就在我们的头上，在我们的身边，这是儒家哲学宗教性的超越前提。《大戴礼记·曾子立孝第五十一》曰："君子一孝一悌，可谓知终矣。"这就是人之所以为人的精神归宿和大本大原。《大戴礼记》给"礼"规定了"三本"②，其中"先祖"为"类之本"，就是指人的孝悌之道，是生命的源头，这是人之所以为人的一个重要的"终始"之本。由此我们也可以进一步窥测《孝经》、"孝悌"在先秦儒家的人学中多么重要。不过，《孝经》的表述还有更深一层的思想：

> 子曰："昔者明王，事父孝，故事天明。事母孝，故事地察。长幼顺，故上下治。天地明察，神明彰矣。故虽天子必有尊也，言有父也。必有先也，言有兄也。宗庙致敬，不忘亲也。修身慎行，恐辱先也。宗庙致敬，鬼神著矣。孝悌之至，通于神明，光于四海，无所不通。《诗》云：'自西自东。自南自北。无思不服。'"（《孝经·感应章》）

这里把天地鬼神与父母长幼孝悌联系起来，这是一种天人合一的精神。这种精神首先必须落实在我们每一个人的道德践履上。也就是说，即凡即圣，内在超越。一草一木、一砖一瓦，一举手一投足之间都要体现我们自己的修养。从内在的道德良知超越自我，体悟天道、存神过化，呈现天道。在我心中时时刻刻都尊敬着列祖

① 〔宋〕朱熹：《四书章句集注》，中华书局1983年版，第25页。
② 《大戴礼记·礼三本第四十二》曰："礼有三本：天地者，性之本也；先祖者，类之本也；君师者，治之本也。无天地焉生？无先祖焉出？无君师焉治？三者偏亡，无安之人。故礼，上事天，下事地，宗事先祖，而宠君师，是礼之三本也。"（〔清〕王聘珍：《大戴礼记解诂》，王文锦点校，中华书局1983年版，第17页）

列宗，"宗庙致敬，不忘亲也。修身慎行，恐辱先也。宗庙致敬，鬼神著矣"，最终达到"孝悌之至，通于神明，光于四海，无所不通"的境界，这应该是孝的最高境界。

这与孟子"亲亲而仁民，仁民而爱物"（《孟子·尽心上》）的境界完全统一。《吕氏春秋》记载曾子的话说："身者父母之遗体也。行父母之遗体，敢不敬乎？居处不庄，非孝也。事君不忠，非孝也。莅官不敬，非孝也。朋友不笃，非孝也。战陈无勇，非孝也。五行不遂，灾及乎亲，敢不敬乎？"（《吕氏春秋·孝行览》）把"孝"的外延扩大了。《大戴礼记》也有同样的表述，它引用孔子的话说："伐一木，杀一兽，不以其时，非孝也。"（《大戴礼记·曾子大孝第五十二》）这已经进入了大自然，这应该是情的宇宙观了。《大戴礼记》在演绎《孝经》这是肯定的。虽然文本不同，文本产生的时代也不一样，但是，从文风来看，先秦儒家的这种理路，却是完全相同的。

（三）笃恭而天下平

《孝经》在其"开宗明义"第一章中，就借孔子的话说道："先王有至德要道，以顺天下，民用和睦，上下无怨。汝知之乎？"这就是《孝经》的文眼。"以"字是一个表示目的的介词。这篇文献中的"至德要道"所要达到的目的，就是和顺天下、和睦百姓、上下无怨。这就是整个《孝经》的理论目的。所以，以"孝"平治天下，垂裳而天下治，笃恭而天下平，是它的真正目的。事实上，我们回首中国几千年的历史，《孝经》确实是中国古代治国安邦的法宝。

首先《孝经》从天子、诸侯、卿大夫、士、庶人五个方面入手，站在各个角度，充分地为写作对象着想，为对方详细分析恪守孝道的好处。它像五把钢绳牢牢地套住了社会的各个阶层的思维方式和行为方式。"事亲者，居上不骄，为下不乱，在丑不争；居上而骄则亡，为下而乱则刑，在丑而争则兵，三者不除，虽日用三牲之养，犹为不孝也。"（《孝经·纪孝行章》）社会各个阶层的人都应该加强自己的修养，以"孝"来约束自己。地位高的人骄横跋扈，会引起人们的嫉恨，人们就会推翻你，你就会"亡"，由此你的宗庙就保不住了。底层的老百姓虽然生活艰辛，但是他们不能奋起反抗，因为反抗会遭到严刑的折磨。广大的群众不要为了各种利益你争我夺，因为争夺最后会导致战争。换句话来讲，就是"自天子以至于庶人，壹是皆以修身为本"（《礼记·大学》），《大学》的政治理想，在《孝经》中完全找到了可以依托、落实的平台。《孝经·孝治章》写道：

子曰："昔者明王之以孝治天下也，不敢遗小国之臣，而况于公、侯、伯、子、男乎？故得万国之欢心，以事其先王。治国者不敢侮于鳏寡，而况于士民乎？故得百姓之欢心，以事其先君。治家者不敢失于臣妾，而况于妻子乎？故得人之欢心，以事其亲。夫然，故生则亲安之，祭则鬼享之，是以天下和平，灾害不生，祸乱不作。故明王之以孝治天下也如此。《诗》云：'有觉德行，四国顺之。'"

此章以治天下、治国、治家为序的脉络，一目了然。这显然与《大学》的八大条目相呼应，这是在为《大学》张目。《孝经》与《大学》在思想理路上属于一个理论体系，这应该没什么疑问。《大学》开篇即提出"三大纲领"："大学之道，在明明德，在亲民，在止于至善。"由此，我们知道"邦畿千里，惟民所止"，就是《大学》的核心思想，这与《孝经》的主题完全一样。

《孝经》认为，"孝悌"是人之所以为人的根本。它从"三才"入手，谓"夫孝，天之经也，地之义也，民之行也"（《孝经·三才章》），就是说，孝，是天经地义的事情，是人之所以为人者。它是天地之间的根本法则，是"天地之经，而民是则之。则天之明，因地之利，以顺天下。是以其教不肃而成，其政不严而治"（《孝经·三才章》）。把天地的精神与民间的政治整合起来，达到的效果，十分奇妙：

先王见教之，可以化民也。是故先之以博爱，而民莫遗其亲；陈之以德义而民兴行；先之以敬让而民不争；导之以礼乐而民和睦；示之以好恶而民知禁。《诗》云："赫赫师尹，民具尔瞻。"（《孝经·三才章》）

这是要通过先王的教化来达到"化民"的目的。"莫遗其亲""民兴行""民不争""民和睦""民知禁"，"民"之所以能够做到这些，原因是统治者"先之以博爱""陈之以德义""先之以敬让""导之以礼乐""示之以好恶"的结果。一句"赫赫师尹，民具尔瞻"点破了《孝经》与《大学》在理论目的上的实质关系，这不仅仅在于这两句来自《诗经·小雅》的诗句本身被《大学》引用过，而且还在于《孝经》与《大学》的思路完全相同：

所谓治国必先齐其家者，其家不可教而能教人者，无之。故君子不出家而成教于国：孝者，所以事君也；弟者，所以事长也；慈者，所以使众也。《康语》曰："如保赤子"，心诚求之，虽不中不远矣。未有学养子而后嫁者也！一家仁，一国兴仁；一家让，一国兴让；一人贪戾，一国作乱。其机如此。此谓一言偾事，一人定国。尧、舜率天下以仁，而民从之；桀、纣率天下以暴，而民从之。其所令反其所好，而民不从。是故君子有诸己而后求诸人，无诸己而后非诸人。所藏乎身不恕，而能喻诸人者，未之有也。故治国在齐其家。（《礼记·大学》）

这段话是《礼记·大学》政治哲学落实在现实中的精髓，这种精髓被《孝经》完全继承。贯穿于《孝经》里面的核心思想，始终都是国家、家族的领导人一定要以身作则，否则就会天下大乱。这是《大学》的理路，也是《孝经》的理路。同样，"昔者周公郊祀后稷以配天，宗祀文王于明堂以配上帝，是以四海之内各以其职来祭。夫圣人之德，又何以加于孝乎？故亲生之膝下，以养其父母日严。圣人因严以教敬，因亲以教爱。圣人之教，不肃而成，其政不严而治，其所因者本也。"（《孝经·圣治章》）仰望天空，是"配天""配上帝"；环视左右，是"四海之内各以其职来祭"，既有上天神灵的保护，又有地下四海之内的各种权力的守护，再加上从天子以至于庶人的"孝道"，那便是铁打的江山，这是谁都无法撼动的精神绳纲。其教，"不肃而成"，其政，"不严而治"。其重要的原因，凭借的根本，都是因为"本"，这个"本"当然就是"孝"。这让人情不自禁想起《论语·学而》中有子的话：

有子曰："其为人也孝弟而好犯上者，鲜矣！不好犯上，而好作乱者，未之有也。君子务本，本立而道生。孝弟也者，其为仁之本与！"（《论语·学而》）

培养人的"孝弟"，是为了人们不"犯上作乱"。有子这一理论意义深刻。他认为，"君子"必须"务本"。这个"本"就是"仁之本"，是一切道德的基石。没有这个"本"，人之所以为人的"道"，就不可能产生。所以，《孝经》的基本理路与《论语》《大学》完全一样，都要通过对人性的改造，来达到其稳定国家人性基础的目的。在这个基础之上，推而广之，在全国上上下下，都得到全面的治理："君子之事亲孝，故忠可移于君；事兄悌，故顺可移于长；居家理，故治可移于官。是以行成于内，而名立于后世矣。"（《孝经·广扬名章》）

不仅如此，《孝经》把"孝"的最高境界描述得极为优美：

　　昔者明王事父孝，故事天明；事母孝，故事地察；长幼顺，故上下治；天地明察，神明彰矣！故虽天子，必有尊也，言有父也；必有先也，言有兄也。宗庙致敬，不忘亲也；修身慎行，恐辱先也；宗庙致敬，鬼神著矣。孝悌之至，通于神明，光于四海，无所不通。《诗》云："自西自东，自南自北，无思不服。"（《孝经·感应章》）

　　国君以"孝"治理天下，就会由父母之孝推广到天地长幼，最后，天地神明，空明澄澈；宗庙鬼神，普降祯祥；四海神明，无不光明通畅。这与《尚书》以来的儒家表述风格有惊人的相似，①在思想的深处，与《大学》《中庸》更是息息相关。

---

①《尧典》："曰若稽古帝尧曰放勋，钦明文思安安，允恭克让，光被四表，格于上下。克明俊德，以亲九族；九族既睦，平章百姓；百姓昭明，协和万邦。黎民于变时雍。"《大学》讲"明明德"，《中庸》更是全面，不仅讲"天命之谓性"，而且讲："唯天下至诚，为能尽其性；能尽其性，则能尽人之性；能尽人之性，则能尽物之性；能尽物之性，则可以赞天地之化育；可以赞天地之化育，则可以与天地参矣。其次致曲。曲能有诚，诚则形，形则著，著则明，明则动，动则变，变则化。唯天下至诚为能化。至诚之道，可以前知。国家将兴，必有祯祥；国家将亡，必有妖孽。见乎蓍龟，动乎四体。祸福将至：善，必先知之；不善，必先知之。故至诚如神。"（《礼记·中庸》）

第四章　阳明学的创新

第一节　论《大学》"三句教"的人学思想及其道德精神——以阳明心学为中心

　　《大学》作为传统儒学的经典哲学著作，向来被称为初学入德之门。《大学》原是《礼记》中的一篇，自北宋以来，在程朱的推崇下，《大学》获得了更高的地位，其与《论语》《孟子》《中庸》合为"四书"，成为与"五经"并列的传统经典，也成为后世读书人必须诵习的重要文本，对传统社会的政治、经济、思想等诸多方面产生了深刻而广泛的影响。

　　何为大学？大学乃是大人之学，追求的是成人成德之学，致力于人的自我完善和心性修养。从这种意义上来讲，《大学》就是关于人的学说，《大学》所体现的正是传统儒学所蕴含的人学思想和道德精神，揭示了人之所以为人的生命智慧和内在本质。《大学》以人学为内核，对传统儒学的道德学问进行了高度的概括与总结，创造性地提炼出"三纲领""八条目"的内圣外王之道。《大学》开篇言："大学之道，在明明德，在亲民，在止于至善……古之欲明明德于天下者，先治其国；欲治其国者，先齐其家；欲齐其家者，先修其身；欲修其身者，先正其心；欲正其心者，先诚其意；欲诚其意者，先致其知。致知在格物。物格而后知至，知至而后意诚，意诚而后心正，心正而后身修，身修而后家齐，家齐而后国治，国治而后天下平。自天子以至于庶人，壹是皆以修身为本。"在这里，"明明德""亲民""止于至善"被称为"三纲领"；"格物""致知""诚意""正心""修身""齐家""治国""平天下"被称为"八条目"，"三纲领"与"八条目"之间是本末关系，"三纲领"是总纲、主旨，"八条目"则是路径、条目，二者均以成德为精神宗旨，以精微的哲学思维和严谨的逻辑语言构建起了一个士人君子的宏观而系统的人生图式，体现出传统儒学的内圣外王与知行合一之道，并很大程度上影响着后世儒者的人格形塑与道德践行，在历史的长河中逐渐成为中华民族的文化基因。《大学》的成德之教及其"三纲""八条目"的功夫图式从根本上而言是以人之心性为逻辑前提的，并以此为根据追求一种成圣成贤的理想境界。因此，以心性之学来解读《大学》，是理解《大学》文本的重要突破路径。在此，本文将结合阳明心学来阐释《大学》文本，从心学的角度来深入论述《大学》"三句教"中所蕴含的人学思想及其道德精神，并结合时代精神总结指出《大学》精神在现代社会的精神价值和启迪意义。

（一）明明德

"明明德"位居"三纲领"之首。所谓"明德"，即人自身之中所蕴含的光明德性。众所周知，传统儒学向来以性善论为主要思想基调，强调人拥有从天道而来的道德禀赋和向善潜能，这是人之所以成圣、成贤的心性根据；而所谓的"明明德"，即将人先天固有的光明德性显明或表明出来，使之显扬光大。人之所以要"明明德"，就在于"明德"不能常"明"，归其究竟，乃是由于人之光明德性由于受到欲望、杂念等因素的遮蔽而不能自我呈现。于是，"明明德"就是一个不断去除遮蔽，使"明德"自我显露的过程。朱子从理与气的角度解释"明明德"道："明德者，人之所得乎天，而虚灵不昧，以具众理而应万事者也。但为气禀所拘，人欲所蔽，则有时而昏，然其本体之明，则有未尝息者。故学者当因其所发而遂明之，以复其初也。"可以说，在"明明德"这个道德范畴上，王阳明与朱子的解释在很大程度上是相互一致的，区别在于二者不同的哲学表述形式，而且，通过将"明明德"与"致良知"相互结合，王阳明对于"明明德"的解释更为深入和具体，并突出地体现了其心学的特色。

王阳明上承孟子的心性思路，将"良知"与"明德"、"致良知"与"明明德"联系起来，从而丰富和发展了《大学》文本中的"明明德"。良知是阳明心学的核心范畴，王阳明称良知为圣门"真法眼藏"，是"天植灵根"，其良知说有多重含义，杨国荣先生对此总结指出："综合起来，从本体的层面看，良知有其多方面的内涵：在心物关系上，它是意义世界存在的根据；从成圣过程看，它构成了德性的本原；就心之条理而言，它展示为先天的理性原则，从而，良知的本体义在总体上便表现为存在的根据、德性的本原、先天的理性原则等方面的统一。"①从心性修养的角度而言，良知主要体现为德性的本原这层内涵，良知是"人皆可以为尧舜"的心性前提和先天依据。王阳明指出良知具有先天性与普遍性的特点。就先天性而言，王阳明说道："良知是天理之昭明灵觉处，故良知即是天理"（《传习录

---

①杨国荣：《心学之思——王阳明哲学的阐释》，中国人民大学出版社2009年版，第125页。

中》）、"大人之能以天地万物为一体也，非意之也，其心之仁本若是……是乃根于天命之性，而自然灵昭不昧者也，是故谓之'明德'"（《大学问》）。在此，王阳明将良知提升到本体论的高度，认为良知既是天理，又是人道，是天理之昭然明朗与人道的光明德性之间的相互观照，是天人合一之道的充分体现。王阳明进一步指出："知是心之本体。心自然会知。见父自然知孝，见兄自然知弟，见孺子入井，自然知恻隐。此便是良知，不假外求。"（《传习录上》）也即是说，良知是人先天具有的道德禀赋，这种良知随心体之自然而发见，它不假外求，本体自足，是人之"不待学而有""不待虑而得"的先天道德本性。就普遍性而言，王阳明指出，良知是人人皆有的道德潜能，它普遍地存在于每一个道德主体的心性之中，如其所言："良知之在人心，无间于圣愚，天下古今之所同也"（《答聂文蔚》）、"自圣人以至于愚人，自一人之心以达于四海之远，自千古之前以至于万代之后，无有不同。是良知也者，是所谓'天下之大本'也"（《书朱守乾卷》）。也就是说，良知为人人所固有，人的良知不受时间、空间以及条件的限制，无论圣人还是凡人，无论男女长幼还是尊卑贵贱，都拥有从天道而来的道德良知。良知作为先验而普遍的道德原则，具有知是知非、知善知恶的道德判断和评价系统，在生活中能够起到监督、指导、判断、评价的作用。如王阳明所言："良知只是个是非之心；是非只是个好恶，只好恶就尽了是非，只是非就尽了万事万变。"（《传习录下》）良知的这种先天性与普遍性为人的道德践履与理想人格的追求提供了心性的前提和德性保证。

王阳明从良知的概念进一步指出了致良知的必要性，这种致良知的功夫就是《大学》所言的"明明德"。他说道："人孰无是良知乎？独有不能致之耳。"（《书朱守乾卷》）良知作为先天的道德禀赋和普遍的德性原则，是人之修身养性、成圣成贤的德性之源。然而，良知最初只是道德主体的一种潜能和本然状态。良知的这种潜能和本然状态不能从根本上保证良知在现实生活中的落实和扩充。良知要在现实中实现自我，离不开后天致良知的实践功夫。也即是说，良知要获得实有诸己的现实性格，就要实现良知从本然到明觉、从潜能到实现、从自在到自觉的转化过程。同时，良知之所以需要"致"，最主要的原因还在于私欲遮蔽，而良知之所以受到遮蔽，乃是由于物欲的牵引。正如阳明所言："良知之在人心，不但圣贤，虽常人亦无不如此，若无有物欲牵蔽，但循着良知发用流行将去，则无不是道；但在常人多为物欲牵蔽，不能循得良知。"（《传习录中》）可见，正是物欲的牵引和蔽塞，导致良知被遮蔽，这也就是孟子所言的"放心"。故此，致良知就是一个逐渐去蔽，以"求放心"的过程。王阳明对此说道："故夫为大人之学者，亦惟去其私欲之蔽，以自明其明德，复其天地万物一体之本然而已耳。非能于本体之外，而有所增益之也。"（《大学问》）他指出，致力于大人之学的人，要去除私欲的遮蔽以彰显心性的光明德性，以恢复天地万物一体之仁德而已。这与《大学》"明明德"的思想是一脉相承的。王阳明进一步指出："良知本来自明。气质不美者，渣滓多，障蔽厚，不易开明；质美者，渣滓原少，无多障蔽，略加致知之功，此良知便自莹彻，些少渣滓，如汤中浮雪，如何能作障蔽。"（《传习录中》）他指出，良知本体自明，然而，每个人后天的气质不同，使良知因物欲的障蔽而导致无法呈露自身。良知从本然之明走向自觉之明，就需要一系列"明"的功夫。故曰："圣人之学，惟是致此良知而已。"（《书魏师孟卷》）他认为，圣人之学的关键就是致良知。对于圣人而言，良知乃是自然而致，自然朗现；对于贤人而言，良知是勉力而致，需要一系列德性践履方可实现；对于愚人而言，良知则因私欲蒙蔽而不能扩充。然而，就良知的本然状态而言，愚人与圣人并无不同，即使在其蔽昧、昏塞之极处，良知也未尝不内在地存在于其心性之中。只有反躬自省，致其良知，则与圣人无异。圣愚的根本区别在于能否致其良知。王阳明用"云自蔽日"的比喻指出，"良心在内，自不会失，如云蔽日，日何尝失了"（《传习录下》），也就是说，良知内在地存在于道德主体的心性之中，无论如何也不能泯灭。良知之不致，不是良知的泯灭，而是良知被遮蔽。可见，良知与致良知逻辑地展开为本体与功夫的关系，只要依从良知而行，不断地去蔽，就能够恢复良知本体之明，实现良知从本然之知到明觉之知的转向。这种致良知，也就是明明德，二者均体现了德性的实践性。

（二）亲民

传统儒学向来注重为己、成己之学，这种为己、成己却不是一个自我封闭的概念，毋宁说，儒学的修身养性之学总是蕴含在自我与他人以及整个社群的相互关联之中。就《大学》的三句教而言，如果说"明明德"所凸显的是道德主体的自我修养和自我完善的话，那么，"亲民"则是道德主体修身养性之后在社会范围内的扩充和践行。也即是说，"明明德"是"体"，而"亲民"是"用"，二者是一种体用的关系。正如王阳明所言："明明德者，立其天地万物一体之体也，亲民者，达其天地万物一体之用也。故明明德必在于亲民，而亲民乃所以明其明德也。"（《大学问》）在阳明看来，"明明德"的真正实现必须经由"亲民"的途径，"亲民"是"明明德"的具体实现方式，离开了"亲民"，"明明德"就失去了在现实生活中的实践根基。需要指出的是，这里的"民"，不是现代政治学视域中拥有明确权利和义务的公民概念，在传统儒学的政治理念中，"民"缺少某种政治的自觉性和主体意识，"民"是被统治、被治理、被教化的政治范畴，因此，"民"有待于被"亲"，是亲民者所"亲"的一个政治对象。

对于"亲民"之"亲"，注经家有着不同的解释。孔颖达释"亲民"为"亲爱于民"（《礼记·大学》疏）。朱熹则取程子之意，将"亲"改作"新"，言："新者，革其旧之谓也。言既自明其明德，又当推以及人，使之亦有以去其旧染之污也。"（《四书章句集注·大学章句》）朱熹的"新民"注解，注重士人君子对民众的教化之意，他认为，士人君子在自我修养德性、明其明德的基础上应该推己及人，通过教化的手段使普通民众革除旧有的气质性玷污，恢复性体的本体之明。王阳明却一反程朱理学改"亲民"为"新民"的说法，极力主张恢复《大学》古本的"亲民"说。《传习录》上便记载了王阳明与弟子徐爱关于"亲民"这一问题的探讨。王阳明说道："'作新民'之'新'，是自新之民，与'在新民'之'新'不同，此岂足为据？'作'字却与'亲'字相对，然非亲字义。下面治国、平天下处，皆于"新"字无发明。如云'君子贤其贤而亲其亲，小人乐其乐而利其利'，'如保赤子'，'民之所好好之，民之所恶恶之'，'此之谓民之父母'之类，皆是'亲'字意。亲民犹孟子'亲亲仁民'之谓，亲之即仁也。百姓不亲舜使契为司徒，敬敷五教，所以亲之也。《尧典》'克明峻德'便是明明德，'以亲九族'至'平章''协和'便是亲民，便是'明明德于天下'。又如孔子言'修己以安百姓'，修己便是明明德，安百姓便是亲民。说亲民便是兼教养意，说新民便觉偏了。"（《传习录上》）

针对朱子的"新民"说，王阳明指出，"作新民"之"新"是自我革新之意，是道德主体的自我完善和提升，而朱子所言的"在新民"却是教化之新，"作"与"在"二词之间有着根本的差异，前者是一个由内而外的更新过程，体现出道德修养的主体性，后者则是一个由外而内的教化过程，表现出道德修养的被动性，因此，"作新民"不能证成"在新民"，朱子对于《大学》古本的改动是颇有争议的。王阳明紧接着结合《大学》文本本身找出"亲民"的有力依据。他认为，《大学》中所言及的许多内容都是亲民之意，而非"新民"之意，如"君子贤其贤而亲其亲""如保赤子""民之所好好之，民之所恶恶之""此之谓民之父母"等均体现了亲民的思想。王阳明还特别从三纲领八条目的内在逻辑关系指出，"下面治国、平天下处，皆于新字无发明"。为了更好地阐明自己的观点，王阳明还进一步从儒学思想史的宏大背景来佐证"亲民"思想，他引用孔孟之言和古书指出，《大学》作为儒学的经典文献，其亲民思想与先秦儒学的"修己安民""亲亲仁民"的思想是一脉相承的，"仁民"即"亲民"，"亲民"是儒学仁爱思想的集中体现。亲民思想与《尧典》中所言的"克明俊德，以亲九族。九族既睦，平章百姓。百姓昭明，协和万邦，黎民于变时雍"的主旨思想也具有内在的一致性。阳明借用孔子所言"修己以安百姓"指出，"修己"即是"明明德"，"安百姓"即是亲民，从"明明德"到"亲民"是一个相辅相成、相互联系的道德修养过程。可见，王阳明从字义训释、文本本身和史料依据三个层面来证明自己的"亲民"思想，他对《大学》古本"亲民"思想的坚持和信守，既体现了对经典文本本身的尊重，也体现了对儒学仁学思想的继承，并更好地体现了《大学》本身的精神内涵。无论是朱子的"新民"还是阳明的"亲民"，都体现了传统儒学修身安人、成己成人的道德诉求，然而二者在道德形而上不同的立场导致了其思想倾向的差异。朱子的"新民"偏重君子士人对于民众的教化；而"亲民"则兼顾了教民和养民两个方面。比较而言，朱子的"新民"说"偏"于教化的一面，而忽视了养民的一面，所以，王阳明指出"说新民便觉偏了"。

从更深刻的意义上来讲，王阳明之所以反对朱子之"新民"说而力主古本之"亲民"说，绝不是咬文嚼字的文字之争，而是有其深刻的内在原因。王阳明重视亲民，强调对民众"教"与"养"的有机结合。或者说，王阳明所理解的"亲民"，不仅仅是一个心性教化的问题，还是一个政治实践的问题，并具体表现为爱民、惠民、养民等一系列的政治实践。在他看来，"教"与"养"的合一才是儒家教化的根本初衷和精神宗旨，这可以说是阳明之所以坚持《大学》古本"亲民"说的根本原因所在。王阳明的"亲民"思想是其"一体之仁"思想的集中体现。他发挥了宋儒"民胞物与"之说，提出了"一体之仁"的思想，并说道："夫人者，天地之心。天地万物，本吾一体者也。生民之困苦荼毒，孰非疾痛之切于吾身者乎？不知吾身之疾痛，无是非之心者也"（《传习录中》）。他指出，仁爱之心不是一种抽象的哲学范畴或者僵化的道德说教，而是体现在对天地万物的普遍关心和爱护中，特别是对于生民有一种感同身受的道德情感。面对生民的"困苦荼毒"，能够生发出一体感通的同情恻隐之心，将生民之疾苦视作自己的疾苦，将百姓的苦难当作自己的苦难，如其所言："是以每念斯民之陷溺，则为之戚然痛心，忘其身之不肖，而思以此救之，亦不自知其量者。"（《传习录中》）正因为王阳明对生民有这样的恻隐之心和悲悯之情，所以他敢于与朱子之学分庭抗争，坚持《大学》古本的"亲民"说。正如陈来先生所指出的那样："王阳明是面对民众物质生活境遇的苦难、社会的纷争、伦理的败坏而痛切忧患，体现了他对生民苦难的悲悯情怀与恻隐爱心。亲民爱民的忧患是他的万物一体思想的特色。"①徐复观先生也从政治哲学的角度指出，王阳明的"亲民"说有着伟大的政治意义，是王阳明对于当时专制政治的一种抗议，是其隐而不敢发的政治思想之所寄②。与朱子的"亲民"说相比，王阳明的"亲民"说凸显了"亲民"的实践性。在王阳明的哲学世界中，始终贯穿着儒学的内圣外王之道。如果说，"明明德"是"内圣"的话，那么，"亲民"则是"外王"。"明明德"是"亲民"的道德前提，而"亲民"则是"明明德"的道德实践。王阳明通过《大学》"亲民"说所强调的是"内圣"之后的"外王"。他说道："是故亲吾之父，以及人之父，以及天下人之父，而后吾之仁实与吾之父、人之父与天下人之父而为一体矣。实与之为一体，而后孝之明德始明矣。亲吾之兄，以及人之兄，以及天下人之兄，而后吾之仁实与吾之兄、人之兄与天下人之兄而为一体矣。实与之为一体，而后弟之明德始明矣。君臣也，夫妇也，朋友也，以至于山川鬼神鸟兽草木也，莫不实有以亲之，以达吾一体之仁，然后吾之明德始无不明，而真能以天地万物为一体矣。夫是之谓明明德于天下，是之谓家齐国治而天下平，是之谓尽性。"（《大学问》）王阳明"一体之仁"的思想是儒学仁爱思想的继承和发挥，旨在不断地将仁爱之心由己及人、由内而外、由近而远地普遍扩充开，逐渐达到"一体之仁"，使"仁爱"在现实生活的践行中逐渐丰富和完善，从而获得"实有诸己"的现实性格。王阳明将"一体之仁"与《大学》"亲民"思想相融合，比起孔孟儒学的"修己安人""亲亲仁民爱物"，更加凸显了儒学政治哲学的道德性与人文性。从某种意义上来讲，在儒学道、学、政的传统中，朱子强调的是道与学，而阳明所强调的不只是道与学，更重要的是政，王阳明对于"亲民"的诠释体现了他作为一名"学而优则仕"的官员型学者的政治觉悟和社会责任感，也体现了儒家士人君子的人道主义和道德精神。

（三）止于至善

在三句教中，如果说"明明德"是"内圣"，"亲民"是"外王"的话，那么，止于至善则是"明明德""亲民"的极致境界，是"内圣"而"外王"、内明而外用的至高之鹄的。正如王阳明所言："至善者，明德、亲民之极则也。……明

---

①陈来：《宋元明哲学史教程》，生活·读书·新知三联书店2010年版，第365页。
②徐复观：《中国人性论史》，华东师范大学出版社2005年版，第179页。

明德、亲民，而不止于至善，亡其本矣。故止于至善以亲民，而明其明德，是之谓大人之学。"（《大学问》）"至"即停止、停下之意，"至善"，即最高的善，善的至极之处，是道德境界的最高巅峰。"止于至善"即是说，"明明德"与"亲民"是一个不断修习和践行的过程，这个过程始终如一地以"至善"为标杆和终点。也就是说，"至善"是道德修养的一种圆满自足的状态，无论是作为"内圣"的"明明德"，还是作为"外王"的"亲民"，都应该以"至善"为根本，在道德之域不断追求和探索，直到渐入至境。

王阳明说："至善是心之本体。只是'明明德'到'至精至一'处便是。"（《传习录上》）王阳明视"至善"为心之本体，从本体论的角度赋予了道德主体以至善的先天禀赋。他据此对朱子所谓的"于事事物物上求至善"提出异议，并认为朱子的这种解释是"义外"。他指出："若只是温清之节、奉养之宜，可一日二日讲之而尽，用得甚学问思辩？惟于温清时，也只要此心纯乎天理之极；奉养时，也只要此心纯乎天理之极……若只是那些仪节求得是当，便谓至善，即如今扮戏子，扮得许多温清奉养的仪节是当，亦可谓之至善矣。"（《传习录上》）王阳明之所以坚持"至善是心之本体"而反对朱子的"于事事物物上求至善"，从根本上而言，乃是因为朱子的这种说法容易导致一种形式主义和表面文章，徒有"至善"之名而无"至善"之实。因此，王阳明反对这种"扮戏子"的做法，将"至善"从"事物"转移到"心体"上来，将"至善"界定为"此心纯乎天理之极"，从而实现了道德由外而内、由物而心的一种内在转向，使"至善"在主体心性中寻得了内在的价值依据，高扬了人的道德主体性和自主性。王阳明据此指出人皆有成圣成贤的道德潜质，认为"满街人都是圣人"（《传习录下》），"人皆可以为尧舜"（《书魏师孟卷》）。

王阳明一方面肯定了心之本体的"至善"，另一方面，作为洞悉人性的哲学家，他也未尝没有发现心之"不善"。因此，王阳明在嘉靖二年（1523）再度修改其《大学古本序》时指出："是故至善也者，心之本体也；动而后有不善，而本体之知，未尝不知也。意者，其动也。物者，其事也。格物以诚其意，复其不善之动而已矣，不善复而体正，体正而无不善之动矣！是之谓止至善。"王阳明指出，"至善"是心之本体，也就是说，就人的本心而言，是至善的，这种"至善"是心的本然状态与应然状态。当这种本体之心走出自我，来到生活世界之后，感于万物发动而产生"意"，就会出现"动而后有不善"的状况。也就是说，"不善"是心之所发，是意之所动，是心的一种实然状态。心的这种实然状态是不同于原来的本然状态，是心在现实社会具体展开后的真实情形。因此，"止于至善"乃是通过一系列格物、致知、诚意、正心的功夫而使心"复其本体"的过程。由此可见，"止于至善"在王阳明的哲学思想中，既是本体又是功夫，既是功夫又是境界，是传统儒学即体即用、体用一源的典型表达。我们可以结合王阳明的"天泉证道"来解读一下其"止于至善"的丰富内涵。

> 丁亥年九月，先生起复征思田，将命行时，德洪与汝中论学；汝中举先生教言曰："无善无恶是心之体，有善有恶是意之动，知善知恶是良知，为善去恶是格物。"德洪曰："此意如何？"汝中曰："此恐未是究竟话头。若说心体是无善、无恶，意亦是无善、无恶的意，知亦是无善、无恶的知，物是无善、无恶的物矣。若说意有善、恶，毕竟心体还有善、恶在。"德洪曰："心体是天命之性，原是无善、无恶的。但人有习心，意念上见有善恶在，格、致、诚、正、修，此正是复那性体功夫，若原无善恶，功夫亦不消说矣。"是夕侍坐天泉桥，各举请正。先生曰："我今将行，正要你们来讲破此意。二君之见，正好相资为用，不可各执一边。我这里接人，原有此二种。利根之人，直从本源上悟入，人心本体原是明莹无滞的，原是个未发之中，利根之人一悟本体即是功夫，人己内外一齐俱透了。其次不免有习心在，本体受蔽，故且教在意念上实落为善、去恶，功夫熟后，渣滓去得尽时，本体亦明尽了。汝中之见，是我这里接利根人的。德洪之见，是我这里为其次立法的。二君相取为用，则中人上下皆可引入于道。若各执一边，眼前便有失人，便于道体各有未尽。"既而曰："已后与朋友讲学，切不可失了我的宗旨：无善，无恶是心之体，有善、有恶是意之动，知善、知恶的是良知，为善、去恶是格物。只依我这话头随人指点，自没病痛，此原是彻上彻下功夫。利根之人，世亦难遇。本体功夫一悟尽透，此颜子、明道所不敢承当，岂可轻易望人。人有习心，不教他在良知上实用为善去恶功夫，只去悬空想个本体，一切事为俱不着实，不过养成一个虚寂；此个病痛不是小小，不可不早说破。"是日德洪、汝中俱有省。（《传习录下》）

天泉证道是阳明心学的一桩学术公案，这桩公案聚焦于钱德洪和王龙溪对于王阳明四句教的争议。四句教是阳明晚年的思想，是其哲学思想的总结和概括。阳明四句教的表述是："无善无恶是心之体，有善有恶是意之动，知善知恶是良知，为善去恶是格物。"（《传习录下》）钱德洪和王龙溪对此有着不同的理解。王龙溪提出了"四无说"，他认为，本体之心，"心"与"意""知""物"之间是体用关系，既然心体无善无恶，那么，"心"之所发的"意"自然也应该是无善无恶的。钱德洪则提出了"四有说"，他坚持以四句教为定本，认为正因为"意"有善有恶，所以才需要后天为善去恶的功夫。如果否定了"意"有善恶，无疑也否定了为善去恶的功夫论。针对弟子钱德洪和王龙溪的不同理解，王阳明采取的是一种调和式的回应。他指出，每个人的资质各有不同，心学针对的对象也有所不同，王龙溪之说适合"利根之人"，这种人天资聪慧，心体呈明，无有习心的遮蔽，他们可以直接从本原悟入，一入本体，即是功夫。钱德洪之说则适应下根之人，这种人受到习心的影响，心之本体受到一定程度的遮蔽，他们需要在后天教化中不断地为善去恶，才可以去除渣滓，恢复本体之明。换句话说，王龙溪之说是本体取向，自本体摄功夫，走的是顿悟的路线；而钱德洪之说则是功夫取向，自功夫见本体，走的是渐修的路线；王阳明教导二位弟子务要相资为用，不可偏执一边。可以说，王阳明对于王、钱二位弟子之说既不是完全肯定也不完全否定。王阳明的四句教所主张的既不是四有说，也不是四无说，而是整合与容纳了四有与四无之说的圆融体系。因为四有说与四无说既各有其价值，亦各有其局限。若仅仅侧重于顿悟的进路，往往会造成修身养性的空疏，反之，若仅仅强调渐修的近路，则容易失去道德学问的本真。同时，上根之人虽可以顿悟入道，但悟道之后仍需要渐修的功夫和践行；反之亦然，下根之人虽需要渐修方可悟道，但渐修之中亦有顿悟本体的潜能。因此，无论是何种人，都应该将本体与功夫贯通为一。王阳明同时也指出："利根之人，世亦难遇。本体功夫一悟尽透，此颜子、明道所不敢承当，岂可轻易望人。"所谓的利根之人，世间罕有，这种本体功夫一悟尽透、内外贯通之人实为难得。因此，王龙溪之说虽然理想而高妙，却缺少一种现实的维度，可望而不可即。对于生活在世界中的普通人而言，每个人都不免受到习性的影响，只能在为善去恶的道德功夫上用力，才能进入佳境。否则，如果过分强调顿悟，只是悬空想个本体，就会落入一个沉空守寂之中。从这种意义上来讲，钱德洪之说虽不似王龙溪之说那样高明，却更具平实性和普遍性。

如果我们将天泉证道与《大学》"止于至善"联系起来便会发现，王阳明所谓的"止于至善"，是一个永无止境、不断追求的道德实践过程。一方面，心之本体至善无恶，圆满自足，为明德至善的道德生活提供了心性的保证，另一方面，本体之善在现实生活中却也由于习性影响而受到遮蔽，需要为善去恶的功夫才能够恢复本体之明。这种道德的功夫在《大学》中就具体表现为格物、致知、正心、正意等德目。正是在这样一系列的道德修养功夫中，道德主体才能够逐渐克服私欲之昏蔽，实现良知本体从潜能到实现、从本然到明觉的自我实现过程。这个过程也就是阳明哲学中的"致良知","致良知"所要达到的终极归宿也就是"止于至善"。

综上所述,《大学》"明明德""亲民""止于至善"的三句教内涵深刻而深远,精炼而富含哲理的字里行间充满了人文气息和道德精神,充分体现了儒学道德哲学的丰富意蕴。王阳明对于《大学》古本的推崇更体现了他独特的心学特质和悲悯情怀。"明明德"为人之道德生活奠定了本体之源,"亲民"为人之社会生活提供了伦理之范,"止于至善"为人之德性完美指明了终极之方,充分表现出传统儒学修己而安人、内圣而外王的人生图景。《大学》的这种人学思想和道德精神有着跨越时空的永恒价值,对于当今社会也有着积极的借鉴价值和启迪意义。"这是一个最好的时代,也是一个最坏的时代",当今社会是一个物质生活极其丰富而精神生活却极度贫乏的时代。不知从几时开始,"道德"在人们的心目中已渐行渐远,人们沉迷于身体的享受却忽视了灵魂的满足。人的这种"异化""物化"是这个时代的悲哀,"道德"的迷失是现代社会的迷失,也是整个人类的迷失。在一个"后道德"的时代,如何回应道德的呼唤,如何找回人性的本真和尊严是一个严峻而迫切的社会问题。面对这个社会问题,传统儒学的道德哲学可以带给我们"一服良药"。重温《大学》之"明明德""亲民""止于至善",我们可以体会到传统儒学高扬的人文精神、爱人亲民的伦理关怀和自强不息、止于至善的道德情操。这种人学思想和道德精神正是我们这个时代所迷失的根本精神,在道德危机之中,我们应该重新拾回《大学》精神,重新找到人之为人的本真精神和真实存在。

第二节 《大学》八条目及其道德根据
——以阳明心学的良知说为中心

《大学》的"三纲领八条目"是一个圆融一体的有机体系。如果说"三纲领"中的"明明德"是《大学》之道的道德起点、"亲民"是《大学》之道的生活实践、"止于至善"是《大学》之道的最高目标的话,那么,以"格物""致知""诚意""正心""修身""齐家""治国""平天下"为德目的"八条目"则是实现"三纲领"的具体成德路径。《大学》"八条目"具体表述为:"古之欲明明德于天下者,先治其国;欲治其国者,先齐其家;欲齐其家者,先修其身;欲修其身者,先正其心;欲正其心者,先诚其意;欲诚其意者,先致其知;致知在格物。物格而后知至,知至而后意诚,意诚而后心正,心正而后身修,身修而后家齐，家齐而后国治，国治而后天下平。"在这"八条目"中，"修身"是核心环节，如《大学》文本所言："自天子以至于庶人，壹是皆以修身为本。""修身"以上的"格物""致知""诚意""正心"是修身之方，属"明明德"的范畴，修身以下的"齐家""治国""平天下"则是修身之用，属于"亲民""止于至善"的范畴。王阳明对于《大学》有着独到的解释，他一反当时被奉为权威的朱子《大学》新本说，而坚持从《大学》古本出发，从心学的角度重新阐释《大学》之道，创造性地对"格物""致知"等德目提出了崭新的诠释。他以良知说贯通"三纲八条目"，以"良知"作为"格、致、诚、正、修、齐、治、平"的心性前提、根本动力和道德目标，在"良知"与"致良知"的互动中为八条目的成德路径奠定了心性学的道德根据，充分体现了儒学的德业并修和内圣外王之道。本文就以王阳明的良知说为中心阐幽明微地解读《大学》八条目及其道德根据，总结指出王阳明对于《大学》阐释的心学特质，并结合当下的道德处境指出《大学》之道对于现代社会的价值启示。

（一）格物——"去其心之不正，以全其本体之正"

因《大学》传世文本唯独对"格物"与"致知"没有解释，所以，"格物"与"致知"成为儒门学者争论最多的德目。特别是对于王阳明而言，"格物"既是其哲学困惑的焦点，又是其思想超越的突破口。正是从"格物"出发，王阳明从一个程朱理学的信奉者，逐渐摆脱了程朱理学的思想藩篱，创造性地实现了心学的哲学转向。在王阳明生活的时代，程朱理学乃是官方的权威学说，王阳明早年思想也不可避免地受到了程朱理学的深刻影响。朱子极力推崇《大学》一书，形成了影响深远的《大学》新本，其《大学章句》不仅将《大学》分为"经""传"两部分，而且还改定了原文的次序，使"经文"与"传文"部分的三纲八目一一对应，同时还增补了"格物致知传"。朱子将格物解释为："格，至也。物，犹事也。穷至事物之理，欲其极处无不到也。"（《四书章句集注·大学章句》）他认为，天下万物莫不有理，通过即物而穷理的功夫，今日格一物，明日格一物，如此日积月累，便可"豁然贯通"，达成从万物之理到一本之理的体认。在朱子那里，格物穷理是《大学》的宗旨思想，也是为学的入手之处。朱子的格物说，体现了其"理一分殊"的思想，集中凸显了朱子"理本论"的理学特色。

格物问题一直是困扰王阳明的一个哲学问题。早年的王阳明笃信朱子"格物"之学，却始终无法契悟朱子"格物穷理"的诠释路径，并在"格竹致疾"以及随后的循序读书而致心理二分的事件中陷入了思想和实践的困境，并最终在龙场悟道中实现思想的突破，在居夷处困中彻悟《大学》"格物致知"之旨。黄宗羲在《明儒学案》中对此写道："先生之学，始泛滥于词章，继而遍读考亭之书，循序格物，顾物理吾心终判为二，无所得入。于是出入于佛老者久之。及至居夷处困……忽悟格物致知之旨，圣人之道，吾性自足，不假外求。"龙场悟道是王阳明思想的飞跃与突破，也是其哲学思想开始独立形成的真正转折点。在龙场的顿悟，使王阳明一方面对朱子的格物穷理之说提出批判，另一方面也开始构建起自己的心学体系，对"格物"提出了全新的见解。《阳明先生年谱》记载王阳明龙场悟道的思想经历时写道："始知圣人之道，吾性自足，向之求理于事物者误也。"（《年谱一》）王阳明之所以认为朱子的格物穷理之说有"误"，乃是因为朱子所谓格物云者，在"即物而穷其理"。他批判朱熹之说"务外遗内、博而寡要"（《答顾东桥书》），是告子的"义外"之说。同时，王阳明也指出，朱子的这种外心以求理的做法也会造成心与理的二分，如其所言："先儒解格物为格天下之物，天下之物如何格得？且谓'一草一木亦皆有理'。今如何去格？纵格得草木来，如何反来诚得自家意？"（《传习录下》）王阳明这里的"格草木"与"诚自家意"指向的主要是知识与德性的问题。在王阳明看来，知识与德性是两种不同的范畴，格物以穷理更多地表现为一种知识的积累，但是这种知识的积累并不能促进德性的实现。如果只是强调"格得草木"而不重视"诚得自家意"，便会造成知识与德性之间的脱节、心与物之间的隔阂，而难以通入圣域。故此，王阳明指出，圣人之道，吾性自足，理不存在于外在之物，而是存在于每个人的内心。因此，真正的格物不应该即物穷理，向外求索，而应该反求诸己，向内求索。以这种思想为主线，王阳明提出了自己的格物之说。

王阳明说道："物者，事也，凡意之所发必有其事，意所在之事谓之物。格者，正也，正其不正以归于正之谓也。正其不正者，去恶之谓也。归于正者，为善之谓也。夫是之谓格。书言'格于上下''格于文祖''格其非心'，格物之格实兼其义也。"（《大学问》）王阳明对于"格物"这一德目的解释与朱子所谓的格物穷理有着根本的区别。首先，心物关系是理解阳明格物说的基本前提，他解"物"为"事"，即所谓"意所在之事谓之物"，类似的表述还有"意之所在便是物"（《传习录上》）、"意所在之事谓之物"（《大学问》）等。"意"即意念、意识、意向之义，"意之所在"指的是意识指向的对象。由此可见，阳明哲学所谓的"物"，并不泛指自然之物，而是指意念所在之物、心中之物，所谓"格物"即"格其心之物也，格其意之物也，格其知之物也"（《答罗整庵少宰书》）。所以，王阳明是从心上说事，以事指物，如《传习录上》所言："意之所在便是物。如意在于事亲，即事亲便是一物。意在于事君，即事君便是一物……所以某说无心外之理，无心外之物。"可见，王阳明所关注的不是作为实然的客观事物，而是意念之物，换言之，王阳明"意之所在便是物"这个命题更多的是从价值的、审美的、道德的角度来看待事物本身。它不是在意识之中构造一个物质的世界，而是通过意识的参与形成和构建主体的意义的世界、价值的世界、人化的世界。正如杨国荣先生所指出的那样："意之在物既是一个意向（意指向对象）的过程，又是主体赋予对象以意义的过程。"①王阳明的这个命题与西方现象学的意向性理论颇有相通的旨趣。其次，王阳明解"格"为"正"，并引用孟子"大人格君心"等经典文献来予以佐证。这里的"正"即"正其不正以归于正之谓也"（《大学问》），从道德意义上即为善去恶之意。他说道："如意在于为善，便就这件事上去为，意在于去恶，便就这件事上去不为；去恶固是格不正以归于正，为善则不善正了，亦是格不正以归于正也。如此，则吾心良知无私欲蔽了，得以致其极，而意之所发，好善、去恶，无有不诚矣。"（《传习录下》）将"格"与"物"结合起来看，王阳明所谓的格物不再是朱子的格物穷理，而是"格事""格心"，"是去其心之不正，以全其本体之正"（《传习录上》）。事物之理不在外物，而在内心。心正，则事正，事正，则心正。心之本体无往而不正，然而常人之心却往往"动于欲，蔽于私"而失去了本体之正。因此需要"格心"的功夫，依良知而行，使心重新恢复到本体之正。如此，才能使"吾心良知无私欲蔽了，得以致其极"（《传习录下》）。

如果说，朱子的格物说从认识论的意义上强调即物以穷理的话，那么，王阳明的格物则从道德论的意义上侧重格心以求理。前者走的是一条向外求索的路径，在事事物物上寻求天理，强调的是知识的积累，后者走的则是一条向内求索的路径，在反求诸己中发现天理，强调的是道德的践行。二者对《大学》格物说的不同解释，体现了各自哲学思想的基本立场和不同视角，各有其理论的合理性和可行性。比较而言，朱子之说切实而支离，阳明之说则简易而内敛。较之前者，后者更能突出人作为道德主体的能动性和实践性。王阳明的格物致知说充分体现了其心学的心性化和内在化立场。

---

①杨国荣：《心学之思——王阳明哲学的阐释》，第72页。

（二）致知——"致吾心之良知于事事物物也"

王阳明的"致知"说也与朱子之说有着根本的区别。朱子道："致，推极也。知，犹识也。推极吾之知识，欲其所知无不尽也。"（《四书章句集注·大学章句》）他认为，致知是就自我而言，而格物是就物而言，格物是致知的手段，致知则是格物的效果。可见，朱子的致知，主要遵循格物穷理的原则，在对外物的探究中不断扩充知识，继而实现对于天理的把握。与朱子不同，王阳明不是从认识论、知识论的层次来理解致知，而是从道德论、心性论的角度来理解良知。王阳明说："致者，至也，如云'丧致乎哀'之'致'。《易》言'知至至之'，'知至'者，知也；'至之'者，致也。'致知'云者，非若后儒所谓充广其知识之谓也，致吾心之良知焉耳。"（《大学问》）王阳明反对后儒"扩充知识"的致知说，而是从心学的角度以"致吾心之良知"作为致知的主要内涵。何为致良知？王阳明的致良知主要包括两重内涵：一是良知的存养扩充，即良知的自我实现；一是良知的推行和实践，即良知的实践运用。这两重内涵之间也是相互联系、彼此依存的关系。

就良知的自我实现而言，王阳明说道："人孰无是良知乎？独有不能致之耳。"（《书朱守乾卷》）王阳明指出，良知人人皆有，是人之"不待虑而知，不待学而能"的道德禀赋。然而，虽然人人皆有良知，但并不是每一个人都能够依从良知而行，也不能保证良知的自发的扩充。一方面，良知的实现需要一个不断培育和形塑的过程。王阳明以植物为例指出："譬之植焉，心其根也。学也者，其培拥之者也，灌溉之者也，扶植而删锄之者也，无非有事于根焉耳矣。"（《紫阳书院集序》）良知与致良知的关系如同植物之根与人工培育一样，良知唯有通过致良知的培育功夫才能真正实现自身。用潜能与实现的哲学术语来解释，良知作为人先天具有的道德潜质，最初只是一种潜能，是人的一种潜在的道德能力，这是良知的本然状态。然而潜能不等于实现，本然不等于实然，良知要真正自我实现，离不开一系列致良知的功夫。先天的良知唯有通过致良知的过程才能为道德主体所自觉把握，使良知从潜能走向实现，从自在走向自觉，从而实现良知实有诸己的性格。正如王阳明所言："某近来却见得良知两字日益真切简易……此两字，人人所自有，故虽至愚下品，一提便省觉。若致其极，虽圣人天地不能无憾。"（《寄邹谦之》）也就是说，良知虽然先天而普遍地存在于道德主体之中，但是如若实现致良知之极致，使良知本体得以充塞流行、毫无滞碍，则是一个永无止境的修养过程，即便是圣贤也难以达到。另一方面，良知从潜能到实现的过程中也会因为私欲的障蔽而出现自我的迷失或遮蔽。王阳明说道："夫良知即是道。良知之在人心，不但圣贤，虽常人亦无不如此，若无有物欲牵蔽，但循着良知发用流行将去，即无不是道：但在常人多为物欲牵蔽，不能循得良知。"（《答陆原静书》）在他看来，虽然知善知恶是良知，然而，如果人们不能听从良知的召唤，不能充分扩充存养良知的话，就会导致良知的放失。之所以如此，其中一个重要的因素就是因为私欲的障蔽和窒塞。如其所言："良知者，心之本体，即前所谓恒照者也。心之本体，无起无不起，虽妄念之发，而良知未尝不在，但人不知存，则有时而或放耳。"（《答陆原静书》）每个人都有欲望，如果人们一味地追求自己的欲望而忽视了内在的良知，就会造成良知的遮蔽，这也就是孟子所言的"放心"。因此，人要"求其放心"，重新拾回本来的良知，让良知真正成为生命的指引者。所以说，致良知的功夫，既是良知充拓存养的过程，又是省察克己、去除私欲的过程。

就实践意义上的致良知而言，致良知也同样体现了王阳明知行合一的思想宗旨。在王阳明看来，"良知也者，是所谓天下之大本也；致是良知而行，则所谓天下之达道也"（《书朱守乾卷》），良知是致良知之本，致良知则是良知之行，二者密不可分。他说道："若鄙人所谓致知格物者，致吾心之良知于事事物物也。吾心之良知，即所谓天理也。致吾心良知之天理于事事物物，则事事物物皆得其理矣。"（《答顾东桥书》）这里的"致"即实行、推行之义，所谓"致良知于事事物物"，即是在具体的生活实践中依从良知而行。如果说良知是一种道德意识的话，那么，这里的致良知则是一种化道德意识为道德行为的过程，通过良知的外化，实现良知的现实品格，进而达到和谐社会人伦关系及稳定社会道德秩序的目的。王阳明说道："所谓人虽不知而所己独知者，此正是吾心良知处。然知得善，却不依这个良知便做去，知得不善，却不依这个真知便不去做，则这个真知便遮蔽了，是不能致知也。"（《传习录下》）只有通过具体的实践活动，实实在在依从良知去行事为人，良知才能逐渐从潜能转换为实现，才能将道德意识转换为道德行为。否则，如果只知善恶是非却不能依从良知去行，便会造成良知的遮蔽。这就是王阳明所言的"致知之必在于行，而不行之不可以为致知也"（《答顾东桥书》）的道理。在这里，致良知与知行合一的思想是不谋而合的。

致知是掌握阳明哲学的核心德目，也是从根本上把握其对《大学》心学诠释的根本所在。综合来看，王阳明对于《大学》之道的认识经历了一个以诚意为本转向致知为本的过程。可以说，平濠之前，王阳明以"诚意"为《大学》主旨，而平濠之后，特别是致良知的思想形成之后，王阳明对《大学》的诠释则转移到了致良知。这在《大学古本序》与《大学古本原序》的比较中可见一斑，与后者相比，前者多处强调了"致知"的内容。王阳明以致良知为"孔门正眼法藏"，致良知既是王阳明晚年思想的总结，也是阳明心性的最后归宿，所以，在《大学》的诠释中，王阳明最终也将《大学》的宗旨归于致良知，正如他晚年所明确提出的"致吾心之良知者，致知也"（《答顾东桥书》）。

（三）诚意——诚意只是慎独功夫

诚意在阳明早期的《大学》诠释中占有重要的位置。如前所言，平濠之前，王阳明一直以诚意来统率《大学》，平濠之后才将重心落在了致知上，如他在正德十三年（1518）所作《大学古本原序》中所言："《大学》之要，诚意而已。"他在《大学古本傍释》中也常以"诚意"来解释并贯通《大学》各纲领条目。因此，诚意也是掌握阳明《大学》之道的重要德目。

何为诚意？"心之所发便是意。"（《传习录上》）意即意识、意念之义。王阳明说道："盖心之本体本无不正，自其意念发动，而后有不正。故欲正其心者，必就其意念之所发而正之，凡其发一念而善也，好之真如好好色；发一念而恶也，恶之真如恶恶臭；则意无不诚，而心可正矣。"（《大学问》）他指出，心之本体是无所谓善恶的，是非善恶的价值判断只存在于经验领域。就心之本体而言其粹然纯正，通体透明，但是本体良知进入现象界，在经验的领域与外物建立某种关系情景时，便会脱离其本然状态而滑入经验状态，使其不能保持本体之纯正，并由此"应物起念"，这就是"意"产生的原因所在。王阳明指出，诚意的关键在于"就其意念之所发而正之"，即从意念发端处出发，发一善的意念，就应该像喜爱美色一样去喜爱它，发一恶念，就应该像厌恶臭味一样厌恶它，如此，才是诚意之功。《大学》文本以"慎独"来诠释诚意，曰："所谓诚其意者，毋自欺也。如恶恶臭，如好好色，此之谓自谦。故君子必慎其独也。"这里"毋自欺"即心意要回到自身，真实地呈现自己，是就是，非就非，不要遮蔽或欺骗自己。这样才是诚意，才是"慎独"。朱熹认为慎独之"独"乃"人所不知而己所独知之地也"（《四书章句集注·大学章句》），即道德主体在闲居独处、没有第三者监督下的道德自律。朱子的这种解释自有其道理，但是如果仅仅将"独"放在"人所不知"的处境中，其内涵是比较局限的。王阳明对于"慎独"并没有只是局限在"谨慎独处"，而是从良知处说"慎独"。他说道："诚意只是慎独工夫，只在格物上用，犹《中庸》之'戒惧'也。"（《大学古本傍释》）在王阳明看来，慎独之"独"指的乃是道德主体的独知之处，即其道德良知的自知自明。"慎独"是道德主体在良知观照下的自我监督和自我要求，之所以谨慎戒惧，不是来自外在的监督或指责，而是来自良知的内在命令，它所凸显的是德性修养的主体化和内在化。正如李景林先生所言，此"独"代表了一种充分的个体化和内在化，意味着一种内在精神世界的开拓①。这种解释无疑与《大学》重视道德自律和内在修养的宗旨是一致的。

王阳明关于诚意还有另一种解释，即"着实用意"。他说道："为学工夫有浅深。初时若不着实用意去好善恶恶，如何能为善去恶？这着实用意，便是诚意。"（《传习录上》）这里的"着实用意"即好善恶恶的践行功夫。王阳明指出："心之发动不能无不善，故须就此处着力，便是在诚意。如一念发在好善上，便实实落落去好善；一念发在恶恶上，便实实落落去恶恶，意之所发，既无不诚，则其本体如何有不正的？故欲正其心在诚意。"（《传习录下》）这里的"实实落落"与前言"着实用意"意思相近，指的都是将为善去恶落到实处。王阳明认为，"诚意"要在因物起念之际为善去恶，有一善的意念，便要实实在在地按照此善念去行，有一恶的意念，便当机立断地铲除此恶念于萌芽之中。王阳明在与顾东桥的书信中也说道："盖鄙人之见，则谓意欲温凊、意欲奉养者。所谓'意'也，而未可谓之'诚意'。必实行其温凊奉养之意，务求自慊而无自欺，然后谓之'诚意'。"（《答顾东桥书》）这里，王阳明以温凊奉养为例子指出，"意"是道德主体的一种意念、意欲、想法，只有将这种意念、想法、意欲付之于行动，使之成为一种实际的道德行为，才能称之为"诚意"。王阳明这里的"诚意"充分体现了"知行合一"的思想，与"致良知"的思想也是不谋而合的。

王阳明关于"诚意"的解读潜藏着一个良知的概念，因为，之所以能够知意念之善恶，乃是因为良知是知善知恶的。因此诚意之所以可能，乃是以良知作为心性根据和道德前提的。王阳明集中阐释了"良知"与"意"的相互关系，他指出："意与良知当分别明白。凡应物起念处，皆谓之意。意则有是有非，能知得意之是与非者，则谓之良知。依得良知，即无有不是矣。"（《答魏师说》）良知本体知善知恶，恒定专一，不滞于物，而意念则应物而起，随物而动，缺少内在确定性，并表现为是非善恶。从某种意义上来说，作为心体的良知既是积极的，又是消极的，它虽然能够知善知恶，判断是非，但不能保证人能够自觉地遵从良知，不能防止不善的意念的产生。在王阳明看来，要做到诚意，就要使意念依从良知而行，使良知对意念起到统摄性的作用，如其所言："道即是良知。良知原是完完全全，是

---

①李景林：《帛书〈五行〉慎独说小议》，《人文杂志》2003年第6期。

的还他是，非的还他非，是非只依着他，更无有不是处，这良知还是你的明师。"
（《传习录下》）因此，人应该听从良知的内在召唤，将自己的意念、思想、意识
放在良知的天平上加以衡量，良知认为是善的、好的，就应该努力去做，反之，如
果良知认为是恶的、错的，就不要去做。这其实也是一个不断自我内省、自我观照
的过程。每个人都拥有良知这个"明师"，每个人都可以与自己的良知进行心灵的
对话，合乎良知的就是善，否则就是恶。一念为善，良知知为善，便落实此善，反
之，一念为恶，良知知为恶，便去除此恶。当人们听从良知的呼唤，依从良知而
行，就是诚意，如果人们对良知的呼唤听而不闻，违背良知而行，就失去了意念的
真诚，造成了良知的遮蔽。至此，王阳明所谓的"诚意"从某种意义上就转变成了
"致良知"。

（四）正心——身之主宰便是心

　　正心是《大学》八条目的另一个范畴，《大学》曰："所谓修身在正其心者：
身有所忿懥，则不得其正；有所恐惧，则不得其正；有所好乐，则不得其正；有所
忧患，则不得其正。心不在焉，视而不见，听而不闻，食而不知其味。此谓修身在
正其心。"这里所言的"修身在正其心者"，强调的乃是心对于身的统率性作用。
身体是感性的，身体的自然感官表现出忿懥、恐惧、好乐、忧患等各种感觉或情
绪，这些感觉或情绪会从某种程度上影响或制约着心，使之不得其正，因此，正心
的真正内涵即在于在身心和谐的基础上以心统身，使心复归于正。阳明哲学中关于
"正心"的诠释与《大学》的这种主旨思想具有内在的一致性。王阳明所言的心，
含义较为丰富，可指知觉、思维、情感、意向等等，他特别提出了心体的概念，要
求人们求学问道应该在心体上用功。比较而言，如果说程朱理学关注的问题是化心
为性，使心合乎理的话，那么，王阳明则强调了心的先天性与普遍性。因此，程朱
理学重视的是理的主宰性而较少提及心的主宰性，而王阳明则从心性的独特视域重
申了心的主宰性。王阳明言下的心，不只是一种感性的存在，而是以理为内在依据
的本体之心，如其所言："所谓汝心，亦不专是那一团血肉。若是那一团血肉，如
今已死的人，那一团血肉还在，缘何不能视听言动？所谓汝心，却是那能视听言动
的。这个便是性，便是天理。"（《传习录上》）在他看来，"心也者，吾所得于
天之理也"（《答徐成之》），心先于经验而具有先天性，同时又具有普遍性，是
古今中外每个人都拥有的道德法则。
　　在阳明哲学中，心既为道德主体的修身养性提供了道德准则，又为道德主体的

具体行为提供了道德支柱。如果说程朱理学外心以求理的超越进路以性说心，倾向于心与超验之理的相互联系而忽视了心的经验性内容的话，那么，王阳明的内心以求理的内在进路则在确定心体的先天性与普遍性的基础上又积极肯定了心与经验内容之间的相互联系。他说道："耳、目、口、鼻、四肢，身也，非心安能视、听、言、动？心欲视、听、言、动，无耳、目、口、鼻、四肢亦不能。故无心则无身，无身则无心。"（《传习录下》）王阳明指出，耳目口鼻四肢等身体感官能够视听言动，是一种感性的存在。这些感官及其感官活动是与心这个主宰者密不可分的，心是那"能视听言动的"的，是耳目口鼻四肢之所以视听言动的指挥中枢，因此，无心则无身。同时，无身则无心，心也并非能够隔绝于耳目口鼻四肢等感性的存在，否则心的主宰性作用将无所依附，无从体现。可见，王阳明这里所体现的身心关系不是二元的，而是一元的。身与心之间是一种相互融摄、彼此依存的内在联系，其中，相对身而言，心具有统率性、主宰性的作用。作为感性存在的身，总是涉及经验性的内容，并由此产生各种情绪和感受。王阳明对此说道："喜、怒、哀、惧、爱、恶、欲，谓之七情，七者俱是人心合有的，但要认得良知明白……七情顺其自然之流行，皆是良知之用，不可分别善恶，但不可有所着。七情有着，俱谓之欲，俱为良知之蔽。然才有着时，良知亦自会觉，觉即蔽去，复其体矣。"（《传习录下》）王阳明将七情视为人心的自然呈现，是良知之用，无所谓善恶之分。他同时又指出，七情"不可有所着"，这里的"着"，即偏执、执着之义。若有所执着，则变成了人欲，将良知遮蔽了。正如《大学》所言："身有所忿懥，则不得其正；有所恐惧，则不得其正；有所好乐，则不得其正；有所忧患，则不得其正。"因此，要"正心"，就要使身所发之情依从良知，做到"发而皆中节之谓和"。

王阳明说道："性无不善，则心之本体本无不正也。何从而用其正之之功乎？盖心之本体本无不正，自其意念发动，而后有不正。"（《大学问》）心之本体无不善，无不正，之所以要正心，是因为因物起念，使心体失去了本身的纯正性。因此，正心就是要求心保持自身的纯正，不被外物所支配。因此，王阳明一再强调指出，"身之主宰便是心"。他解释"正心"道："心者身之主宰，目虽视而所以视者心也，耳虽听而所以听者心也，口与四肢虽言、动而所以言、动者心也，故欲修身在于体当自家心体，常令廓然大公，无有些子不正处。主宰一正，则发窍于目，自无非礼之视；发窍于耳，自无非礼之听；发窍于口与四肢，自无非礼之言、动；此便是修身在正其心。"（《传习录下》）王阳明指出，心是身之主宰，因此修身不能在身上用功，而是应该在心上用功，使一切行为活动依从良知本心而行，使心体廓然大公。如果心之主宰保持自身的纯正性，那么，道德主体自会非礼勿视、非礼勿听、非礼勿言、非礼勿动。王阳明据此提出了"心统五官"的思想，他说道："人君端拱清穆，六卿分职，天下乃治。心统五官，亦要如此。今眼要视时，心便逐在色上。耳要听时，心便逐在声上。如人君要选官时，便自去坐在吏部。要调军时，便自去坐在兵部。如此，岂惟失却君体？六卿亦皆不得其职。"（《传习录上》）他以政治治理为喻指出，心应该像人君一样起到一种统率和领导的作用，应该用心统率五官，使其依从本心而行，而不能反过来，使心听命于五官。在与弟子萧惠的对话中，王阳明区分了"非己""躯壳的己"和"真己"三个不同的"自我"。王阳明指出："美色令人目盲，美声令人耳聋，美味令人口爽，驰骋田猎令人发狂。"（《传习录上》）这些耳目之欲都是对耳目口鼻四肢有害的欲望，依从这种欲望的自我是"非己"。"非礼勿视听言动"有益于耳目口鼻四肢，依从这种言行的自我是"躯壳的己"。前两者都不是真正的自我，只有依从心之本体才是真正的自我，如王阳明所言："这心之本体，原只是个天理。原无非礼。这个便是汝之真己。这个真己，是躯壳的主宰。若无真己，便无躯壳。真是有之即生，无之即死。"（《传习录上》）这个真己，就是心之本体，就是天理。心这个真己是躯壳的主宰，要使躯壳做到非礼勿视听言动，就要保守心的主体性，由心来主宰躯壳。

可见，正心在阳明心学的哲学视域中就是以心为真己，保守心之本体，在身心合一的基础上实现心对身的主宰性和统率性作用。而王阳明这里的"本心"其实也就是良知。本心与良知在阳明心学中的内涵是相互一致的，即"良知者，心之本体"（《传习录中》），"心者，身之主也，而心之虚灵明觉，即所谓本然之良知也"（《答顾东桥书》）之谓也。因此，王阳明的正心从某种意义上与致良知是相互一致的，"正心"即"正良知"或"致良知"，即去除人之私欲，使良知从一种遮蔽或丢失的状态重新回到自身的本体之明，实现良知对于感官及其活动的主导性作用，使一切行为活动都能够依从良知的引导。

（五）修齐治平——内圣外王之道

如前所言，"修身"是《大学》的中心主旨，是八条目的中心一环，修身是"格物""致知""诚意""正心"的逻辑目的，同时修身也是"齐家""治国""平天下"的逻辑起点。《大学》开篇便一语道明"自天子以至于庶人，壹是皆以修身为本"，把"修身"作为其整个道德修养的根本目标和价值导向。关于"修身"，《大学》曰："所谓齐其家在修其身者，人之其所亲爱而辟焉，之其所贱恶而辟焉，之其所畏敬而辟焉，之其所哀矜而辟焉，之其所敖惰而辟焉。故好而知其恶，恶而知其美者，天下鲜矣。故谚有之曰：'人莫知其子之恶，莫知其苗之硕。'此谓身不修不可以齐其家。""修身"的思想就是儒学所谓的内圣之道。众所周知，儒学自先秦时期就形成了为己之学，为己之学与为人之学的根本区别在于，前者指向自我德性的完善和道德人格的形成，而后者则迎合外在的赞誉。王阳明也继承了儒家一贯的为己之学的思想，他说道："今之学者须先有笃实为己之心，然后可以论学。不然，则纷纭口耳讲说，徒足以为为人之资而已。"（《与汪节夫书》）他认为："人须有为己之心，方能克己；能克己，方能成己。"（《传习录上》）

自孔孟以来，儒学就以性善论为心性保证致力于"人皆可以为尧舜"的道德理想。王阳明直承孟子一系的思想，将良知视为人之所以能够成贤、成圣的先天道德依据。他说道："天命之性，粹然至善，其灵昭不昧者，此其至善之发见，是乃明德之本体，而即所谓良知也。"（《大学问》）他同时指出："良知之在人心，无间于圣愚，天下古今之所同也。世之君子惟务致其良知，则自能公是非，同好恶，视人犹己，视国犹家，而以天地万物为一体。"（《答聂文蔚》）他认为，良知是"天植灵根"，良知兼有先天性与普遍性，每个人，无论圣愚，在良知面前都是平等的。此良知正是明德之本，也即人之所以修身养性和实现理想人格的心性根据。王阳明指出，良知虽是人人皆有，但是每个人致良知的层次和境界却有所差别，他说道："圣人之学，惟是致此良知而已。自然而致之者，圣人也；勉然而致之者，贤人也；自蔽自昧而不肯致之者，愚不肖者也。愚不肖者，虽其蔽昧之极，良知又未尝不存也。苟能致之，即与圣人无异矣。此良知所以为圣愚之同具，而人皆可以为尧舜者，以此也。"（《书魏师孟卷》）他指出，致良知对于圣人而言，是自然而致，是良知的自然流行；致良知对于贤人而言，则是勉力而为，是在省察克己的道德功夫中的不断致其良知；致良知对于愚不肖者而言，则更是勉为其难。因此，在王阳明看来，修身是一个持续不断的过程，这个过程也是不断致良知的修养过程。

《大学》通篇所阐述的是儒学一贯的内圣外王之道，如果说修身指向的是内圣，那么"齐家""治国""平天下"则指向的是外王。修身主要就"己"而言，是对自我的道德要求，目标是修身以德，而"齐家""治国""平天下"则就"他者"而言，是自我在社会中的作用和价值，目标是实现"安人"，这也就是儒家哲学中的"修己安人"之道。齐家、治国、平天下是修身之后的外用之道，历来为儒家奉为最高的人生理想。王阳明也秉承了儒学的这种内圣外王、修己安人的思想，并从圣学与禅学的对比中指出儒学治国平天下的社会责任感。他说道："夫禅之学与圣人之学皆求尽其心也，亦相去毫厘耳。圣人之求尽其心也，以天地万物为一体也。吾之父子亲矣，而天下有未亲者焉，吾心未尽也；吾之君臣义矣，而天下有未义者焉，吾心未尽也；吾之夫妇别矣，长幼序矣，朋友信矣，而天下有未别未序未信者焉，吾心未尽也……是以外人伦，遗事物，以之独善或能之，而要之不可以治家国天下。盖圣人之学无人己，无内外，一天地万物以为心；而禅之学起于自私自利，而未免于内外之分，斯其所以为异也。"（《重修山阴县学记》）他指出，禅学一味地追求独善其身，执着于人己之分、内外之分，逃避人伦关系和社会责任，不免陷入自私自利，是一种"外人伦，遗事物"的做法。圣人之学则坚持"穷则独善其身，达则兼济天下"，拥有以"天地万物为一体"的博大胸怀，做到"老吾老以及人之老，幼吾幼以及人之幼"，在家国天下的整个社会结构中积极承担起自己的道德责任与社会义务。这种圣人之学充分体现了儒家哲学的群体认同感和社会担当意识。在王阳明看来，修己与安人、内圣与外王、自我与他者、德性与德行总是密切地联系在一起，自我德性的完善和人格的形塑，总是拒斥自我的中心化及封闭化，只有在与他者的共在中，在家国天下的整个社会结构中，个人的德性才能真正获得实有诸己的现实性。只有向他人开放，通过对他人的真诚关怀与仁爱，才能真正化德性为德行，实现修己以安人，内圣而外王。

这种内圣外王之道在王阳明心学中的表述就是"致良知"，即良知从潜能到实现、从本然之知到明觉之知的过程，正如杨国荣先生所言："良知诚然是一种先天本体，但在先天的形式下，它更多地表现为一种逻辑的普遍必然之知，而并未转换为现实的理性意识；先天固然为普遍必然性提供了某种担保，但在实致其功之前，它却缺乏现实性的品格，惟有通过切实的践履过程，主体对良知才能逐渐获得认同感和亲切感，并使之化为自觉的理性意识。"①王阳明说道："若鄙人所谓致知格物者，致吾心之良知于事事物物也。吾心之良知，即所谓天理也。致吾心良知之天理于事事物物，则事事物物皆得其理矣。致吾心之良知者，致知也。"（《答顾东桥书》）良知既要内化于心，又要外化于行。这里所谓的"致吾心之良知于事事物物"，即良知在日用常行中的践行。"事事物物"主要指向生活的世界，即由各种人际关系和伦理关系组成的社会结构和人情世界。致良知于事事物物，就是将内在德性外化于社会关系和人伦世界中，使良知在道德实践活动中真正地呈现自己，继

---

①杨国荣：《心学之思——王阳明哲学的阐释》，第143页。

而通过良知的外化建立理性化、道德化的社会秩序。这种致良知的功夫也就是《大学》所言的"齐家""治国""平天下"的道德功夫。在王阳明看来，致良知与知行合一的功夫密不可分，他多次强调"功夫不离本体，本体原无内外"（《传习录下》），认为良知需先"致"而后才能"至"，致知不是悬空而致，必须是"在实物上格"，如其所言："君子之学，何尝离去事为而废论说？但其从事于事为论说者，要皆知行合一之功，正所以致其本心之良知，而非若世之徒事口耳谈说以为知者，分知、行为两事，而果有节目先后之可言也。"（《答顾东桥书》）在他看来，徒有口耳谈说不是真知，若非知行合一，这种"知"只是一种"粗知"，只有在"在事上磨炼"的道德实践中证成知行合一的功夫，才是真知。在此过程中，良知从一种本然形态的"知"，经过道德践履的"行"，逐渐获得了现实的性格而成为一种明觉形态的"知"。这也就是王阳明晚年以致良知来解读"知行合一"的原因所在。这种"致良知"或"知行合一"的道德实践也就是在家国天下的整个社会结构中不断实现"齐家""治国""平天下"的过程，正如王阳明所言："君臣也，夫妇也，朋友也，以至于山川鬼神鸟兽草木也，莫不实有以亲之，以达吾一体之仁，然后吾之明德始无不明，而真能以天地万物为一体矣。夫是之谓明明德于天下，是之谓家齐国治而天下平，是之谓尽性。"（《大学问》）这种以一体之仁为精神宗旨的修齐治平之道充分体现了儒学仁民爱物的人文情怀和博施济众的社会责任。

综上所述，王阳明对《大学》赋予了心学的创造性诠释，这种诠释路径不同于朱子即物穷理的超验路径，而是一种反观自省的内在路径。他对于《大学》八条目的重新解读，始终以良知为内核，他以"良知"作为"格物""致知""正心""诚意""修身"之所以可能的心性依据，又以"致良知"涵盖了"齐家""治国""平天下"的道德实践，在"良知"与"致良知"的内在互动中体现了传统儒学的修己安人、内圣外王之道。如果说在朱子那里，格致诚正、修齐治平的八条目是一个条理明晰、次序分明的道德进阶的过程的话，那么，在王阳明这里，八条目则在良知的统率下融为一体。王阳明说道："理一而已。以其理之凝聚而言则谓之'性'，以其凝聚之主宰而言则谓之'心'，以其主宰之发动而言则谓之'意'，以其发动之明觉而言则谓之'知'，以其明觉之感应而言则谓之'物'：故就物而言谓之'格'，就知而言谓之'致'，就意而言谓之'诚'，就心而言谓之'正'。"（《答罗整庵少宰书》）可见，在王阳明看来，格致诚正修，其实只是同一事情从不同角度的称谓而已。归根结底，王阳明认为所谓的八条目其实就是一个依从良知为善去恶的身心功夫。他总结指出："夫'必有事焉'只是'集义'，'集义'只是'致良知'。说'集义'则一时未见头脑，说'致良知'即当下便有实地步可用功；故区区专说'致良知'。随时就事上致其良知，便是'格物'；着实去致良知，便是'诚意'，着实致其良知，而无一毫意必固我，便是'正心'。"（《答聂文蔚》）可见，王阳明始终以致良知为八条目的精神主旨，所谓的格物，即是"格心""正心"，"随时就事上致其良知"；所谓的诚意，即是"着实去致良知"，是道德主体在良知观照下的自我监督和自我要求；所谓正心，即以心之良知为真己，实现心之本体对身的主宰性作用；所谓的修齐治平，即是"致吾心之良知于事事物物"，在家国天下的社会结构中实现良知的扩充和存养。八条目归根结底都可以视为不同层面的致良知。王阳明这种以良知作为核心的《大学》诠释，极高明而道中庸，极大地高扬了主体精神和内在精神，在当时起到了解放思想的巨大作用。"自诚明，谓之性。自明诚，谓之教"，如果说朱子强调自明而诚的教化之学的话，那么，王阳明则强调了自诚而明的心性之学。与朱子即物穷理的知识论路径相比，王阳明更加强调了德性在修养中的重要性，如钱穆先生所指出的那样："伊洛兴起，那时的学术风气又变了。他们看重'教'更过于看重'治'……全在其内圣之德上，而不在其外王之道上。"[1]王阳明站在心学视角对《大学》作的全新阐释，扩大了经典文本自身的丰富性，为理解文本提供了多元化的视域。

王阳明以良知为核心的《大学》诠释不仅在当时具有重要的社会影响，而且对于现代社会仍然具有重要的价值启迪作用。在一个商品化、市场化的现代社会，实用主义、功利主义大行其道，人们在热衷于追求物质利欲的同时，往往容易忽视内在的良知。正如希腊哲人苏格拉底所言"没有反省的人生不值得一活"，人之为人，其有价值和尊严之处即在于拥有良知和德性。如果人们不能依从良知而行，而是迷失于感官享乐和物欲追求的话，就会造成良知的遮蔽。良知的遮蔽以及随之而来的价值迷失、道德失衡和人性堕落便造成了人的"异化"。这个时代的精神危机，迫切需要一种哲学理论作为解救之方，王阳明的良知与致良知的思想正可以为根治现代人的精神危机提供一剂良药。

---

[1]钱穆：《两汉经学今古文平议》，商务印书馆2001年版，第296—297页。

第二编　传统美德与社会主义核心价值观的涵养

第一章　传统美德的文化母体功能

第一节　从先秦儒学的德治仁政解读儒学政治的正义性

　　正义是衡量社会文明的重要标志，是维护社会稳定、促进社会和谐的价值基石，也是自由、民主、平等等现代价值理念得以实现的思想根据。因此，在今天，正义问题日益凸显出其重要性。近代以来，"正义论"一词乃是由"justice"一词翻译而来，当学术界谈及正义论时，一贯针对的是西方的正义论，即从亚里士多德到罗尔斯、诺齐克等西方政治哲学的正义论传统。我们需要反思的是，正义作为一种普遍的人类价值诉求，是否只是西方哲学的产物？中国哲学中是否也存在着某种正义论的思想或萌芽？如果有，那么，中西正义论在价值内涵和表现形式上有何异同之处？中国哲学中的正义论又如何在现代社会中实现自我的转化？诸如此类的问题值得深思。对西方正义论的引入和借鉴必须浸润到中华民族的文化土壤之中，实现与我国正义论的对接。唯有深切地认识和掌握传统哲学的正义理念，才能在中西文化的相互参照中建构起具有我国民族特色的正义论。

　　深入阅读中国传统哲学，我们可以发现，其中也蕴含着丰富的正义论内容。早在先秦之前，经典古籍中就提到了正义、公义的思想，《尚书·洪范》中就有"无偏无陂，遵王之义""无偏无党，王道荡荡"之语，《易经》中所言的"元、亨、利、贞"之"贞"即"正"之义，后《易传·文言》中将其表达为"刚健中正"。《礼记·礼运》中将"大道之行也，天下为公"视为公正、和谐社会的理想愿景。详细梳理和深入挖掘传统哲学中的正义论思想有着重要的理论价值和现实意义。本文就以先秦儒学的德治仁政为题，深入解读其中所蕴含的政治正义论，结合近代以来的正义论传统，总结出传统正义论的思想智慧和历史局限，并根据现代社会的时代要求，探索性地指出传统正义论的现代转换之路。

（一）心性的根据——"以不忍人之心，行不忍人之政，治天下可运之掌上"

　　正义论的核心内涵是公正、正义，即不偏不倚、主持公道之义，指对人能够做到无偏无私、公平对待。公平的一个重要的思想前提是"平等"。只有在平等的基础上，才能实现公平、正义。在传统儒学中，"平等"也是一个重要的道德伦理范畴，这种平等观主要表现在人性平等、人格平等等思想层面。正是这种人性的平等和人格平等为传统儒学的德治仁政等政治理念奠定了心性论的思想前提和理论根据。

众所周知，性善论一贯是传统儒学的主流，性善论早在先秦时期就逐渐萌生和丰富起来。性善论的提出，一方面是先秦诸子百家彼此激荡、思想交锋的产物，同时也是社会发展的客观需要。正如李景林先生所言，性善论的建构是为了解决儒学中内圣和外王的两个问题，即寻求合理伦理制度的根据以及建立人之安身立命的根据这两个方面。①孔子本人并没有明确提出性善论，他只是提及"性相近也，习相远也"（《论语·阳货》）一语，指出每个人在本性上是非常相近的，人与人之间之所以会出现差异，乃是由后天的习惯造成的。在这里，孔子的人性论已潜在地蕴含着性善论的内容，人与人之间的相近之处，就在于共同的善性，否则人的道德修养就失去了着落。最早明确提出性善论的是亚圣孟子，他进一步将夫子尚未明言的人性定义为"仁也者，人也"（《孟子·尽心下》），视"仁"为人之性、人之本。在他看来，"仁"代表真正的德性，唯有拥有仁德之人才是道德意义上的人。孟子从人之为人的道德根源处提出了著名的四端之说，他说道："恻隐之心，人皆有之；羞恶之心，人皆有之；恭敬之心，人皆有之；是非之心，人皆有之。恻隐之心，仁也；羞恶之心，义也；恭敬之心，礼也；是非之心，智也。仁义礼智，非由外铄我也，我固有之也，弗思耳矣。"（《孟子·告子上》）在他看来，人作为道德的存在者，先天具有"恻隐之心""羞恶之心""辞让之心"和"是非之心"。其中，恻隐之心是仁之端，羞恶之心是义之端，恭敬之心是礼之端，是非之心是智之端，这四端之心不是从外部加给人的，而是人"不学而能""不虑而知"的良知良能。这四端之心使人能够在现实的具体境遇中随感而发，对他者的生存处境产生一种本能的关爱和同情之心。这四端之心虽然只是仁义礼智之端倪、萌芽，却赋予了人们以无限的道德潜能，使人能够脱离低级趣味，在四端之心的扩充存养中不断提升自我的道德之境。孟子性善论从"人之所以异于禽兽者几希"的角度立论，凸显了人之为人的道德属性。性善论是先秦时期人性论的成熟表达，标志着心性之学发展的全新阶段。孟子的性善论之所以历来为人们所称道，乃因为这种人性论从人之道德自发与情感体验中，发现了人性的真实和自然，积极肯定了人作为道德主体

----

① 李景林：《教养的本原：哲学突破期的儒家心性论》，北京师范大学出版社2009年版，第269页。

性的存在，在道德主体自身之中找到了道德实现的内驱力，集中体现了传统儒学所特有的人文精神和道德情怀，正如牟宗三先生所言："开辟生命之源、价值之源莫过于儒家，察业识莫过于佛，观事变莫过于道。"①

正是从人人所具有的善性出发，先秦儒学提出了德治、仁政的思想。孔子曰："为政以德，譬如北辰，居其所而众星共之。"（《论语•为政》）孔子所提倡的政治是一种德性的政治，他认为君主应该坚持用道德原则来治理国家，这样，人民就会自然归向君主，像众星围绕北辰一样。孟子则进一步以性善论为根据提出了仁政、王道的政治主张。孟子曰："人皆有不忍人之心。先王有不忍人之心，斯有不忍人之政矣。以不忍人之心，行不忍人之政，治天下可运之掌上。"（《孟子•公孙丑上》）在孟子的人性论中，不忍之心是不忍之政的心性前提，不忍之政则是不忍之心在政治范围内的自我实现。他相信人人皆有善性，故人人皆可以为圣人。他相信每个君王都有不忍之心，故每个君王都可以成为像尧舜那样的帝王。在孟子与齐宣王的对话中，孟子从齐宣王对将以衅钟之牛的怜恤事件中挖掘出齐宣王内心深处的"不忍之心"，并且继而从这种不忍之心推出不忍之政。在他看来，齐宣王既然可以恩足以及禽兽，就可以恩足以及百姓。内圣而外王的仁政王道在理论上是可能的，在现实中也是可行的，仁政的必然性就根植于人的心性之中，是人天然具有的仁爱本心和善良本性使然。孟子又曰："人皆有所不忍，达之于其所忍，仁也；人皆有所不为，达之于其所为，义也。"（《孟子•尽心下》）他指出，仁政其实就是一个不断"推恩"的过程，能够扩充自我善端，本着忠恕之道的原则将仁爱之心由己及人、由亲而疏地扩展开来，做到"老吾老，以及人之老；幼吾幼，以及人之幼"（《孟子•梁惠王上》），如此，治理天下便易如反掌了。

传统儒学的人性论从心性论的角度论证了人与人之间的平等性，这种心性的平等赋予了每个人以人格的平等性。正如《礼记•曲礼上》所言："夫礼者，自卑而尊人。虽负贩者必有尊也，而况富贵乎！"这种人性的平等也为后世的权利平等、机会平等等现实意义的平等提供了理论前导和思想保证。《世界人权宣言》有三项哲学预设：普遍的人性、个人之尊严、民主的社会秩序，其中前两项都可以在传统儒学中发现丰富的思想资源。李明辉先生就对此指出："儒家传统的确包含现代'人权'概念的若干理论预设……儒家传统也为源自近代西方的'人权'概念提供

①牟宗三著，罗义俊编：《中国哲学的特质》，上海古籍出版社2007年版，第186页。

了另一个诠释角度与论证根据。"①

（二）德性的正义性——"政者，正也"

　　传统儒学所提倡的德治仁政的政治理念，具有丰富的思想内涵，体现出一定的时代进步意义，这种政治理念从不同层面表现出正义性的诉求。这种德治仁政的政治理念从道德的层面赋予了政治以正义性。传统儒学作为一种道德的政治学说，其道德正义性的诉求主要是针对君主而言的。

　　孔子所提倡的"为政以德"的德治思想，其核心内容就是对君主的道德性要求。孔子本人非常重视"正名"，所谓的正名，即规定和明确每个人在社会结构中的"名"与"分"，使每个人做到名实相符，改变当时社会中"君不君，臣不臣"的混乱局面。就君主而言，在君主的位置上，就应该拥有作为君主的相关权利以及履行君主的相应义务。孔子对君主提出的道德义务即"政者，正也。子帅以正，孰敢不正"（《论语•颜渊》）。他指出，作为君主，首先就要坚持修身为本，以身作则，成为人民的道德表率，如此才能实现以德化民的政治教化。尊德重义、唯德是从的君主才具有政治的正义性。孔子曰："道之以政，齐之以刑，民免而无耻；道之以德，齐之以礼，有耻且格。"（《论语•为政》）他指出，与其用政令和刑法来治理社会，不如用道德和礼乐来教化百姓。前者只能使百姓免于犯罪受罚，却缺少了廉耻之心，后者却使百姓有羞耻之心且能自我检点，归于正道。对孔子而言，这种道德和礼乐的教化首先来自君主的道德示范作用，如其所言："其身正，不令而行，其身不正，虽令不从。"（《论语•子路》）如果君主是一个有光明德性的人，能够自我涵养、修身以道，就会在整个社会范围内起到一种道德的教化作用。"君子之德风，小人之德草，草上之风，必偃。"（《论语•颜渊》）在君子的德风化育之下，小人能够不由自主地受到感悟，并积极效法君子之德。

　　《中庸》也继承了孔子的德治传统，认为君主应该集德性与权位于一身，像大舜那样"德为圣人，尊为天子"。只有"大德"者，才能"必得其位，必得其禄，必得其名，必得其寿"。换言之，理想的君主应该由圣而王，即圣即王，他向内道德圆满，向外德性教化，只有这样内外兼容、智德双修的人才称得上是圣王，这就是传统儒学所推崇的内圣外王之道。

---

①李明辉：《儒家视野下的政治思想》，（台湾）台大出版中心2005年版，第96—98页。

　　孟子在其仁政、王道的政治理念中秉承了孔子的德治思想，强调了君主德性修养的重要性。他说道："君仁莫不仁，君义莫不义，君正莫不正。一正君而国定矣。"（《孟子·离娄上》）他指出，"民之秉彝，好是懿德"，作为君主应该先修养其德性，才能够使人人各尽其秉彝之德。只有君主首先拥有仁德，才能使整个社会形成追求仁德的风尚；只有君主首先修养义德，才能使整个社会养成追求义德的风气；只有君主首先端正身心，才能使整个社会恢复正气。孟子进一步指出："行有不得者，皆反求诸己，其身正而天下归之。"（《孟子·离娄上》）孟子所言的"身正"指向的就是君主的德性。他认为，只有那些修身以正、拥有光明德性的君主才能真正赢得百姓的归顺，这是仁政王道之所以能够实现的德性前提。在此可以看出，孟子赋予了君主以神圣的道德职责，并将整个社会的政治秩序和道德责任都追根到君王自己的德性上来。

　　可见，先秦儒学的政治理念以性善论为根本依据，以不忍之心推及不忍之政，突出体现了传统儒学的内圣外王之道。这种寓道德于政治、寓政治于道德的政治模式，是传统儒学政治哲学的突出特色。正如梁启超先生所言："儒家之言政治，其唯一目的与唯一手段，不外将国民人格提高。以目的言，则政治即道德，道德即政治。"[1]在先秦儒学的政治言说中，政治并非作为一个独立的社会范畴而存在，而是一个道德的范畴。也就是说，政治并没有从道德领域中脱离出来独立门户，而只是作为道德领域在社会公共领域的一种延伸。政治生活的实践主要依赖于德性的原则，而非制度化的规范。从普遍意义而言，这种以德性解决政治问题的思想其实是古代社会普遍流行的政治理念，东方如此，西方亦然。传统儒学正是首先从这种内圣外王之道的德性层面论证了政治的正义论。

（三）神学的正义性——"皇天无亲，惟德是辅"

　　先秦儒学的道德政治理念始终以天道作为政治正义性的神圣来源和超越根据。对于先秦儒学而言，现实的政治生活及其社会秩序既是世俗的，又是神圣的，它从天道的超越高度为现实的政治秩序披上了一层神秘的面纱，突出地体现了政治与宗教之间的密切关系。

　　《说文解字》曰："天，颠也。至高无上，从一大。"人之上谓之天，天对于

---

[1]梁启超：《先秦政治思想史》，中华书局1986年版，第83页。

中国传统哲学而言是一个至高无上、神圣可畏的宗教神学范畴。在传统的农耕文明社会中，人们日出而作、日落而息，在长期与自然的相互交往中形成了先民对天道的崇拜之情和敬畏之感。于古人而言，自然流行、寒来暑往的天不仅具有自然意义，同时也拥有宗教、道德等丰富内涵。冯友兰先生曾总结指出中国文字中的天，有物质之天、主宰之天、命运之天、自然之天、义理之天五种含义。①随着历史的演变，天道逐渐成为人们终极的宗教关切和社会生活的价值之源。在先秦儒学的政治建构中，天道也因此成为政治合法性和正义性的神圣来源和超越根据。

三代以来，"天""帝""天命"始终是政治合法性的神圣根据。特别是殷周剧变之际，周人使传统的宗教神学呈现出新的转向，将先前的"以祖配天"转变为"以德配天"，在宗教神学中注入了尽人事的理性反思，实现了天道的人文化和道德化转向。以周公为代表的周人集团有一种深刻的忧患意识，他们从殷革夏命、周革殷命中吸取了历史教训，意识到"天命靡常"的道理，认为"天命"是可以转移或变更的，关键要看君主的德性。"皇天无亲，惟德是辅"，夏、殷之所以灭亡是由于"不敬厥德，乃早坠厥命"，周之所以得到天命的眷顾是因为文王之德。因此统治者务要敬德保民、明德慎罚，才能保住天命。这里虽是言说天命的神圣，实则指向人道的担当，体现了传统哲学即圣即凡、极高明而道中庸的人文精神和现实性格。正如徐复观先生所言："周人建立了一个由'敬'所贯注的'敬德''明德'的观念世界，来照察、指导自己的行为，对自己的行为负责，这正是中国人文精神最早的出现；而此种人文精神，是以'敬'为其动力的，这便使其成为道德的性格。"②

孔子本人也有浓郁的宗教情怀，他以天命作为自己安身立命的终极关切，认为"道之将行也与？命也。道之将废也与？命也"（《论语•宪问》）。他指出君子有三畏："畏天命，畏大人，畏圣人之言。"（《论语•季氏》）其中，"畏天命"即对天命的敬畏之心。他指出"不知命，无以为君子也"（《论语•尧曰》），认为天命掌握着人生的生死祸福、富贵利达，人们应该顺天命而为。我们不能将孔子的天命观视为一种宿命论，因为对孔子而言，博厚高明悠久的天道更多的是道德的化身。"唯天为大，唯尧则之"（《论语•泰伯》），道德之天是人类德性修养的终极源泉，每个人，特别是作为天之子的君主，应该效法天道，尽人事

①冯友兰：《中国哲学史》（上册），华东师范大学出版社2000年版，第35页。
②徐复观：《中国人性论史•先秦篇》，上海三联书店2001年版，第21—22页。

而知天命。孔子在此将天命予以了道德化的解释，并通过"为仁由己"的道德命令将遥不可及的天命内化为人自身的道德行为，从而将对天命的信仰转化为道德主体的道德自觉，进一步深化了传统儒学的人文性和道德性。

孟子也以天命观来审视政治的正义性。孟子的天道观传承和发展了三代以来的天道观。他多次引用《诗》《书》等经典文献重新肯定了天道的主宰性和道德性。他重申了三代"天命靡常"的观念，唤醒君主对天命的敬畏之心，使他们能畏天、敬德，施行仁政王道。孟子借天之名论证了政治的合法性。"天与贤，则与贤；天与子，则与子。"（《孟子•万章上》）在他看来，无论是尧舜禹三王之间的禅让制，还是后来的世袭制，都是天道的神圣旨意，天道的旨意不以人的主观意志为转移，天占有绝对主权。孟子天道观中最具特色的是民意之天。他指出，天道不言，天道对政治生活的干涉，并不是以"谆谆然命之"，而是通过"行与事示之"的方式来表明，具体表现为"使之主祭而百神享之，是天受之；使之主事而事治，百姓安之，是民受之也"（《孟子•万章上》）两种途径。既然天道不言，那么天道则主要借由民意来体现自己的神圣旨意。故孟子引用《泰誓》所言"天视自我民视，天听自我民听"来阐明其民意之天。在此，天意即民意，民意即天道，神圣而玄妙的天意便具体落实为现实的民意。这种民意之天使孟子的天道观更具政治意义和现实批判精神。

可见，先秦儒学站在天道的超越高度赋予了政治以合法性和正义性。这种政治正义性表现在两个方面。一方面，天道能够以神秘莫测的超越性维护君权的合法性和神圣性，从而实现了神权和王权的统一，这种神道设教的政治模式是古代社会普遍的文化现象。另一方面，天道又能够以其至高无上的权威性成为调节政治生活的神圣力量。"惟天为大，惟尧则之"，君主作为天之子，理应像尧舜等圣王那样法天、则天，在敬德保民、仁政爱民中表现出对天道的敬畏。在宗教神学信仰较为浓郁的传统社会中，人们对天道总是怀有一种崇拜、敬畏之心，因此，天道能够从信仰的层面起到对君权的某种制衡和约束作用。

（四）臣的直谏——"君子之事君也，务引其君以当道，志于仁而已"

在传统儒学中，君臣关系也是一对重要的政治关系。在古代传统的等级社会中，君臣关系固然不能对等，但也是相互对待和制衡的，君臣之间的相互对待便从另一个侧面赋予了政治以正义性。

从孔子的正名思想中，我们可以看出他对君臣之间相互关系的规定性。他说道："君使臣以礼，臣事君以忠。"（《论语·八佾》）君臣关系是一种相互对待的政治关系，所谓的"君君、臣臣"之道即指君臣之间应该各安其分、各受其职、各尽其责。每个人的名分与他的权利、义务是相互对应的，为人君应该尽到君主的本分，履行君主的职责，为人臣也应该尽到臣的本分，履行臣的职责。就君臣关系而言，君主对臣子应以礼相待，而臣子则应以忠诚来侍奉君主。君臣二者之间虽然有着上下、尊卑之别，但是二者之间不是一种绝对的政治意义上的人身依附关系，毋宁说，二者之间的相互对待以道义作为最高原则，正如孔子所言："所谓大臣者，以道事君，不可则止。"（《论语·先进》）也就是说，臣子侍奉君主并不是无原则性的奉承，而是应该坚持道义的准则。

孟子进一步深化了孔子的这种正名思想。他说道："欲为君尽君道，欲为臣尽臣道，二者皆法尧舜而已矣。"（《孟子·离娄上》）并以尧舜为君臣关系的典范，指出君主要尽到君主之道，臣子要尽到臣子之道。这样，君臣之间才能够以道义为根据建构起良好的政治关系，更好地治理国家、造福于民。孟子义正词严地指出："君子之事君也，务引其君以当道，志于仁而已。"（《孟子·告子下》）他认为，真正的君子应该有着高尚的道德操守，能够积极引导君主走向道义之途。孟子同时也突破了君臣关系的不对等性，从"贵贵"和"尊贤"两个角度讨论了君臣关系的相互性，他说道："用下敬上，谓之贵贵；用上敬下，谓之尊贤。贵贵、尊贤，其义一也。"（《孟子·万章下》）"贵贵"原则是一种下对上的原则，即君臣之间的上下、尊卑之别；"尊贤"原则则是一种上对下的原则，即君主求贤若渴、任人唯贤的政治谋略。在孟子看来，"贵贵"和"尊贤"是建立良好君臣关系的两个重要方面。只"贵贵"而不"尊贤"，将造成政治的专断和独行，只"尊贤"而不"贵贵"，便会造成政治生活的无序与混乱，二者之间应该保持一种制衡。孟子甚至据此指出："君之视臣如手足，则臣视君如腹心；君之视臣如犬马，则臣视君如国人；君之视臣如土芥，则臣视君如寇仇。"（《孟子·离娄下》）君臣关系应该突破尊卑有等的限制而追求一种情谊上的联结，君臣关系应该以尧舜为典范而建构起君臣互友的政治关系。正如朋友之间应相互责善一样，君臣之间也应该相互责善，共同致力于道义的追求。他说道："责难于君谓之恭，陈善闭邪谓之敬，吾君不能谓之贼。"（《孟子·离娄上》）也即是说，作为臣子应该用道义的标准来要求君主，向君主陈明仁政王道，阻塞异端邪说，这才是对君主真正的恭敬。否则，认为君主不能行道、成仁，才是对君主的大不敬。孟子思想中最具革命精神的是提出了对君主的置换权。针对汤放桀、武王伐纣等政治事件，孟子慷慨激昂地说道："贼仁者谓之贼，贼义者谓之残，残贼之人谓之一夫。闻诛一夫纣矣，未闻弑君也。"（《孟子·梁惠王下》）在他看来，残害仁义道德的君主已经失去了作为人君的资格，他们只是众叛亲离的"一夫"。因此，汤放桀、武王伐纣不是以下犯上的作乱，而是诛杀一夫、替天行道。孟子这种置换观突破了君臣之礼的传统限制，以道义为原则诠释了君权的正当性和政治的合法性，在当时之世颇具突破性和震撼性。

可见，先秦儒学的君臣关系，是一种相互对待、彼此制衡的政治关系，这种政治关系既肯定了君臣之间的尊卑之别，又强调了臣子对君主的谏言。这种君臣关系既不同于法家的绝对君权，也不同于墨家的尚同，更不同于秦汉之后的绝对君权。先秦儒学试图在道义的基石上建构君臣之间的情谊关系，这种政治言说在一定程度上促成了后世臣子的直谏传统，促使君主在臣子的直谏下尽职尽责、修己爱人。传统社会建构的君相制、三省六部制，一直到谏议制、监察制、回避制以及一系列整饬官德吏制的方法，都是在此基础上发展而来的。这种通过君臣相互对待而构成的政治正义论，是先秦儒学在政治领域的重要贡献之一。

（五）民意的力量——"得天下有道：得其民，斯得天下矣"

君民关系也是传统儒学的一对政治关系。在传统社会中，君主与人民之间的关系包括政治、经济、伦理等多个方面，传统儒学向来提倡"以民为本"的思想，认为人民是决定政治生活成功与否的核心因素，并从中强调了君主对人民的责任与义务，认为君主既是一国之主，又是民之父母，应该尽到保民、爱民、惠民的职责。君民之间的相互关系构成了先秦儒学政治正义性的重要一环。

纵观历史，民本思想在传统文化中由来已久，从传统五经的"乐只君子，民之父母"（《诗经·小雅》）、"假乐君子，显显令德，宜民宜人"（《诗经·大雅》）、"人无于水监，当于民监"（《尚书·酒诰》）等文句中便可看出这种思想的萌芽。特别是周代以来，传统的天命观获得了更多现实的性格，民意从某种程度上成了天命的代言人，从而使政治生活中增加了尽人事知天命、敬德保民的内容。这奠定了传统政治儒学的道德、民主的特质。从孔子开始，传统儒学的民本思想逐渐形成并丰富起来。"民、食、丧、祭"是孔子之所重，其中，摆在首要位置的是"民"，他所推崇的圣人之道就是"博施于民而能济众"（《论语·雍也》），认为圣王治理国家能够给人民带来恩泽，使百姓的生活幸福安乐。故此，孔子尤为欣赏子产的君子之道，他认为子产"有君子之道四焉：其行己也恭，其事上也敬，其养民也惠，其使民也义"（《论语·公冶长》），子产不仅自己行为庄重恭敬，而且也能够很好地处理好上下级的关系。孔子在此称赞了子产"养民""使民"的治理原则，所谓"养民也惠"，指的是君子养育人民要使他们得到实在的利益与实惠；"使民也义"指的则是役使人民要符合道义法度的原则。前者指的是君主在经济方面的义务，认为君主应该保证人民基本生活、生产的需要。后者则指向君子在政治方面的责任，认为他们在奴役百姓时应该以仁义之道作为衡量的标准。

孔子也提出了"尊五美，屏四恶"之说，"五美"即五种政治美德，分别是"惠而不费，劳而不怨，欲而不贪，泰而不骄，威而不猛"（《论语·尧曰》），即君主要给人民带来实惠，自己却无所耗费，使百姓劳作而不导致怨恨，追求仁义之德却不贪图财利，安泰矜持却不傲慢，威严庄重却不凶猛，这样的君主才是民之父母的典范形象。孔子同时指出，君主役使百姓要坚持适时、适度的原则，"道千乘之国，敬事而信，节用而爱人，使民以时"（《论语·学而》）。他指出，君主应该本着仁爱的原则，对政治生活严谨认真又恪守诚信，节约财政开支又爱护官吏，役使百姓不能误农时。在《论语·子路》篇中，孔子提出了"庶—富—教"的政治原则，"庶"是人口的增长，"富"是经济的发展，"教"则是精神的丰富。也就是说，君主之于人民，除了保证他们生产和生活的物质需要之外，还应该丰富其精神生活，用礼乐教化他们，提升其德性与素养。结合教化于民的思想，孔子在教育活动中也坚持有教无类的教育理念，采取一种平民化、开放化的教育理念，充分肯定了民众的教育权利，这从一定程度上奠定了平民参政议政的基础，并在后世逐渐演化为科举制度。此外，孔子思想中还初步涉及了财产分配的问题。他说道："丘也闻有国有家者，不患寡而患不均，不患贫而患不安。盖均无贫，和无寡，安无倾。"（《论语·季氏》）他认为，治理国或家，不在于财富的多少，而在于财富分配公正与否。如果财富分配能够公正，便无所谓贫穷了。基于孔子所处的历史环境，可以推测孔子这里所言的"均"，不应该是一种平均主义，而是一种符合礼乐等级规范的分配原则。

孟子继承前贤，将传统儒学的民本思想提高到了一个全新的高度。孟子曰："诸侯之宝三：土地，人民，政事。"（《孟子·尽心下》）他指出，人民是诸侯国君的三宝之一。他据此提出了著名的"民贵君轻"思想："民为贵，社稷次之，君为轻。是故得乎丘民而为天子，得乎天子为诸侯，得乎诸侯为大夫。"（《孟子·尽心下》）在民、社稷和君主三者之中，最重要的是民。无论是江山社稷的稳定还是君主的治理，都应以人民百姓为基础。唯有得民心者才能得天下。故孟子曰："得天下有道：得其民，斯得天下矣；得其民有道：得其心，斯得民矣；得其心有道：所欲与之聚之，所恶勿施尔也。"（《孟子•离娄上》）他指出，百姓的拥护和归心是决定政治成功与否的核心因素。因此，君主在政治治理中应以百姓为出发点，以重民、保民、养民、爱民为政治职责。孟子从不同侧面阐明了君主对人民的责任。他指出君主应该保证人民基本的生存权利，正如他在与梁惠王的对话中所说："兽相食，且人恶之。为民父母，行政不免于率兽而食人。恶在其为民父母也？"（《孟子•梁惠王上》）在孟子看来，那种只顾自己享乐而不顾百姓死活的君主没有资格被称为民之父母。孟子说道："乐民之乐者，民亦乐其乐；忧民之忧者，民亦忧其忧。"（《孟子•梁惠王下》）政治生活应该密切联系百姓的所乐所忧，仁政王道的最高理想就是"与民偕乐"。为了落实君主的政治责任，孟子提出了"制民恒产"的政治主张，他说道："是故明君制民之产，必使仰足以事父母，俯足以畜妻子，乐岁终身饱，凶年免于死亡。"（《孟子•梁惠王上》）人民只有拥有了土地这种生产资料，才能满足基本的生活需求，过上相对安稳的生活。

孟子甚至重温了古代井田制，说道："夫仁政必自经界始。经界不正，井地不钧，谷禄不平。是故暴君污吏必慢其经界。经界既正，分田制禄可坐而定也。"（《孟子•滕文公上》）在此我们也可以发现孟子所谈及的分配正义问题。孟子认为仁政王道应该初步实现"五亩之宅，树之以桑，五十者可以衣帛矣；鸡豚狗彘之畜，无失其时，七十者可以食肉矣；百亩之田，勿夺其时，八口之家可以无饥矣；谨庠序之教，申之以孝悌之义，颁白者不负戴于道路矣"（《孟子•梁惠王上》），通过这种植桑养畜的经济活动，解决人民基本的温饱问题，才能在此基础上进一步对人民实施道德教化，提升人民的道德境界。难能可贵的是，孟子还提出了人民在政治生活中的参与权。在孟子与齐宣王的对话中，孟子说道："左右皆曰贤，未可也；诸大夫皆曰贤，未可也；国人皆曰贤，然后察之；见贤焉，然后用之。左右皆曰不可，勿听；诸大夫皆曰不可，勿听；国人皆曰不可，然后察之；见不可焉，然后去之。左右皆曰可杀，勿听；诸大夫皆曰可杀，勿听；国人皆曰可杀，然后察之；见可杀焉，然后杀之。故曰，国人杀之也。如此，然后可以为民父母。"（《孟子•梁惠王下》）在此，孟子强调指出，君主在处理重大人事任免和审批案件中，应广泛地听取来自近臣、大夫和国人的声音。在这里的国人即人民的代表，国人是西周封建制度的产物，他们是拥有贵族的血统却失去了贵族身份的一群人，他们因与贵族有着密切的联系而拥有一定的政治权利，能够以其言论起到制衡君权的作用。然而这种制衡的力度十分有限，国人的建议虽具有参考性价值，最终决定权还是在君主手中。而且，随着分封制的瓦解，国人逐渐变成了自耕农，国人这个群体也逐渐从历史中消逝了。

以孔孟为代表的先秦儒学从以民为本的角度赋予了政治以正义论的解释。这种政治学说表达了先秦儒学关注民生、为民请命的道义精神，洋溢着深刻的现实批判精神。正如姜广辉先生对思孟学派的评价那样："在早期儒家之中，这一派人民性、主体性、抗议精神最强。"①这种君民之间的相互关系，一方面赋予了人民以政治主体性的地位，另一方面又能够以民意来制衡君权，使君主能够以人民作为政治生活的中心，以人民的利益为出发点，得民心而得天下。正是传统儒学的民本思想所体现的这种原始而有限的正义论，奠定了传统社会"为生民立命"的理论前提和思想根据。

（六）士人的道义——"惟大人为能格君心之非"

士人在先秦儒学的政治生活中占有非常重要的地位。如果说，在民本思想中，民是义理上的主体，那么，在现实政治生活中，士人君子则是真正的道德主体。在传统儒学中，士人是一个较为独特的角色，他们既是天道的代言人，又是人道的教化者；既与政治有着密切的关系，又与政治保持着一定的距离；既遵守礼乐等级制度，维护君主的统治，又从道义的立场为民请命，批判政治的腐败与黑暗。正是士人的这种多重性，使其能够成为追求政治正义的另一种政治力量。

何为士人？士人是中华文明特有的一个精英群体。在西周时期，士人是贵族的最低一级，在文化上他们学习礼、乐、射、御、书、数的六艺之学，是文化的承载者和创造者。在政治关系上，他们依附于卿大夫，可以不劳而获。西周之后，礼坏乐崩，士人作为一个社会等级逐渐解体。与此同时，春秋战国时期各诸侯国为了称雄争霸，大兴"尚贤使能"之风，于是造就了士人的崛起。士人随之摆脱了宗法制的约束，获得了较大的人身自由和精神自由。他们既不依附于官僚体系，保持士人的独立身份，又有着充分的言论自由，活跃于政治生活之中。

在先秦儒学中，士人不仅是有一定知识涵养和礼乐修养的人，更是一个道德群体，他们拥有崇高的道德操守，是道义的代言人。孔子曰："士志于道，而耻恶衣恶食者，未足与议也。"（《论语·里仁》）士人应该以道义作为最高的道德追求，而不在乎外在的物质之需，这就是孔子所言"君子谋道不谋食"（《论语·卫

①姜广辉：《郭店楚简与〈子思子〉——兼谈郭店楚简的思想史意义》，《哲学研究》1998年第7期。

灵公》）的道理。孔子认为，士人同时也有着深切的社会关怀，他们不仅致力于自身的德性修养，还以齐家治国平天下为己任，有匡世济俗的入世精神，并在政治生活中坚持道义的原则，正如曾子所言："士不可以不弘毅，任重而道远。"（《论语·泰伯》）也就是说，士人有着刚毅的精神，肩负着道义的重担，以实现仁德为己任，这种士人精神凸显了士人君子的道德修养抱负以及宗教使命，正如余英时先生所言："孔子来自中国文化的独特传统，代表'士'的原型。他有重'理性'的一面，但并非'静观瞑想'的哲学家；他也负有宗教性的使命感，但又与承'上帝'旨意以救世的教主不同。就其兼具两重性格而言，中国的'士'毋宁更近于西方近代。"①

　　孟子也进一步发扬了这种士人精神，孟子以"尚志"作为士人的道德责任，所谓的"尚志"即仁义道德之志。孟子曰："居恶在？仁是也；路恶在？义是也。居仁由义，大人之事备矣。"（《孟子·尽心上》）他指出，仁是人之安宅，义是人之正路，士人君子应该时刻以仁义作为自己安身立命的所在。孟子说道："无恒产而有恒心者，惟士为能。若民，则无恒产，因无恒心。"（《孟子·梁惠王上》）他指出，士人与普通百姓有着不同的道德水准，对于普通百姓而言，有恒产才能有恒久向善之心，而对于士人而言，即便没有恒产，亦有恒心，因为士人能够超越外在物质的限制而以仁义作为自己的内在要求。在孟子看来，士人的这种仁义之德是从天道而领受的道德命令，他说道："有天爵者，有人爵者。仁义忠信，乐善不倦，此天爵也；公卿大夫，此人爵也。"（《孟子·告子上》）士人所追求的仁义忠信等德性是天赐予的，是天爵，而公卿大夫等称号是人所赐予的，是人爵。天爵比人爵更尊贵，这种爵位不因外界而变化，具有恒久的道德价值。正因为天爵有相对于人爵的优越性，所以，士人有相对于政治权势的道义的优越性。在孟子的政治哲学中，士人与政治权势之间的相互关系就构成了道与势、德与位之间的相互制衡。对孟子而言，道有相对于势而来的优先性，德有相对于位而来的优越性。正因为士人有这种天爵的尊贵身份，所以士人从道不从君，从德不从位，能够以天道的名义来监督政治生活，批判其流弊，正如孟子所言："惟大人为能格君心之非。"（《孟子·离娄上》）因为士人以天爵作为德性的根本，所以他们始终以道义作为政治生活的终极标准，并情愿为持守道义而奉献身心。孟子曰："天下有道，以道殉身；天下无道，以身殉道。未闻以道殉乎人者也。"（《孟子·尽心上》）他指

---

①余英时：《士与中国文化·自序》，上海人民出版社1987年版，第8页。

出，政治清明，道义可以在君子的志向中得到体现，政治黑暗，君子能够死守善道，以生命维护道义的原则，这里充分体现了士人的凛然正气和殉道精神。

可见，在先秦儒学的政治哲学中，士人可以在政治生活中起到某种制衡的作用。先秦时期士人的崛起造就了中国历史上的士人精神。士人既有着丰富的知识涵养，又有着高尚的道德追求和淑世情怀。他们坚持"穷则独善其身，达则兼济天下"的处世原则，士人能够无恒产而有恒心，拥有仁义忠信的天爵身份。士人能够游离于世俗官僚体系之外，又能够自由地参政议政，他们能够以道自尊，并以天道的名义劝诫、指正君主，引导君主走向仁政王道的正途。士人能够坚持道义的原则而以德抗位，以道尊势，甚至以身殉道。传统儒学的这种士人精神奠定了传统社会中皇帝与士大夫共治天下的局面，士人或直接参政，或积极谏言，形成了制衡专制君权的重要政治力量，这便从道义的角度审视了政治的正义性。

综上所述，先秦儒学的政治正义论以性善论为人性依据，从不忍之心推及不忍之政，提出了一种内圣外王的道德政治理念。传统儒学政治正义论的特色即政治与道德的相互融合，道德即政治，政治即道德。从严格意义上而言，先秦儒学中的政治并非一个独立的政治范畴，而是隶属于德性的范畴，是道德在政治领域的现实展开。先秦儒学以道德作为政治生活的主要目的和手段，并以此为依据对君主提出德治、仁政的政治要求，同时又分别从天道的权威、臣子的直谏、人民的力量、士人的抗议等几个层面具体论证了政治正义性。其中，天道是政治正义性的超越来源，天命是人们敬畏的对象；君臣关系是相互对待的一种政治关系，臣子担负着以道事君的道德义务，并对君主拥有置换权和革命权；人民是天命的代言人，得民心者方得天下；士人拥有天之尊爵，无恒产而有恒心，他们坚持道义的原则以德抗位，指导、参与、监督或者言责政治生活，甚至以身殉道。可见，先秦儒学的政治正义论是一种政治哲学和价值理念，同时也是一种经济制度和教育方式，儒学的政治正义论涉及了政治、经济、教育、文化等诸多领域，其中所蕴含的丰富的文化遗产，值得我们进一步挖掘和发扬。

传统儒学的正义论虽然与现代社会的正义论有着不同的思想内涵和时代特征，但二者并非没有任何关联。可以说，传统儒学中有很多思想资源与现代正义论的思想是相互融通的。例如，在儒学以民为本的思想中，强调君主要保民、利民、惠民、爱民、教民，尊重和保护人民的生存权和发展权，通过制民之产、养老赈灾等一系列的政治措施缩小贫富差距，防止社会分配的严重不均，以此保障社会上的老弱病残、鳏寡孤独等弱势群体的利益。这种政治思想与罗尔斯所言的"在规则上最有利于不利者"的思想不无相通之处。①而先秦儒学的政治思想中所谈及的"有教无类"的教育理念，以及由此而产生的科举考试制度和文官制度，则赋予了平民接受教育和参与政治的机会，在某种意义上与罗尔斯所言的"机会平等原则"也不无契合之处。当然，传统儒学的政治正义论作为一种古代的思想学说，不可避免地带有时代的局限性，表现出与现代正义论的迥异之处。首先，传统儒学的正义论源于传统社会的礼法等级制度，无论是孔子的"不患寡而患不均"，还是孟子的"乡田同井"的恒产制度，都不能摆脱"贵贱有等，长幼有差，贫富轻重皆有称者也"（《荀子·富国》）的礼法等级结构。传统儒学所言的均分思想乃是强调生活世界的秩序性和等级性，只有社会各阶层各安其位、各尽其责，才能保持政治的稳定和社会的和谐。现代意义上的正义论则消除了这种等级观念，旨在实现法律面前人人平等。其次，传统儒学的正义论侧重于群体的利益，无论是臣子的直谏权、士人的抗议权还是人民的正义诉求，皆以群体作为单位。与之相比，现代社会的正义论则是建立在个人主义之上的一种理论，强调了每个人独立而自由的责任和权利。这种对人权的保护是现代社会正义论的重要特质。最后，传统儒学的正义论也遵循等差之爱的原则，强调人与人之间爱的差异性。而现代社会的正义论则建立在人人平等的理论假设之上。正如罗尔斯的"无知之幕"所呈现的那样，要实现真正的正义就要屏蔽个人的特殊信息，在理论前提上实现人与人之间的平等性。

先秦儒学的政治正义论与现代社会正义论的最为核心的差异之处在于，先秦儒学的政治正义论是一种德性的正义，而现代社会的正义论则是一种制度的正义。即儒学的正义论建立在人的内在德性之上，缺少某种规范性和强制性，而现代社会的正义论则建立在社会规范之上，有相应的制度和律法保证正义的有效性。虽然孔孟儒学关于德治仁政的思想似乎都涉及了某些制度问题，也意识到了制度的重要性，但深入解读其正义论就会发现，其中并没有深入阐发制度性的建构，或者说，制度性的建构在孔孟儒学中只是略带提及。传统儒学德性的正义论立意颇高，有着崇高

---

① 罗尔斯的正义论主张"起点平等"和"有限的结果平等"，在他看来："所有的社会基本善——自由和机会、收入和财富及自尊的基础——都被平等地分配是最正义的，除非对一些或所有社会基本善的一种不平等分配有利于最不利者。"罗尔斯关于正义的两个基本原则，第一个原则被称为自由原则或平等自由原则，意味着每个人在包括政治自由、言论集会自由、良心思想自由、个人人身自由与财产权等在内的基本自由权利方面乃是一律平等的；第二个原则包含机会平等原则与差别原则，即机会与利益的分配不仅应该惠及每一个人，而且应该在规则上最有利于不利者。

的道德理想色彩，并具有深刻的现实批判精神。与此同时，这种正义论却难以在现实生活中落实，它更多地表现出一种文人的气质，而缺少政治家的谋略。这种正义论从德性的角度推崇圣王政治，并分别从天道、臣子、人民、士人诸多层面论证了德性政治的正义性，然而，天道的权威、臣子的谏言、人民的抗争和士人的责善都不能从根本上约束和制衡君权的无限膨胀，而只是对君权造成一种道义上的说教或道德上的规劝。这种说教或规劝对政治生活采取的只是一种较为温和的手段，本身缺少某种制度性的规范或强制性的力量，因为道德命令是一种内在的自觉，而缺少对外在行为的实质性的约束。"人心惟危，道心惟微"，面对天下无道、君主昏庸的残酷现实，传统儒学德性的正义论也无可奈何。故此，当美好的政治理想与残酷的政治现实相遇时，内圣外王之道只能成为镜中花、水中月，可望而不可即。道德与政治毕竟属于不同的价值范畴，不能将政治直接视为道德在政治生活的展开。在政治生活的运作中，只有德性是远远不够的，要促进政治生活的健康运行，适当的制度性规范和法治手段必不可少，即我们不能指望通过道德自觉来达成政治的良好运作，倒不如反过来，从良好的政治运作中期望道德的自觉。因此，就整体而言，先秦儒学政治正义论在制度层面是缺失的。现代新儒家牟宗三先生曾说过，传统儒学是一种"德化的治道"，并未考察"天下之公如何能制度地被建立"。[1]比较而言，现代社会正义论的重要特征在于强调社会制度的价值。正义是现代社会正义论的首要价值，现代正义论不同于传统正义论之处即在于考察的对象是社会基本结构而不是个人道德品质。

传统儒学德性的正义论与现代社会规范的正义论的根本区别也可说是"善"与"正当"之间的区别。传统儒学德性的正义论是以"善"为核心的正义论，而现代社会规范的正义论则是以"正当"为核心的正义论。正如罗尔斯所言：在作为公平的正义中，正当的概念是优先于善的概念的。一个正义的社会体系确定了一个范围，个人必须在这一范围内确定他们的目标。它还提供了一个权利、机会和满足手段的结构，人们可以在这一结构中利用所提供的东西来平等地追求他们的目标。[2]如果说，传统儒学德性的正义论的不足之处在于片面强调德性的重要性而忽视了制度性的规范，那么，现代社会正义论的不足之处则是一味凸显制度性的规范而忽视

①牟宗三：《中西哲学之会通十四讲》，上海古籍出版社2008年版，第228页。
②［美］约翰·罗尔斯：《正义论》，何怀宏、何包钢、廖申白译，中国社会科学出版社1988年版，第24页。

了德性的根据。前者使正义论成为一种德性的自觉，后者则使正义论成为形式化的规则。因此，这两种正义论之间可以起到一种相互参照、彼此补益的作用。传统儒学德性的正义论要实现现代转换，既要突破礼法等级制的历史局限，又要积极借鉴现代社会正义论关于制度规范的实践模式，运用法律等手段对政治生活进行强有力的制衡。同样，现代社会规范的正义论也应该充分参照传统儒学正义论关于德性要求的理想模式，在政治生活中以善为最高价值，视人为目的，避免人的工具化。虽然传统儒学的德性政治常常受到学术界的诟病，但是，人类社会的终极政治理想恰好是道德的政治，而不是不道德的政治。现代社会的正义论在反观传统儒学德性的正义论中可以得到某些启发。正如美国学者桑德尔（Michael J. Sandel）所言："作为一个政治问题，我们无法在不诉诸善观念的情况下，开始我们关于正义和权利的慎思，这些善观念表现在许多文化和传统之中，而我们的慎思正是在这些文化和传统中进行的。"①这种对现代政治哲学的反思无疑是深刻的。在这方面，传统儒学以"善"为核心的政治哲学能提供丰富的资源。综合来看，正义论既需要德性，又需要规范，德性是正义论的精神宗旨，凸显了人的道德自觉；规范则是正义论的现实保证，强调了形式的规约化。若只有规范而无德性，则会造成正义论的表面化。反之，若只有德性而无规范，则容易造成正义论的空泛化。可见，传统儒学并不是尘封在博物馆的古董，也不是四处飘荡的幽灵，在现代社会规范正义论为天下之公器的时代，传统儒学德性的正义论仍然具有宝贵的时代价值。我们应该重新挖掘传统儒学德性政治的思想资源，使其通过与时代精神的接轨实现自我的现代转换，重新绽放思想光彩。

第二节　孟子道德政治哲学的核心思想及其现代化思考

　　传统文化是国家治理现代化的基石，中国今天的国家治理，需要总结中国古代的治国理政经验。先秦儒家作为一种具有鲜明入世性与务实性的学说，表现在其对

---

① ［美］迈克尔·J.桑德尔：《自由主义与正义的局限》，万俊人等译，译林出版社2001年版，第226页。

政治事务的积极参与以及对政治理念的思想建构，在孟子的思想体系中，政治也是重要的一环。在现代化、全球化、网络化的今天，探讨儒家道德政治的现实意义何在？儒家思想是否真的已成为尘封在博物馆的古董？儒家思想是不是真的变成了无所依附、四处飘荡的幽灵？在民主宪政、自由法治思想成为政治公器的时代背景下，儒家思想是不是已经过时了？本文认为，在当今民主法治的语境下，要治理好今天的中国，需要对我国历史和传统文化有深入了解，也需要对我国古代治国理政的探索和智慧进行积极总结。在中国历史上的国家治理理念中，儒学具有宝贵价值，儒家道德政治中关于人性上的人人平等、君民、君臣、君士之间的相互关系、对于为政者的道德诉求、民本思想、士人的道义精神也可以在现代社会中通过民主法治结构的转化成为客观的现实理念。因此，一方面，我们应该顺应时代潮流，突破圣君贤相、内圣外王的传统政治范式，积极借鉴当今世界的政治智慧，在现代社会民主宪政的时代语境中实现儒学的现代化转化。另一方面，我们也应看到儒学中的道德理想对于民主法治的启迪作用，保持传统儒学的本根意识，继承良好的民惟邦本、礼法合治、德主刑辅等价值层面的观念。

（一）孟子道德政治的核心理念

正如罗根泽先生所言："孟子之学，修身治国经世致用之学也，非空谈心性之学也；其论心性体相，为修齐治平之资助焉尔。"[1]可以说，孟子的天道与心性之学是政治之学的超越依据和人性基础，而政治之学则是孟子天道与心性之学的现实目的。故此，梁启超先生在《读〈孟子〉界说》一文中把孟子列入孔门政事之科，指出孟学之学在经世。孟子的政治是一种道德的政治，是内圣外王的充分体现。心性之学是建立在天道观之上的内圣，强调自我的修身养性，是"独善其身"，而政治之学则是从心性之学而来的外王，强调经世致用，"兼济天下"，二者是孟子政治思想的两个重要方面。孟子推崇王道之治，在与法家的王霸之辨中，孟子继承了周孔以来的"为政以德"思想，以王道、仁政作为其政治理想和价值旨归，主张政治应该以德性为根本出发点和落脚点，他理想的政治典范是"唐虞三代"的圣王政治。同时，因时局的变迁，孟子对待诸侯称霸的思想比孔子更为激进。孔子尊周而不践霸，孟子却尊王而践霸，这是孔孟二人在政治思想上的重要分歧之处。孟子说

---

[1] 罗根泽：《孟子评传》，商务印书馆1932年版，第86—87页。

道："五霸者，三王之罪人也；今之诸侯，五霸之罪人也；今之大夫，今之诸侯之罪人也。"（《孟子·告子下》）孟子进一步指出了王与霸的主要区别，他说道："以力假仁者霸，霸必有大国，以德行仁者王，王不待大。"（《孟子·公孙丑上》）王霸之别在于，霸道是"以利假仁者"，而王道是"以德服人者"。即霸者之仁，并不是内在真正的仁，而是以表面之仁作为其成就霸业的工具而已。而王者之仁，则是内在之仁，是一种内圣而外王。霸者以武力威胁人，以坚甲利兵、争战夺地为要务，给人民的生产、生活乃至生命带来极大的破坏，而像汤、文等仁者却以德性服人，使人真心服膺，心向往之，对人民之爱"若保赤子"。在孟子看来，霸业只是一种外在的功业，与之相比，更为根本的是内在的德性和自我的修身。换而言之，只有先做到内圣，才能实现外王。孟子将政治学的关注集中在内圣，这是其性善论在政治领域推展的自然结果。

孟子曰："人皆有不忍人之心。先王有不忍人之心，斯有不忍人之政矣。以不忍人之心，行不忍人之政，治天下可运之掌上。"（《孟子·公孙丑上》）如果说不忍之心是根，那么不忍之政则是所结之果，不忍之心是不忍之政治的基础，不忍之政是不忍之心在政治领域的展开，正如魏义霞教授所言："如果说人性之善为王道、仁政提供了可能性论证的话，那么，王道、仁政的实现则为人性之善的践履和保持提供了广阔空间，使人性之善从人性哲学的假说层面提升到政治哲学以仁政为平台的现实境界。"①正因为孟子相信人人皆有善性，人人皆可以为尧舜，所以他借此认为，每个君王只要充分扩充存养自己的不忍之心，就能够成为像尧舜那样的圣王。在孟子看来，只要拥有四端之心，就一定能够施行仁政，由内圣而外王的王道是可能的，也是必然的，因为它根植于人的本性，是人可以通过不断的道德修养逐步实现的政治理想。所以孟子无论是面对像齐国那样的大国，还是像滕国那样的小国，无论是遇到齐宣王那样有宏图大志的君王，还是像梁襄王那样平庸无能的君王，他都不失时机地积极宣扬自己的仁政、王道的政治方案，阐明"仁者无敌"的政治理想。

传统思想文化根源在社会生活本身，是人们思想观念、风俗习惯、生活方式、情感样式的集中表达。从孟子的仁政、王道的政治理念中，我们可以看到，孟子的政治理念始终以德性作为根本依据，这种寓道德于政治，寓政治于道德的模式，是儒学政治哲学的突出特色。因为，古代文明中的政治理念，既不同于近代西方意义

---

①魏义霞：《七子视界：先秦哲学研究》，中国社会科学出版社2005年版，第229页。

上的三权分立，也不同于现代社会中分科分层的官僚体制，而是一种建立在道德之上的政治建构。虽然在我们今天看来这种道德政治极为理想化或简单化，但是受历史条件的制约，这却是古代社会中普遍流行的政治理念，正如麦金太尔所言："古代德行与政治密切相关，士大夫阶层对政治家的品格问题的热衷绝非偶然，因为这个生活的文化和结构要求'以德性的实践来解决政治问题'。"①在孟子的政治理念中，道德与政治之间是彼此相通的关系，政治并没有从道德领域中脱离出来，而只是道德领域在公共领域的一种放大与延伸，政治理念的践行主要依赖于人之心性的道德自觉及圣王的道德教化。黄俊杰先生对此指出："在孟子政治思想中，政治领域并不是一个诸般社群、团体或阶级的利益互相冲突、折中以及妥协的场所；相反地，孟子认为政治领域是一个道德的社区，它的道德性格依靠人心的价值自觉之普遍必然性来保证。"②孟子的这种政治与道德领域的相互联系，对于后世儒学的政治理念产生了重大的影响。下文将从政治学的角度，通过三对主要的政治关系来具体阐述孟子道德政治哲学的思想内涵及其思想价值。

1. 孟子政治哲学中的君—臣关系

孟子以道德为基本的政治标准来定义政治链条中的各种关系，君臣关系、君民关系以及君与士人的关系都建立在道德的基础之上。在儒家政治关系中，君臣关系是最主要的一种关系。孟子继承和发扬了孔子以来的这种正名思想，他以救世济民的担当精神力辟时弊，以道德仁义指责人君、人臣，比孔子更为激越。他说道："欲为君尽君道，欲为臣尽臣道，二者皆法尧舜而已矣。"（《孟子·离娄上》）他认为，如尧舜那样，只有做到"君仁臣忠"才是真正的君臣之道。孟子甚至对齐宣王直言："君之视臣如手足，则臣视君如腹心；君之视臣如犬马，则臣视君如国人；君之视臣如土芥，则臣视君如寇仇。"（《孟子·离娄下》）

孟子认为，在仁政、王道的政治理念中，君王应该先做到修养其身，"其身正而天下归之"（《孟子·离娄上》）。这里的"身修""身正"不是指别人，先就是针对君主的德性而言。如果君主能够自己修身以正，那么天下百姓自然就会归服。换言之，政治生活中君主必须首先以身作则，然后才能由上而下地实现教化于民。孟子据此指出："君仁莫不仁，君义莫不义，君正莫不正。一正君而国定矣。"（《孟子·离娄上》）在此，孟子将整个社会的政治秩序和道德责任都追根

---

① ［美］麦金太尔：《德性之后》，龚群、戴扬毅等译，中国社会科学出版社1995年版，第172页。
② 参见黄俊杰：《孟学思想史论·卷一》，（台湾）东大图书公司1991年版。

到君王的德性上。"民之秉彝，好是懿德"，作为君王应该先尽其德，才能使人人各尽其秉彝之德。只要君王拥有仁义之德，如此，整个社会就没有不仁的；只要君王秉承义德，那么整个社会就没有不义的；只要君王端正其身，那么整个社会就没有不正的。所以孟子认为："惟仁者宜在高位。不仁而在高位，是播其恶于众也。"（《孟子•离娄上》）作为君王，应该礼贤下士、求贤若渴。他说道："故将大有为之君，必有所不召之臣。欲有谋焉，则就之。其尊德乐道，不如是不足与有为也。"（《孟子•公孙丑下》）孟子在此表现出士人的高洁与自尊，他相信，与公卿大夫等人爵相比，更为尊贵的是仁义的天爵。因此，真正有作为的君王，应该像汤对待伊尹、齐桓公对待管仲那样尊德乐道，恭俭礼下，否则就会出现"不信仁贤，则国空虚"（《孟子•尽心下》）的社会局面，君主便不可能有所作为。孟子指出："用下敬上，谓之贵贵；用上敬下，谓之尊贤。贵贵、尊贤，其义一也。"（《孟子•万章下》）君臣之间，既应该坚持"用下敬下"的"贵贵"原则，又应该坚持"用上敬下"的"尊贤"原则，在这种君臣双向的互动中，君臣关系才是良性的。否则，如果只知"贵贵"而不知"尊贤"，便是一种专制；同样，只知"尊贤"而不知"贵贵"，便失去了礼法与秩序，二者之间应该保持一种平衡。他以尧舜之间的友谊为君臣关系的典范，认为君臣之间应该以"友"相待。

孟子也同样从道德的角度提出了对臣的要求。孟子将臣子划分为两种，分别是"事君人者，事是君则为容悦者也""安社稷臣者，以安社稷为悦者也"（《孟子•尽心上》）。前一种臣，是法家、纵横家眼中的忠臣，他们的为臣之道只是讨君王的喜悦，为了帮助君王实现其称霸之业。他们尽其所能地为君王"辟土地""充府库""战必克"，孟子却反对这种良臣观，他说道："今之所谓良臣，古之所谓民贼也。君不乡道，不志于仁，而求富之，是富桀也。"（《孟子•告子下》）孟子也借此认为，公孙衍、张仪等人虽然拥有"一怒而诸侯惧，安居而天下息"的社会影响力，但是，他们并不能被称为大丈夫，因为他们所行的只是"以顺为正"的一种"妾妇之道"，他们摇唇鼓舌、唯利是图，只是一味地听命于诸侯，迎合他们称霸的政治企图，却没有拯救天下苍生的道德良知。孟子认为，那种"居天下之广居，立天下之正位，行天下之大道。得志与民由之，不得志独行其道。富贵不能淫，贫贱不能移，威武不能屈"（《孟子•滕文公下》）之人才是真正的大丈夫。孟子此言闪烁着至刚至强的人格光辉，体现了其对现实的批判精神，至今犹能激励人心。与墨家的尚同思想不同，孟子指出："长君之恶其罪小，逢君之恶其罪大。"（《孟子•告子下》）如果君有恶行，臣属加以助长的罪行还算小，但如果君有恶行，臣加以迎合奉承，则罪行较大。这种做法非但不能掩饰君的恶行，反而会使之变本加厉。孟子义正词严地说道："君子之事君也，务引其君以当道，志于仁而已。"（《孟子•告子下》）他甚至直言："责难于君谓之恭，陈善闭邪谓之敬，吾君不能谓之贼。"（《孟子•离娄上》）孟子这种不畏权威、凛然正气的道德精神与子思"恒称其君之恶者，可谓忠臣"的道德人格有着一脉相承的关系。

　　难能可贵的是，孟子能够突破君臣之礼的限制，以道义的原则提出了臣对君的置换。在《万章下》孟子与齐宣王的对话中，孟子认为卿分为两种：一种是贵戚之卿，一种是异姓之卿。前者是与君有亲亲之恩的卿，后者则是与君没有亲亲之恩的卿。孟子认为，对于贵戚之卿，"君有大过则谏，反覆之而不听，则易位"。贵戚之卿，是从整个家族的视角来考虑，因此，面对君主的过错，如果反复劝谏却不被采纳，只好选择另立他人。而对异姓之卿而言，"君有过则谏，反覆之而不听，则去"。面对君主的过错，如反复谏言却不被采纳，自己就会离职而去。当齐宣王从汤放桀和武王伐纣的事件中问起"臣弑其君可乎"的时候，孟子也义正词严地说道："贼仁者谓之贼，贼义者谓之残，残贼之人谓之一夫。闻诛一夫纣矣，未闻弑君也。"（《孟子•梁惠王下》）他认为，破坏仁爱、道义之人只是众叛亲离的"一夫"，不复为一君王，因此，汤放桀、武王伐纣不是"臣弑其君"，而是对于"一夫"之人的诛灭。可以想象，孟子的这种直谏对于诸侯国君如同晴天霹雳一样，足以使他们恐惧惊颤。明太祖朱元璋要把孟子赶出孔庙，足以说明孟子的这种置换思想对君王的威慑力。

　　孟子所言的君臣关系，不同于法家的绝对君权、墨家的尚同，也不同于纵横家的以顺为正，更不是秦汉之后君主专制下的那种"君让臣死，臣不得不死"的绝对君权主义和"君为臣纲"的纲常关系，相反，孟子所主张的君臣关系是建立在道德、仁义上的一种连接，君臣之间以"友"相待，互为条件、彼此制衡，共同致力于政治治理和百姓福泽，并且在父子和君臣之间有着私人领域与公共领域的划分，有着"去"或"留"的自由。孟子的这种政治主张与其所处的时代背景有着密切的关系。因为战国时期是西周分封制度全面崩溃，而大一统的专制制度尚未建立的一个空白时期，因此，君臣关系相对比较平衡和缓和，没有专制社会的那种紧张关系，来自臣的政治力量能够有效地发挥制衡君权的政治作用。诚然，当我们客观看待孟子思想中的君臣关系时，也不能过于强调君臣的对待性而忽视了二者之间的尊卑关系，因为孟子的整个思想始终没有脱离名分等级的社会秩序，我们应以整个时代的尊卑等级观念作为宏观背景来加以考虑。同时，我们也应该看到，在现实生活中君臣并非孟子所言的那种朋友关系，因为除了儒家之外，法家、纵横家、墨家等无不以君之是非为是非，毫无君臣之间的应有关系。孟子在与戴不胜的对话中指出："一薛居州，独如宋王何？"（《孟子·滕文公下》）足以说明诸侯国君身边小人之多，善人之少。在这种小人当道的社会中，臣如何能与君成为朋友，并且直言不讳？此外，孟子虽指出臣对君拥有置换权，但同时也指出，"无敌于天下者，天吏也"（《孟子·公孙丑上》），如同汤武革命，唯有面对桀纣那样荒淫暴虐的昏君时，臣子才能起来革命，并且，唯有像汤武那样替天行道、为民请命的天吏才有资格这样做，一般臣子并没有这种特权。可见，从臣而来的政治力量对君权的制衡仍是非常有限的。

2. 孟子政治哲学中的君—民关系

与君臣关系相似，孟子认为君民关系也是建立在道德基础之上的一种相互对待的关系。孟子说道："乐民之乐者，民亦乐其乐；忧民之忧者，民亦忧其忧。"（《孟子·梁惠王下》）君主施政应以人民之所乐、人民之所忧作为政治生活的思想指南，只有这样才能得民心，因为民心的支持和拥护是其得天下的关键因素。民本思想由来已久，孟子继承前贤，通过心性论的思想建构将其发展到了一个全新的高度。孟子关于君民关系的思想基础是"民贵君轻"，孟子曰："民为贵，社稷次之，君为轻。是故得乎丘民而为天子，得乎天子为诸侯，得乎诸侯为大夫。"（《孟子·尽心下》）民是诸侯国的三宝之一。因此，为人之君在政治的运作中应以人民的意志为依归、以民心的向背为转移。可见，正如姜广辉先生对思孟学派的评价那样："在早期儒家之中，这一派人民性、主体性、抗议精神最强。"[1]胡适先生曾经形象地指出，孔子主张的是爸爸政策、父性政策，他要人正经规矩，要人有道德，而孟子主张的则是妈妈政策、母性政策，要人快活安乐，要人享受幸福。这个形象的比喻一针见血地指出了孟子思想中的民本思想。

孟子从几个方面分别论述了君主对人民的责任。首先，面对"庖有肥肉，厩有肥马，民有饥色，野有饿莩"的残酷现实，孟子指出，为民父母，最基本的责任在于保证人民的生存权利，让人民能够吃饱穿暖，满足人民生命、安全的基本需要；其次，孟子认为要保证人民的基本生产、生活资料，应该制民以恒产，这是仁政得以实现的经济基础。孟子曰："无恒产而有恒心者，惟士为能。若民，则无恒产，因无恒心。"（《孟子·梁惠王上》）他认为，唯有士人能没有恒产却有恒久的善心，而对民而言，则必须有恒产才能有恒心。虽然对士人而言，道德是第一位的，物质是从属性的，但是，对民众的治理而言，则必须将物质放在第一位，在此基础

---

①姜广辉：《郭店楚简与〈子思子〉——兼谈郭店楚简的思想史意义》，《哲学研究》1998年第7期。

上才能对民众提出更高的道德要求。孟子理想中的仁政之道的初步实现应是"五亩之宅，树之以桑，五十者可以衣帛矣；鸡豚狗彘之畜，无失其时，七十者可以食肉矣；百亩之田，勿夺其时，数口之家可以无饥矣；谨庠序之教，申之以孝悌之义，颁白者不负戴于道路矣"（《孟子·梁惠王上》）的景象。孟子深信，通过种桑养畜等经济措施，解决人民基本的温饱问题，"使民养生丧死无憾也"，这才是施行王道之始，孟子甚至提出了恢复井田制的设想；最后，孟子也继承了孔子"庶之、富之、教之"的思想，他指出，君王除了保证人民基本的物质生活之外，还应该积极对人民进行仁义礼智的教化，提升人民的道德境界。孟子曰："仁言，不如仁声之入人深也。善政，不如善教之得民也。善政民畏之，善教民爱之；善政得民财，善教得民心。"（《孟子·尽心上》）良好的教化比良好的政治更能得民心，君主只有拥有仁之实，才能行出善政，并进而引导和感化民众，起到移风易俗的治理效果。此外，孟子指出，为人之君也应该尊重民意、重视察举。对孟子而言，政治生活达成的最高目标是"与民同乐"。

在君民关系中，与对君的诸多要求相比而言，孟子更注重的是人民的权利，而不是人民的责任。在孟子的民本思想中，通过"天视自我民视，天听自我民听"的方式，将不言之天的意志转化为人民的意志。故此，孟子曰："得天下有道：得其民，斯得天下矣；得其民有道：得其心，斯得民矣；得其心有道：所欲与之聚之，所恶勿施尔也。"（《孟子·离娄上》）相对而言，孟子对人民并未提出过多要求，在他看来，与有德性的君子相比，普通民众只是"无恒产则无恒心"的人，他们的自然欲求是第一性的，在此基础上才能进一步给予道德的教化。在道德教化或者礼乐熏陶的方面，普通民众也是处在被引导、被教化的角色，如孟子所言："待文王而后兴者，凡民也。若夫豪杰之士，虽无文王犹兴。"（《孟子·尽心上》）对孟子而言，虽然民代表天意，但是一般的民众只是按照习惯行事为人，如果没有圣王教化，则终身不能知晓仁义之道的奥秘。

在传统的农业社会中，民众始终缺少一种政治的觉悟，在政治生活中处于一种被动的角色。民众需要依赖天道才能在政治关系中找到立足之地，民众的生命、生活需要有德性的君主行仁政来保证，人民的道德之心需要圣王的教化才能唤醒，人民的政治权利需要君子士人来维护。因此，我们一方面肯定孔孟儒学对民本的强调以及对百姓的关注，但另一方面我们也应看到孔孟思想中对百姓政治主动性的忽视。孟子虽然从天道的高度赋予了民以主体性的角色，但是民的这种主体性更多是义理性的、应然意义上的。在现实政治生活中，民忙于日常生计，日出而作、日落而息，并未意识到自己的政治独立性，其政治权利始终处于一种潜伏的状态。正如徐复观先生所言："中国的政治思想，除法家外，都可说是民本主义：即认定民是政治的主体。但中国几千年的实际政治，却是专制政治……政治的理念，民才是主体；而政治的现实，则君又是主体。这种双重的主体性，便是无可调和的对立。"①与此同时，孟子的这种民本思想，从维护人民利益的角度要求君主进行放权让利的政治改革，对于追求利益最大化的君主而言实属强人所难，除非在面临极大的社会压力下，君主才会不情愿地进行这样的抉择，因为君主的当务之急是维护统治，扩大君权。因此，落实在现实的生活中，来自人民的力量并不能形成对君权的制衡。

3. 孟子政治哲学中的君—士关系

春秋战国时代是一个士人崛起的时代，士人的崛起造就了中国历史上绝无仅有的百家争鸣的辉煌。士人首先是一个道德的群体，始终以仁义道德作为价值的核心。他们是"无恒产而有恒心者"（《孟子·梁惠王上》），有着"居仁由义"（《孟子·尽心上》）的道德节操和"天下有道，以道殉身；天下无道，以身殉道。未闻以道殉乎人者也"（《孟子·尽心上》）的政治抱负。《吕氏春秋·不侵》曰："孔、墨，布衣之士也，万乘之主、千乘之君不能与之争士也。"在中国历史上，从来没有哪个时代的知识分子能够像春秋战国时期的士人那样精神自由、人格独立，他们奔走于各个诸侯国之间，针砭时弊，进言献策，不任职而论国事。在这种较为宽松与自由的政治环境下，士人在政治关系中是一个独特而重要的角色，他们既游离于政治之外，又与政治有着密切的关系；他们既是天道的代言人，又是世俗人道的教化者。士人夹杂在君与民之间，他们既遵守尊卑贵贱的等级秩序，维护君主的统治，同时又以道义的名义对现实政治进行揭露和批判。他们既维护人民的利益、权利，同时又忽视了人民在政治生活中的主动性地位。他们既不受官僚系统的束缚，依然保持士人的独立身份，又能够在政治生活中拥有充分的言论自由，能够以德抗位、以道尊势，成为制衡君权的一种重要的政治力量。

孟子笔下的士人是天道的承担者，他们在社会政治生活中所起的作用与犹太基督教中的先知有某种类似之处。与以赛亚等先知人物能够聆听到耶和华上帝的话语，并以此向以色列民众传达上帝超越的旨意相似，儒家士人在政治关系中的言行标准，既不是来自自己的自然本性，也不是来自君权的威严，而是来自超越天道的仁义道德。士人可以领悟到天道的奥秘，能够见证不可言说的天道，并以天道的

①徐复观：《儒家政治思想与民主自由人权》，台北八十年代出版社1979年版，第218—219页。

名义告诫人君不可违背天道，并痛斥君主压迫百姓的昏庸和不义。①孟子指出，士人、君子所追求的是"仁义忠信，乐善不倦"的天爵，作为天民，君子拥有从天而来的使命，因此必须以道义为准则，真正维护"天道"的至高至纯、至尊至贵。同时，孟子也认为，士人应是不同于"事君人者"和"安社稷臣者"的天民，是"达可行于天下而后行之者也"（《孟子·尽心上》）。正因为士人拥有"天爵"的"天民"身份，所以他们从道不从君，并能以天道的名义来批判政治生活中的流弊，正如孟子所言："惟大人为能格君心之非。"（《孟子·离娄上》）因此，士人在某种程度上承担着先知般的拯救与启蒙的宗教和社会功能，在孟子的道德政治理念中处于核心位置。

孟子认为，士与君之间代表着一种道与势、德与位的相互关系。孟子曰："有天爵者，有人爵者。仁义忠信，乐善不倦，此天爵也；公卿大夫，此人爵也。"（《孟子·告子上》）士人拥有仁义忠信的天爵，而公卿大夫只是人爵。人爵是为政者加给自己的爵位，它所带来的尊贵是一种外在的尊贵，而不是"良贵"，并没有恒久的价值。与之相比，只有仁义的天爵才真正尊贵，是天赋予人的一种内在的尊贵，并不会随外在爵位的得失而改变。这种"良贵"比"人之所贵者"更为高尚和宝贵，所以士人应该因为内心拥有仁义的道德之尊而傲视爵位之尊。在孟子看来，在士与君、道与势、德与位之间，士有着相对君而言的道德优先性，道有着相对势而言的优先性，德有着相对位而言的优先性。正因为士是天道的代言人和践行者，所以，是否行道最终落实到士与君主之间的相互关系上。孟子认为，士与君之间只能建立在道德的共同基础上，二者之间不应是上下有别、贵贱有等的等级关系，相反，正因为道、德优先于君、位，因此，士人与君主之间应该是师与徒的关系。他引用鲁穆公与子思的故事说明了君子应该尊贤重士、以士为师的思想。"古之贤王好善而忘势，古之贤士何独不然？乐其道而忘人之势。"（《孟子·尽心上》）孟子认为，真正贤德的君王应该因着道德的缘故而忘记了势力，对士人应做到致敬尽礼，就像尧对待舜那样。孟子对于君主的要求无疑是高标准的，这体现了战国时期士人崛起的时代特色。

在孟子政治思想中，只有士人才能真正地通过道德修养感悟天道之诚，只有士人才有资格以天的名义告诫统治者，只有士人才能为民请命。士人通过以德抗位、以身殉道表现出至大至刚的坚毅品行和不屈不挠的人格尊严，在当时成为抗衡君权

---

① ［美］狄百瑞：《儒家的困境》，黄水婴译，北京大学出版社2009年版，第10—12页。

的重要政治力量。从士的这种维道主义和殉道精神中，我们可以看到传统儒学中道统与政统、士绅与君权的相互制衡关系，但是士人本身也面临着一种出仕与行道的两难选择。一方面，像孔子"学而优则仕""不仕无义"的思想一样，孟子也主张士人应该积极出仕行道。孟子在与周霄的对话中指出"士之失位也，犹诸侯之失国家也""士之仕也，犹农夫之耕也，农夫岂为出疆舍其耒耜哉"（《孟子·滕文公下》）。他认为，只有通过出仕才能够在政治生活中实现"达则兼济天下""得志与民由之"的政治愿望。但是，另一方面，他又认为士人的出仕不是无原则的，而是必须遵循道义的原则。他认为："古之人未尝不欲仕也，又恶不由其道。不由其道而往者，与钻穴隙之类也。"（《孟子·滕文公下》）士人并不是不想出仕行道，但是又极其讨厌无原则性的出仕。在孟子看来，如果不能遵守道义的原则而出仕，就如同不待父母之命、媒妁之言，钻穴隙相窥，逾墙相从的人一样，必然受到人们的指责。在孟子的思想中，士人的理想情况应是天下有道，君主既能够恭敬地以礼相待，又能够听从谏言而行。但是这种情况只是一种美化的理想，因为现实情况是天下无道，在那样一个诸侯称霸、争权夺利的战国时代，没有国君真正地愿意听从仁政、王道的政治理念，他们的尊贤重士只是为了"装饰门面"，为其霸道寻找道统的支持罢了。面对这种残酷的社会现实，士人到底该不该出仕？如果出仕，那便违背了道义的原则，成了"钻穴隙相窥，逾墙相从"之人。但是，如果不出仕，那么士人便无从实现仁政、王道的宏伟大志，只能在"独善其身""独行其道"或者"以身殉道"中寻求精神的安慰。如果说前者是一种道德的自修内省，后者则是道义的悲壮，二者都不能从根本上解决天下无道的问题。这从某种程度上决定了孔孟之后的儒学只能走向"内圣"的道路，并开始与外王出现离异，这也注定了士人只能是政治上的失意者。

在君与士的关系中，我们可以看到儒学中士人对道的弘扬与恪守。但是，孟子对于士人、君子的要求无疑是理想的，而非现实的。与基督教中拥有教会等制度化的组织形式和团体支持不同，面对强大的政治权势和官僚体系，儒学中的道义缺少具体而客观的外在形式，只能通过士人的自尊、自爱显现出来，弘道的责任完全落在士人的道德自觉上。对士人而言，在上有非圣而王的君，在下有待于教化的民，士人恰恰处于君和民的夹缝中，孤独而寂寞地维持着道义。他们除了自己的道德人格之外，并没有任何其他的保证。正如美国学者狄百瑞先生（Bary，W.T）所指出的那样："儒家真正的弱点似乎就不在于他们的主张以失败告终，而是在于他们无意于或者也没有能力建立起自己的权力基础……正是由于这种体制上的弱点、高度的依赖性以及个体在仕途中的极端不稳定的处境，所以儒家在中华帝国政治中的特征是'儒（柔弱之士）'。"①在政治生活中，儒家学者往往单枪匹马、孤军奋战，凭借自己的文化、礼仪或道德抗衡君权，面对强大的政权，他们背后缺少必要的、强有力的政党支撑和组织保证，这往往使儒者在与君权的相互抗衡中成为牺牲品。纵观中国历史，我们可以看到士人这种以德抗位的独立精神、天爵的道德优越性以及为帝王之师的尊贵性只属于诸子百家的那个特殊时期。如果说在孟子的时代，士人还拥有充分的人身自由与言论自由，既能够不任职而论国事，又可以食而不耕、致禄而无官守的话，那么，到了秦汉之后，士人的人身自由和言论自由均受到了不同程度的限制，因为在大一统的专制制度下不能容忍"处士横议"的嚣张气焰，从而使士人对官僚体制产生了强烈的依附关系。谋求官位成为知识分子和精英阶层的首要选择，使诸侯对士人的争夺戏剧性地变成了士人对于官位的争夺。这不能不说是专制制度下士人的悲哀。这种士人的官僚化，更使其不能成为君权的异己与制衡力量。

（二）孟子道德政治的价值、困境与出路

任何政治制度都不能脱离当地的社会传统与历史文化而存在。通过以上对孟子政治关系的梳理，我们可以看到孟子思想中丰富而复杂的政治理念。孟子的政治理念以王霸之辨为核心，以性善论为人性根据，以不忍之心推及不忍政治，推崇古圣先贤的内圣外王之道。孟子的政治理念突出的特色在于政治与道德的相互融合。正如梁启超先生所言："儒家之言政治，其唯一目的与唯一手段，不外将国民人格提高。以目的言，则政治即道德，道德即政治。"②对孟子而言，政治并非一个独立的社会范畴，而是一个心性道德的范畴，他将政治的运作以及相关的责任与义务内化为人的德性要求。他以道德连接君臣关系、君民关系、君士关系，并试图在他们的相互关系中打造一个王道的社会。

孟子的道德政治是我国古代社会特有的政治形态。在一个诸侯争霸、攻伐为事的战国时代，强者寻求兼并与扩展，弱者周旋于大国之间以自保，而孟子却反其道而行之，提出仁政、王道的道德政治理念。这种政治理念有利于从道德的高度规范与制约政治，有着崇高的道德理想主义和现实的批判意义。但是，我们也应该看到

---

① ［美］狄百瑞：《儒家的困境》，黄水婴译，第59页。
② 梁启超：《先秦政治思想史》，第83页。

这种道德的政治理念所固有的弊端。虽然它立义颇高，但在现实的政治生活中却难以实现，它更多地表现出一种哲学家的气质，而缺少了政治本身的谋略。这种道德的政治理念以道德贯通天人，以天道的名义制约绝对的君权，以性善论为人性依据提出了不忍之政，将政治的运作落在了统治者的不忍之心及"推恩"上，要求君主能够由内圣而外王，在道德的自觉中敬德爱民、尊贤重士，并通过来自臣、民和士人的政治力量形成与君权的一种抗衡。虽然儒家的君权并非如黑格尔所言——"只知道一个人是自由的"①，但是，无论是天道的威慑、忠臣的谏言、人民的抗争还是士人的指责，对君权而言，都只能造成一种道德上的规劝或者道义上的说教，而缺乏任何强制性的力量。

孟子理想的圣王之治只是一种美好的政治理想，这种道德政治在伦理方面固然拥有长处，但在现实的政治层面，当时的时代非但不是一个圣王的时代，反而是一个人君爱财好色、穷兵黩武的时代。仁政、王道片面地强调君主的道德修为，不免陷入空想的窘境中。"人心惟危，道心惟微"，现实生活中具有七情六欲的人君如果既不敬天，又不爱民，既不用贤，又不尊士，又能拿他如何？因此，由于缺少相应的制度规范与强制性措施，面对天下无道、君主昏庸的残酷现实，孟子也无计可施。况且，孟子的仁政理想虽然从治国安邦的长久之计来看有利于政权的统治，但在战国那样一个特殊的历史时期，却无法满足各国君主富国强兵、救亡图存的迫切需要。这种政治理念针对的是有道德自觉的君子，而不是小人。道德与政治毕竟不属于同一个价值范畴，二者是两个不同的领域，有着不同的运作模式，不能将政治直接等同于道德伦理在政治生活中的延伸。对政治的运作而言，需要适当的制度、法治作为约束手段，而不能将政治完全寄托在道德之上。因为，道德的法则只是一种定言命令，针对的是人的内心，而对外在的行为并无实质性的约束力。也就是说，我们不能由道德自觉去指望良好的政治运作，倒不如反过来，从良好的政治运作出发才能指望道德的教化和道德的自觉。

儒家君子基于维持既定社会秩序的考虑，对防止君权的绝对化只是采用了一种较为温和的方式，即对君权造成一种道义的力量。如此而已。孔孟儒学只是认为即圣即王的人是最好的君主人选，却没有深入探索"如果君主不是圣贤，那又如何"的问题及相应的补救措施。正如张再林先生所指出的那样："中国古代伦理学的长处也恰恰是其短处。由于过分强调这种伦理的自足，同时由于从这种伦理的自足性

---

① ［德］黑格尔：《历史哲学》，王造时译，生活·读书·新知三联书店1956年版，第56页。

出发把人的道德自律活动看作是社会协调的主要的甚至唯一的支柱，使中国古代社会学说走向了一种极其理想又不无独断的唯道德主义、泛道德主义，又从这种唯道德主义、泛道德主义出发使其对社会的种种他律形式（诸如制度上的法的形式，精神上的宗教形式）很少给予必要的应有的关注，而这种对他律的忽视又反过来导致自律失去了其形式上的支持而使其自身往往流于空洞与虚无。"①因为按照孟子的道德政治理念，在政治的运作中，最为核心的因素不是制度或者法治，而是为政者的道德修养和精神自觉。这正是孟子政治理念的"迂远而阔于事情"（《史记·孟子荀卿列传》）之处。也就是说，儒学的道德政治更多的是作为一种道德的、伦常的范畴，而不是政治的、管理的范畴，有政道而无治道是儒家政治思想的缺陷所在。

牟宗三先生认为，儒家德治只可限于圣贤人格上的教化作用，却不能用于政治去期待一种圣君贤相的道德政治，因为，"人间不能以上帝治理世界的方式来治理"。②换言之，从性善论而来的道德政治作为个人的修养信念或者道德理念有其积极的意义，但是，当纯粹用这种道德的方式去处理家国天下的政治生活时，则会陷入一种乌托邦的空想。因为，这种内圣外王的政治理念本身存在着逻辑上的悖论，不但圣王是一种理想的道德典范，并且，即便圣王真正存在，也不一定能够实现以德化民的政治理想，因为个人的道德与社会的道德之间存在着巨大的差异性。在基督教的政治思想中，这种观念表现得尤为明显。当政治理念的理想性与现实政治的残酷性相遇时，当完美的政治愿景缺少一种现实的操作性时，便造成了儒家政治理念与现实政治之间的脱节。故此，内圣外王的形象只能成为水中月、镜中花，可望而不可即，贯通天人的圣王模式只能成为中国士人永远不能释怀的"相思情结"。

儒家的这种道德政治之所以一开始就遭到道家在内的其他学派的反对，在于这种道德政治一旦被政治异化，就会导致某种集权统治与道德的奴役。正如秦汉之后的政治运作那样，并不是圣而王，反而是王而圣，政权的获得不是通过修身，而是通过暴力，政治的运作不是通过道德感化，而是通过意识形态而来的权力。历史证明了老庄哲学中"大道废，有仁义"（《老子》第十八章）、"君虽为仁义，几且伪哉"（《庄子·徐无鬼》）的预言。当完美的政治理念与残酷的政治现实相互

---

① 张再林：《中西哲学的歧异与会通》，人民出版社2004年版，第40页。
② 牟宗三著，罗义俊编：《中国哲学的特质》，第171页。

碰撞的时候，道统不但不能如其所愿地凌驾于政统之上，反而被迫无奈地成为政治的一种附庸，少有的几个坚持道德原则的良心发现者也往往成为残酷政治下的牺牲品。正如杜维明先生一针见血指出的那样："一个彻底政治化的儒家社会要比一个纯粹的法家社会对人的迫害和压迫更为厉害。"①因为在他看来，法家控制的只是人的行为规范，而彻底儒家化的社会所控制的不但是行为，还有态度、信仰等意识形态的东西。

理想与现实的悖反，一方面是儒学在政治上的悲剧之源，但从另一个侧面来看，儒家政治哲学的价值与意义也在于它的这种理想性与超现实性。因为孔孟等古圣先贤首先是作为哲学家，而不是政治家。他们只是超越现实的政治结构而提出一种政治理念，为政治的运作提供了高妙而理想的标准，但这种理想需要长时间的酝酿才能在现实生活中发生作用。仁政、王道是理想的，同时也是与现实相对的，并能够形成对现实政治的一种冲击和制衡，但它却不可能完全落实在现实的政治之中。这正是孟子政治思想超历史性的永恒魅力之所在。正如刘述先先生所言："儒家的思想显然是有很强烈的理想化的成分，而它的力量的源泉恰正来自它对于理想的坚持。正因为它的理想对反于现实，才对于现实产生巨大的冲击，这就是历史的吊诡。"②秦汉之后的大一统社会中所奉行的外儒内法的政治模式便证明了这种道德政治的功用性。因为政治绝不应该只是一系列的官僚体制或者法制规条，而是同样需要道德作为基本支持。

历史虽然是过去发生的事情，但总会以文化传承的方式影响当今人们的生活。孟子的道德政治理念既凸显了其独特之处，又暴露了其困境所在，既有积极性，又有局限性。当然，我们不能苛求古人，任何思想或观念都不能超越其所处的时代，都会受到历史环境的制约。先秦儒家的政治思想之所以重视道德修养而缺少强制性的制衡思想乃是其所处的历史环境使然。即使在西方，民主、宪政和法治思想也是近代以后的产物。与现代社会中民主宪政的政治结构相比，这种道德的政治理念，主导的原则不是法律而是情谊，不是权利而是义务。如果说道德政治适应于我国古代的农业社会的话，那么，在现代社会中，这种道德的政治则越来越显示出其弊端与局限。民主宪政与道德政治的区别在于，前者依赖法治而来的制度保障，而后者则依赖性善论而来的道德自觉；前者强调的是人人在法律面前的平等，而后者则强

---

①［美］杜维明：《儒家传统与文明对话》，彭国翔编译，人民出版社2010年版，第226—227页。
②刘述先：《理想与现实的纠结》，吉林出版集团有限责任公司2011年版，第91页。

调的是尊卑等级的礼法秩序；前者着重人民的参与和人民当家做主，而后者则将政治生活的重心放在了君主或者士人身上，由此缺少一种人民的自由与参与。从这种意义上而言，儒家政治哲学的道德特色在某种意义上不利于民主法治制度的建立。

自从五四新文化运动以来，中国传统文化在国家治理中一直没有得到清晰肯定的定位。今天所言的民主宪政在很大程度上只是遵循一种程序上的正义，寻求权力双方的彼此制衡。但是，如果脱离了法治这一核心要素，这种民主也容易变成多数人对少数人的暴政。正如美国学者桑德尔（Michael J. Sandel）所言："作为一个政治问题，我们无法在不诉诸善观念的情况下，开始我们关于正义和权利的慎思，这些善观念表现在许多文化和传统之中，而我们的慎思正是在这些文化和传统中进行的。"①同样，对于国家治理而言也是如此。今天我们所讲的法治，不只是一种消极意义上的作为，即通过法律手段维持社会秩序，保证个人权利，避免互相伤害。然而，仅凭此种强制性的措施能给社会带来真正的和谐和安宁吗？社会上诸多知法犯法、有法不依、钻法律漏洞的现象层出不穷，不正是说明了法律本身的疲软和不足吗？因此，要实现社会的真正和谐和稳定，我们不仅需要一系列的法律条文，更为重要的是，法律本身也需要以文化和道德作为其稳固的保证和根基。

我们应该建构一种良法，即一种根植于道德和宗教之上的法治。它使人能够出于道德的自觉，出于一种对天道的敬畏而主动地去遵守法律，而不是因外力的强制或压制而被动地去遵守法律。可见道德与政治既有着不同的分际，又有着彼此的联系。民主法治能够保证政治运作中外在形式的程序化与规约化，道德政治则重视人性价值，追求自我实现，在道德主体的心性之中寻找道德自觉。民主法治若缺少道德的担保，容易流于一种形式化和表面化，道德政治若缺少形式化的程序的支持，则容易造成一种空泛。以道德教化为核心的传统政治与以民主法治为核心的现代政治之间应该彼此搭配，相互补充，才能构建出一种新型的民主体制。我们今天既应该看到中国历史上的国家治理之儒学道德的政治理念的弊端与局限，更应该重新发现儒家道德政治理念所带给我们的现代性启示。儒家思想与法治的结合，不仅对法治而言是一种积极的促进因素，而且对儒学而言，也是促使其与时俱进，在新的时代背景下重新绽放光彩的新契机。

---

① ［美］迈克尔·J.桑德尔：《自由主义与正义的局限》，万俊人等译，第226页。

第三节　传统美德是社会主义核心价值观的
历史基因和文化土壤

党的十八大提出了社会主义核心价值观，具体表述为：富强、民主、文明、和谐，自由、平等、公正、法治，爱国、敬业、诚信、友善。社会主义核心价值观涵盖了从国家、社会到个人的多层面、全方位的内容，体现了政治、经济、文化、道德等多维度、多领域的价值谱系，是社会主义核心价值体系的内核，体现了社会主义核心价值体系的根本性质和基本特征，反映了中国特色社会主义的丰富内涵和实践要求。社会主义核心价值观既传承了中华传统美德的优秀成果和思想智慧，又体现了鲜明的时代特色和现代特征，是社会主义现代化建设的理论指导和思想保证。"富强、民主、文明、和谐"在社会主义核心价值观中居于最高层，对于其他层次的价值理念具有统领和制约作用，体现了中国特色社会主义对当今时代发展特征的基本判断和把握，反映了人们对社会主义现代化建设强烈的现代性预期。其中，富强是国家繁荣昌盛、人民安居乐业的物质保障；民主是真正实现人民当家作主的政治保障；文明是社会进步的重要特征；和谐是社会持续健康发展的重要保障。"自由、平等、公正、法治"是从社会层面对社会主义核心价值观基本理念的凝练，是对美好社会的具体表达，体现了中国特色社会主义对现代社会的准确把握和积极建构，反映了人们对社会主义国家未来发展怀有的美好期待。其中，自由主要指向人在生存、发展等方面的自由，是社会主义追求的价值目标；平等主要是指法律面前人人平等，重在尊重和保障人权；公正指的是社会的公平和正义，是社会主义理想的价值理念；法治是国家治理的基本方式，旨在通过法治维护人民的根本权利，为自由、平等、公正提供制度上的保障。"爱国、敬业、诚信、友善"是从个人层面对社会主义核心价值观基本理念的凝练，是公民应当遵守的基本道德规范，反映了市场经济的内在需求和基本保障，体现了中国特色社会主义对国民素质全面提高的社会要求和价值规约。其中，爱国是个人对祖国的依赖关系和深厚感情；敬业是对公民职业行为的价值标准；诚信强调的是诚实守信、诚恳待人；友善重在强调相互尊重与友爱、和睦互助，努力塑造良好的人际关系。

不忘本来才能开辟未来，善于继承才能更好创新，培育与弘扬社会主义核心价值观离不开中华传统美德。传统美德是社会主义核心价值观的历史基因和文化土壤，对于社会主义核心价值观有着重要的启迪价值和指导意义。社会主义核心价值观则是传统美德发展的必然结果和现代表达。传统美德是社会主义核心价值观的逻辑起点，社会主义核心价值观是传统美德的最终归宿。社会主义核心价值观是中华传统美德发展的新阶段，是中华美德体系的重要组成部分。正如习近平总书记所强调的，要大力培育和弘扬社会主义核心价值体系和核心价值观，加快构建充分反映中国特色、民族特性、时代特征的价值体系。坚守我们的价值体系，坚守我们的核心价值观，必须发挥文化的作用。民族文化是一个民族区别于其他民族的独特标识。要加强对中华优秀传统文化的挖掘和阐发，努力实现中华传统美德的创造性转化、创新性发展，把跨越时空、超越国度、富有永恒魅力、具有当代价值的文化精神弘扬起来，把继承优秀传统文化又弘扬时代精神、立足本国又面向世界的当代中国文化创新成果传播出去。中华文化源远流长、博大精深，重视伦理、崇尚德性是传统文化的基本特征。

中华传统美德是中华民族宝贵的历史财富，是中华文明的文化精髓，蕴含着丰富的思想道德资源，它始终贯穿于历史的长河之中，不仅对古代传统社会有着深刻而广泛的影响，而且，对当代社会的道德观念和行为培育也起着积极而有效的奠基作用。中华传统美德作为传统文化的深层积淀和思想精髓，正确地反映了人与自我、人与人、人与社会、人与宇宙万物之间的相互关系，是中华民族道德经验的总结和提炼，是中华民族道德精神和民族精神的集中体现，与当代道德观具有深层次的血脉关系。中华传统美德以"自强不息"和"厚德载物"为核心，塑造了中华民族礼仪之邦的光辉形象，孕育了中华民族的珍贵品格和崇高价值，对中华民族的民族性格、心理结构、政治理念、经济模式、思维方式等方方面面均起到了举足轻重的深刻影响，是中华民族生生不息、薪火相传的精神动力。改革开放以来，随着社会主义精神文明建设的进一步推进，中华传统美德的独特价值和重要作用在现实生活中日益凸显出来。中华传统美德是一笔宝贵的历史财富，是现阶段精神文明建设的源头活水，是社会主义核心价值观的历史根基，能够以其历史的厚重感、传统的深厚底蕴和鲜明的价值导向为我们当今社会的精神文明建设和道德观建构提供一种积极的道德支撑。在建设现代化强国的进程中，我们必须坚持理论自信、制度自信、道路自信、文化自信，我们应该从中华民族自本自根的灵魂深处入手，自觉地站在哲学的理论高度，高瞻远瞩、阐幽明微地对中华传统美德进行深刻而辩证的阐发，深入地从本体论、人性论、道德论等层面具体诠释传统美德的深层内涵和哲学底蕴。用中国传统文化思想来丰富和武装社会主义核心价值观，用传统美德来促成当代道德观的建构和完善。

全面落实社会主义核心价值观，应该对中华传统美德坚持理性而辩证的观点，既看到传统美德的超越性与恒久性，又充分审视传统美德的历史局限性和不足性，

　　既继承和弘扬传统美德，同时又对它进行扬弃和辨析，在自我肯定与自我否定的基础上，温故知新，见贤思齐，结合时代需求对传统美德进行现代性的解读，赋予其以时代的新意。我们既要继承和弘扬中华传统美德，又要清楚地意识到传统美德难免存在着某些历史局限性，既要领悟、欣赏和理解中华传统美德，又要自觉地站在现代化和全球化的理论高度对之进行创造性的阐释论证和再建构，使之在现代社会中重新绽放生机，真正深入人心，为人们所自觉自愿地接纳与领受。以往对中华传统美德的研究，往往出现两种误区，一是"厚古薄今"，二是"尊华攘夷"。前者拘泥于传统美德的历史性，而缺乏对传统美德的现代思考，后者则局限于传统美德的民族性，而缺少了对传统美德在世界维度的思考。我们应该尤为重视中华传统美德与现代化精神文明建设的密切联系。

　　社会的发展具体呈现为一个不断由传统走向现代的祛魅过程，故此，我们必须超越传统美德，以现代化的全景图式来理解和认识社会主义核心价值观，深刻认识到社会主义核心价值观所面临的现代性挑战和时代契机，积极发挥社会主义核心价值观在现代化建设中的引导和推动作用。我们应该积极走出"怀古"情结，密切关注传统美德在当代道德观建构中的现实意义和时代价值，立足当下，面对困境，展望未来，以一种发展的、前瞻的眼光阐述传统美德在现实生活中的价值与功用，以与时俱进的胸怀，在传统美德与当代道德之间，在历史文化与现代生活之间找到契合点，结合时代要求，积极寻求传统美德的理论创新和现代转型，使传统美德依托当代道德观建构，焕发出新的生机活力，并以此丰富当代道德观和完善社会主义核心价值理论体系。能够有效采取各种坚定不移的、切实有效的、富有针对性的手段，全力推动有利于传统美德在当代社会生活中活起来、动起来、用起来的各项措施，使传统美德在现代社会绽放新的风采，使之更好地适应现代社会的发展要求，能够成为当代道德观建构的丰富滋养和有益补充。

　　同时，我们也应积极实现中华传统美德与世界文明的交流与融合。在一个全球化和一体化为基本特征的"第二轴心时代"，宗教对话和文化交流势必成为时代的主旋律。因此，我们应当走出自我，放眼世界，积极地与世界文明接轨，将中华传统文化置放在一个全球化、多元化、世界化的视域下进行具体考察，深度发现与探索传统美德的普世伦理价值，积极引导中华传统美德走向世界、走向未来，在中西文明的碰撞、对话和融合中充实和完善中华传统美德。我们应该积极吸收和借鉴世界其他各国优秀的文明成果，勇敢走出"华夏情结"，使中华传统美德迈向世界舞台，使之在与世界文明的对话与融合中实现自我体系的丰富和完善。"君子和而不同，小人同而不和"（《论语·子路》），中华传统美德自本自根，源远流长，博大精深，有其独特的哲学体系、思维方式、价值观念和审美价值，但它同时也表现为一个不断与他者文化相互交流和融合的历史，这正是中国文化生生不息、永葆活力的原因所在。中华传统美德走向世界是历史的必然选择，因为传统美德的永恒智慧和内在价值不仅是属于中国的，同样也是属于世界的。中华民族的复兴，不仅仅是经济的复兴，更应该是民族文化软实力的提高，文化实现复兴。在全球化、多元化和世界化的时代语境下，社会主义核心价值观应该突破传统美德的历史局限，与时俱进地实现自我的外推，广泛地与世界各种优秀的文明进行交流对话，互通有无，彼此涵容，共同促进人类社会健康、和谐、有序地发展。我们应该秉承古为今用、洋为中用、去粗取精、抽精摄髓、涵化中和的原则，从历史的纵向推进和世界的横向升华共同推动社会主义现代化的进程，实现中国传统文化、传统美德与世界上各种文化之间的交流互动，认真研究他山之石，切磋琢磨，以期涵化世界各种优秀的文化元素，在未来的世界，逐步实现自我更新、自我创新和自我发展，使之达到更高、更新、更理想的人文境界，最终创造中华民族的伟大复兴。我们可以从以下几个角度来具体阐释和深入解读中华传统美德与社会主义核心价值观之间的相互关系。

第一，中华传统美德是社会主义核心价值观的历史基因和文化土壤：深入探析中华传统美德与社会主义核心价值观之间的相互关系，客观而辩证地指出传统美德在现代社会的现实困境和突破路径。

第二，儒学的富民思想及其现代阐释：传统儒学从政治和经济等不同角度提出了一系列利民、富民、惠民的主张，丰富和发展了中国传统社会的富民思想，不仅对传统社会的政治和经济发展起到了举足轻重的奠基作用，同时也对后世的治世思想产生了极为深远的影响。通过解读传统经典文献，分别从儒学的义利之辨、富国与富民、先富后教等角度具体阐述儒学的富民思想，总结指出其富民思想的道德性、政治性、民本性、人文性特质，并结合当今世界的格局，从哲学性、历史性的眼光反驳亨廷顿的"中国霸权"论。

第三，现代民主语境下儒学民本思想的反思与转化：民本思想是我国古代重要的政治思想之一。民本思想萌生于三代之治，发端于殷周之际，建构于春秋战国时期，随着历史的不断发展演进，逐渐形成了内涵丰富、思想深刻的理论体系，并对传统社会产生了深远的影响。随着现代民主体制的建构，民主和民本之间的相互关系日渐成为学术界探讨的热点话题。通过解读传统儒学的经典文献，从民本思想的历史源流出发，详细阐述民本思想的具体内涵，结合现代民主思想，深入剖析民本思想的时代价值和历史局限性，总结指出民本与民主之间的区别和联系，并尝试性地探索民本思想实现现代性转化的可能性路径。

第四，传统和谐理念及其对构建和谐社会的现代启示：和谐是人类梦寐以求的价值理想，和谐思想也是中华民族的核心理念和内在精神。传统文化以"贵和尚中"为基本特征，追求天地人之间的整体和谐与和睦共存。通过解读传统儒学的和谐思想，梳理、阐释传统和谐的思想内涵及价值理念，分别从自然之和谐、身心之和谐、人道之和谐以及天人之和谐四个方面详细论述传统文化的和谐思想，具体分析传统和谐思想所遵守的中庸原则，并结合时代精神，总结指出传统和谐思想在构建社会主义和谐社会中的现代价值及其自我转化之路。

第五，儒学自由观的精神特质与现代转向：参照经典文献，从文化比较和文明对话的角度，详细解读了中西自由观的不同内涵和基本特质，总结指出，儒学作为中国传统的主流哲学，尤其关注人类的心灵自由，强调人的精神安顿，是一种关注生命意义的学问。与西方侧重政治或经济意义的自由观相比，传统儒学的自由观更多地体现为一种德性的自由、境界的自由。这种自由以"人皆可以为尧舜"为理想目标，以人性之善为心性根据，通过"性命之辨"的思辨结构，使道德主体能够自由地活出本真的自我，在"从心所欲不逾矩"中获得德性的快乐和心灵的安适。

第六，传统性善论的思想价值及其对当代平等观的启示意义：追求平等是人类梦寐以求的永恒主题，平等观念是现代社会的基本价值理念之一。平等观不只是西方的产物，在中华传统哲学中同样也蕴含着丰富的平等思想。通过对传统儒学经典文献的重新解读，重新开发和挖掘传统儒学中的平等理念，具体阐述传统哲学平等思想在观念和实践上的主要表现，从中剖析平等观的思想价值及其思想局限性，并结合现代的平等观指出传统平等思想实现现代性转化的必要性。

第七，从儒学的德治仁政解读儒学政治的正义性：正义是衡量社会文明的重要标志，是维护社会稳定、促进社会和谐的价值基石，也是自由、民主、平等等现代价值理念得以实现的思想根据。通过深入解读传统儒学所蕴含的政治正义论内容，有机结合近代以来的正义论传统，总结传统儒学正义论的哲学特质和历史局限，并结合现代社会的时代要求，探索性地指出传统儒学正义论的现代价值及其现代转换之路。

第八，孟子道德政治哲学的核心思想及其现代化思考：先秦儒家具有鲜明的入世性与务实性，表现出对政治事务的积极参与以及对政治理念的体系建构。在孟子的思想体系中，政治也是重要的一环。深入阐释孟子的政治哲学，总结指出孟子的政治理念以王霸之辨为核心，以性善论为人性根据，以不忍之心推及不忍之治，推崇古圣先贤的内圣外王之道，孟子的政治理念突出的特色在于政治与道德的相互融合。密切结合现代社会的民主宪政，分析指出儒学道德政治的思想价值及其历史局限，并结合依法治国的政治理念，尝试性地探索德治思想进行现代转换的可能性路径。

第九，传统儒学敬业观与社会主义敬业价值观的历史联系及其现代转化：敬业是传统儒学的重要德目，以敬德修业、敬业乐业为核心的敬业精神是中华民族的价值追求，至今仍散发着智慧之光。通过深入挖掘传统敬业思想的丰富内涵和思想价值，具体阐释传统儒学敬事而信、主一无适的职业认知，忠于职守、尽心竭力的职业操守，爱岗乐业、好之乐之的职业情感；克勤克俭、止于至善的行为意向和居仁由义、重义轻利的职业信念，并结合社会主义市场经济的时代语境，总结指出传统敬业思想在现代社会的启迪意义和社会价值。

第十，诚信美德的传承与现代转化：诚信历来是中华民族优秀传统美德的重要内容，是传统儒学的重要范畴和基本德目。诚信不仅是我国古代社会的道德根基和价值核心，而且在某种意义上还有着超时空的永恒价值，能够在现代社会为市场经济健康有序的发展提供必要的道德保障和价值理念。主要以传统儒学的经典文献为文本依据，从诚信的字义结构入手，分别从天人之际、本真的自我、人伦之道三个方面深入阐述诚信的三重思想内涵，分析指出诚信的权变之道，并结合时代语境，总结传统诚信美德的思想价值和历史局限性，提出传统诚信美德实现现代化转型的可能性路径。

第十一，传统儒学的交友之道及其对现代社会的启迪价值：传统儒学的朋友之道以"仁者爱人"为道德依归，以"己所不欲勿施于人""己欲立而立人，己欲达而达人"的忠恕之道为行仁之方，以"朋友有信"为交往准则，以"以友辅仁"为目的依归，以"天地人和"为价值目标，集中体现了传统儒学"为天地立心，为生民立命，为往圣继绝学，为万世开太平"的道德理想和"修齐治平"的人文精神。以传统儒学经典文献为文本依据，具体阐述传统儒学的交友之道及其哲学智慧，并结合当前社会主义核心价值观的语境，积极探索传统儒学对现代社会的启迪价值和借鉴意义，并尝试性指出了传统交友之道在现代社会的自我转化路径。

第十二，孟子义利观及其社会经济伦理阐释：儒学对于经济问题的关注主要体现为对义利关系的探讨。孟子思想中的义利之辨对于中国传统乃至现代的经济模式都产生了深远的影响。主要立足于《孟子》文本，分别从义利之别、义相对于利的优先性和义中之利的适当性追求三个角度系统而翔实地解读孟子的义利之辨，并通过劳心者劳力者之辨指出孟子思想中所蕴含的经济思想，结合对韦伯命题的分析和解读，总结指出孟子的义利思想对古代社会经济的内敛性格的深刻影响。

对中华传统美德的研究与开发，是对传统美德的一种回归、重建与升华，是对真善美人性的一种呼唤，是社会主义精神文明建设的时代要求，是当代道德观建构的内在需求，更是提高民族文化软实力、实现民族文化自觉和自信的客观需要，并且对于增进民族凝聚力、提高人民道德素质、营造健康和谐的社会秩序也有着不可估量的重要现实意义。我们应该密切联系现代化建设的实际处境，详细阐述传统美德与社会主义核心价值观之间的血脉关系，从而系统地建立起传统美德的现代理论体系。结合民主、法治、科学、自由、博爱等现代理念对传统美德进行批判性、创造性、建设性的改造与发挥，实现传统美德与当代美德之间的有机联系，实现传统美德向现代社会中的个人美德、家庭美德、职业美德、社会公德、生态美德的转化，使传统美德既蕴含传统的底蕴和历史的厚重感，又体现出时代的气息和创新精神，既展示道德民族性与本土性，又彰显道德的世界性和多元化，这种对于传统美德的研究与阐释无疑具有重要的、划时代的理论价值和现实意义。

第二章 传统美德与国家层面的价值观涵养

第一节 传统儒学的富民思想及其现代阐释

儒学是道德之学，同时也是政治之学。儒学追求修身养性的道德情操和希圣希贤的理想人格，同时也拥有匡时济俗和兼济天下的入世情怀。儒学的哲学性格可说是"极高明而道中庸"。对儒学而言，德性与幸福对人生而言同样重要。如果说德性主要体现在人的精神层面的话，那么，幸福则主要体现在人的物质层面。这种物质层面的幸福在政治领域主要体现在富民的思想中。自古以来，富国强兵、国富民强是历代统治者的政治目标之一，这是治国安邦、政治稳定、社会和谐的必要前提和物质保障。传统先秦儒学作为历代儒学的思想渊源，其政治和经济思想中的一个核心概念就是富民思想。富民思想作为一种经邦济世的学问源远流长，其思想根源可一直追溯到三代时期的重商重农、节欲恤民、平施共富等治国理念，到春秋战国时期方逐渐成形和系统化。先秦儒学的诸子均从政治和经济等不同角度提出了一系列生民、利民、富民、惠民的主张，丰富和发展了中国传统社会的富民思想，不仅对传统社会的政治和经济发展起到了举足轻重的奠基作用，同时也对后世的治世思想产生了极为深远的影响。

（一）"富与贵，是人之所欲也"

虽然义利之辨是儒家古往今来的一大辩题，重义轻利是儒学一贯的道德传统，但是儒学并不追求一种抽象而空洞的德性，而是将德性与人的幸福统一于政治理念的言说之中，这充分体现了传统儒学"务实""中庸"的文化性格。在义利之辨中，先秦儒学固然强调"义"相对于"利"的重要性和首要性，但我们并不能因此说儒学只言"义"而不言"利"，或者简单地宣称儒学重义轻利。因为儒学在强调义的同时也肯定了人们对利益追求的正当性和合理性，这在政治和经济领域就体现在儒学一贯的富民思想中。

孔子首开义利之辨，虽然孔子"罕言利"，但是并非"不言利"。在孔子的言行中，我们可以看到孔子不但多次言"利"，而且还以此为基础提出了一系列富民、惠民的政治主张。子曰："富与贵，是人之所欲也，不以其道得之，不处也。贫与贱，是人之所恶也，不以其道得之，不去也。"（《论语·里仁》）追求富有与尊贵，而厌恶贫困和卑贱，这是人们趋利避害的自然本性所决定的，也是合情合理的。因此，孔子首先从自然人性论的角度肯定了追求"利"的正当性。在孔子看来，对于财富和地位等"利"的追求就其本身而言并非恶，而是人类生活的客观需求。孔子毫不讳言自己也有对"利"的需求，他说道："富而可求也，虽执鞭之士，吾亦为之。如不可求，从吾所好。"（《论语·述而》）他认为，财富是可以通过追求而得到的，如果是这样的话，像驾车一类的下等差役也愿意去做。孔子还从社会治乱的政治角度指出："邦有道，贫且贱焉，耻也；邦无道，富且贵焉，耻也。"（《论语·泰伯》）在天下有道、政治清明的社会条件下，人们理应在富贵利达中实现自我的社会价值。既然人人都有这种求富纳福的自然权利，因此，作为统治者，就应该"因民之所利而利之"（《论语·尧曰》），顺应民情，为民谋利，实现富民、惠民的政治蓝图。

可见，儒学并不反对人们由自然本性而来的对"利"的追求，换言之，对于"利"的追求本身并没有错，它所反对的只是那种单纯以追求利益本身为目的导向的一种功利主义，这也是孔子"罕言利"的缘由。孔子曰："君子喻于义，小人喻于利"（《论语·里仁》）、"君子谋道不谋食""忧道不忧贫"（《论语·卫灵公》）。即是说，君子与小人的区别在于，他能够在利益面前遵守"义以为上"的道德原则，君子以合乎道义为行事为人的标准，而小人却以谋求利益作为行事为人的标准。在孔子看来，虽然发财致富、功成名就是人的正常欲求，但是"君子爱财，取之有道"，对"利"的追求必须以"道义"为衡量准则，而不能片面地追求利益的最大化。在他眼中，"不义而富且贵，于我如浮云"（《论语·述而》），那种不合乎道义的富贵利达，就如同天边的浮云一般不足为道。所以，孔子告诫人们要"见利思义"（《论语·宪问》）、"义然后取"（《论语·宪问》）。一切的"利"一定要放在"义"的天平上加以衡量，否则，如果抛弃道义而一味地追求功利的话，便会造成"放于利而行，多怨"（《论语·里仁》）的社会混乱局面。

与孔子相比，孟子更加重视义利之辨。在《孟子》开篇，便以孟子与梁惠王的故事引出了著名的"义利之辨"。孟子曰："王何必曰利？亦有仁义而已矣。"（《孟子·梁惠王上》）孟子在此所言之"利"主要针对的是梁惠王所谓的"利"，即富国强兵、扩张疆土的霸业之利。孟子从反面揭示了这种急功近利的做法将造成"上下交征利而国危矣"的社会弊端。历代解经家往往认为孟子在此表达的是一种"义"与"利"的对立性以及"利"对于"义"的危害性。但是如果分析孟子的思想，便可发现，孟子在此并不是说绝对不可以言利、怀利。孟子反对的"利"，乃是特指像梁惠王那样利欲熏心、穷兵黩武的私利，但孟子绝不会反对以民众福祉为目标的公利。孟子曰："广土众民，君子欲之，所乐不存焉。中天下而立，定四海之民，君子乐之，所性不存焉。君子所性，虽大行不加焉，虽穷居不损焉，分定故也。君子所性，仁义礼智根于心，其生色也，睟然见于面，盎于背，施于四体，四体不言而喻。"（《孟子·尽心上》）他通过君子"所欲""所乐""所性"之间的区分指出了君子的道德追求。拥有广大的土地和众多的人民，是君子所希望的，但却不是他的乐趣所在，居于天下中央而安定普天下的百姓，是君子所乐的，但却不是他的本性所在，君子真正的本性在根植于心中的仁义礼智之德，这种对内在之"义"的追求超越了对外之"利"的欲求，是君子之所以区别于小人的德性所在。正如梁启超先生所言："孟子所以大声疾呼以言利为不可者，并非专指一件具体的牟利之事而言，乃是言人类行为不可以利为动机。"①孟子的这种义利之辨在与墨家功利主义的争辩中体现得尤为明显。在与宋牼的对话中，他指出，如果社会治理按照墨家的功利主义实行的话，就会造成"君臣、父子、兄弟终去仁义，怀利以相接，然而不亡者，未之有也"（《孟子·告子下》）的社会恶果。因此，他从道德本位的立场提倡"君臣、父子、兄弟去利，怀仁义以相接"的思想主张，要求人们超越功利主义，实现以仁义为核心的社会关系。如果说儒家坚持仁义至上的原则，坚持以义制利，视"利"为"义"的附属品，墨家则坚持功利主义的原则，坚持以利制义，视"义"为利的工具。若说儒家是动机论者，墨家则是效果论者；儒家是道德的理想主义，墨家则是功利的现实主义。儒墨两家在某种程度上可以形成一种互补。相比而言，荀子比较能综合平衡"义"与"利"，一方面，他从人的性情出发，指出："人之情，食欲有刍豢，衣欲有文绣，行欲有舆马，又欲夫馀财蓄积之富也"，"好荣恶辱，好利恶害，是君子小人之所同也"。（《荀子·荣辱》）。人的自然性情是追求富裕殷足的生活享受，无论是君子还是小人，好利求富都是人之自然欲望。另一方面，他又从道义的角度指出了利与义的相互对待关系。他说道："义与利者，人之所两有也。虽尧舜不能去民之欲利，然而能使其欲利不克其好义也。虽桀纣亦不能去民之好义，然而能使其好义不胜其欲利也。"（《荀子·大略》）在此他将"义"与"利"视为"人之所两有"，认为二者对人而言都是必要的。可见，与孟子相比，荀子的义利观显得更加客观和

---

① 梁启超：《先秦政治思想史》，第86页。

务实。

不可否认，儒学由于过分强调道义的重要性，凸显义利之分以及"义"相对于"利"的优先性，也不免片面地夸大了"义"的重要性和贬抑了"利"的作用，并造成了义利之间的二元张力。孔子以义利区分君子和小人，孟子则以"利与善"分别"舜与跖"，甚至明确指出"为富不仁矣，为仁不富矣"（《孟子·滕文公上》）。这从某种程度上造成了对功利意识和消费意识的过分抑制，并深刻地影响着传统经济的保守与内敛性格。

（二）"百姓足，君孰与不足？"

先秦儒学的富民思想体现的不仅是一种经济思想，更是一种政治哲学，确切地说，先秦儒学大力提倡富民思想，是其道德政治的重要体现。孔子的富民思想与其"为政以德"的政治理念是密切联系的。子曰："为政以德，譬如北辰，居其所而众星共之。"（《论语·为政》）他认为，为人君应该以光明正大的德性来统治民众，如此才能像众星围绕北斗七星那样赢得民心的支持。在这种道德政治的理念中，道德在政治领域发挥着核心作用，政治是德性在政治领域的延伸。政治治理的重要因素，不是制度或法律，而是德性，这是先秦儒学政治哲学的一大特色。孟子将孔子"为政以德"的思想发扬光大，进一步提出了更为成熟化和体系化的"民为贵""仁政王道"的思想。孟子曰："诸侯之宝三：土地、人民、政事。"（《孟子·尽心下》）对诸侯而言，人民是其政治治理的三大法宝之一。民心的向背是决定其为政成败的关键因素。孟子指出："桀纣之失天下也，失其民也；失其民者，失其心也。得天下有道：得其民，斯得天下矣；得其民有道：得其心，斯得民矣；得其心有道：所欲与之聚之，所恶勿施尔也。"（《孟子·离娄上》）他认为，桀纣之所以失去天下，是因为他们失去了人民的支持，失去了民心。所以，君王要得到天下的前提在于得到人民的拥护、拥有民心的支持。因此，孟子提出了著名的"民为贵，社稷次之，君为轻"（《孟子·尽心下》）的思想。在人民百姓、国家社稷和君王这三者中，孟子将人民放在第一位。因此，为人之君在政治的运作中应该以人民的意志为依归、以民心的向背为转移。这句话是孟子民本思想的典型表达，也是几千年来民本观念的思想源头和哲学根源。正如姜广辉先生评价思孟学派所言："在早期儒家之中，这一派人民性、主体性、抗议精神最强。"①孟子的民本思想是其王霸之辨的重要体现。孟子曰："以力假仁者霸，霸必有大国，以德行仁者王，王不待大。"（《孟子·公孙丑上》）王道与霸道的区别在于，王道以德服人，而霸道则"以力假仁"。孟子认为仁政王道有其人性论的保证，这就是人人所皆有的不忍之心。如其所言："以不忍人之心，行不忍人之政，治天下可运之掌上。"（《孟子·公孙丑上》）如果说不忍之心是根，那么，不忍之政则是所结之果，不忍之心是不忍之政的基础，不忍之政是不忍之心在政治领域的展开。因此，他相信每个君王只要充分扩充自己的不忍之心都可以行不忍之政，成为像尧舜那样的圣王。荀子也深刻阐述了人民的重要性，提出了著名的"君者，舟也；庶人者，水也。水则载舟，水则覆舟。此之谓也。故君人者，欲安，则莫若平政爱民矣"（《荀子·王制》）。他指出，君民关系不仅仅意味着一种统治与被统治的关系，更是一种舟与水的关系，民心、民意对政权有着决定性的颠覆作用。因此，执政者应该意识到民为邦本的重要性，做到"平政爱民"。荀子进一步指出："天之生民，非为君也；天之立君，以为民也。"（《荀子·大略》）他认为，君民之间的关系超越天道的神圣依托，人民是国家社稷的主体，上天设立君主，是为了保护人民。因此，统治者应当仁爱百姓，为民谋求福祉。荀子的民本思想可说是先秦儒学民本思想的凝聚和总结，以上先秦儒学的民本思想是其富民思想的前提和保证。以民为本，首先就要爱民、保民、利民、惠民，从民所欲，为民造福，保证人民生活、生产的需要，使人民丰衣足食，无后顾之忧。

如果说孔子思想的核心在于"仁"的话，那么，孔子道德政治的核心就在于"仁民""惠民"。孔子重视的"民、食、丧、祭"四者中，民是第一位的。故此，他认为，一个真正的仁者应该"泛爱众而亲仁"（《论语·学而》）、"其养民也惠，其使民也义"（《论语·公冶长》），即能够广泛地爱民，并能使人民得到实在的利惠。在孔子看来，为政者要实现"为政以德"，先要"因民之利而利之"，保证人民基本的生活资料和生产资料。在他看来，民富是君富的前提和保障，没有民富就没有君富。只有人民生活富足了，君主的生活才可能富足。否则，如果人民生活困苦潦倒，君主也不可能继续维持富裕的生活。正如孔子的弟子有若与鲁哀公的对话所指出的那样："百姓足，君孰与不足？百姓不足，君孰与足？"

---

①姜广辉：《郭店楚简与〈子思子〉——兼谈郭店楚简的思想史意义》，《哲学研究》1998年第7期。

（《论语·颜渊》）孔子之所以一再称赞管仲"如其仁，如其仁"，主要就是因为管仲能够辅助桓公"九合诸侯，不以兵车"（《论语·宪问》），以一种和平的方式实现了富国强民，给人民的生活带来了安定和幸福。子曰："丘也闻有国有家者，不患寡而患不均，不患贫而患不安。盖均无贫，和无寡，安无倾。"（《论语·季氏》）他从社会分配学的角度指出，良好的政治应该遵循一种均分原则以实现社会资料的均衡分配，使社会成员各得其分，如此才能上下相安、社会和睦。诸侯或者大夫不应该担心财富的多寡，而应该担心财富分配是否均衡。若财富能够得到合理分配，使人民各得其分，便无所谓贫困了。孔子极其反对统治者搜刮民财、聚敛财富的行为，所以当弟子冉求为"富于周公"的季氏聚敛财富时，孔子非常气愤地对弟子们说："非吾徒也，小子鸣鼓而攻之，可也。"（《论语·先进》）孔子理想的人格是能够"博施于民而能济众"（《论语·雍也》）的圣贤，他们能够践行"己欲立而立人，己欲达而达人"的为仁之方，不但自己能安立和通达，而且还能广泛地施予人民和周济大众，愿意与百姓携手共建一个富庶安乐的理想社会。

孟子确实较孔子更为关注国计民生等实际问题。孟子认为君主作为"民之父母"，应该保证人民生命、生活和生产的基本需要。然而当时的社会却是"争地以战，杀人盈野；争城以战，杀人盈城"（《孟子·离娄上》），诸侯争霸、战火连绵造成了民不聊生、生灵涂炭的社会现状。因此，孟子严厉指责了社会上贫富差距悬殊和不公平的现象，他义愤地说道："庖有肥肉，厩有肥马，民有饥色，野有饿莩，此率兽而食人也。兽相食，且人恶之；为民父母，行政不免于率兽而食人，恶在其为民父母也？"（《孟子·梁惠王上》）他在此告诫统治者，不能只顾贪图个人的安逸享乐，却不顾人民的死活。这样的做法无异于"率兽而食人"，这种人不配做老百姓的父母。这种强烈的政治批判精神淋漓尽致地展现了孟子直言不讳、大义凛然的道德人格。孟子理想的政治是"君民同乐"："乐民之乐者，民亦乐其乐；忧民之忧者，民亦忧其忧。乐以天下，忧以天下，然而不王者，未之有也。"（《孟子·梁惠王下》）君主应该与人民共享快乐，共担忧愁，只有这样才能实现"行仁政而王，莫之能御也"（《孟子·公孙丑上》）的宏图大志。这种"与民同乐""乐以天下、忧以天下"的政治抱负和道德情操成为几千年来中华民族志士仁人政治生活的主要抱负。

荀子继承并发展了孔孟等先哲的富民思想，从"隆礼重法"的角度丰富和完善了富民思想的深度及内涵。他首创了"富国"的思想，并在理论上将富国与富民统一起来。荀子曰："故礼者，养也。"（《荀子·礼论》）他认为，"礼"的本质是"养"，能够"养人之欲，给人之求"，满足人民合理的欲望与需求。因此，荀子指出："足国之道，节用裕民，而善臧其馀。节用以礼，裕民以政。"（《荀子·富国》）富国应首先从节用、富民开始，依靠礼制实现节用，依据政令实现人民的富裕。他认为："下贫则上贫，下富则上富，故田野县鄙者，财之本也，垣窌仓廪者，财之末也。百姓时和，事业得叙者，货之源也；等赋府库者，货之流也。"（《荀子·富国》）富民是富国的前提和保障，只有百姓富裕了，才能促进生产的发展和社会财富的增加，从而国家才能有充足的财政。否则，如果人民贫困潦倒，食不果腹，就会缺乏生产的积极性，国家便会陷入财政危机。即就国富与民富的逻辑关系而言，民富是首要和第一位的，国富只有在民富的前提下方能实现。荀子说道："有社稷者而不能爱民，不能利民，而求民之亲爱己，不可得也。民不亲不爱，而求为己用，为己死，不可得也。"（《荀子·君道》）他认为，真正的君主应该"爱民而安"，爱百姓"如保赤子"，能够使人民百姓得到实惠和利益，这样的君主才能获得百姓的爱戴。

故此，君主要贯彻"以民为本""国富民强""强本富民"的指导思想，实现"上下皆富"的经济目标，如此才是王者之法。在富民与富国的逻辑关系中，我们可以看到先秦儒学浓郁的民本观念和重民思想。他们从社会分配学的角度提出了"藏富于民"的主张。他们认为，社会财富应该在全社会范围内实现一种均衡分配。民富才有国富，民富是国富的前提和保障，国富是民富的自然结果。故此，君主应该注重民生，爱民惠民，节用利民，而不能穷奢极欲、不顾人民的生死安危。这种思想在当时无疑具有一定的历史进步意义。

（三）富民之法

先秦儒学以上述的富民思想为指导，并在此基础上提出了一系列积极而有效的富民措施，使富民能够落到实处。

"制民之产。"在传统的农业社会中，人民"面朝黄土背朝天"，土地成为人们生产与生活资料的主要来源，因而，土地问题在传统社会中一直是一个最为核心的问题。以孟子为代表的先秦儒家都强调了"制民之产"的重要性，孟子曰："民之为道也，有恒产者有恒心，无恒产者无恒心。"（《孟子·滕文公上》）所谓的恒产，就是通过国家法令规定，使百姓拥有一定的土地等"恒定"的生产资料。所谓的恒心，就是向善之心，追求仁义道德之心。孟子指出，"民事不可缓也"（《孟子·滕文公上》），统治者要想国泰民安、政治和谐、国富民安，最迫切的就是要解决百姓的土地问题。在孟子看来，普通百姓与士人的区别在于，士人可以无恒产而有恒心，而百姓却要有恒产才有恒心，无恒产则无恒心。因此，要维护社会稳定、增加财政收入，先要"制民之产"，让百姓拥有一定的土地以发展生产。故此，孟子曰："是故明君制民之产，必使仰足以事父母，俯足以畜妻子，乐岁终身饱，凶年免于死亡。然后驱而之善，故民之从之也轻。"（《孟子·梁惠王上》）他认为，贤明的君主应该保证人民拥有一定的生活资料，使他们能够养家糊口、丰衣足食。孟子理想中仁政王道的生活图景是："五亩之宅，树之以桑，五十者可以衣帛矣。鸡豚狗彘之畜，无失其时，七十者可以食肉矣。百亩之田，勿夺其时，数口之家可以无饥矣。谨庠序之教，申之以孝悌之义，颁白者不负戴于道路矣。七十者衣帛食肉，黎民不饥不寒，然而不王者，未之有也。"（《孟子·梁惠王上》）孟子以一种近似量化的数字指出了制民之产对百姓而言的重要性，以求在物阜民丰的基础上实现百姓的丰衣足食和安居乐业。孟子为了提倡制民之产，甚至重新提到西周井田制，孟子的这种思想当然有不免"迂阔"之处。荀子所言的"故家五亩宅，百亩田，务其业而勿夺其时，所以富之也"（《荀子·大略》），与孟子的制民之产如出一辙。

"使民以时。"子曰："道千乘之国，敬事而信，节用而爱人，使民以时。"（《论语·学而》）孔子这里所言的"使民以时"，就是要求统治者按照自然节气和农业生产的规律来安排人民服役。在古代农业文明的社会中，是否尊重自然、遵循生产规律，是关系到国计民生、社会稳定的大事。春夏秋冬四个季节分别对应的农业活动是春耕、夏种、秋收、冬藏。《左传·桓公六年》曰："谓其三时不害，而民和年丰也。"这里所言的"三时"，即春、夏、秋三个时节。统治者使用民力应该避开三时，使人民能够安心生产活动，而不应在三时期间让人民为国家服役，耽误农时，否则便会影响农业生产，导致生产生活资料的匮乏。因此，在传统社会中，使民以时是富民、利民的重要标志。孟子也指出："不违农时，谷不可胜食也。"（《孟子·梁惠王上》）他明确地将孔子的"使民以时"的思想表示为"不违农时"，告诫统治者要按照农业的时节来使用民力。荀子也在其王道论中提出了"罕举力役、无夺农时"（《荀子·王霸》）的思想。他劝诫统治者不要违背自然节令和农业时节的规律，不要滥用民力、劳民伤财，如此才能实现"使民夏不宛喝，冬不冻寒，急不伤力，缓不后时"（《荀子·富国》）的为政目标。

"节用而爱人。"在先秦礼法社会中，"礼"对人们的日用常行有着重要的规范价值。荀子曰："礼者，贵贱有等，长幼有差，贫富、轻重皆有称者也。"（《荀子·富国》）礼在传统社会所起到的重要作用是维护长幼尊卑的等级区分，规范和调节社会关系。先秦儒学一方面肯定了"礼"在社会等级和个人身份认同上的重要作用，另一方面也以"礼"为根据来调节社会财富的分配，使人们的生活与各自的社会地位及身份相匹配。孔子本人虽然非常重视礼乐以及祭祀活动，但他也明确反对过度的奢侈浪费，提出了"礼与其奢也，宁俭"（《论语·八佾》）的思想。孔子对当时统治阶层铺张浪费、骄纵奢侈的生活非常不满，他说道："奢则不孙，俭则固。与其不孙也，宁固。"（《论语·述而》）并指出，太过奢侈就会表现出骄奢，太过节俭就会显得寒酸。如果在骄奢与寒酸二者之间选择的话，与其骄奢，不如寒酸。因此，君主应该节俭朴素，减少不必要的财政开支，杜绝奢侈浪费和肆意挥霍民脂民膏，这样才是体恤爱民的表现。孟子在《尽心上》也说道："食之以时，用之以礼，财不可胜用也。"他也告诫统治者要根据时令农时来取用于民，按照礼乐来规范自己的生活。荀子也提出了节流开源、强本节用的思想。荀子曰："田野县鄙者，财之本也；垣窌仓廪者，财之末也；百姓时和、事业得叙者，货之源也；等赋府库者，货之流也。"（《荀子·国富》）在荀子看来，财富之本是农业生产，而财富之末是仓廪储藏，与之相应，百姓顺乎四时耕作，农时和谐有序，是财富之源，而府库赋税则是财富之流。因此，"明主必谨养其和，节其流，开其源，而时斟酌焉，潢然使天下必有馀，而上不忧不足。如是，则上下俱富，交无所藏之，是知国计之极也"（《荀子·富国》）。贤明的君子就应该谨慎地使农事和顺，节制财富之流，开拓财富之源，才能使天下有余、上下俱富。荀子也从"礼"的角度提出了富民的措施。他说道："足国之道，节用裕民而善臧其馀。节用以礼，裕民以政。"（《荀子·富国》）他认为，虽然统治者按照地位和等级理应得到比百姓更多的物质享乐，但他们也应该遵守"礼乐"的规约，需有节制、有节度地取用于民，使自己的消费水平和用度标准合乎自己的身份和地位。荀子曰："使欲必不穷乎物，物必不屈于欲，两者相持而长。"（《荀子·礼论》）他认为，人的消费与生产之间要保持一种平衡。一方面，人的欲求不能超过物质的供给，另一方面，物质的供应也不能低于人的欲求。也就是说，需求和供给两者要"相持而长"，在动态中保持一种平衡。

"易其田畴，薄其税敛。"面对统治者对百姓横征暴敛和剥削残酷的黑暗现实，孔子大声疾呼："苛政猛于虎也。"（《礼记·檀弓下》）他反对统治者横征暴敛，主张"薄赋敛则民富"。他指出，统治者要为政以德，减轻人民的赋税劳役是实现富民、惠民的重要途径。只有轻徭薄赋、减少对人民的征剥，才能保证农业生产的正常进行，创造更多的社会财富，促进生产力的发展。反之，如果统治者加重人民的赋税劳役，变本加厉地盘剥人民，就会加重人民的负担，严重影响农业生产力的发展。与孔子一样，面对人民苦不堪言的赋役负担，孟子也主张轻徭薄赋的经济政策。孟子曰："易其田畴，薄其税敛，民可使富也。"（《孟子·尽心上》）他指出，要使百姓富裕起来，一定要实行利民惠民的经济政策，减少税收。孟子要求统治者要"取于民有制"。他指出："有布缕之征，粟米之征，力役之征。君子用其一，缓其二。用其二而民有殍，用其三而父子离。"（《孟子·尽心下》）布缕之征、粟米之征、力役之征分别指后世的调、租、庸三种税收。孟子指出，贤德的君主只征收其中一项税收。如果超过两种，就会超出百姓的负担能力，造成百姓饿死甚至家破人亡的残酷现实。荀子也指出减轻赋税对富国的重要作用，他认为富国之道在于"轻田野之赋，平关市之征，省商贾之数，罕兴力役，无夺农时"（《荀子·富国》），他指出，要想真正实现国富民安，首先就要合理地征收赋税，减轻百姓的负担。

《论语·颜渊》记载："哀公问于有若曰：'年饥，用不足，如之何？'有若对曰：'盍彻乎？'"鲁哀公问孔子的弟子有若，如果在灾荒之年国家用度不足，该怎么办？有若回答说，为什么不用"彻"法呢？所谓的"彻"即是"周法什一而税"，有若指出，对百姓征收什一税是合情合理的。这种税收标准既能解决政府的财政难题，也不会过分加重百姓的负担。孟子也认为什一税是最为合理的一种税收，他说道："夏后氏五十而贡，殷人七十而助，周人百亩而彻，其实皆什一也。"（《孟子·滕文公上》）孟子最推崇以劳役地租为形式的助法。荀子在他的王者之法中也以什一税为基础，他说道："田野什一，关市几而不征，山林泽梁，以时禁发而不税，相地而衰政。理道之远近而致贡。通流财物粟米，无有滞留，使相归移也，四海之内若一家。"（《荀子·王制》）并认为，真正奉行王道的君主应该规定合理的赋税制度，对农田征收什一税。

鼓励商业贸易。先秦儒学并没有重农抑商的思想，反倒积极提倡商业贸易，鼓励社会分工。孟子在与许行等农家学派代表人物的辩论中提出了"劳心者"与"劳力者"的区分以及通功易事的原则。孟子指出，从社会分工而言，社会成员分为劳心者与劳力者两类。"劳心者治人，劳力者治于人；治于人者食人，治人者食于人。"（《孟子·滕文公上》）所谓的劳心者，即社会的管理者和统治者，所谓的劳力者，即普通民众。孟子反对农家"并耕而食"的平等主义的做法，认为"物之不齐，物之情也"（《孟子·滕文公上》），他指出，劳心者与劳力者在社会上有不同的分工，他们之间是"治人"与"治于人"的职责分工，劳心者有权利取用于民，而劳力者则有义务去养活劳心者。孟子进而指出了不同行业之间的分工以及通功易事的市场原则。孟子曰："子不通功易事，以羡补不足，则农有余粟，女有余布；子如通之，则梓匠轮舆皆得食于子。"（《孟子·滕文公下》）他认为，在商品市场中，不同行业之间应该通功易事，彼此交换，相互沟通，人人才能各得其所需，否则的话便会导致如"农有余粟，女有余布"那样的剩余产品。他的这种通功易事、产品交换以及剩余产品等理论体现了古人原始而朴素的经济学思维方式。在中国历史上孟子第一个从社会需求和产品交换的角度提出了社会分工的重要性，这是孟子在经济领域的重要贡献。荀子虽然也认为"工商众，则国贫"，主张以农业为本，限制工商业的人数，但他也提出了工商业发展对于农业发展的促进作用。他指出，"农农、士士、工工、商商一也"（《荀子·王制》），士农工商只是社会分工不同，对社会生活都非常重要和必要。而且，只有不同行业彼此协作，互通有无，才能实现"故泽人足乎木，山人足乎鱼，农夫不斫削、不陶冶而足械用，工贾不耕田而足菽粟"（《荀子·王制》），使人们的不同需求通过社会分工得到满足。先秦儒学的这种社会分工和通功易事的思想可以起到促进国计民生和社会经济发展的重要作用。

（四）"道之以德，齐之以礼，有耻且格"

先秦儒学所言的富民思想，不仅有物质层面的，而且也有精神层面的，这充分地体现在儒学的先富后教的思想中。

《论语·子路》中写道："子适卫，冉有仆。子曰：'庶矣哉！'冉有曰：'既庶矣，又何加焉？'曰：'富之。'曰：'既富矣，又何加焉？'曰：'教之。'"这就是孔子著名的庶—富—教的思想。孔子认为，百姓的人口增长之后，要让百姓富裕起来，让百姓富裕起来之后，还要对百姓进行一系列的教化，丰富其精神追求和道德内涵。可见，在孔子眼中，富民是教民的前提和保障，而教民则是富民的动力和根据，富民能够为教民提供充裕的物质基础，而教民则能够为富民提供强有力的精神支持。当弟子子贡问道："贫而无谄，富而无骄，何如"时，孔子对曰："可也，未若贫而乐，富而好礼者也。"（《论语·学而》）孔子认为，贫穷但不谄媚、富有却不骄傲，不如安贫乐道，富贵好礼。因此，他指出，统治者除了应让百姓富裕起来之外，还应该加强对百姓的道德教化。他主张，君主治理百姓不应该只是"道之以政，齐之以刑"，而应该"道之以德，齐之以礼"（《论语·为政》）。因为如果用政令治理和刑法整顿百姓，百姓只是被动地避免犯罪惩罚，却没有知耻之心。而唯有用道德引导百姓，用礼乐来感化百姓，百姓才有知耻之心，且能自我检点而恪守正道。在孔子看来，"君子之德风，小人之德草，草上之风必偃"（《论语·颜渊》）。君主要"为政以德"，而后才能"以德化民"，以自己的德行去教化黎民百姓。

与孔子一样，孟子也指出了教民的重要性，他说道："人之所以异于禽兽者几希，庶民去之，君子存之。舜明于庶物，察于人伦，由仁义行，非行仁义也。"（《孟子·离娄下》）他认为，人区别于禽兽之处，或者说人之所以为人之处就在于拥有道德本性，能够明晓事物之理，洞悉人伦常情，自觉地践行仁义之道。孟子指出，对黎民百姓而言，不仅应该有恒产，也应该有恒心。否则，如果缺乏这种向善的恒心，就会造成道德的缺失与社会的混乱，出现"放辟邪侈，无不为已"（《孟子·梁惠王上》）、"无礼义，则上下乱"（《孟子·尽心下》）的不良现象。因此，他主张在保证了人民基本的生产、生活之后，应该对之"谨庠序之教，申之以孝悌之义"（《孟子·梁惠王上》）。即从孝悌开始，通过一系列的教育活动加强对百姓的礼乐教化，使人民自觉地遵守礼乐规范，懂得仁义之道。正如他对滕文公所言："设为庠序学校以教之：庠者，养也；校者，教也；序者，射也。夏曰校，殷曰序，周曰庠，学则三代共之，皆所以明人伦也。人伦明于上，小民亲于下。有王者起，必来取法，是为王者师也。"（《孟子·滕文公上》）在他看来，古代设立庠、序、校等教育机构，都是为了教导人民学习人伦之道，在接受了这种道德教化之后，人民才会相亲相爱，社会方可和谐有序。

荀子在孔孟先富后教的基础上提出了"不富无以养民情，不教无以理民性"（《荀子·大略》）的观点。他的教民思想也与其性恶论相互联系。荀子曰："人之性恶，其善者伪也。今人之性，生而有好利焉，顺是，故争夺生而辞让亡焉；生而有疾恶焉，顺是，故残贼生而忠信亡焉；生而有耳目之欲，有好声色焉，顺是，故淫乱生而礼义文理亡焉。然则从人之性，顺人之情，必出于争夺，合于犯分乱理，而归于暴。故必将有师法之化，礼义之道，然后出于辞让，合于文理，而归于治。"（《荀子·性恶》）他指出，人的本性是恶的，因此，如果因循人的这种本性，人与人之间就会发生冲突和争夺，放纵人的本心，就会发生犯上作乱、滋生是非、弱肉强食、相互残害的情况，甚至引起整个社会的暴乱。因此，面对人的这种恶性，一定需要师长的教导和礼法的教化。他指出："古者圣王以人性恶，以为偏险而不正，悖乱而不治，是以为之起礼义，制法度，以矫饰人之情性而正之，以扰化人之情性而导之也，始皆出于治，合于道者也。"（《荀子·性恶》）古代的圣人就是针对人性之恶而制定了礼仪规范，用以矫正人的性情，教化百姓恪守道德，遵守礼仪法度。人们只有接受礼乐教化，知书达理，居仁由义，才是君子；否则，如果放任自己的性情，为非作歹，违背礼仪，便是小人。荀子也指出了学校教育的重要性，他说道："故家五亩宅，百亩田，务其业而勿夺其时，所以富之也。立太学，设庠序，修六礼，明十教，所以道之也。"（《荀子·大略》）如果不使百姓富足，就无法调节百姓的思想情感，同样，如果不对百姓进行教化，也无从教治百姓的心性。因此，国君在富民的基础之上，还应该通过从上而下的各级学校机构对民众进行礼乐文化的教化，丰富百姓的精神生活，满足百姓的生命需求。这与孔孟的思想是一脉相承的。

综上所述，我们可以看到先秦儒学丰富的富民思想，这种富民思想表现出以下几种特性：

1. 道德性。先秦儒学的富民思想拥有浓郁的道德色彩。这种道德性主要通过义利之辨表现出来，既肯定了人们对"利"的合理追求和正当权利，同时又凸显了义利之分，强调了"义"相对于"利"而言的优先性。这种道德性特质使儒学区别于一种功利主义，又使儒学异于一种理想主义，表现了中国哲学的"中庸"性格。韦伯对儒学的这种义利之辨颇有微词，他指出："中国人对经济的态度，也同时在任何别的伦理中一样，是一个消费问题，而不是生产问题。"[①]韦伯对儒学明显地带有一种偏见或误解。因为，对儒学而言，对"义"的重视是一个价值选择的问题，主要是从道德方面而言，认为君子应该以道、义作为生命的终极追求，而非从经济学而言。

2. 政治性。先秦儒学富民思想的提出与政治学有着密切的关系。富民思想虽然也不乏经济的因素，但从根本上而言，它不单纯是一种经济的学问，而且依附于传统的道德政治，从而使富民思想表现出一种政治性的特色。这种政治性主要通过为政以德、仁政王道以及王霸之辨等思想表现出来。对孔孟儒学而言，富民是明君的基本职责，是实现道德政治的必要前提，也是维持政治稳定和社会和谐的物质保证。

3. 民本性。先秦儒学的富民思想之所以重要，关键在于其民本性，它表达了普通百姓的心声，能够站在残酷的社会现实面前为百姓代言，为民众请命。这种民本性主要通过民贵君轻、平政爱民、藏富于民、与民同乐等思想表达出来。它看到了人民在社会生活中的重要性，以保证百姓基本的生存权和生活权作为君主的基本职责，以"制民之产"作为王道之始，以"与民同乐"作为理想愿景，并以是否能够"得民心"作为能否"得天下"的核心因素。这种民本性是先秦儒学在政治哲学领域的重要贡献之一。

---

① ［德］马克斯·韦伯：《儒教与道教》，王容芬译，第209页。

4. 人文性。先秦儒学富民思想也表现了一贯的人文特性，这种人文特性集中体现在儒学之"仁"与"礼"。"仁"是儒学的内在核心精神，"礼"则是儒学的外在表征。从孔子开始，儒学就崇尚"郁郁乎文哉"（《论语·八佾》）的周代礼乐文化，并以仁政王道作为理想的政治模式。富民思想是仁政的重要体现，也是礼乐文化的主要表现。先秦儒学认为人们不仅应该有"恒产"，而且也应该有"恒心"。要求君主实现庶—富—教的政治职责，在"道之以德，齐之以礼"中培养百姓的道德之性，使人们在"富"与"礼"之间达成一种平衡，能够"富而好礼"，这种人文特性奠定了传统儒学的理性主义色彩以及礼乐之邦的形象。

先秦儒学富民思想的以上特性，奠定了中华传统富民思想的基调，并对传统社会的经济思想产生了深远的影响。一方面，富民思想的政治性对统治者提出了富民、利民、惠民的政治责任和经济职责，这在传统社会可以对君主专制或阶级冲突起到某种制衡作用；另一方面，富民思想对政治的依附性也导致了经济思想的疲软，使经济的发展依赖于明君贤相，而缺少了某种独立性。一方面，富民经济的民本性能够充分意识到人民的重要性，站在人民的立场上为民代言，为民谋福；另一方面，民本思想由于缺乏具体的实践性和操作性而落入了一种抽象的说教。一方面，富民思想的道德性、人文性为经济的发展注入了道德的内涵和人文的因素，从而避免了某种功利主义的倾向。同时，这种道德或人文主义的经济思想也从某种程度上影响了中华民族的包容性和中和性，使其能够以礼乐之邦的自我形象"彬彬有礼""和而不同"地正确处理与他者之间的相互关系；另一方面，这种文静而高雅的经济思想也使经济的发展缺少了某种冲动和进取性，造成了经济发展的某种滞后性，这种倾向在近代之后中国经济的发展中明显地体现出来。

传统文化的富民思想与现代社会国富民强的思想是一脉相承的。党的十八大以来，建设"富强、民主、文明、和谐"的社会主义现代化国家逐渐成为我国现代化经济建设的重要目标。这种对富强的诉求，是中国特色社会主义的核心主题，是中华民族长期以来的美好夙愿，也是实现政通人和、国泰民安的物质保证。"富强"这一核心价值观，不仅仅是一个经济学的概念，同时也是一个政治学、伦理学的概念，因为它既意味着国家的强盛，也意味着人民的富裕，是民富与国强之间的相互依存；既内含着物质的丰富，又内含着精神的丰富，是物质富裕与精神富足的统一；既要求经济水平的增长，又要求综合国力的增强，是富裕与富强的合二为一。这种富强的核心价值观与传统文化的道德性、民本性和人文性具有内在的一致性，是富民思想在现代社会发展的新阶段。改革开放以来，我国始终坚持以经济建设为中心，继续解放和发展生产力，稳定地走在发展、富强的道路上，整个社会发生了历史性的变化，我国综合国力不断增强，人民生活水平飞速提升，国际影响逐步扩大，并成为世界经济发展的重要推动力量。在经济腾飞的状态下，我们依然保持着自古就有的道德性、民本性和人文性的精神特质，据此，我们可以断然反驳国外某些人所谓的"中国威胁论""中国霸权论"。以美国政治学家亨廷顿为代表，他在《文明的冲突》一书中强调了文化因素在冷战之后的全球政治格局中的核心作用，这种言论虽有其前瞻性和预见性。但是，亨廷顿却以中国经济迅速发展这个客观事实，认为中国将会在东亚乃至世界寻找一种"霸权地位"，并预言在未来的文明冲突中，中国儒教文明将联手伊斯兰文明共同抵制基督教文明。他的这种宣称无疑是西方思维模式的产物，极具误导性，显然也是非历史性的。一般而言，经济的发展、GDP的增长意味着一个国家综合国力的增强和民族的繁荣昌盛，但是这种综合国力的增强和民族的繁荣昌盛并不必然意味着它的扩张性、进攻性和霸权性。对中华民族而言，情况恰恰相反，中国经济的腾飞和崛起从来就不是霸权主义的，而是和平主义的。正如马克斯·韦伯所言，中华文明主导的意识形态即儒教为"和平主义的、以国内福利为政治取向的"，并从而对军事强权持"拒绝或不理解的态度"。因此，从历史性的角度来看，中国经济的发展以及由此带来的中国的富强，对世界文明的格局而言，非但不是一种"霸权"或者"威胁"，而是一种"和谐"与"共存"。

第二节　孟子义利观及其社会经济伦理阐释

在现代社会中，随着经济的飞速增长，刺激经济增长的文化、宗教因素也日益成为人们关注的重点所在。人们逐渐相信，一种宗教、哲学及其相应的伦理道德必定会对社会的经济产生某种潜移默化的影响。随着东亚地区经济的增长以及亚洲"四小龙"的崛起，社会学界与经济学界也逐渐认识到儒学伦理在经济生活中起到的积极作用。儒学对经济问题的关注主要体现在对义利关系的探讨中。历来义利之说被称为儒者第一义，义利之辨也是古往今来的一大辩题。孟子思想中的义利之辨对中国传统乃至现代的经济模式都产生了深远的影响。在他的义利之辨中，义利之间既相互区别，又相互联系，并从中凸显了义相对于利的优先性，且通过劳心劳力者等观念指出了人们在经济中的相互关系。

虽然先秦时期没有形成独立的经济之学，但是作为经世之学，先秦儒学对经济问题也进行了较多的讨论。从孔子开始，先秦儒学就开始了义利的思考，从"君子喻于义，小人喻于利"（《论语·里仁》）、"君子谋道不谋食……君子忧道不忧贫"（《论语·卫灵公》）、"放于利而行，多怨"（《论语·里仁》）等语句中，可以发现孔子重义轻利的思想。孟子继承了孔子的义利观，并且，与孔子相比，孟子更加注重义利之辨。因此，对义利关系的分析和解读，是把握孟子经济思想的关键所在。黄俊杰先生从思想史的角度指出了孟子义利之辨的重要意义，他指出："孔子将'义'与'君子'结合，赋'义'以德性之含义。孟子出而'义'乃进而成为人之'四端'之一，取得内在含义、社会含义及宇宙论含义。"[①]同时，他认为，与墨家、道家、法家之义相比较，墨家、道家和法家论"义"均得其一偏，唯有孟子能够借着"义"的内在含义、社会含义以及宇宙含义建立起一种动态的统一体。

在孟子生活的战国时期，仁义之道不明，人心陷溺于利益之争，人欲横流，争夺竞逐。所以，在《孟子》的开篇，便以孟子与梁惠王的故事引出了著名的"义利之辨"。梁惠王一见到孟子，便直接问道："将有以利吾国乎？"孟子回答道："王何必曰利？亦有仁义而已矣。"梁惠王所谓的"利"，指的是富国强兵、扩张疆土之类的"利"。从整个对话内容来看，梁惠王复仇心切，急于实现霸业。然而孟子却从反面揭示了这种"利"的弊端。他指出，如果只是追求这种私人利益的满足，而没有遵守仁义的原则，势必造成"上下交征利而国危矣"的社会混乱局面。自古以来，历代解经家都对这段文字十分关注。司马迁在《史记·孟子荀卿列传》中感叹道："嗟乎！利诚乱之始也。夫子罕言利，常防其原也。故曰：'放于利而行，多怨。'"太史公认为此章主要指出利是社会混乱之源。而朱熹在《孟子集注》中则用天理人欲的思想来解释义利关系，他说道："仁义根于人心之固有，天理之公也。利心生于物我之相形，人欲之私也。循天理，则不求利而自无不利；殉人欲，则求利未得而害已随。"[②]朱熹认为义乃是天理，利则是人欲，按照他的观点，应该存天理灭人欲。以上两位解经家的共同之处在于，都指出利与义的相互对立及利对义的危害性，认为不应该讲利、怀利，而应该去利、去欲，只应该讲义。但是，如果综合、平衡地考察孟子的思想，便可以知道，孟子在此并非说绝对不可以言利、怀利，因为孟子并非反对民众福祉的公利。他此处的"利"，不是一

---

① 参见黄俊杰：《孟学思想史论·卷一》。
② 〔宋〕朱熹：《四书章句集注》，中华书局2011年版，第188页。

种广泛意义上的利，而是特指像梁惠王那样利欲熏心、穷兵黩武、富国强兵的私利。并且，通过孟子阐述"后义而先利"的社会危害，我们可以看到，孟子在此也反对一种以私利为目的的私利主义，正如梁启超先生所言："孟子所以大声疾呼以言利为不可者，并非专指一件具体的牟利之事而言，乃是言人类行为不可以利为动机。"①这在孟子与墨家的争论中体现得更为明晰。

然而，我们并不能因此认为孟子弃绝功利，绝不言利。孟子义利观的内容比较丰富，就道德观与价值选择而言，孟子主张先义后利，认为义具有绝对的优先权。但就具体的社会生活而言，孟子也并非不讲私利，并且，无论对君、对民还是对士人，孟子都肯定了他们对利益的正当需求。对君而言，孟子对君主个人生活中的好货、好色、好乐本身并没有多少微词，他只是要求君主不能只贪图个人的声色享受，而忽视了人民的温饱问题。孟子引用孔子反对冉有的故事指出："君不行仁政而富之，皆弃于孔子者也。"（《孟子·离娄上》）如果君主不实行仁政，而手下的人对其不但不加以规劝反而帮他聚敛财富的话，就会遭到孔子的唾弃。他认为要实现仁政、王道，就应该与民同乐，爱民、保民、养民，保证人民基本的物质生活和必要的礼乐教化。正如萧公权先生所言："盖美食安居，人所共悦。必强人主以土阶茅茨，既反人情，必不能用。若君上能行推恩之术，则举国腾欢，可臻仁政之极致。"②对士人而言，孟子虽然指出士应该"尚志"，以追求仁义、道义为最高指南，但是，孟子也并非认为士人就是苦行僧，正如孟子指责陈仲子"居于陵，三日不食，耳无闻，目无见"（《孟子·滕文公下》）一样，他认为士人应有与其道德身份匹配的生活方式。如前所言，当时是一个士人崛起的时代，士人得到各国君主特别的礼遇，他们衣食无忧、专论事政，并且以君王师的地位自居。孟子本人就拥有"后车数十乘，从者数百人，以传食于诸侯"（《孟子·滕文公下》）的强大阵容。当彭更指出他这样的排场"不以泰乎"的时候，孟子指出："非其道，则一箪食不可受于人；如其道，则舜受尧之天下，不以为泰，子以为泰乎？"（《孟子·滕文公下》）他认为，士人以道义为最高原则，如果不能按照道义而行，即使接受一箪食也受之有愧，而如果能够坚持道义的原则，那么，即使像舜从尧那里接受天子之位，都当之无愧。他从"通功易事"的角度指出，士人虽然是"不耕而食"的劳心者，但不是"素餐"者，他们严守古圣贤哲的礼法道义，是古代文化的

---

① 梁启超：《先秦政治思想史》，第86页。
② 萧公权：《中国政治思想史》（上册），第92页。

传承者和发扬者，他们拥有"入则孝，出则悌，守先王之道，以待后之学者"的社会职能，他们美好的道德品行对整个社会有着重要的感化作用，正如孟子所指出的那样："君子居是国也，其君用之，则安富尊荣；其子弟从之，则孝悌忠信。"（《孟子·尽心上》）因此，士人理应如梓匠轮舆等劳力者那样得到应得的报酬。

孟子最为关注的是社会的整体之利，或者说人民的生活福利。孟子的仁政、王道重在强调，君王要想国泰民安、政治太平，就必须先保证人民生命、安全等基本生活权利，使人民暖衣足食、安居乐业，如此才能为民父母。他认为广大民众"无恒产则无恒心"，不能以士人的标准来要求民众，必须首先保证人民拥有一定的生产资料，所以"制民之产"对政治而言是头等重要的大事。他指出"圣人治天下，使有菽粟如水火"（《孟子·尽心上》）。正所谓"仓廪实而知礼节，衣食足而知荣辱"，只有在满足其基本的生活需要的基础上，人民才能有尊严地生活，进而追求更高的仁义、礼治的道德标准。这比孔子"不患寡而患不均"的思想更加激进，孟子在《滕文公上》中甚至重新提及西周井田制。孟子的这种思想不免有"迂阔"之处。在当时，西周的分封制度已名实俱亡，"溥天之下莫非王土"（《诗经·小雅》）的土地公有制也面临着全面的崩溃，随着生产力及农业技术的不断提高，井田制逐渐被土地私有化所取代，因此，孟子试图恢复井田制的设想无疑违背了历史发展的必然趋势。当然，我们也可以说，孟子对井田制的提出只是用其性情教化的含义，只是为民请命、保证民生的一种理想构想，是一种假借之意而并非真的想要回到从前的井田制，从孔孟开始，从汉唐到宋明，井田制一直是人们歌颂的对象，理由就在于此。

但是，孟子所言的利只是肯定了人们对利欲的正当追求和适当享用，并不是墨家所提倡的功利主义。在孟子与墨家关于义利问题的争辩中，我们可以看到孟子反对的正是这种以利为目的导向的一种功利主义，竭力维护儒学自孔子以来的道德原则。《告子下》记载的关于孟子与宋牼的对话便深刻地揭示了儒墨之间在义利观上的分歧。面对秦楚构兵的战争局势，宋牼欲以利劝说楚秦二王，企图通过说明战争对于双方的不利后果而劝秦楚二王停止战争。孟子对此指出："先生之志则大矣，先生之号则不可。"（《孟子·告子下》）他认为宋牼能够在战乱之际，劝说君王罢兵息民，有着宏大的志向，但是，他这种以利作为理由的劝说却是不恰当的。孟子进一步指出，即使能够以利说服秦楚之王罢三军之师，然而这种以利为导向的思想也将导致严重的危害。他说道："为人臣者怀利以事其君，为人子者怀利以事其父，为人弟者怀利以事其兄。是君臣、父子、兄弟终去仁义，怀利以相接，然而不亡者，未之有也。"（《孟子·告子下》）在孟子看来，如果按照这种功利主义继续推演下去的话，将会使君臣、父子、兄弟等人际关系全部围绕着利益、功利来对待，正如《墨子·亲士》所言："故虽有贤君，不爱无功之臣；虽有慈父，不爱无益之子。"这种利益导向的原则会使人与人之间的关系都变得功利化、世俗化，如此势必会造成对仁义道德的忽视，这样将会导致国破家亡的不堪后果。因此他反其道而行，重新提出仁政、王道的政治主张，认为应该以仁义来劝说秦楚之王，这样的话就会形成"为人臣者怀仁义以事其君，为人子者怀仁义以事其父，为人弟者怀仁义以事其兄，是君臣、父子、兄弟去利，怀仁义以相接也"的社会局面，使君臣、父子、兄弟等人际关系能够抛弃功利主义，形成以仁义为价值取向的关系网络，这样的话，实现仁政、王道的政治理想就指日可待了。孟子认为，王霸之别就在于此：霸道以利为主，只是假借仁义之道达成其称霸天下的目的；而王道却以义为主，真正地以践行仁义作为政治的最高指南。所以，霸者只能维持一时之际，而唯有仁者才能无敌于天下。在此我们可以看出孟子在义利之辨中所表现出的道德动机论的价值导向，他认为，真正的道德应该是为了仁义而行仁义，为了行善而行善，而不能掺杂其他功利性的目的，否则，仁义就不成其为仁义，道德就不成其为道德了。正如孟子所言："由仁义行，非行仁义也。"（《孟子·离娄下》）不能将仁义视为一种外在的规范，不能将仁义当做工具，而是将仁义作为从内心深处所发出的道德命令，自觉、自发地去行仁义。正如史华兹先生所指出的那样，孟子意在指出，"只有在预设了将'仁义'作为目的本身，并依照仁义而行动的反映人类本质的能力之后，才能取得优良的社会后果"[①]。孟子之所以针锋相对地批判墨家，关键也在于此。因为，虽然墨家也重视义，认为"万事莫贵于义"（《墨子·贵义》），也以兼爱为主旨反对个人主义的私利，提出普遍范围内的公利，甚至为了整体的公共利益甘愿"摩顶放踵"。但是，墨家的这种义、兼爱的原则主要还是站在功利主义的立场提出来的，认为"夫爱人者，人必从而爱之；利人者，人必从而利之"（《墨子·兼爱中》）、"若事上不利天，中不利鬼，下不利人，三不利而无所利，是谓天贼"（《墨子·天志下》）。也就是说，对墨家而言，"义，利也"，义，只是一种天下之公利，而不是道德本身。"义，天下之大器也。"（《墨子·公孟》）墨家认为，兼相爱只是手段，而交相利才是目的，即利是目标，而义是工具。墨家对功利主义的强调成为孟子攻击的要害所在。在孟子看来，无论墨家所言的兼爱有多么高尚，但是如果将价值聚焦在功利主义的原则上，

---

① ［美］史华兹：《古代中国的思想世界》，程钢译，江苏人民出版社2004年版，第276页。

就会造成对仁义本身的一种伤害，使道德成为功利主义的一种附庸。而他自己所提出的仁义原则，既照顾到整体的利益，同时也保证了仁义的绝对性和优先性。

从儒墨两家关于义利关系的辩说中，我们可以看到，二者虽然均坚持义利之别，反对私利，维持公利，但是，二者的区别在于：儒家坚持仁义至上的原则，坚持以义制利，视利为道德的附属品，而墨家则坚持功利主义的原则，坚持以利制义，视道德为利的工具；儒家是动机论者，而墨家则是效果论者；儒家是道德的理想主义，而墨家则是功利的现实主义。当然，从道德、文理以及教化的角度而言，儒家之说优于墨家，但是墨家功利主义的思想也并非一无是处。墨家对利的强调，对儒家道义原则的抽象性以及对利的轻视无疑也有着重要的补充作用，因为，就具体的现实生活而言，利欲、需求与道德也有着密切的关系，有时也能对道德起到某种激发、促进的作用。

在义利之辨中，孟子强调义相对于利而来的优先性。孟子曰："生，亦我所欲也；义，亦我所欲也，二者不可得兼，舍生而取义者也。生亦我所欲，所欲有甚于生者，故不为苟得也；死亦我所恶，所恶有甚于死者，故患有所不辟也。"（《孟子·告子上》）面临生与死、义与利的相互冲突，虽然欲生恶死、趋利避害是人之常情，但因为心中存有道德良知，所以有德性的人能够超越世俗的利害关系，而追求仁义之德。倘若人没有这种道德良心，则会不顾仁义之道而追求偷生免死的生存哲学，这种选择正是君子和小人或者人与禽兽的区别之处，只有遵循道德的原则才能避免利欲对道义的沉溺。孟子引用《诗经》中"既醉以酒，既饱以德"指出："饱乎仁义也，所以不愿人之膏粱之味也；令闻广誉施于身，所以不愿人之文绣也。"（《孟子·告子上》）他认为，仁义比肥肉细米更能满足人的精神需要，名声比绣花衣裳更能体现人的价值尊严。在仁义与利欲面前，应该选择仁义的满足。因为义高于利，仁义之德是人之为人的价值所在，因此，人应该以仁义的道德作为生命的追求，而不应该停留在感性的利欲方面，更不能为了利益的追求而歪曲道义，只有这样，才能维护人的道德尊严，提升生命境界，只有这样才能保持本心而不丧失。

特别是对有德性的士人、君子而言，仁义应该是其根本的道德标准。这种善性是君子的本质之性，是君子作为天民从神圣的天道而禀受的一种道德本性。在孟子看来，士人虽然并非排斥必要的物质需求，但是，作为天民，他们应该超越于一切外在的物质利益，超拔于一切境遇中的富贵、威武、贫贱，坚持以仁为天下之广居，以义为天下之正位，而不能像公孙衍、张仪之徒那样，一味地追求荣华富贵而不顾仁义的道德原则。孟子在《离娄下》中巧设齐人乞食于祭者的比喻，词锋犀利地针砭时弊，并说道："由君子观之，则人之所以求富贵利达者，其妻妾不羞也，而不相泣者，几希矣。"他认为在君子看来，那种为追求富贵利达而不择手段的人，与齐人的餍足之道一样不知廉耻。孟子自身也是一个坚持道义至上原则的士人。面对弟子陈臻关于受金是与非的两难问题，孟子回答道："皆是也。"（《孟子·公孙丑下》）他坚持通权达变的原则，或者接受宋王、薛王的馈金或者拒绝齐王的馈金，都是基于道义的原则，而不是无原则地接受或者拒绝。也正因为这种道义的原则，所以，孟子不愿接受齐宣王"授孟子室，养弟子以万钟"的优惠待遇，而毅然选择致为臣而归。孟子说道："如使予欲富，辞十万而受万，是为欲富乎？"（《孟子·公孙丑下》）如果他果真为求富的话，为什么辞去在齐为卿时的十万之禄而接受现在万钟之馈呢？可见，孟子并非为了财富利益本身而出仕，如果不能出仕以行义，他宁愿舍弃这种财富本身，正如孟子所言："经德不回，非以干禄也。"（《孟子·尽心下》）君子、士人是为了道德而道德，而不是为了俸禄等利益本身。他说道："万钟则不辨礼义而受之。万钟于我何加焉？为宫室之美、妻妾之奉、所识穷乏者得我与？乡为身死而不受，今为宫室之美为之；乡为身死而不受，今为妻妾之奉为之；乡为身死而不受，今为所识穷乏者得我而为之，是亦不可以已乎？此之谓失其本心。"（《孟子·告子上》）他认为，万钟之利如果不能辨析是否合乎礼义而接受的话，那么，这种万钟之利对他而言并无所增益，不能为了"宫室之美""妻妾之奉""所识穷乏者得我"而接受不义之利，如果不合乎礼义，应该宁死而不受，而不能为了这三种身外之物去接受，否则的话，就是失去了本有的善心。

　　从孟子的义利之辨中，我们可以看出，孟子一方面强调义利之别，肯定义对于利的优先性，主张以义制利，反对以利害义，特别以仁义之德作为士人、君子的首要德性。另一方面，孟子也肯定了在义的前提下，适度地讲利、求利，并且认为二者之间也可以在一定条件下相互转化。因为如果能够推己及人，从私利扩大到公利，利益本身就是仁政、王道的重要因素。孟子的义利之辨对塑造君子人格、提升道德修养、追求生命本真有着重要的启示作用，但不可否认的是，孟子在义利之辨中，为了凸显仁义之德，也不免片面地夸大了义的价值和贬抑了利的作用，并造成了义利之间的紧张趋势。孟子曰："大人者，言不必信，行不必果，惟义所在。"（《孟子·离娄下》）他认为，有德之人应该以仁义之道为超越追求，甚至可以为了遵守仁义不信守承诺、不顾忌后果，这无疑过分夸大了仁义的原则，把仁义置放于诚信等美德之上，并造成了仁义的价值原则与仁义所导致的行为结果的一种背离。如果说在孔孟之前，义利并非一对互不相容的、相互对立的观念，而是认为义以生利、义为利本的话，那么，在孔孟之后，随着儒学对道德价值的过分凸显，无形中造成了义利之间距离的扩大。特别是在孟子这里，尤为如此。孟子以阳货为例指出"为富不仁矣，为仁不富矣"（《孟子·滕文公上》），从而在财富与仁义之间形成了强烈的张力。在孟子看来，义利是划分圣人、君子与小人的重要标志，他说道："鸡鸣而起，孳孳为善者，舜之徒也。鸡鸣而起，孳孳为利者，跖之徒也。欲知舜与跖之分，无他，利与善之间也。"（《孟子·尽心上》）并认为，舜与跖之间的区别，就在于前者所求的是仁义之善，而后者所追求的则是物质利欲，正是利与善决定了二者的根本差异。因此，孟子据此指出了"养心莫善于寡欲"的观点，他认为，若要存养心中的仁义之善端，少私寡欲是必要的，因为"其为人也寡欲，虽有不存焉者，寡矣；其为人也多欲，虽有存焉者，寡矣"（《孟子·尽心下》）。如果人的欲望不多，善性即使有所丧失，也不会太多，反之，如果人的欲望很多，善性即使有所存留，也是很少的。他试图以这种寡欲的方式限制欲望的无限膨胀，从而达到养心的道德操练。在此，孟子的寡欲，既不是禁欲主义的，也不是去欲主义的。[①]虽然孟子的仁义之善与物质之利之间并非如有的学者所指出的那样是"相互对立、不可协调的"[②]，但是基于孟子这种对仁义的过分强调以及对义利之分的片面夸大，也从某种程度上造成了对功利意识和消费意识的过分抑制，并深刻地影响着传统经济的保守与内敛性格。

孟子的劳心劳力之说是其经济关系的另一个重要方面。《滕文公上》记载了孟子与农家的陈相与许行等人之间关于劳心劳力的争论。农家认为，社会之所以出现问题和产生矛盾，在于社会分工的不公，他们主张"贤者与民并耕而食，饔飧而治"的思想，并且他们也身体力行地去实践这种理想。陈相据此认为，滕文公等君主有仓廪府库，却不能与民并耕而食，所以是厉民以自养，不能称之为贤君。孟子却层层设问，引出了大人之事与小人之事、劳心者与劳力者的区别。孟子曰："有大人之事，有小人之事。且一人之身，而百工之所为备。如必自为而后用之，是率天下而路也。故曰：或劳心，或劳力；劳心者治人，劳力者治于人；治于人者食人，治人者食于人：天下之通义也。"（《孟子·滕文公上》）孟子在此指出了两种人，一是劳心者，一是劳力者。与之相应的是两种社会分工，劳心者的社会职能是统治人，他们有权利靠劳力者养活，而劳力者的社会职能则是被人统治，他们有

---

① 杨泽波：《孟子性善论研究·序》，中国人民大学出版社2010年版，第13页。
② 魏义霞：《七子视界：先秦哲学研究》，第297页。

义务去养活劳心者。孟子引用尧舜禹等圣王的故事指出，大人之事主要在于"教以人伦"，使人脱离禽兽的低级趣味，而实现社会范围内"父子有亲，君臣有义，夫妇有别，长幼有序，朋友有信"的道德教化，他们如此用心地治理天下，没有时间去操心农业之事。有关农业等劳力之事应该交给小人去做。孟子据此指出，这种劳心劳力之说是通行天下的共同原则。孟子试图通过尧舜禹的故事为其劳心劳力之说寻找历史依据，这种做法无可厚非，但是这并不是历史现实。因为，尧舜禹所处的氏族社会通用的是一种原始的社会共有制形式，全体氏族成员一起劳动，并没有明确的劳心劳力之分，这种区分毋宁说是后来才逐渐形成的。

　　同时，很多学者也从政治学的角度指责孟子的"劳心劳力说"是一种支持剥削有理的理论。胡治洪先生对此有着专门的评说，他认为，继殷周之后，在孟子生活的战国时代，劳心者、劳力者之间的社会分工已经趋于定型，并且稳固地存在于社会生活之中，因此在当时的社会背景下，孟子的劳心劳力之说是对普遍社会现象的概括，并且能够反映出当时社会生活的本质，具有一定的现实意义与合理性。他指出，孟子的劳心劳力之说并非支持劳心者对劳力者的剥削，因为孟子对劳心者所从事的大人之事也提出了诸如爱民、保民、仁政等道德要求。他总结孟子的这种理论的主旨在于："统治者（劳心者）以'治'换取被统治者（劳力者）的'食'，被统治者（劳力者）则以'食'换取统治者（劳心者）的'治'。"[1]暂且不管孟子劳心劳力说的政治内涵，单就孟子所说的劳心劳力者在经济上的意义而言，他的这种关于劳动分工的理由确如胡治洪先生所言，具有一定的现实性与合理性。因为，从历史的角度来看，社会分工是文明进步的标志，是生产力发展的必然结果。正如希腊哲学中所言"哲学起源于好奇和闲暇"，只有在社会产品出现剩余的社会条件下，才产生了劳心者与劳力者之间的不同分工，继而才出现了专门从事哲学思考的哲人、士人，以及不劳而获的统治阶层。当然，如卢梭所指出的那样，这种分工也不可避免地导致了私有制以及剥削现象的产生。无疑，孟子将这种现象予以了美化。孟子指出："物之不齐，物之情也。"（《孟子·滕文公上》）许行等农家所认为的劳心者与劳力者之间完全平等的做法将会造成社会秩序的紊乱。他运用市场上的原则指出，如果按照许行整齐划一的观点，将会造成布帛无论长短价格都是一样的，麻缕丝絮无论轻重价格都是一样，五谷无论多寡价格也是一样的，鞋子无论大小价格还是一样的。这种价格均一的现象是荒谬的，也不合于市场原则。正如西

---

[1]胡治洪：《论孟子的"劳心劳力说"》，《河南大学学报（哲学社会科学版）》1986年增刊。

方圣贤亚里士多德对平等的划分，他认为，平等有两类，一类为其数平等，另一类是比值平等。前者的意义是个人所得到的相同事物在数目和容量上与他人所得者相等；而后者的意义是根据个人的真价值，按比例分配与之相衡称的事物①。因此，在社会生活中，不能将劳心者与劳力者完全化约为一。在《滕文公下》中，孟子在与彭更的对话中更为明确地提出了通功易事的市场原则。孟子曰："子不通功易事，以羡补不足，则农有余粟，女有余布；子如通之，则梓匠轮舆皆得食于子。"他认为，在商品市场中，应该通功易事，彼此交换，人人才能各得所需，不然便会导致如"农有余粟，女有余布"那般的剩余产品。孟子这种通功易事、产品交换以及剩余产品等理论表现了古人原始而朴素的经济学的思维方式。但同时，孟子这种通功易事的思想更多地看到了工商业发展对于农业发展有利的一面，但关于工商业发展对于农业发展的不利的一面缺少足够的考虑，对处理商品经济的发展与农业经济的稳定之间缺少可行的操作办法。②但是他的这种经济思想主要是从属其道德学说、政治学说，而不是一个独立的领域。他借用这种通功易事的原则主要是为了指出，君王、士人等劳心者有权利按照其所从事的大人之事、劳心之事而从劳力者那里得到相应的物质报酬。但是劳心劳力说作为一种学说还是不可避免地存在着盲点，因为它难以在劳心者与劳力者之间形成一种相互制衡关系或监督机制。详言之，它不能够说明劳心者以何种功劳与才能从劳力者那里获得相当的物质报酬。同时，这种劳心劳力者之说也无形中产生了古代社会中对劳心之事、大人之事的过分推崇，以及对劳力之事、小人之事的过度歧视，并且也从某种程度上为劳心者奴役、掠夺劳力者的政治特权提供了理论支持。

最后，我们尝试对韦伯关于儒学的几个重要命题进行分析与辨析。韦伯对儒学中"君子不器"一语颇有微词，他认为，"君子不器"是说君子适应世界独善其身的过程，始终是终极目标，而不是任何事务及目的的手段。他借此指出，儒教伦理的这个核心命题反对专业化，反对近代的专业科层和专业训练，尤其反对为营利而进行的经济训练③。这种君子不器的思想不同于理想国中的社会分工，与清教徒的理念也是大相径庭的。当然，当儒学说"君子不器"的时候，指的是君子人格的多面性与丰富性，儒学认为，比起单纯掌握一种技术性的技能而言，全面发展的人格

---

①［古希腊］亚里士多德：《政治学》，吴寿彭译，商务印书馆1983年版，第234页。
②参见周建波：《关于孟子"迂远而阔于事情"的经济学解释》，臧克和、［德］顾彬、舒忠主编：《孟子研究新视野》，华龄出版社2013年版。
③［德］马克斯·韦伯：《儒教与道教》，王容芬译，第298页。

是一种更为高级、更为尊贵的人格。但是，从提出的目的与主旨而言，这种"君子不器"主要从道德修养以及人格塑造的目的而提出的，正如李景林先生所言："'不器'，即《子罕》中所谓'博学而无所成名'，谓非专主于一技以成其名。因此，不器，是说君子之为君子，不能归结为知识技能。"①而韦伯却将之移植到经济学的领域而加以批判，这当然是对儒学的一种"过度诠释"。从孟子的思想中，我们可以看出孟子并非反对专业分工，相反，他在道德、政治学的意义上肯定了专业分工。在孟子与齐宣王的对话中，他通过工师之于大木以及玉人之于璞玉的比喻指出，只有经过专业训练的人才能够在该领域中有所成就，只有工师才能很好地使用大木，也只有玉人才能恰当地雕琢璞玉。既然如此，那么，为什么在治理国家方面，君王不能任用对政治治理有着专业素质的贤德之士呢？他说道："夫人幼而学之，壮而欲行之。王曰'姑舍女所学而从我'，则何如？"（《孟子·梁惠王下》）圣贤从小就开始学习出仕治世之道，满有治国之志，富有安邦之能，然而当他出仕将要践行这种政治理想的时候，君主却让其抛弃所学而顺从君主的嗜好，这样的做法怎么能治理好国家？在孟子看来，圣贤的人格本来是高尚而自然的，如果屈从于君主的意志而委曲求全的话，就像是大木受到不当砍伐或者璞玉遭到不当雕琢那样，其人格尊严受到伤害。在此我们可以看到古代君臣之间的紧张关系，贤者希望人君能够实施其道德的政治理念，而人君却常常不能任用贤者，或者想要贤者顺从于他的私欲，这是君臣不相遇的难题所在。由此可见，孟子不但不反对专业分工，反而支持学有所专、业有所成，并提倡权能分治的思想。当然，他的这种专业分工主要还是基于其仁政、王道的政治理念，而不是专门针对经济学的分工而言。

　　韦伯对儒学的另一个重要命题在于，他认为客观化、理性化的形式对经济的实现具有十分重要的意义，但是与基督新教的伦理相比，中国太过于注重人情。他指出，"中国对宗族制约的维系和政治、经济的组织形式完全系于个人关系的性质"，"客观化的人事关系至上论的限制倾向于把个人始终同宗族同胞及与他有类似宗族关系的同胞绑在一起，同'人'而不是同事务性的任务（活动）绑在一起"。②这在某种意义上指出了儒家在经济发展中的要害，商品经济的发展的确应该超越血缘、亲情关系的局限，而需要一种普遍理性的法律和契约的形式以保障经济的正常运作。但是，我们不能拿今天的标准去要求昨天，因为这种理性的法律与

---

① 李景林：《教养的本原：哲学突破期的儒家心性论》，第93页。
② ［德］马克斯·韦伯：《儒教与道教》，王容芬译，第293—294、288—289页。

契约形式是随着市场经济的发展而产生的，即使在西方它也是在近代之后才逐渐明朗起来的。然而，儒学关系中的宗族纽带、血缘和亲情关系也可以对经济的发展提供一种温情，并为经济的运作单位提供一种凝聚力和向心力。在"亚洲四小龙"的崛起中，这种人情的因素尤为突出。我们可以说，韦伯对儒学伦理的批判很大程度上是基于他将之与新教伦理的对比，或者说，他主要关心的问题在于为何中国没有在近代出现资本主义？他认为，一定的经济发展模式与宗教伦理之间有着某种内在的关联，据此，他主要想表达的一种观点是，新教伦理对资本主义的产生起到了积极的促进作用，而儒学伦理却由于其内在的弊端难以产生资本主义。对此余英时先生有专著《儒家伦理与商人精神》来进行了详细的分析和解读，他认为："我们如果必须答复韦伯关于中国为什么没有出现资本主义的问题，我们也许可以说：其原因并不在中国缺乏'入世苦行'的伦理，而是在于中国的政治和法律还没有经历过'理性化的过程'。"[①]在此书中，他以明清商人为例，指出了儒家的伦理和教养对他们商业活动的影响。他认为，儒学中虽然也有理性主义或者入世苦行的宗教伦理，但是，未能产生出资本主义精神的关键原因在于没有将这种理性和入世苦行深入政治与法律的领域之中，因缺少可靠的法律支持，所以造成了官僚国家对经济发展的阻碍。余英时先生对韦伯问题的解释不乏精彩之处。除此以外，我们也应该看到，儒学提及的经济发展中所遇到的种种阻碍或所产生的诸多问题，从某种程度上也是由于在中国古代农耕文明的经济形态下，商品经济的发展较为滞后、缓慢而造成的，同时，也是由于在儒学的发展演变过程中过度关注道德的内圣之学而忽视了外在功利之学的结果。

通过对孟子思想中经济关系的解读，我们可以看到，孟子思想中的经济关系集中地体现在义利之辨中，他既强调了义利之别，以及义相对于利的优先性和绝对性，同时也在坚持仁义的基础上，肯定了人们对利的适当追求。但是，在与墨家功利主义的争辩中，孟子为了凸显义的作用，无形中片面扩大了义的价值，并且造成了对仁义的过分强调以及对功利主义和消费意识的不当抑制。孟子思想中的劳心劳力者之说所蕴含的通功易事、产品交换等思想体现了朴素的经济学思想，但是，他的这种思想倾向无疑也深刻地影响了古代社会经济的内敛性格。它将社会的注意力引向了道德的修养以及生命的操练，而不是朝向经济的扩张以及商业的发展。它所

---

①余英时：《儒家伦理与商人精神》，《余英时文集》（第3卷），广西师范大学出版社2004年版，第223—224页。

形塑的是一种读书为荣、出仕为贵的社会风尚，"万般皆下品，唯有读书高"，从完善道德人格的立场出发，读书和出仕成为知识分子的首要追求，凡是不与读书及官职相互联系的财富追求都会受到不同程度的质疑和限制。人们对仁义道德的追求光明正大，而对功利的追求却往往躲躲闪闪，羞于人前。正如韦伯一针见血指出的那样："中国人对经济的态度，也同在任何别的伦理中一样，是一个消费问题，而不是生产问题。"①因此，自汉以降，后人继续追随这种重义轻利的传统，并往往将义利对举，视利为祸害之源，造成了以董仲舒"正其道不谋其利"以及宋明理学"存天理灭人欲"为代表的义利思想，直到实学派的兴起，利欲才得到了应有的重视。这当然不是孟子本人的失误或者儒学本身的偏见，而是受到古代农耕文明这种自给自足的生产方式的影响所造成的必然结果。可以说，就道德伦理以及政治哲学而言，重义轻利无可非议，因为仁义是人的首先德性，政治之学亦需要道德作为根基。但是从现实的经济发展而言，重义轻利则有着明显的疏漏之处。因为有时候对利的需求可以成为促进经济发展的一大动力因素，并且，个人对利的追求从某种角度也可以形成对整个社会公益的一种推动。正如戴震所言："有欲而后有为，有为而归于至当不可易之谓理；无欲无为又焉有理！"②人在某种利欲的需求下才能获得行为的动力，否则只讲道义而不讲公义，便会使道义落入疏阔之谈。因此，贺麟先生在《论假私济公》一文中，吸收了西方现代伦理思想的精髓，对儒家传统的义利思想进行了批判和反省。他认为，利己主义拥有两种好处，它一方面肯定了自我意识，承认了自我利己的权利，另一方面也否定了古代空洞的无私的高压，确定了个人应有的权利和幸福，使利己主义者通过遵循理性，在实现自我的过程中服务社会，从事合内合外、超越人我的公共事业。贺麟先生说道："我们并不唱高调，主张根本消灭自私，而且相当承认利己的权利。我们由假私济公说起，一直说到超私归公，假私济公是天道，但亦未始不可加以人为的努力。超私归公是修养达到的境界，但亦未始不可以说是理性的法则，宇宙的大道。"③贺麟先生对义利关系的重新定义可说是对古代义利观的一种积极的修正和调整。因此，对义利关系而言，我们应该做到义利两方面的平衡，我们一方面应该继承孔孟儒学中对仁义之德的强调，不以物质财富本身为满足，追求崇高而优美的道德人格。另一方面，我们又应

---

① 〔德〕马克斯·韦伯：《儒教与道教》，王容芬译，第209页。
② 〔清〕戴震：《孟子字义疏证》卷下，何文光整理，中华书局1982年版，第58页。
③ 贺麟：《文化与人生》，商务印书馆2005年版，第69—70页。

该充分肯定自我拥有追求幸福的权利，并致力于社会的普遍福利和公益。只有这样，才能在义利之间保持一种中庸之道。

第三节　现代民主语境下儒学民本思想的
反思与转化

儒学作为一种积极入世的传统学问，不仅体现在其修身养性的道德说教中，更集中地呈现在其内涵丰富的政治哲学中。其中，民本思想是中国传统儒学重要的政治思想之一，也是古代政治哲学智慧的结晶。民本思想以救世济俗、为民请命为主要宗旨，以"以民为本"为核心精神，是传统儒学政治理念中最核心的范畴。传统儒学的民本思想源远流长，其缘起可向前追溯到三代之治，最早发端于殷商之际，初步建构起系统而详细的思想体系则是在春秋战国之时。孔孟儒学的为政以德、仁政王道等思想的提出，标志着民本思想的初步成形。汉代以来，民本思想在历史的长河中得到了长期的滋养和丰富，逐渐形成了内涵丰富、思想深刻的理论体系，并对传统社会的政治生活产生了深远的社会影响。传统民本思想所蕴含的哲学内涵和精神理念，超越了历史时空，具有永恒意义和普世价值。千百年来，从孔子、孟子到黄宗羲、谭嗣同，历代的圣贤大儒都以民本思想作为其政治思想的一以贯之之道，不同程度地继承了民本思想，并将之发扬光大。近现代以来，随着中西文化的交流与会通，"民主化"逐渐成为一种不可抗拒的时代潮流。恰如美国学者亨廷顿在《第三波——20世纪后期民主化浪潮》中所言，民主政治在全球范围内的进程是民主的第三次浪潮。在现代民主制度的建构中，民本与民主之间的相互关系成为学术界探讨的时下话题。在民本思想丰富的内涵中是否有民主思想的成分？民本思想与民主思想之间有何异同与会通之处？民本思想与民主思想是否兼容？民本思想如何实现向现代民主的转型？诸如此类的问题在研究传统儒学时不可回避。对此问题的回答可谓见仁见智。有的学者认为古代民本思想中内含着民主思想，如辜鸿铭先生在《中国人的精神》一书中就指出，早在两千年前，孟子思想中就已有民主思想，儒学的仁政王道思想是民主思想的集中体现；而有的学者则指出，古代的民本思想与现代民主思想是本质上不同的两种政治理念，彼此之间相互冲突、不能兼容；有的学者则持一种中庸的态度，认为儒学虽无民主制度，但却有着最高的民主精神。针对以上问题，本文从民本思想的历史源流出发，以先秦儒学民本思想的典籍为文本依据，详细阐述了民本思想的具体内涵，以现代民主思想作为参照系数，深入剖析了民本思想的思想价值和历史局限性，总结指出了民本思想与民主思想之间的区别和联系，并尝试性地探索了民本思想实现现代转型的可能性路径。

（一）民本的思想内涵与历史渊源

何为民本？民本思想由来已久，在我国传统经典古籍中，"民主"一词的最早出处见于《尚书·多方》："天惟时求民主，乃大降显休命于成汤。"传统儒学中，民本的首要含义是"以民为本"，即人民是政治生活的根本之义，如《尚书·五子之歌》中所言："民惟邦本，本固邦宁。"民本思想的主要内涵指的是治国安邦应以人民作为政治生活的中心，坚持以民为本。传统儒学构想了民本社会的理想状态，这就是《礼记·大同》篇所言的"天下大同"："大道之行也，天下为公。选贤与能，讲信修睦。故人不独亲其亲，不独子其子。使老有所终，壮有所用，幼有所长，矜、寡、孤、独、废疾者皆有所养。男有分，女有归。货恶其弃于地也，不必藏于己；力恶其不出于身也，不必为己。是故谋闭而不兴，盗窃乱贼而不作。故外户而不闭，是谓大同。"这种以"天下为公"为主要特质的大同之世是历代儒学所推崇的理想政治。大同之世所描述的大概是先民之初的原始民主状态，这种社会以公有制为基础，以选举贤能作为社会治理的原则，追求一种彼此信实友爱、和睦共处的共同体生活。这种大同之世的社会理想虽然具有一定的虚构或美化原始氏族社会的成分，但却某种程度上奠定了传统社会民本思想的主要基调。

从传统的历史文献来看，民本思想最早萌发于殷周时代的重民思想。殷商时代是一个神权的时代，如《礼记》所言："殷人尊神，率民以事神，先鬼而后礼。"（《礼记·表记》）但随着"小民方兴"，在浓郁的重神事鬼的社会氛围中逐渐孕育出朴素的重民、保民思想。殷商以夏朝的灭亡作为前车之鉴，提出了"古我前后，罔不惟民之承保"（《尚书·盘庚》）的思想。我们可以在殷商很多有远见的政治家的言论中感受到这种重民的政治理念，如殷商贤臣伊尹所言："匹夫匹妇不获自尽，民主罔与成厥功。"（《尚书·咸有一德》）他指出，君主要想建功立业，必须依赖于庶民百姓的拥护。殷商时期的这种重民观念还处于民本思想的初期萌生阶段，其思想形态较为朴素和模糊，也没有普遍地被统治者所遵循。周革殷命之后，以周公为代表的西周统治者在深入剖析夏商二代兴衰成败的基础上提出了"惟命不于常""敬德保民"等思想，进一步凸显了重民、保民的政治思想。殷商之亡的历史教训使周人深刻领悟到"天不可信"的道理。所谓的"惟命不于常"指的是上天之命并不是一成不变的。在当时的宗教神学观念中，"帝""天"具有至高无上的神圣性。君王之所以能够成为君王就是"帝""天"的神圣旨意和命令。但是，在周人看来，这种天命并不是固定不变地给予某个特定的君王。天命是可以转移的，并由此带来政权的更替和转移。殷取代夏、周取代商，都是天命转移的结果。天命的转移并不是随意的，而会遵循一定的规律和标准，这种规律和标准就是君主是否能"敬德保民"，即所谓"皇天无亲，惟德是辅；民心无常，惟惠之怀"（《尚书・蔡仲之命》）。皇天、上帝公正无私，对人没有亲疏远近之分，只辅佐那些以高尚德性来统治人民的人。民心也并不只是归附于某一个君王，只有那些对人民有恩惠的君王，人民才会归附于他。从"天矜于民，民之所欲，天必从之"（《尚书・泰誓上》）、"天聪明自我民聪明，天明畏自我民明畏"（《尚书・皋陶谟》）、"天视自我民视，天听自我民听"（《尚书・泰誓中》）、"人无于水监，当于民监"（《尚书・酒诰》）等语句中可以看出，对周人而言，"天""帝"的神圣意志是通过"民"这个现实的主体体现出来的。"天"透过民之所视、民之所听来聆听政治的呼声，天意体现为民意，人民即是天意的代言人。由此，民从某种意义上取代了天而成为国家的最高主体，民心的向背是政治长治久安的关键因素。因为，"天佑下民，作之君，作之师，惟其克相上帝，宠绥四方"（《尚书・泰誓上》），上天之所以设立君主、师长，就是让他们辅助上天去关爱、体恤下民。因此，君主作为上天的代理者，应敬德保民，勤政爱民，才能得到上天的护佑，永保天命。天子之所以能够成为天子，是因为他能履行天道的托付，能像父母一般爱护、体贴人民。否则，上天就会"改厥元子"，将天命转移到另一位合格的君主身上。

可见，从周代开始，天命就逐步挣脱了神学的约束而具有了"主体性"和"道德性"的含义。在西周的治国理念中已经开始关注君民关系的问题，在天道的神圣观照下积极肯定了人民的重要性，使"怀保小民"成为政治生活的重心。这在古代政治思想史上具有里程碑的意义。

（二）民本思想的理论建构和丰富完善

如果说殷周时期是民本思想的萌生阶段，那么，春秋战国时期则是民本思想的初步形成阶段。春秋战国时期"礼坏乐崩"，整个社会结构发生了巨大的变革。在这种社会剧变面前，许多有志之士纷纷出谋划策，积极为社会的发展寻找出路。先秦儒学继承了殷周的保民思想，使民本思想得到了进一步丰富和完善。如何保民、爱民、亲民、利民、惠民、教民是这一时期政治思想的核心导向，主要体现在孔子的"为政以德"、孟子的"仁政王道"和荀子的"尊君重民"等思想中。

1. 孔子——为政以德

孔子的民本思想集中体现在其"为政以德"的政治思想中。孔子曰："为政以德，譬如北辰，居其所而众星共之。"（《论语·为政》）孔子主张的是一种道德的政治理念，他认为，德性是作为君主的第一要素，君主如果能用道德来治理国家，就会像北斗星引导众星那样，以自己的道德魅力感召人民前来归附。因此，他提出了"道之以政，齐之以刑，民免而无耻。道之以德，齐之以礼，有耻且格"（《论语·为政》）的政治主张。他认为，与其用政令约束人民，用刑法整顿人民，不如用道德引导他们，用礼乐规范他们，因为前者只能让人民免于责罚却缺少廉耻之心，而后者却能让人民发自心底地拥有廉耻之心。正如孔子在与季康子的对话中所言："政者，正也。子帅以正，孰敢不正？"（《论语·颜渊》）在孔子的道德政治思想中，决定政治成败的关键是君主自身的德性。正所谓"君子之德风，小人之德草"（《论语·颜渊》），君子之德如风，人民之德如草，在君子之德风的吹拂下，人民的德性会相应地受到化育。君主的言行举止时时刻刻影响着百姓的生活，君主的德性是直接决定国家兴亡和百姓福祉的关键。这就要求君主以身作则、为民表率，在修身养性中不断提升自我的德性修养。只有这样，才能成为一个真正的明君、圣君。孔子认为，真正的圣君应该拥有"博施于民而能济众"（《论语·雍也》）的道德情怀，在政治生活中以爱民、惠民、利民、养民作为自己的政治责任。

在"为政以德"的政治理念引导下，孔子从爱民、养民、利民、教民等几个方面详细阐述了君主的政治职责。首先，孔子主张君主应该爱民。子曰："道千乘之国，敬事而信，节用而爱人，使民以时。"（《论语·学而》）作为君主，在政治治理中应该心存敬畏，诚实守信，节约开支，如同民之父母那样关爱人民，而且，役使百姓也要符合农业生产的时令，保证农业生产的正常开展。其次，孔子提出了养民的思想。在孔子与子产的对话中，孔子说道："有君子之道四焉。其行己也恭，其事上也敬，其养民也惠，其使民也义。"（《论语·公冶长》）其中，"养民也惠"指的是教养人民要使他们得到恩惠。他指出，治理政事应"尊五美""屏四恶"（《论语·尧曰》），其中，"惠而不费"是"五美"之一，要求君主在政治治理中，要给人民切实的实惠，自己则要避免耗费。再次，孔子指出了利民的重要性。子曰："因民之所利而利之，斯不亦惠而不费乎？"（《论语·尧曰》）他认为君主要实现有惠于民，应在人民能得到利益之处使他们受益。孔子指责当时君主的横征暴敛，疾呼"苛政猛于虎也"（《礼记·檀弓下》），认为君主应该节用爱民，体贴百姓疾苦，实行轻徭薄赋的经济政策。难能可贵的是，孔子还提出了庶—富—教的社会治理思想："子适卫，冉有仆，子曰：'庶矣哉。'冉有曰：'既庶矣，又何加焉？'曰：'富之。'曰：'既富矣，又何加焉？'曰：'教之。'"（《论语•子路》）他指出，君主不仅应当关心人民的物质生活，还要关注他们的精神生活和道德修养，逐渐丰富其精神生活、提升其道德修养。这种对人民精神世界的关注，是爱民、养民、利民思想发展的必然要求，也是孔子民本理念中人文精神的集中体现。

孔子的民本思想是先秦儒学民本思想的开端，开启了民本思想的新里程，它积极肯定了人民群众在政治生活中的地位和作用，充分表达了黎民百姓的政治呼声，是中国传统儒学的淑世精神和人文主义精神的集中体现。

2. 孟子——仁政王道

孟子继承和发扬了殷周以来特别是孔子的民本思想，并通过心性论的理论建构将民本论提高到了一个全新的高度。孟子关于民本的思想集中地表现在其仁政、王道的政治思想中。

孟子生活在诸侯争霸、战火连绵的战国时期，这个时期是一个"争于气力"的时代。同时代的法家注重霸道，在政治生活中强调富国强兵的重要性，孟子则反其道而行之，主张王道仁政，反对霸道，这就是著名的"王霸之辨"。孟子曰："以力假仁者霸，霸必有大国，以德行仁者王，王不待大。"（《孟子•公孙丑上》）王道与霸道的区别在于，霸道只是假借仁道之名成就帝王霸业，是一种外在之仁，而王道则是一种内在之仁，在内圣中寻求外王。霸道以力服人，陷人民于水火之中，王道则以德服人，保民如若赤子。因此，孟子继承了孔子"为政以德"的思想，以仁政、王道作为理想的政治模式，强调政治生活中君主德性的重要性。孟子曰："君仁，莫不仁；君义，莫不义；君正，莫不正。一正君而国定矣。"（《孟子•离娄上》）他认为，在政治生活中，决定政治生活成败的关键是君主是否拥有仁德。君主只有首先做到修身以正，然后才能由上而下地实现教化于民。只要君主拥有仁爱之德，整个社会就没有不仁的，只要君王秉承义德，整个社会就没有不义的，只要君王端正其身，那么整个社会就没有不正的。他将整个社会的政治秩序和道德责任都追根到君王自己的德性上。正如程子所言："天下之治乱，系乎人君之仁与不仁耳。"①孟子之所以主张一种内圣外王的政治理想，在于他肯定人性之

---

① 〔宋〕朱熹：《四书章句集注》，第267页。

善，仁政、王道之所以可能，是因为人皆有成圣成贤的潜质。孟子首倡性善论，他以四端之心为人人所固有的良知、良能，为每一个人从天道而领受的善性，并且，这种善性突出地表现在人的恻隐之心或不忍之心上。这种不忍之心正是不忍之政的人性论前提。在孟子与齐宣王的对话中，孟子从"将以衅钟之牛""不忍其觳觫，若无罪而就死"的事件中，挖掘出齐宣王内心深处的"不忍之心"，并继而从这种不忍之心推出不忍之政。在孟子看来，齐宣王既然能够"恩足以及禽兽"，便充分说明了齐宣王性善之心皆备，只要能将这种不忍之心推至百姓，便能够实现不忍之政。如其所言："人皆有不忍人之心。先王有不忍人之心，斯有不忍人之政矣。以不忍人之心，行不忍人之政，治天下可运之掌上。"（《孟子•公孙丑上》）如果说不忍之心是根，那么，不忍之政则是所结之果；不忍之心是不忍之政的人性基础，为不忍之政提供了可能性保证，不忍之政则是不忍之心的外在表现，是不忍之心在政治领域的展开。孟子相信，"人皆可以为尧舜"，每个君王只要充分扩充存养自己的不忍之心，就能够成为像尧舜那样的圣王。在孟子看来，"故推恩足以保四海，不推恩无以保妻子"（《孟子•梁惠王上》）。仁政之途乃是一种不断由内而外、由亲而疏的推恩过程。只要拥有四端之心，就一定能施行仁政，由内圣而外王的王道是可能的，也是必然的，因为它根植于人的本性，是可以通过不断提升道德修养而逐步实现的政治理想。因此，他四处宣扬自己仁政、王道的政治理念，向统治者阐明"保民而王""仁者无敌"的政治思想。

孟子的仁政、王道思想也体现出先秦儒学民本思想的丰富内涵，其中最为著名的就是其"民贵君轻"的思想。孟子曰："民为贵，社稷次之，君为轻。是故得乎丘民而为天子，得乎天子为诸侯，得乎诸侯为大夫。"（《孟子•尽心下》）在人民、社稷和君主这三种政治要素中，最核心的是人民，其次是社稷，而后才是君主。人民是国家和社会的价值主体，只有得到人民的拥护才能够成为天子。孟子进一步指出："得天下有道：得其民，斯得天下矣；得其民有道：得其心，斯得民矣；得其心有道：所欲与之聚之，所恶勿施尔也。"（《孟子•离娄上》）只有得到民众的拥护才能得到天下，只有得到民心才能得到民众的拥护，而只有顺从人民的欲恶、喜好而行才能得到民心。因此，政治生活始终是以人民的意志为依归、以民心的向背为转移的。胡适先生曾经形象地指出，孔子主张的是爸爸政策、父性政策，他要人正经规矩，要人有道德，而孟子主张的则是妈妈政策、母性政策，要人快活安乐，要人享受幸福。这个形象的比喻一针见血地指出了孟子思想中的民本思想。具体而言，孟子的贵民思想主要体现在以下几个方面：

首先，君王应该保证人民生命、安全的基本需要。在孟子生活的时代，战火纷飞，生灵涂炭，人民的生命、安全都难以得到保障。孟子认为"民之憔悴于虐政，未有甚于此时者也"（《孟子•公孙丑上》）。孟子不畏权贵，斥责这种只顾自身享受而不顾百姓死活的做法无异于"率兽食人"，并直言这种君主不配称为"民之父母"。在他看来，为民之父母，首先要保证人民的基本生存权利，让百姓能够吃饱穿暖。在此，孟子强烈的政治批判精神表现得淋漓尽致。其次，孟子认为，要保证人民基本的生产、生活资料，应该制民以恒产，这是仁政得以实现的经济基础。孟子曰："无恒产而有恒心者，惟士为能。若民，则无恒产，因无恒心。"（《孟子•梁惠王上》）他认为，应该区别对待士人与人民，唯有士人能够没有恒产而有恒久的善心，而对民而言，则必须有恒产才能有恒心。对于民众的治理而言，则必须将物质放在第一位，在此基础上才能对民众提出更高的道德要求。因此，孟子指出："是故明君制民之产，必使仰足以事父母，俯足以畜妻子，乐岁终身饱，凶年免于死亡。"（《孟子•梁惠王上》）他认为，英明的君王应该制民以恒产，使百姓上能奉养父母，下能供养妻子儿女，丰收的时候能衣食无忧，灾荒之年也能勉强糊口。孟子理想中仁政之道的初步实现应该达到"五亩之宅，树之以桑，五十者可以衣帛矣；鸡豚狗彘之畜，无失其时，七十者可以食肉矣；百亩之田，勿夺其时，数口之家可以无饥矣；谨庠序之教，申之以孝悌之义，颁白者不负戴于道路矣"（《孟子•梁惠王上》）的状况。孟子深信，通过种桑养畜等经济措施，实现人民基本的温饱问题，"使民养生丧死无憾也"，这才是施行王道之始。在孟子与滕文公的对话中，孟子还重提了西周的井田制。孟子关于恢复井田、制民恒产的思想深刻揭露了诸侯争霸给人民的生命、生活带来的沉重灾难，表达了孟子关注民生、为民请命的淑世精神。但是，孟子对仁政的这种设想带有浓厚的理想色彩，与当时土地私有制普遍流行的历史潮流也是背道而驰的。再次，孟子也继承了孔子"庶之、富之、教之"的思想，他指出，人民需求是多方面的，除了人口繁衍和财富增加，还拥有人之为人的精神性和道德性需求。因此，君王除了保证人民基本的物质生活之外，还应该对人民进行仁义礼智的道德教化，提升人民的道德境界。孟子曰："仁言，不如仁声之入人深也。善政，不如善教之得民也。善政民畏之，善教民爱之；善政得民财，善教得民心。"（《孟子•尽心上》）即是说，良好的教化比良好的政治更能得民心，君主只有拥有仁爱之实，才能行善政，并进而引导和感化民众，起到移风易俗的治理效果。此外，孟子指出，为人之君也应尊重民意、重视察举。在孟子与齐宣王的对话中，孟子说道："左右皆曰贤，未可也；诸大夫皆曰贤，未可也；国人皆曰贤，然后察之；见贤焉，然后用之。左右皆曰不可，勿听；诸大夫皆曰不可，勿听；国人皆曰不可，然后察之；见不可焉，然后去之。左右皆曰可杀，勿听；诸大夫皆曰可杀，勿听；国人皆曰可杀，然后察之；见可杀焉，然后杀之。故曰，国人杀之也。如此，然后可以为民父母。"（《孟子·梁惠王下》）他认为，在人事的任免或重大的审判案件中，君主不能自我行事、专断独行，而应该广泛地听取来自近臣、大夫、国人等各方面的意见，并在随后的实际考察中断定是非。特别指出，这里的国人，是西周嫡长子继承制的产物，他们是一群丧失了贵族身份，但又与贵族有着密切联系的人，因此，他们拥有一定的政治权利，是普通百姓的代表，可以成为制衡君王的一种政治力量。可见，在孟子的政治建构中蕴含着民主的成分，只是这种民主是一种原始而有限的民主制，因为来自大臣、大夫、国人的建议对决策只具有参考性的价值，最终的决定权还是在君主的手中。前者在政治生活中处于被动地位，后者则处于主动地位。并且，随着分封制的瓦解以及土地私有制的进一步扩大，国人与平民之间的区别逐渐消失，都变成了自耕农。国人作为一个群体也从历史中消逝，这从某种程度上影响了民主制萌芽在中国古代的进一步成形。对孟子而言，政治生活所要达成的最高目标是"与民同乐"。在孟子与梁惠王的对话中，孟子以文王与夏桀为例指出，"古之人与民偕乐，故能乐也"（《孟子·梁惠王上》），文王能够与民同乐，与民共享，所以能够享受"灵囿"的快乐。而夏桀之所以激起民愤，国破身亡，就是因为他只顾自己的荒淫奢侈而不顾百姓的死活。孟子在与齐宣王的对话中也指出，"独乐乐"不如"与人乐乐"，"与少乐乐"不如"与众乐乐"。（《孟子·梁惠王下》）"独乐乐"指君主不能与民同乐，只是一味地追求个人享受，却不关心百姓疾苦；"与人乐乐"则指的是君主能够与民同乐，他们愿意同百姓同甘共苦，因此能够赢得百姓的尊重和爱戴。他指出："乐民之乐者，民亦乐其乐；忧民之忧者，民亦忧其忧。"（《孟子·梁惠王下》）君主应该乐民之所乐，忧民之所忧，只有这样才能够得到民心。这种与民同乐的思想反映了孟子对社会现状的批判及对人民生活的关注。但这种与民同乐的思想很大程度上只是一种美化的政治远景，因为没有君王愿意舍弃自己的利益而真正与民同乐。

难能可贵的是，孟子还以民本思想为根据提出了对君主的置换权和革命权。在他看来，君主作为民之父母，要对人民负责，保证人民的生命安全，使人民能够满足基本的生活需求，并继而对之进行礼乐的道德教化。如果君主不能尽到其作为君主的职分，人民就有权利推翻他的统治。在与齐宣王的对话中我们可以清楚地看到孟子的这一思想倾向。"孟子谓齐宣王曰：'王之臣有托其妻子于其友而之楚游者，比其反也，则冻馁其妻子，则如之何？'王曰：'弃之。'曰：'士师不能治士，则如之何？'王曰：'已之。'曰：'四境之内不治，则如之何？'王顾左右而言他。"（《孟子·梁惠王下》）在此，孟子通过层层反问，指出了君主拥有爱民、保民的责任，并且义正词严地指出，正如朋友不能完成托付之事就应该绝交、士师不能履行职责就应该革职一样，君主如果不能尽到自己的政治职责，也应该将其进行置换。也就是说，人民是国家的主体，人民并没有绝对服从君主的义务。如果君主不能履行其保民安国的政治职责，反而戕害人民的话，那么，人民就可以推翻他的统治。因此，当齐宣王从汤放桀、武王伐纣的事件中问起"臣弑其君可乎"的时候，孟子大义凛然地说道："贼仁者谓之贼，贼义者谓之残，残贼之人谓之一夫。闻诛一夫纣矣，未闻弑君也。"（《孟子·梁惠王下》）所谓的"一夫"，指的就是像桀纣那样残暴无义而导致众叛亲离的人，在孟子看来，这种暴君不复为一位君王，而是一个独夫民贼，人民应该将之诛灭。可以想象，孟子的这种直谏对诸侯国君如同晴天霹雳一样，足以使他们恐惧惊颤。明太祖朱元璋要把孟子赶出孔庙，足以说明孟子的这种置换思想对君王的威慑力。

3.荀子——尊君爱民

荀子作为先秦儒学民本思想的重要代表人物，也像孔孟一样主张一种道德的政治，强调君主的德性在政治生活中的重要性。荀子曰："君子者，治之原也。官人守数，君子养原；原清则流清，原浊则流浊。"（《荀子·君道》）在他看来，君主是政治的源头，源头清澈，那么下边的流水也清澈，否则，源头浑浊，下边的流水也会跟着浑浊。所以，荀子指出："仁人之用国，将修志意，正身行，伉隆高，致忠信，期文理。"（《荀子·富国》）仁德的君主治理国家，首先要修养自身意志，端正自身行为，达到崇高的思想境界，做到忠诚信用。他们"必先修正其在我者，然后徐责其在人者"（《荀子·富国》），首先矫正自己身上的不足，然后慢慢地责备别人身上的缺点。荀子曰："王者先仁而后礼。"（《荀子·大略》）真正的王者首先要有仁爱的德性，然后再讲究礼义规范，通过礼制将仁爱之心体现出来。这样，在君子德性的化育下才能从上到下形成良好的社会风气和道德风尚。

荀子也具体阐释了君民之间的相互关系。荀子曰："天之生民，非为君也；天之立君，以为民也。"（《荀子·大略》）他指出，上天生育人民，并非为了君主，相反，上天设立君主，却是为了人民。他又说道："君子者，天地之参也，万物之总也，民之父母也。"（《荀子·王制》）君主是天地的参赞，万物的主宰，人民的父母，所以，君主应该效法天道，爱民"如保赤子"，尽自己的责任和义务去爱民、保民、养民、富民、教民。如其所言："君者，何也？曰：能群也。能群也者，何也？曰：善生养人者也，善班治人者也，善显设人者也，善藩饰人者也。"（《荀子·君道》）君主能将整个社会组成一个有序的整体，他善于养活、抚育人，善于治理、任用人，善于用礼仪规范区分人。荀子指出，圣君贤相的政治职责就是普遍地保护、爱抚、管理百姓，使其无生活之忧，只有这样才能获得人民的尊重和爱戴。荀子这种重君爱民的思想是对前人民本思想的发挥，同时也是对"污漫、突盗以先之，权谋倾覆以示之，俳优、侏儒、妇女之请谒以悖之，使愚诏知，使不肖临贤，生民则致贫隘，使民则綦劳苦"（《荀子·王霸》）的社会现状论的抨击和批判，他强烈谴责当时社会中存在的肮脏腐败、玩弄权术、小人当道的政治行为，表达了对百姓困苦流离生活的深切同情。基于这种政治关注，荀子提出了有名的"君舟民水"思想，他说道："传曰：'君者，舟也；庶人者，水也。水则载舟，水则覆舟。'此之谓也。故君人者，欲安，则莫若平政爱民矣；欲荣，则莫若隆礼敬士矣；欲立功名，则莫若尚贤使能矣。"（《荀子·王制》）在此，他将君比作船，百姓比作水，水既能载船，也能将船打翻。所以，统治者应充分认识到人民力量的重要性，认识到民心的向背影响着国家的兴衰存亡，在政治生活中施行仁政，爱护人民，才能保证国家的安宁和谐。

荀子的民本思想主要体现在以下几个方面：

首先，爱民利民。荀子曰："故仁人在上，百姓贵之如帝，亲之如父母，为之出死断亡而愉者，无它故焉，其所是焉诚美，其所得焉诚大，其所利焉诚多。"（《荀子·富国》）在他看来，百姓之所以像尊重天、帝那样尊重君主，像敬爱父母那样敬爱君主，甚至情愿为其牺牲性命，是因为君主美好的政令能给他们带来实在的利处，让他们安居乐业。反之，如果一个君主治理国家社稷不能做到爱民，不能给人民带来利益和实惠的话，就不可能得到人民的爱戴和支持。

其次，节用裕民。荀子曰："用国者，得百姓之力者富，得百姓之死者强，得百姓之誉者荣。三得者具而天下归之，三得者亡而天下去之。"（《荀子·王霸》）治理国家，只有得到百姓的效力才能够实现富有，只有得到百姓的至死效忠才能强盛，只有得到百姓的称颂才能拥有荣耀。君主具备了以上三个条件，才能赢得天下人的归顺，成为真正的王者。"上下俱富，而百姓皆爱其上"（《荀子·富国》），只有实现从上而下的富裕，百姓才会自觉地爱戴和拥护为政者。荀子也具体指出了富国裕民的途径，他说道："足国之道：节用裕民，而善臧其馀。节用以礼，裕民以政。"（《荀子·富国》）并认为，要想实现国家富足，首先就要节约费用，自上而下都按照礼法制度规定的等级标准计算开支，同时还要注意妥善贮藏盈余，如此才会有剩余之财，使人民的生活宽余富裕。英明的君主应"养其和，节其流，开其源"，实现"上下俱富，交无所藏之"，否则，不知节约费用，就会使人民陷入贫穷之中。荀子"节用裕民"的思想乃是有感而发，是对当时之世"厚刀布之敛，以夺之财；重田野之税，以夺之食；苛关市之征，以难其事"（《荀子·富国》）的强烈谴责，他反对在上者搜刮民脂民膏、加重赋税抢夺民财、加重关税阻挠贸易，甚至用权谋诡诈剥削百姓的罪恶行径，深切地表达了对人民的同情。

再次，赏贤使能。荀子曰："故厚德音以先之，明礼义以道之，致忠信以爱之，赏贤使能以次之，爵服赏庆以申重之，时其事、轻其任以调齐之，潢然兼覆之，养长之，如保赤子。"（《荀子·王霸》）他指出，君主应该在为政以德、重视法治的基础上，赏识贤德之人、重用有能之人，能够根据他们各自的能力和禀赋来任用他们。

最后，教化于民。荀子指出君主也应该在富民、裕民的基础上教化民众，他说道："君子以德，小人以力；力者，德之役也。百姓之力，待之而后功；百姓之群，待之而后和；百姓之财，待之而后聚；百姓之势，待之而后安；百姓之寿，待之而后长；父子不得不亲，兄弟不得不顺，男女不得不欢。少者以长，老者以养。"（《荀子·富国》）君主依德而行，而小人则以力而行。因此，君子应该在满足人民基本生活的基础上对之进行道德的教化。他指出，百姓的劳动，要依靠君子的教化才能得以完成；百姓的社会生活，要依靠君子的教化才能和睦，百姓的财物，要依靠君子的教化才能积聚，百姓的地位，要依靠君子的教化才能稳固，百姓的寿命，要依靠君子的教化才能长久。没有君子的教化，父子之间就不能相互亲爱，兄弟之间就不能和睦，夫妻之间就不能互相欢悦。荀子这种教化于民的思想可说是传统儒学道德政治思想的集中体现。

先秦儒学的民本思想代表了我国传统民本思想的主要精神，也是儒家政治哲学的主要内核，体现了古圣贤哲为天地立心、为生民立命的人文关怀和淑世精神。经过秦汉隋唐至宋元明清，在漫长的历史时期，民本思想在先秦儒学的基础上得到了充分的发展、阐发，并逐渐形成了内容丰富、思想深厚、影响深远的民本思想。传统民本思想重在指出，政治的主体永远是人民百姓。因此政治生活中应该坚持"以民为本"，以民心的向背作为政治兴衰存亡的关键，重视人民群众的地位，主张政治生活应以人民百姓的利益和意志为转移。这种思想富有人民性，扩大了政治的公共性，在某种程度上对传统社会的君主专制起到了制衡的作用。民本思想蕴含着丰富的政治智慧和治理谋略，对社会的进步和文明的延续具有重要的贡献，对传统社会的政治稳定、促进经济发展有着至关重要的影响。历史上历代开明的君主大都受到民本思想的启发，制定了一系列有利于国计民生的政治、经济政策，从而一度出现了文景之治、贞观之治、康乾盛世等"小康盛世"。

（三）民本与民主之间

传统的民本思想与现代民主思想之间的相互关系是人们热衷的话题。民本与民主之间的关系不应该被简单化和绝对化。一方面，传统民本思想受历史条件的限制，不可避免地有其思想局限性，表现出与现代民主的本质区别。另一方面，传统民本思想也并非与现代民主思想毫不兼容。民本思想中所内含的以民为本、关注民生、为政以德等思想与现代社会的民主思想有着一定的相似和默契之处，并在一定程度上对现代民主建构起到借鉴或补充的作用。

1. 民本与民主的区别

第一，政治体制不同。传统民本思想与现代民主思想之间有着本质的区别。传统民本思想存在的社会基础是建立在农耕文明之上的宗法制和君主制。传统民本思想着眼于政治公共性，要求君主敬德爱民，保民而王，在政治实践中，这对统治者独断专权可以起到某种限制作用，从而保护人民的利益，并有力地缓和了阶级矛盾和社会冲突。然而，从根本上来讲，这种社会制度以维护君主专制，承认"贵贱有等、长幼有差"的等差制度为前提。换言之，传统民本思想只是在某种程度上起着限制君主专制的作用，但它并没有也不可能站在专制的对立面。纵观历史，自秦汉以来，君主在传统社会中就拥有至高无上的地位和权势，在君权神授的神圣光环下，他们被称为"天子"，君临天下，位居权力巅峰；与之相对，人民百姓则处于社会底层，他们对君主只能高山仰止，等待君主施与恩泽。民本思想虽然提出"民贵君轻""民为邦本"等思想，但是，它只是在承认君权的前提下才肯定了人民在政治生活中的重要地位和作用，故此，它没有也不可能从根本上触动君权的金字塔，更不可能否定君权而实现君民的平等。传统民本思想只是在不改变君权至上的前提下，要求君主采取一系列开明的政策而已。换言之，传统的民本思想始终以"君子"与"野人"、"治人"与"治于人"作为君主与人民之间的角色划分。君主作为"民之父母"、天道的代言人，应该效法天道，护佑黎民百姓，爱民、保民、惠民、教民，而人民则始终处于被动的地位，作为被关爱、被保护、被恩待、被教养的对象，他们匍匐在圣王之下，等待从上降下的阳光雨露。现代意义上的民主制则建立在工业文明基础之上，强调人人平等、自由，尊重人格的独立和尊严。传统民本思想中君民之间的等差观念与这种平等理念是格格不入的。

第二，政治主体不同。传统的民本思想存在着内在矛盾之处，一方面宣扬以民为本，凸显了人民百姓在政治生活中的地位和作用，另一方面又恪守君主专制，维护君主统治。实质上，传统民本思想所谓的"以民为本"，在政治理念上以人民为真正的主体，然而在政治实践上则以君主为政治的主体。这种民本思想体现为一种君本位，而不是民本位。从民本思想的出发点来看，"以民为本"是传统社会的政治家和思想家充分意识到人民群众在政治生活中的重要作用而提出来的。对人民及其利益的重视，不是基于对人民权利正当性的维护，更多的是源于对民众力量的恐惧。在传统社会，君始终是政治的主体，在政治生活中处于主动地位，充分享有政治的特权，而民则是政治的客体，在政治生活中处于被动地位，享有很少部分的政治权利。民本思想更多地体现为一种圣贤意识和子民意识，而缺少现代意义上的公民意识和权利意识。民本思想的关注点在君主如何去体贴和关爱人民，却很少谈及人民在政治生活中的权利和自由。从民本思想的归宿来看，民本思想旨在实现"民惟邦本，本固邦宁"，即通过有限地约束君主权力，从一定程度上满足人民的需求和保证人民的利益，从而缓和社会矛盾和冲突，达到维持现存政治秩序和实现长治久安的目的。所以，民本思想无论是出发点还是归宿点，都是以君为主体，以民为客体。这与现代的民主思想有着很大的区别。现代的民主思想，以民权为理论前提。启蒙运动以来，西方就形成了一种建立在社会契约之上的民主制。这种契约论强调主权在民，认为人民是政治的主体，君主则是人民的代理人，按照契约的规定管理国家、保证人民的权利和利益。人民有权利反抗或推翻不合格的君主，以他人取而代之。可见，以君还是以民为政治的主体是传统民本与现代民主的一大区分。

　　第三，政治治理方式不同。传统民本思想是一种典型的道德政治，整个政治理念以人治为主要特色，强调政治生活中君主的德性以及由此而带来的道德的教化。在传统社会中，民本思想还停留在道德的范畴中，是道德在整个公共领域的延伸，并没有作为一个对立的政治范畴提出来。这种寓道德于政治、寓政治于道德的治理模式，是儒家政治哲学的基本特征。政治与道德之间的相互依赖是古代政治思想的重要组成部分，正如麦金太尔所言："古代德行与政治密切相关，士大夫阶层对政治家的品格问题的热衷绝非偶然，因为这个生活的文化和结构要求'以德性的实践来解决政治问题'。"①这种道德政治在很大程度上造成了传统社会内圣外王的政治理想，并将政治生活的重心落在君主的德行上。传统儒学历来有"祖述尧舜、宪章文武"的传统，认为先王之政是最理想的政治治理方式，并通过性善论的理论建构，相信每个君王都能以"不忍之心"行"不忍之政"，成为像尧舜那样集道德与权力于一身的人。君主的道德与教化直接影响着人民的幸福安危和国家的兴

---

① ［美］麦金太尔：《德性之后》，龚群、戴扬毅等译，第172页。

衰存亡。这种道德政治立义颇高，但在现实的政治生活中却难以实现，它更多地表现出一种哲学家的气质，而缺少了政治本身的谋略。它从根本上缺少一种制度性的建构，对政治治理缺乏某种监督和保证机制。性善论并不能保证每个君主都能成为尧舜，即使成为尧舜也难以实现上行下效的普遍教化。更为关键的是，绝对的权力往往会造成绝对的腐败，明君圣主在世罕有。"人心惟危，道心惟微"，如果高高在上的君王薄仁寡义，既不能内圣也不能外王，人们又能拿他如何？来自天道的神圣权威、诤谏之臣的道德说教或者民心的向背，都不能从根本上制约和避免君王的腐败。可以说，一味地诉诸道义的自律和德性的自觉，而缺少必有的、刚性的监督机制和制度规范是传统道德哲学的困境和局限所在。这正是传统民本理念的"迂远而阔于事情"（《史记·孟子荀卿列传》）之处。梁启超先生对此指出："夫徒言民为邦本，政在养民，而政之所从出，其权力乃在人民以外。此种无参政权的民本主义，为效几何？"[1]到了明清之际，黄宗羲等有志之士逐渐意识到圣王政治的弊端，从而主张将对君主的道德约束转变为对权力的约束，提出了"重相权""设政事堂""使治天下之具皆出于学校"等政治制度的设想，从而使传统政治逐渐在民本中萌生出民主的种子。可见，传统民本思想的治理方式与现代以法治为特征的民主体制有着很大的不同。法治是民主制度的主要特征，西方的民主制主张三权分立，人民可以通过法治的制度和规范来约束政府的权力，从而能够有效地保证人民权利的实现。这是传统民本与现代民主的另一大区别。

从某种意义上来讲，现代民主与传统民本思想的根本区别在于是否强调民权，主张民治。从民主一词的词源来看，英文democracy源于古希腊文demokratia，由demos（平民）及kratia（统治），前者有"人民"和"地区"之义，后者有"权力"和"统治"之义，结合起来即是人民的权利或统治，用来表达希腊城邦的一种政治实践模式。可见，民主的核心概念就是民治，正如政治学家科恩所指出的那样："民主即民治……是一种人民自治的制度。"[2]而在我国传统社会中，历代思想家和政治家大都强调民有、民享，却唯独缺少了民治一环。传统民本思想赋予了君主太多的责任和义务，却没有或很少赋予人民自己参与政治、监督政府的权力。在传统的农业社会中，民忙于日常生计，日出而作日入而息，没有意识到自己的政治权利，缺少政治的觉悟，其政治权利始终处于一种潜伏的状态。正是这种权利意

---

①梁启超：《先秦政治思想史》，第4页。
②［美］科恩：《论民主》，聂崇信、朱秀贤译，商务印书馆1988年版，第6页。

识的缺失使得民有、民享成为一张空头支票，造成了传统政治有政道而无治道、有吏治而无政治的局面。当理想的民本理念与残酷的政治现实相遇时，当完美的政治愿景缺少某种现实的操作性时，便造成了传统政治不可克服的困境。故此，内圣外王的形象只能成为水中月、镜中花，可望而不可即，贯通天人的圣王模式只能成为中国士人永远不能释怀的"相思情结"。当然，我们也不能苛求古人，任何思想都受制于当时的时代。同样，民主制度的落实需要在一定的社会条件下才能达成。即便在西方，民主、宪政和法治思想虽然源远流长，但是其得到有效的实施，也是近代以后的事情。

2.民本与民主的联系

虽然传统民本与现代民主思想在时代特征、政治治理等方面有着本质的区别，民本与民主不能相提并论，但是，就价值观而言，二者绝非毫不兼容，而是存在着某种相通性。传统民本思想中已潜移默化地孕育着民主思想的萌芽，是现代民主思想的精神源头。传统民本思想在维护君主专制的基础上深刻认识到了人民群众在政治生活中的重要作用，因而从民心的向背、重视民生的角度提出了一系列爱民、亲民、保民、惠民、教民的政治主张，无论是"为政以德""不忍之政"还是"尊君爱民"，都不同程度地凸显了人民的利益，维护了人民的尊严和价值。这与现代意义上的民主思想对人的生命的肯定、对个体价值的肯定、对主体权利的维护的政治理念不谋而合，只是传统民本思想有民主的精神，而无民主的制度。从这种意义上我们可说，民本思想是现代民主思想的思想基础和价值源头，正是民本思想中的"以民为本""本固邦宁""仁民爱物"等思想为现代的民主理念提供了历史的基因。反过来，现代民主思想是传统民本思想的历史归宿和内在要求。传统民本思想的突出特质是其道德性与人文性，这种特质，既是其弊端，也是其长处。一方面我们应该顺应时代潮流，突破圣君贤相、内圣外王的传统政治模式，寻求实现民主的制度保证和法律支持。另一方面，我们也应该看到，这种以道德为特色的民本政治，也可以对现代社会的民主法治起到某种启迪价值和借鉴意义。我们今天所谓的法治，只是一种消极意义上的不作为，即通过法律的手段维护社会秩序的稳定有序，保证个人权利不受侵害。然而，要实现社会的良性治理，仅仅依靠法治等强制手段是远远不够的。若缺少内在的道德自律，法律条文本身就会表现出自身的疲软与受限。正如美国学者桑德尔（Michael J. Sande）所言："作为一个政治问题，我们无法在不诉诸善观念的情况下，开始我们关于正义和权利的慎思，这些善观念表现在许多文化和传统之中，而我们的慎思正是在这些文化和传统中进行的。"①可见，政治与道德虽然不属于同一范畴，但是政治的运作却不能缺少道德的保证。民主法治能够保证政治运作中外在形式的程序化与规约化，道德政治则重视人性价值，追求自我实现，在道德主体的心性之中寻找道德自觉。民主法治若缺少道德的担保，容易流于一种形式化和表面化。反过来，道德政治若缺少形式化程序的支持，则容易陷入一种空泛化和理念化。以道德教化为核心的传统政治与以民主法治为核心的现代政治之间应该彼此搭配，相互补充，才能构建出一种新型的民主体制。

在现代化、法治化的今天，我们探讨儒家民本思想的现实意义何在？我们探讨儒家道德政治的现实意义何在？儒家思想是否真的成为尘封已久的博物馆古董？本文认为，在民主宪政、自由法治成为天下公器的时代语境下，儒家哲学的民本思想仍然具有宝贵的思想价值和现实意义。传统民本思想在经过了长时期的沉寂之后，正在努力寻求自我的创造性转化，正如它在传统社会中所起到的积极作用一样，在今天，它亦能够在现代曙光的照耀下重新绽放活力，在经过现代化的洗礼后重新获得新生。我们所谓的现代化进程，既不意味着在西方文化面前亦步亦趋，也不意味着对传统文化的消极摧毁，而是能够立足于现代化的需要，在借鉴西方文化的基础上，实现本根文化的现代化转化与更新。因此，深入剖析传统民本与现代民主思想之间的相互关系，仔细探析二者之间的契合与相通之处，积极挖掘民本思想的合理因素和当代价值，使传统民本思想在民主法治的现代政治中实现自我转型，是传统民本思想的出路所在，也是建设社会主义民主法治的客观需要。

第四节　传统和谐理念及其对于构建和谐社会的现代启示

和谐是人类孜孜以求的价值理想，和谐社会是人类梦寐以求的社会诉求。现阶段，建构民主法治、公平正义、诚信友爱、充满活力、安定有序、人与自然和谐相处的和谐社会已经成为时代的最强音，同时也是现代化建设的一个重要战略目标。

---

① [美]迈克尔·J.桑德尔：《自由主义与正义的局限》，万俊人等译，第226页。

建构社会主义和谐社会，离不开深厚的文化滋养和精神支撑。和谐是中国哲学的核心精神，"贵和尚中"是中国传统文化，特别是儒家文化的思想精髓。和谐思想作为中华民族首要的人文精神和哲学智慧，有着源远流长的历史传承，绵延几千年而经久不衰，积淀为中国文化的基本精神。它从普遍和谐的角度勾勒出和谐社会的基本范畴，旨在实现人与人、人与自然、人与天道之间的共存、共生与共荣，对传统社会的发展和变迁起到了举足轻重的作用，并在很大程度上塑造了中华民族的仁厚谦和、礼让宽容的民族性格和文化心理结构，并深刻地影响着中华民族的思维方式、习俗习惯、价值倾向和审美情趣等诸多方面。和谐思想有着丰富的思想内涵，体现在社会的诸多方面，折射出东方哲学独特的哲学魅力。我们所熟知的诸如"和为贵""天地人和""家和万事兴""和气生财""协和万邦""和衷共济"等词语集中体现了和谐的丰富内涵和精神特质。可见，传统文化中的和谐思想可以成为我们建构社会主义和谐社会的思想源头，其具有十分重要而独特的思想价值和启迪作用。故此，我们需要深入挖掘中华传统文化中的思想精华，特别是儒学的哲学智慧，从历史的脉络中寻找和谐的文化记忆，并从现代视域积极实现和谐思想从古到今、从传统到现代的自我转化和现代转型，从而更好地促进和谐社会的建构。

（一）"和"的思想内涵和价值理念

和谐思想在传统文化中主要体现为"和"文化，那么，何为"和"？《说文解字》曰："和，调也""和，调味也"。《广韵》："和，顺也，谐也，不坚不柔也。"可见，"和"从文字解析上有着协调、调和、适度、均衡等义，反映的是不同的人或事物之间和睦共存、协调共处的融合状态。"和"体现出传统哲学和美圆融、持中不偏、共荣共存的和谐精神。

西周太史伯就提出了"和实生物，同则不继"的命题，他说道："和实生物，同则不继。以他平他谓之和。故能丰长而物生之，若以同裨同，尽乃弃矣。故先王以土与金、木、水、火杂，以成百物。"（《国语·郑语》）"和实生物"所体现的就是和谐之道，正如五味相和才能做出佳肴，六律相和方能奏出美乐一样，事物的多样性或多元化之间的动态平衡和整体和谐具有一种生成的潜能，不同事物在相互调和的基础上可以产生出新的事物形态。反之，"同则不继"，同一事物则缺少这种产生新事物的潜能。在这里，"和"与"同"是正反两个方面，"和"不同于"同"之处在于它是差异性的协调、多样性的平衡，是不同事物之间的调和与统一。春秋战国时期，"和"的思想得到了进一步的发挥，"和"的内容和含义也更加丰富起来。孔子提出了"君子和而不同，小人同而不和"（《论语·子路》的思想。君子重"和"，小人重"同"，君子能在人与事物的差异性和多元性中寻求整体的和谐与统一，而小人则一味地追求人与事物的相同性与一致性。在孔子看来，"和"不是简单的"同一性"，而是差异的"统一性"，"和"的本质在于多种因素的互补、协调与共存，只有做到"和而不同"，才能形成社会的多元共存与和谐发展，在这里，"和"彰显了儒家的包容宽厚和兼收并蓄的人文精神。孔子提出了"均无贫，和无寡，安无倾"的思想，认为社会之所以不安定、社会之所以倾覆乃是贫富差距、分配不均所导致，因此，统治者应该实现社会财富的均衡分配，促进社会的整体和谐。孔子的弟子有子提出了"礼之用，和为贵"的命题，有子曰："礼之用，和为贵。先王之道斯为美。小大由之，有所不行。知和而和，不以礼节之，亦不可行也。"（《论语·学而》）"贵"，即可贵、宝贵之义，也就是说，礼的重要作用贵在实现社会成员之间的和谐与共处。但是这种"和为贵"的思想，并不意味着一种无原则的调和或折中，因为"和"本身又应该遵循礼法、道义的原则。换言之，不能为"和"而"和"，一味地避开矛盾冲突而讲求一团和气。如果不用一定的礼法加以节制，也是不可行的。孟子也提出了"天时不如地利，地利不如人和"的思想。他指出，天时不及地利、地利不及人和，在天—地—人三种要素中，人最重要，只有社会成员彼此仁爱和谐、上下齐心协力，才能战无不胜。孔孟之后，《中庸》将"和"的思想提高到了一个超越的哲学高度。《中庸》曰："中也者，天下之大本也；和也者，天下之达道也。致中和，天地位焉，万物育焉。""中"是"天下之大本"，是宇宙万物的本原，"和"则是"天下之达道"，是宇宙万物通达的道路。"大本"和"达道"都是对世界本原性的强调，"致中和"是儒家终极的和谐理想，认为在只有宇宙万物和人类社会普遍践行"中和"之道，使天地万物各安其位、各显其性、各尽其能，才能实现"万物并育而不相害，道并行而不相悖"的最高境界。

可见，从最基础的意义上来讲，"和谐"的精髓在于差异性因素之间的协调与共处，积极在多元性中达成整体的和谐与一致。

（二）普遍的和谐

传统的和谐思想是一种普遍的宇宙和谐，囊括了天地宇宙以及家国天下在内的整体的和谐状态，宏观地来看，和谐可分为三个层面，即人的身心之和谐、人道之和谐以及天人之和谐。阴阳和谐、刚柔相济是自然之和谐，进德修业、重义轻利是身心之和谐，以和为贵、忠恕仁爱是人道之和谐，天人合一、参赞化育是天人之和谐。正如成中英先生所言："中国哲学的终极目的是人类的和谐：个人的、社会的、世界的和谐。"①本文主要以儒家经典为文本依据，分别从以下几个层面详细阐释传统哲学的和谐智慧。

1. 身心之和谐

传统哲学特别重视人自身的身心和谐。《大学》曰："自天子以至于庶人，壹是皆以修身为本。"修身养性、涵养性情最终是要实现身心和谐的道德生命，追求一种中和、和乐的精神境界，实现物质欲求与道德追求、利益与道义之间的和谐统一。在古人看来，人同时拥有自然属性和道德属性。一方面，人源于自然，服从于自然规律，有着与其他生物一样的自然属性和物质欲求。另一方面，人又超乎自然，拥有其他生物所没有的道德诉求和精神追求。他既是自然之子，又是自由之子，既是受限的，又是自由的，既有正当的自然需求，又追求真善美的道德精神，人的自然性和道德性彼此对立又相互联系，二者共同存在于人性之中。传统儒学强调人的道德属性，提出了重义轻利、见得思义、大体小体、性命之辨等思想，认为人之高贵和独特之处就是人的道德性、精神性。

孔子强调道德追求相对自然欲求的优先性，以义与利来区分君子和小人，他说道："君子喻于义，小人喻于利。"（《论语·里仁》）君子与小人的区别在于，君子重视的是道义，而小人重视的则是利益。当外在的利益和内在的德性发生冲突时，君子首先坚持的应是道德的优先性，持守"义以为上"（《论语·阳货》）的原则。孔子指出，君子应该"谋道不谋食""忧道不忧贫"（《论语·卫灵公》），他谋求的是道义而不是口腹之欲，忧患的是道义是否能够通达而不是生活是否贫穷。孔子在此所言并非否定正当的自然需要和利益追求，而是强调对物质利益的追求要符合道义的原则。在道义和利益之间，前者第一位，后者其次。故此，他指出："富与贵，是人之所欲也，不以其道得之，不处也；贫与贱，是人之所恶也，不以其道得之，不去也。"（《论语·里仁》）无论是人人所希望拥有的富贵，还是人人所厌恶的贫贱，都应该以道义作为衡量标准。在孔子看来，"不义而富且贵，于我如浮云"（《论语·述而》）。有德性的君子能够超越富贵利达，追求一种德性的满足、精神的愉悦。孔子自身追求"饭疏食饮水，曲肱而枕之"（《论语·述而》）的精神之乐，他也多次称赞颜回"一箪食，一瓢饮，在陋巷，

---

① ［美］成中英：《论中西哲学精神》，东方出版中心1996年版，第44页。

人不堪其忧，回也不改其乐"（《论语·雍也》）的德性操守，这就是《论语》中所言的"孔颜乐处"。

孟子进一步发挥了这种身心关系，提出了著名的大体、小体之辨和性命之辨。

孟子曰："体有贵贱，有大小。"（《孟子·告子上》）那么何为大体、何为小体？结合"耳目之官不思，而蔽于物，物交物，则引之而已矣。心之官则思，思则得之，不思则不得也"（《孟子·告子上》），可以看出，大体指的是"心"，而小体指的则是"耳目之官"。之所以称心为大体，是因为心之官能"思"，拥有道德、理性的能力；之所以称耳目之官为小体，是因为耳目之官服从于人的自然本性和欲求，而缺少道德的反思能力。也就是说，心能够超越其自然官能的限制，去顺从人的仁义道德之性。因此，孟子指出，要修养身心，就应该"先立乎其大者"（《孟子·告子上》），用心之大体去引导和规范耳目之官的小体，使人的自然本性和感官欲求自觉地服从道德理性。反之，如果自然感官这个"小体"反客为主，去指挥与左右人心之"大体"，便会出现"以小害大，以贱害贵"的现象。在孟子看来，人的大体与小体之间是一种从低级需求到高级需求的递进关系。人自身所拥有的自然需求本身并非恶，当身体的自然需求以心所悦的仁义为导向时，这种欲望本身就是善的。只有当自然需求超过一定限度，危害到仁义之心的道德标准时，这种过度的欲望才是恶的。孟子借此提出了"养心寡欲"的思想，认为道德主体应该对自然欲求进行适度的控制，将其限制在道德需求的许可之内，如此才能实现对人心的养护。孟子进一步从性命之辨的角度指出了身心的相互关系，孟子曰："口之于味也，目之于色也，耳之于声也，鼻之于臭也，四肢之于安佚也，性也。有命焉，君子不谓性也。仁之于父子也，义之于君臣也，礼之于宾主也，知之于贤者也，圣人之于天道也，命也。有性焉，君子不谓命也。"（《孟子·尽心下》）孟子在此对"性"与"命"进行了创造性的发挥，他将耳目等自然感官的享受定义为"命"，将仁义礼智等道德追求定义为"性"，前者是人的自然属性，而后者则是人的道德属性。在孟子看来，自然欲求的满足与否取决于外在的天命，不能完全由自己把握，自己能够把握和争取的是道德的修养。因此，真正的君子应该乐天知命，对感官的享受淡然处之，并以德性的操练为精神的满足，在道德的践履中去实现自我的善性。难能可贵的是，孟子既强调身心之间的差异和矛盾，同时也强调身心之间的调节与平衡，并试图建立一种身心一体的关系模式。他提出了"有诸内，必形诸外"（《孟子·告子下》）的思想，即是说，自然属性既区别于道德属性，同时又对道德属性有着某种外显和表征的作用。通过不断的道德践行，"心"的道德活动可以在人的身体上呈现出来，从而使大体与小体在道德活动中融为一体。孟子指出，君子之德，是内在德性和外在德行的统一，他说道："君子所性，仁、义、礼智根于心。其生色也睟然，见于面，盎于背，施于四体，四体不言而喻。"（《孟子·尽心上》）君子能将从天所禀受的仁义礼智之性充实到其形躯之中，从而在其容貌上呈现出清和润泽之貌，并能盈溢于四体的仪态举止之中，使人一眼便能从其外在的躯体中感受到他身上所发出的精神光辉。这体现的便是一种内外合一、身心一体的道德境界。

2. 人道之和谐

人与人之间的和谐是传统和谐观的重要一环。传统哲学是一种整体性、联系性的思维方式，认为人的存在不是原子核式的孤立的存在，而是"生活世界"的存在。人生活在世界上，不可避免地拥有社会性，总是在与他人的相互交往中形成各种人际网络和伦常关系，并在与他人的交往和联系中才能真正成人。在传统的农业社会中，安土重迁的思想模式使这种人伦关系显得更为重要。《中庸》曰："天下之达道五，所以行之者三。曰：君臣也，父子也，夫妇也，昆弟也，朋友之交也。五者，天下之达道也。知、仁、勇三者，天下之达德也，所以行之者一也。"这里所言的"五达道"即"君臣""父子""夫妇""兄弟"以及"朋友"这五种基本的社会关系。传统社会中人伦关系非常密切，如何实现各种人际关系的相互和谐是一个尤为关键的问题。《大学》提出了"修齐治平"的人伦关系法则。"古之欲明明德于天下者，先治其国；欲治其国者，先齐其家；欲齐其家者，先修其身。"这里指出，要想弘扬光明正大的德性，首先要治理好自己的国家；要治理好自己的国家，先要管理好家族的事务；要管理好家族的事务，先要修养好自己的品性。从修身、齐家、治国到平天下，光明美好的德性在人际关系的逐渐扩展中弘扬和呈现出来。为了实现这种道德理想，建构起宽厚处事、人我和谐的人伦关系，传统哲学提出了仁、义、礼、智、信等一系列的道德准则，其中，最为核心的是"仁"与"礼"。

"仁"是传统哲学，特别是儒学的核心价值。"仁"不仅是一个身心的概念，更是一个人际关系的概念。《说文解字·人部》曰："仁，亲也，从人从二。"段玉裁注："'从人二'会意。《中庸》曰：'仁，人也。'注：'人也，读如相人偶之人。以人意相存问之言。'……'人耦（偶）'犹言尔我亲密之词，独则无耦，耦则相亲，故其字从人二。"[1]可见，"仁"从本质上而言，指的是人与人之

---

[1]〔汉〕许慎撰，〔清〕段玉裁注：《说文解字注》第八上，上海古籍出版社1988年版，第365页。

间彼此尊重、相互关爱的一种社会关系。"仁"包括恭、宽、信、敏、惠、克己复礼、刚毅等丰富的内容，其中，最为核心的含义则是"爱人"。"樊迟问仁。子曰：'爱人。'"（《论语·颜渊》）孔子指出，"仁"是人与人相处的核心德性，"仁"首先体现在人与人之间彼此的关爱中，真正的仁者，应该"博施于民而能济众"（《论语·雍也》）、"修己以安百姓"（《论语·宪问》），在整个社会范围内践行仁爱之德。孟子继承和发挥了孔子的仁学思想，他说道："仁也者，人也。合而言之，道也。"（《孟子·尽心下》）他以"仁"定义人，认为人之所以为人的本质属性就是仁德。唯有拥有仁德才是真正道德意义上的人，否则，便是道德意义上的"非人"。孟子曰："夫仁，天之尊爵也，人之安宅也。"（《孟子·公孙丑上》）他将"仁"喻为人类最安适的住宅，将"义"喻为人类最正确的道路，认为真正有德性的人应该以仁义作为生活的道德准则，"居仁由义""由仁义行，而非行仁义也"（《孟子·离娄下》）。

　　传统儒学以忠恕作为行仁之方。"己欲立而立人，己欲达而达人"（《论语·雍也》）是忠恕之道的肯定表达，而"己所不欲，勿施于人"（《论语·卫灵公》）则是忠恕之道的否定表达。这在《中庸》中表达为："施诸己而不愿，亦勿施于人。"曾子将孔子的"一以贯之"之道总结为"忠恕而已矣"（《论语·里仁》）。仁学包含"忠"与"恕"两个方面的内容。朱熹对此注解道："尽己之谓忠，推己之谓恕。"所谓"忠"，就是对自己忠实、诚实，是站在道德修养上对自己的一种道德要求。所谓"恕"，则是在"忠"的基础上对他人的一种推及关系。自己想要在社会中有所立，就要帮助别人也有所立，自己想要通达，也要协助别人有所通达。同时，将心比心、设身处地地为他人着想，自己不想要的东西，也不要强加给别人。这两个方面之间是彼此呼应、相辅相成的关系。这里充分体现出忠恕之道所蕴含的尊重原则与人道精神。孟子也指出："万物皆备于我矣。反身而诚，乐莫大焉。强恕而行，求仁莫近焉。"（《孟子·尽心上》）"反身而诚"是对己之"忠"，"强恕而行"则意味着"恕"，前者是后者的基础和前提，后者是前者的发挥和扩充。人的道德自足，万物皆备，可以在反躬自省中实现自己真实的本性，并在此基础上不断地追求"内圣外王"。孟子曰："人皆有所不忍，达之于其所忍，仁也；人皆有所不为，达之于其所为，义也。"（《孟子·尽心下》）在孟子看来，仁义的践行是在性善论基础上的推己及人。人人都从天道领受了四端之心，将四端之心由近而远、由亲而疏、由内而外地不断推己及人，就能逐渐实现仁义之德。忠恕之道是在对他人的同类意识上的移情范式，要求人与人的伦理交往应以仁爱为旗，共建和谐美好的人际关系。儒学的忠恕之道体现在普遍之仁爱和等差之爱之间的彼此平衡关系中。孟子曰："老吾老，以及人之老；幼吾幼，以及人之幼。"（《孟子·梁惠王上》）他指出，仁爱首先体现在对自己长辈的孝敬和对儿女的关爱中，然后才能推己及人，孝敬别人的长辈、关爱别人的女儿。又曰："君子之于物也，爱之而弗仁；于民也，仁之而弗亲。亲亲而仁民，仁民而爱物。"（《孟子·尽心上》）虽然仁德具有神圣性和普遍性，然而在践行仁道的过程中却不能不表现出次序性、等差性、特异性。践行仁道是一个以孝悌为出发点，并在不断扩大的家国天下的同心圆架构中逐渐外推的过程。仁爱必须先在家庭的孝悌关系中培养，才能继而在普遍的社会向度内逐渐扩展出来。虽然亲、民、物都是应该仁爱的对象，然而对三者的情感态度却呈现出不同程度的等差。对亲人的亲爱之情，不同于对一般民众的仁爱，对民众的仁爱也不同于对物的关爱。仁爱的这种等差原则源于人性的感发机制，合乎自然韵律，兼顾了仁爱的普遍性与特殊性。

　　"礼"是促进社会和谐的重要砝码。我国素来有"礼仪之邦"的美誉，中华民族以礼乐作为重要的文化标志。从先秦时期开始，我们国家就形成了以礼乐为中心的文明形态。礼是一个集宗教、政治、伦理和美学多种因素于一体的整体概念。"礼"在古代社会中履行着不成文法的职责，是人与人之间相处的重要道德规范。孔子指出，"礼"是社会生活的调节器，是整合人际关系的重要纽带，"非礼勿视，非礼勿听，非礼勿言，非礼勿动"（《论语·颜渊》），礼规约着人的视听言动等具体的行为。孔子理想的社会是"道之以德，齐之以礼"（《论语·为政》）的德治与礼乐社会。孔子曰："不学礼，无以立。"（《论语·季氏》）他认为不知礼，就无法在社会上立足，因此他要求弟子"博学于文，约之以礼"（《论语·雍也》）、"克己复礼为仁"（《论语·颜渊》），在"礼"的精神引导下为人处世和安身立命，学会待人有礼。荀子的思想以隆礼重法著称，并将礼学发扬光大。荀子作《礼论》，认为礼是人在社群生活中必要的社会规范，礼的制约和熏陶是人格完善、社会和谐的重要因素。荀子指出，人与动物的一大区别在于"人能群"，而"分"是"群"的基础。要实现明分使群的社会秩序，就要加强礼乐教化，故曰："礼者，法之大分，类之纲纪也。故学至乎礼而止矣。夫是之谓道德之极。"（《荀子·劝学》）他认为礼是人道之极，通过"尽伦""尽制"，礼在社会生活中起着和谐人际关系、维护社会秩序与政治稳定的重要作用。荀子对礼的重视源自其性恶的人性论假设，认为只有通过礼法的教化，人性之恶和人情之欲方可得到矫正，从而达成化性起伪的目的。

　　古圣贤哲以修身为前提，希望实现家庭和谐、国家稳定和天下太平，并最终达至天下大同的理想社会。古人的这种美好愿望集中地体现在《礼记·礼运》中：

"大道之行也，天下为公。选贤与能，讲信修睦，故人不独亲其亲，不独子其子，使老有所终，壮有所用，幼有所长，鳏寡、孤独、废疾者，皆有所养。男有分，女有归。货恶其弃于地也，不必藏于己。力恶其不出于身也，不必为己。是故谋闭而不兴，盗窃乱贼而不作，故外户而不闭。是谓大同。"此处构想的理想社会的最大特点就是"天下为公"，即财产公有，人与人之间平等共处、互敬互爱、和睦融洽，没有冲突或斗争。这种天下为公的大同社会虽然带有乌托邦的空想性质，但从文化和思想深处却表达了古人对社会和谐的美好愿景，并成为历代有识之士奋斗不已的伟大理想。

3. 天人之和谐

天人合一是传统文化的一个重要命题。宋儒张载在《正蒙》中首先使用了天人合一的概念，并提出"民吾同胞，物吾与也"的命题。他指出，天地万物是人类的朋友，万物与人在本质上具有一致性，人应以友爱、和善的态度对待自然，实现天人合一的和谐境界。天人合一的思想在我国由来已久，在传统的农耕文明中，先民日出而作、日落而息，在与自然的长期相处中不自觉地产生了对自然的感恩和敬畏之情，并在此基础上形成了独具特色的天人合一的自然理念。天人合一在传统哲学中有着宗教学、伦理学、生态学的多重意蕴，强调天道与人道、自然与人为之间的和谐与统一。自然生态意蕴上的天人合一是古代哲学的一个重要发明，也是古人认识自然的思想结晶。传统儒学天人合一的和谐宇宙观源于《周易》中"天地感而万物化生"的宇宙图式。在这种宇宙图式中，宇宙万物都是天地感应而生，人与自然都是天地创生的产物，共同体现了天地生生之理，二者在本源上平等、在关系上共存，这在发生学上奠定了人和自然万物各自独立的价值意义。因此，天地既不是人类的主宰，也不是人类可以征服的对象，人与自然之间的关系绝非主客体的对立，而是一种情谊的联结。人应该"裁成天地之道，辅相天地之宜"（《周易·泰·象传》），在尊重和遵循自然规律的基础上辅助天地之化育，使人与自然万物共同构成一个整体和谐的宇宙有机体。这种天人和谐、均衡统一的生态思想，便启动了传统儒学中生态伦理的历史进程。传统哲学向来有天、地、人三才之说，"天""地""人"并称为"三才"，三才之间的有序和谐形成"天地人和"，这种人与自然和谐共处、共生共荣的理想境界充分体现了传统哲学的生态智慧。

孔子有着"仁者乐山，智者乐水"（《论语·雍也》）的生态情怀，提倡人与自然之间的和谐共处。他特别欣赏曾点"莫春者，春服既成。冠者五六人，童子六七人，浴乎沂，风乎舞雩，咏而归"（《论语·先进》）的怡然志趣，并发出了"吾与点也"的感叹。他也提出了"钓而不纲，弋不射宿"（《论语·述而》）等具体生态保护措施，反对对自然竭泽而渔地索取，主张尊重和保护自然，促进人类社会的可持续发展。孟子在性善论的基础上提出了仁民爱物的生态思想。他指出，自然与人共同构成了宇宙的整体，自然万物理应成为人所仁爱的对象，因此，人应将仁爱之心由己及人、由人及物不断地扩充开来，尊重、关爱自然，维护和促进人与自然的和谐发展。孟子曰："天之高也，星辰之远也，苟求其故，千岁之日至，可坐而致也。"（《孟子·离娄下》）这里的"故"就是自然规律之义。孟子指出，人既要尊重和保护自然，同时也应积极认识和发现自然及其规律，并以此为根据合理地安排生产、生活活动。孟子说道："不违农时，谷不可胜食也；数罟不入洿池，鱼鳖不可胜食也；斧斤以时入山林，材木不可胜用也。谷与鱼鳖不可胜食，材木不可胜用，是使民养生丧死无憾也。养生丧死无憾，王道之始也。"（《孟子·梁惠王上》）在此，孟子指出了"时禁"和"无伤"的生态原则，所谓"时禁"，就是因时而禁，要求人民根据四时的交替变化来合理地取用于自然，维持生态系统的平衡与稳定，古时春耕、夏耘、秋收、冬藏的生产规律体现了这种时禁的原则。所谓"无伤"，就是指人应在维护生态良性循环的基础上取用于自然。这些原始而朴素的生态原则，体现了传统哲学"民本物用""顺时生养"和"仁爱自然"的生态智慧，使人在尊重自然、仁爱万物中维护自然生态的生生不息，促进了人与自然的和谐共处，充分彰显了传统哲学正德、利用、厚生的特点。

《中庸》曰："诚者，天之道也，诚之者，人之道也。"人作为宇宙的精华、万物的灵长，从至诚的天道中禀受了"诚"的本质。天道之诚在于生生不息之大德，人作为"思诚"者更应遵循天道生生的道德原则，主动保护自然，促进自然生生不息。因为，人类作为具有善性、良知的道德主体，拥有从上天而来的仁爱情怀，最具爱的能力和禀赋，应该效法天的"生生之德"去关爱生存于其中的自然。在这里，我们看不到人是自然的主人的论断，也看不到人与自然绝对平等的宣称，有的只是人对自然的关爱和守护。人的高贵和优越之处，不是体现在对自然的征服上，而是体现在对自然的关爱上。《中庸》曰："是故君子诚之为贵。诚者非自成己而已也，所以成物也。成己，仁也；成物，知也。性之德也，合外内之道也，故时措之宜也。"人在宇宙万物中有着独特的地位，能够遵循天道，顺应天时，能够积极效法天道之诚，不断地存养扩充心中的良知和善端，实现"成己"，即使自己成为一个有道德的人，进而在"成己"的基础上去"成物"，体现出对自然万物的仁爱和呵护，做到天有其时、地有其财、人有其治的互动和谐，并最终达到"赞天地之化育"甚至"与天地参"的至高至仁境界，实现天、地、人三才之间的和谐统一。人与自然的中和之美是宇宙之大美，人与自然的共生共存、平衡协调构成了宇宙的生生不息和欣欣向荣。

（三）和谐的原则——中庸之道

　　谈到和谐，不可避免地要提到中国传统哲学中一个重要的道德范畴——"中庸"。中庸之道并非我们一般意义上所谓的明哲保身、走中间路线的折中调和之道，在中国传统哲学中，中庸之道被认为是最高的道德标准和为人处世的根本原则。按照传统的解释，"中"有中正、中和、不偏不倚之义；"庸"则有"平常""经常"之义，"中庸"即不偏不倚、无过无不及的平衡协调之道和合情、适度的处事态度。孔子首谈中庸之道，他认为中庸是一项极高的德性，很少有人能做到中庸之道，故曰："中庸之为德也，其至矣乎！民鲜久矣。"（《论语·雍也》）孔子对中庸的理解可以结合其"过犹不及"（《论语·先进》）的思想进行阐释，指的是一种反对走极端、主张中道而行的道德原则。

　　《中庸》一书将孔子的中庸思想发扬光大，丰富和发展了中庸之道，使中庸从一个方法论、道德论的概念发展成一种集本体论、境界论、道德论、方法论等诸多的含义于一体的整体概念。《中庸》曰："中也者，天下之大本也；和也者，天下之达道也。"朱熹在《中庸章句》题下注曰："中者，不偏不倚，无过不及之名。庸，平常也。"又引程颐曰："不偏之谓中，不易之谓庸。中者，天下之正道；庸者，天下之定理。"（《四书章句集注·中庸章句》）后人对"中庸"一词的理解，往往参照朱熹和程子的观点。但无论朱子还是程子，对中庸的解释都偏于一隅。其实，中庸的内涵非常丰富，并不仅仅意味着过犹不及、不偏不倚的适度原则。从"中也者，天下之大本也"中可知，《中庸》视"中"为天地宇宙的本原，从而将"中"提高到了一个超越的本体论高度。笔者就曾指出，"中"从本原意义上指的是阴阳合德，它源于古人的生殖崇拜，并继而引发出对世界宇宙和性命之源的猜测。"中"是中国人一切学问的源头，一切学问的根本。因为它要解决的问题是：我是从哪里来的？我是谁？我要向何处去？①这是《中庸》对中道思想的重大发挥。"天下国家可均也，爵禄可辞也，白刃可蹈也，中庸不可能也。"在《中庸》的作者看来，"中"是一种"极高明而道中庸"的道德学问，是需要不断的道

---

①欧阳祯人：《从〈周易〉的角度看〈保训〉〈中庸〉的"中"》，《深圳大学学报（人文社会科学版）》2013年第3期。

德操练才能达到的一种高妙境界，故曰："中庸其至矣乎！民鲜能久矣""君子依乎中庸，遁世不见知而不悔，唯圣者能之""天下国家可均也，爵禄可辞也，白刃可蹈也，中庸不可能也"。愚夫愚妇难以持守中庸之德，唯有君子能够依照中庸而行，真正能做到中庸之道的，只有圣人。从中我们可以发现中庸之道所充满的德性情操。此外，《中庸》中也提出了"时中"的概念，"君子之中庸也，君子而时中"，"时中"乃是随时以处中之义。"中"是一种恰到好处的状态，"中"不是一成不变的僵死原则，不是在两个极端之中取平均数，而是处于一种因时而变的动态过程。"时中"要根据不同的地点、时间和条件进行调整，因时、因地、因人而通权达变。孔子也提出了"可分立，未可分权"的权变原则，即立足于具体情况，在坚持原则的基础上有所变通。孟子也说道："执中无权，犹执一也。"（《孟子·尽心上》）他认为一味执中而不知权变，则与"执一"同样错误。只有根据具体情况进行变通权衡，才能更好地坚持中庸之道。

（四）和谐思想的现代价值和自我转化

综上所述，传统文化中和谐理念的本质精神在于寻求不同因素之间的互补和协调，是多样性的统一和整体的和谐。和谐的境界以人自身的身心和谐为起点，在修身养性中实现道德人格的完善，在此基础上实现人我之间的和谐，在仁德的引导和礼乐的规范下形成和睦融洽的人伦关系，并进而实现人与天地自然之间的和谐，最终达到"参赞化育"的天地人和理想境界。自我和谐是人格的自我完善，在道德与欲望、道义和利益之间寻求一种平衡；人我之间的和谐是一种人伦常情，在自我与他者、私利和公利之间实现一种均衡；人与自然的和谐则是一种宇宙情怀，在人与万物、人伦与物伦之间达成一种协调。这种天地人之间普遍的和谐思想有着超越时空的价值，不仅影响和制约着传统社会的方方面面，而且对构建社会主义和谐社会同样具有重要的借鉴价值。可以说，党的十六大提出的社会主义和谐社会的奋斗理念，与传统的和谐思想之间是一脉相承的关系，传统的和谐思想是当今和谐社会构建的思想源头和价值基础，当今的和谐社会构建则是传统和谐思想在现代社会的发扬光大，是和谐思想发展的新阶段和新内容。在建构社会主义和谐社会的今天，既要体现时代的鲜活精神，又要充满文化的厚重底蕴。传统文化中丰富且独特的和谐思想，在经过现代化的洗礼后，可以为建构社会主义和谐社会提供重要的启示。

在身心和谐方面，传统身心和谐理念为现代人的人格完善提供了重要的精神家园。在现代化进程中，人们物质生活得以改进和提升，却无形中造成了精神生活的空虚和价值的迷失。人们过度追求物质需要和欲望满足，反而忽视了心灵安息和精神充实，从而导致人的"物化"，以及由此带来的身心失调、道德滑坡、人格分裂等社会问题。面对现代人的精神危机和价值失衡，我们需要积极借鉴古人的生活智慧。传统身心和谐思想中的"义利之辨""性命之辨""重义轻利""见利思义"等思想可为现代人的精神生活提供重要指导，使人们能正确处理道义与利益、外在与内在的相互关系，使自己成为一个身心全面协调发展的完整的个体。就国家整体治理而言，也要妥善协调物质文明和精神文明之间的相互关系，使物质文明成为精神文明建设的物质基础和现实保证，使精神文明成为物质文明快速发展的价值源泉和精神动力，而不能顾此失彼。在人与人的和谐方面，传统的人际和谐理念为现代社会人际关系的改善提供了重要的思想资源。在市场经济为主导的现代社会，人与人之间的关系也变得功利化、世俗化，特别是因物质利益冲突导致的人情淡薄、社会冷漠，甚至相互欺骗、彼此敌视，这种人际关系的扭曲和异化成为一个严重的社会问题。传统文化中"和为贵""修齐治平""内圣外王""忠恕之道"等人际关系的和谐思想对现代人际关系的改善有积极的启迪作用，使人能正确地协调自我与他人、个体与群体以及群体与群体之间的相互关系，先"内圣"后"外王"，以忠恕之道为原则，以一定的社会规范为指导，在自我修养的基础上不断地践行仁爱之道，逐步实现家庭和睦、邻里和睦、民族和睦乃至社会和睦的美好理想。同时，也应该从制度层面建立、健全各种规范和法规以及社会保障机制和利益协调机制，为社会的公正与和谐提供政策的支持与法律的保证，全面统筹协调各种社会关系，维护社会的公平正义与互利共赢，营造诚信友爱、安定有序的社会关系，促进社会各方面的全面、协调、可持续发展。在人与自然的和谐方面，传统文化关于天人和谐的思想也能为缓解或解决现代社会的生态危机起到积极的借鉴作用。在现代化进程中，一味地追求经济高速发展造成了人与自然之间的冲突和矛盾，环境污染、生态失衡、能源危机等问题层出不穷，这些问题无疑是破坏"天人和谐"所造成的恶果。面对生态危机，传统天人和谐的生态思想为我们提供了一种天人互动、和谐共存的生态模式。"亲亲仁民爱物""成己成物""参赞化育""民胞物与"等思想体现出了一种宗教性、宇宙性的生态情怀，充满了美学和诗意的情趣。传统生态思想以天人和谐为目标，在对自然的敬畏中探索自然的规律，在对自然的关爱中体现人的价值和德性。这种生态思想与我们今天的科学发展观的和谐社会理念之间有着内在的契合之处。我们需要时刻树立人与自然和谐发展的生态理念，改变"人是自然的主人"的传统观点，调整对自然的工具主义和功利主义倾向，不应为了片面地追求一时的经济利益而牺牲了自然生态，应努力实现经济增长方式从粗放型向集约型转变，达成经济效益与生态环境的平衡与统一，在人与自然的良性平衡和共生中实现社会的可持续发展。只有这样，才能真正建设资源节约型、环境友好型的人与自然和谐相处的和谐社会。"天生之，地养之，人成之"，人作为天地之秀、万物之灵，在生态危机中我们可以做得更多。

当然，我们一方面强调传统和谐思想的现代价值及其启迪意义，另一方面，我们也不应该忽视传统和谐思想本身所固有的理论不足和历史局限性。传统和谐思想虽然旨在寻求个人身心、个人与个人、家庭与家庭、群体与群体、国家与国家以及人与自然之间的和睦共生之道，然而，限于传统的历史条件和思想限制，传统和谐思想也表现出其自身的弱点与不足。在人的身心和谐方面，传统和谐思想在强调身心和谐一致的同时，又过分凸显了"心"相对于"身"、"义"相对于"利"而来的绝对优先性，从而在某种程度上导致了对人的欲望的限制，"存天理灭人欲"就是这种思想的延伸；在人与人之间的和谐方面，传统和谐思想在强调社会有序和谐和彼此仁爱的同时，又过分强调长幼尊卑、高下有等的礼法秩序，从而在某种程度上忽视了个体的权利和自由，传统的"宗法制""家长制"就是这种思想的产物；在人与自然之间的和谐方面，传统和谐思想在强调天人合一的同时，又过分渲染了自然的诗意与画意，缺少了对自然必要的探索与追问，从而导致了传统社会科学技术发展的相对滞后。因此，传统和谐社会要真正融入现代社会，就必须脱去陈腐的"外衣"，呈现出和谐的真谛，必须经过现代化的洗礼和更新之后，才能实现自身从传统到现代的创造性转化。

第三章　传统美德与社会层面的价值观涵养

第一节　儒学自由观的精神特质与现代转向

自由这个命题从古至今都是人类共同的价值追求。卢梭曾说："人生而自由，却无往不在枷锁之中。"人的这种"枷锁"状态，使自由成为人类追逐的终极梦想。"不自由，毋宁死"，热爱自由、向往自由是人的天性，是人类全面发展的前提，更是人类生命尊严的源泉。人只有拥有自由，才能真正成为人，没有自由，人便失去了做人的尊严。在历史上，对自由的争取始终是推动人类社会进步的动力之源，人类社会发展的历史就是一部不断向往自由、获得自由的奋斗史。然而，对于自由到底是什么，则众说纷纭，不同的哲学及其流派对自由有着不同的界定。中西方传统哲学都积淀了丰富的自由传统。但在对自由的探索和追寻中，中西方哲学却有着对自由的不同解读。在西方传统中，自由"liberty"一词源自拉丁语*liberta*，意指从某种束缚中解放出来。与"liberty"相类似的词还有"freedom"，同样也表示不受束缚。二者的区别在于，freedom指的是人们可以按照自己的自由意志行事，无拘无束，所指范围较为广泛，泛指政治、经济、社会等各方面的自由；liberty则侧重于政治、经济等领域的自由，指的是人们可以摆脱某种强制性，特别是人权的自由、自主、独立等。总体而言，西方社会的自由是一个政治学或经济学的范畴，其基本含义是指人的意念和活动不受限，强调人的自觉、自愿、自主和自由意志的重要性。近代以来，随着启蒙精神和理性精神的崛起，西方社会的这种自由传统进一步发扬光大，并对西方社会乃至整个世界都产生了深远的影响。自五四运动以来，我国所宣扬和推崇的便是西方的这种"自由"。需要指出的是，自由对于我们而言绝非只是舶来品，中华民族从来就是一个热爱自由的民族，自由在中国哲学中也是由来已久。中国传统的自由观早在先秦诸子百家争鸣时期就初步形成，在随后的历史发展过程中不断地丰富和完善，并最终凝聚成系统、完整的思想体系。这种自由观为人类的修身养性和安身立命提供了超越的精神动力之源。儒学作为传统哲学的主流哲学，尤其关注人类的心灵自由，强调人的精神的安顿，是一种关注生命的学问。与西方关注政治或经济意义的自由观相比，传统儒学的自由观更多地体现为一种德性的自由、境界的自由。这种自由以"人皆可以为尧舜"为理想目标，以人性之善为心性根据，通过"性命之辨"的思辨结构，使道德主体能够自由地活出本真的自我，在"从心所欲不逾矩"中获得德性的快乐和心灵的安适。

（一）德性自由的人性前提——"四端之心"

若说西方的自由思想是建立在性罪论之上，通过相互间的监督和制衡来维护人与人之间的自由，那么，我国传统的德性自由则是以性善论为依据，通过挺立主体精神和拔升理想人格来达成德性的自由。众所周知，性善论长期以来是我国传统哲学的主流。虽然历史上也曾存在着性恶论、性不善不恶论等人性论，但性善论的主导地位在我国从未动摇过。性善论孕育于殷周时期的人文精神和德性理念，萌生于孔子的仁学和子思的天命观，并最终在孟子那里成熟为完善的性善论体系。孔子并没有明确提出性善论的思想，但从"性相近也，习相远也"（《论语·阳货》）中，我们可以洞悉出其"性相近"所潜在的性善论的含义。既然人与人之间的差异不在于人性本身，而在于后天的教化，那么，人性中必然有性善论的基质才能保证后天教化的完成。《中庸》曰："诚者，天之道也；诚之者，人之道也。"对天道而言，至诚无息是其本真的状态，是自然而然的；对人道而言，应该在体证天道的基础上不断地追求诚信。所以，"天命之谓性，率性之谓道，修道之谓教"（《中庸》），人性源自德性之天，天之所命即为人之禀性。因此，人性在本质上也应是诚的、善的。依照人的这种本性去行事为人即是人之道，按照道的原则去修养即是教化。在此，子思思想的侧重点，不是至诚的天道，而是"诚之者"的人道。天道之诚虽然高妙幽深，但唯有通过人道的"率性"和"修道"的道德修为才能活泼地在生活世界表现出来，人在修身养性的道德实践中才能实现人性之本真，实现人性之本真即是对天道的弘扬。

孟子的人性论是先秦儒学人性论的集大成者。孟子性善论的提出，是先秦时期人性论的成熟表达，标志着心性之学发展的全新阶段。通过孟子的阐发，儒学的人性论达到了前所未有的高度。牟宗三先生将正统儒家的人性论分为两路：一是天命之谓性，以《中庸》《易传》为代表，是宇宙论的道路；二是仁义内在，以孟子的心性说为代表，是道德论的进路。这两种进路可以合而为一。前者是宇宙论的进路，后者则是道德论的进路。①其实仔细分析，孟子的人性论兼有宇宙论和道德论的进路。一方面，孟子继承了子思人性论思想的天道宇宙观进路，从天人关系的超越高度为人性之善找到了神圣的依据。孟子曰："是故诚者，天之道也；思诚者，人之道也。"（《孟子·离娄上》）天道是至诚无伪的德性本体，而人道则以"思诚"的方式感悟天道、践行人道。在孟子看来，人所拥有的善性，人所禀赋的良知、良能都是天之所赋。天道通过创造之真已落实到人道之中便是人性之善，因此，道德主体可以在"尽心知性知天""存心养性事天"的道德修养中跃入宇宙大化之流，达到与天共融的道德境界。可见，孟子天命性情的宇宙论进路，表现出人之心性所具有的超越性和宇宙性。它既保留了传统天道观的神圣性和至上性，又由天道而人道，使心性修养成为天道的实现形式，从而树立起道德主体积极有为的德性形象。另一方面，孟子立足道德主体本身，从道德的思路为人性之善找到了坚实的现实根基。他从"人乍见孺子将入于井"的现实事例中指出了人所皆有的"怵惕恻隐之心"。所谓"怵惕恻隐之心"即人的不忍之心，是人类对同类同胞的生存困境所拥有的同情之心、关切之情。"乍见"一词乃是神来之笔，形象地描述出人们的恻隐之心是人性直接、当下的自然呈现，是一种超功利的心理感应，使人能够在具体境界中随感而发，自发、自然地表现出对同类他者的关爱和同情。孟子继而从恻隐之心推出了人所皆有的四端之心。孟子曰："恻隐之心，人皆有之；羞恶之心，人皆有之；恭敬之心，人皆有之；是非之心，人皆有之。恻隐之心，仁也；羞恶之心，义也；恭敬之心，礼也；是非之心，智也。仁义礼智，非由外铄我也，我固有之也，弗思耳矣。"（《孟子·告子上》）恻隐之心、羞恶之心、恭敬之心、是非之心称之为人的"四端"，这四端之心不是从外部加给人的，而是人从天道所领受而来的自然禀赋，是人先天具有的自然善端。正是这四端之心成为"人之所以异于禽兽者几希"（《孟子·离娄下》）之处。可见，孟子从心性之学的角度，从人的自然情感中挖掘出人性之善的潜质，并从人的道德体认中发现人心所固有的道德禀赋。这种性善论的道德进路积极肯定了人作为道德主体所拥有的自主性和主体性，从而为"天命之谓性"找到了现实的保证。

伽达默尔指出："道德是在自由中被接受的。"②自由是德性存在的逻辑前

---

①牟宗三：《中国哲学的特质》，台湾学生书局1965年版，第52页。
②［德］汉斯-格奥尔格·加达默尔：《真理与方法——哲学诠释学的基本特征》（上卷），洪汉鼎译，上海译文出版社1992年版，第359页。

提，唯有在自由的基础上，德性才是可能的。对儒学而言，性善论使德性的自由成为可能，而自由则使德性成为可能。儒家的德性自由主要意味着一种"积极的自由"，即作为道德主体的人在德性领域拥有"主动"意义的自由，是一种自律基础上的自由，他能基于自己的自主意志而非外在的力量去积极地过一种德性的生活。因为，通过性善论，道德主体能够形成一种以自律为特征的为己之学。为己之学是儒家道德思想的传统表达，所谓的"为己"，并不是为了"一己之私"之义，而是说，学问之道在于形塑自我、修养自身，而不是为了做给别人看。在德性面前，人可以是自己的主人。这种为己之学强调道德主体在道德领域的自律性和自主性。孔子曰："仁远乎哉？我欲仁，斯仁至矣。"（《论语·述而》）在他看来，能否仁德，关键不在于遥远的天命，也不在于外在的压力，而在于道德主体的主观意向性，是一种内在的道德自觉。在道德的领域，道德主体拥有道德选择的能力，能够通过反躬自省，在下学而上达中逐渐达到与天冥合的道德境界。孟子将这种德性的自由解释为："可欲之谓善。"（《孟子·尽心下》）"可欲"指的就是人的一种自由意志。道德学问的关键就在于"求其放心"，即发挥德性的自觉，将丢失的四端之心重新拾回。孟子认为："万物皆备于我矣。反身而诚，乐莫大焉。强恕而行，求仁莫近焉。"（《孟子·尽心上》）人的德性自足，只要发挥道德的自由意志，反思内心之诚，就能够在反躬自省中实现自己真实、善良的本性。孟子曰："凡有四端于我者，知皆扩而充之矣，若火之始然，泉之始达。苟能充之，足以保四海；苟不充之，不足以事父母。"（《孟子·公孙丑上》）只有不断地扩充存养四端之心，才能使性善之德像刚燃之火、刚涌之水那样充满生命与活力。

可见，儒家的人性论既拥有超越的天道境界，又充满人性的温情，既崇高宏远又谦逊精微，富含宗教学、形而上学、伦理学和心理学等多重内涵，从而使人在上下与天地同流中回应超越的天命。正如牟宗三先生所言："开辟生命之源、价值之源莫过于儒家，察业识莫过于佛，观事变莫过于道。"①儒学的人性论正是通过人所皆有的四端之心为人们希圣希贤的德性自由奠定了心性的保证，从而使"人皆可为尧舜"成为可能。性善论之所以能在后世发扬光大，就是因为这种观念从人性的深层找到了道德伦理的根基，使人能在自身中找到生命的价值，从而为人的精神自由和道德生命提供永不枯竭的动力之源。性善论不仅对中国几千年来的文化传统产生了极为深远的影响，而且从某种程度上也奠定了中国文化的基本特征，是中国传

①牟宗三著，罗义俊编：《中国哲学的特质》，第186页。

统文化人文理性、道德情怀和宗教精神的集中体现。

（二）德性自由与性命之辨

文化传统和社会环境的差异塑造了中西方自由观的不同精神气质。与西方传统强调权利的自由不同，儒家自由指的是一种精神状态或境界，主要体现为德性的自由、心灵的自由。其中，"性命之辨"则是理解儒学德性自由的一个重要思想。在古代社会，"命"是一个关于天地神人的重要概念。《说文解字》训为："命，使也，从口从令。"甲骨文中"命""令"不同，"命"字形如同一人屈身于屋宇之下，作受命之状。这里所谓的"命"，是上天所赋予的命运或使命，故曰"天命"。傅斯年先生在《性命古训辨证》一书中总结出东周之天命说的五种趋势，分别是："一曰命定论，二曰命正论，三曰俟命论，四曰命运论，五曰非命论。"[1]三代以前，天命观念主要体现为命定论或命运论，"命"被视为至高无上的天对人生的一种绝对命令，这种命令不以人的意志为转移，并规定着人类社会的更替变迁和人生的生死祸福。在这种神圣而不可知的天命面前，人只能对之诚惶诚恐、虔敬侍奉。自周革殷命以来，在"忧患意识"的跃动下，天命逐渐从它的幽暗神秘的气氛中摆脱出来，而成为人们可以通过自己的行为加以了解、把握，并作为人类合理行为的最后保障。[2]这种渗透着人类理性和人文气息的天命观，更多地体现为一种命定、命正论或俟命论。到了诸子百家争鸣时期，先秦儒学一方面保留了命运论和命定论的积极成分，以此提高人们对神圣天道的敬畏之心，另一方面，进一步将俟命论和命正论发扬光大，对天命作了道德化和义理化的解释。

孔孟儒学的天命观充分体现了从命运义、命定义向命正义、俟命义的转向。《论语》中"死生有命，富贵在天"（《论语·颜渊》）、"获罪于天，无所祷也"（《论语·八佾》）、"道之将行也与，命也；道之将废也与，命也"（《论语·宪问》）所指向的就是命运论和命定论的天命观。孔子并不否认人的局限性以及人生的不可知性，将这种人力不可及之处归于天命。他认为君子应心存三种敬畏之心，其一就是对天命的敬畏，并指出："不知命，无以为君子也。"（《论语·尧曰》）但是孔子并没有将思想的重心放在对天道的恐惧或崇拜上，他所关注的焦

---

① 傅斯年：《性命古训辨证》，上海古籍出版社2012年版，第136页。
② 参见徐复观：《中国人性论史·先秦篇》，第23—28页。

点在道德性、义理性的天命。在这里，人本思维显然已经取代了神灵思维并占据了天命观的核心地位。天命观的落脚点在于人及人的德性。孔子曰："天生德于予，桓魋其如予何？"（《论语·述而》）孔子以德性之天作为安身立命的精神支柱，这种德性之天赋予人以德性，相应地，天之所命即道德的使命，这种天命是道德的神圣之源。人只有以仁义之德作为生命的终极关切，在知天命的基础上形成道德的自觉和主动，才能完成上天所赋予的道德使命。

在孟子这里，天命论中同时也含有命定论和命正论的内涵，并通过天性情的思想结构将重心从前者转移到了后者上。如果说"莫之为而为者，天也；莫之致而至者，命也"（《孟子·万章上》）所指向的是一种外在于人的异己的神圣力量，那么"诚者，天之道也；思诚者，人之道也"（《孟子·离娄上》）所体现的则是一种天人合一之道。天道与人道以"诚"相连通。每个人都拥有从天之道而来的四端之心。扩充四端之心，不断涵养自己的仁义礼智之德，是上天所赋予的道德命令。性命之辨是孟子思想中的一大命题，也是我们认识儒学德性自由的核心所在。孟子曰："口之于味也，目之于色也，耳之于声也，鼻之于臭也，四肢之于安佚也，性也，有命焉，君子不谓性也。仁之于父子也，义之于君臣也，礼之于宾主也，智之于贤者也，圣人之于天道也，命也，有性焉，君子不谓命也。"（《孟子·尽心下》）在此，孟子对"性"与"命"之间的关系进行了创造性的阐述。他将常人所以为"人性"的味色声嗅等感官享受定义为"命"，而将仁义礼智等人伦道德定义为"性"。之所以将感官享乐定义为"命"，是因为物质享乐的满足与否取决于外在的天命，故此，人应该在这种物质欲望面前淡然处之，随性自适。之所以将道德追求视之为"性"，因为德性的追求是天之所命，人之本分，因此，人应该专注于道德的修养，努力在反求诸己中实现人性之善。孟子言道："求则得之，舍则失之，是求有益于得也，求在我者也。求之有道，得之有命，是求无益于得也，求在外者也。"（《孟子·尽心上》）对有德性的君子而言，"命"是一种自我所不能掌控的客观规定性，人生的通达困顿、福祸夭寿等一切境遇，都是"求在外者"，是天之所为，天之所分。而"性"则不同，"性"是道德主体的一种内在禀赋，是可以通过道德主体的努力争取和把握的。人是否能扩充自己的良知、良能去成为一个有德性的君子、贤人甚至圣人，都是人之所为，是人之所分。故此，每个人都应该以德性作为人之本分，以自身的四端之心去体证天道、居仁由义，从而实现"大行不加，穷居不损"的道德境界。这种对德性的追求本身就是"尽心知性而知天""存心养性而事天"的过程。通过"在我者"与"在外者"的区分，孟子在敬畏天道的同时，也在不自觉中融入了人类主体精神的暗流，使人在冥秘的天命面前找到了一份自信。他既意识到道德在命运义的天命面前的有限性，同时又将人的自由放在了德性的领域，从而使人能从心性之善出发，在不断存养扩充自己的四端之心中践行天之所命。此外，孟子还创造性地提出了"正命"的思想。孟子曰："莫非命也，顺受其正。是故知命者，不立乎岩墙之下。尽其道而死者，正命也；桎梏死者，非正命也。"（《孟子·尽心上》）所谓的"正命"，就是尽心行道而死，是一种德性的生命，这种生命以道义为基本原则，在修身以德中不断地践行仁义礼智的德行。孟子"正命"观体现了人在德性上的自主与自由，它将天道内化于人的主体之中，将天对人的道德使命落到道德主体的道德修养中，从而使人们在对天道的敬畏和依赖中重新获得了主体存在的勇气和自主的权利。

可见，儒学的自由是儒家哲学德性中的洒脱与逍遥。如果说外在之"命"是一种不自由、一种外在的限制的话，那么，内在之"性"则是一种德性的自由、精神的闲情。正是这种德性的自由，使士人君子能够超越外在的荣辱得失和富贵利达，不以物喜、不以己悲，在德性生命的提升中实现精神上的自由和心灵的无拘无束。

（三）德性自由的外在展开——内圣而外王

儒家的德性自由观与西方自由观的另一大区别在于：西方的自由观强调个人的自由、个体的解放。从希腊哲学开始，西方哲学就将自由与"不道德"联系在一起，希腊文化的自由表现为对原始血缘关系的破坏，基督教更将人的自由意志与人的犯罪堕落联系在一起。近代以来，西方的自由主义则表现为一种原子式的"契约个体"。而儒学的自由观则与之不同，它所崇尚的是一种"德性的个体"，在强调个人德性自由的同时，也重视德性在群体中的自由，这充分体现了儒学一贯的内圣外王之道。如果说，个体的道德修养是内圣的话，那么，群体的和谐则是外王。因为对儒学而言，自由绝非"想怎样就怎样"的放任自流或为所欲为。因为，人是群居性的存在，德性的养成绝不是独行侠那样的独自修行，而是与社会诸关系中的他人相互交往和沟通的过程。正如孔子所言："鸟兽不可与同群，吾非斯人之徒与而谁与？"（《论语·微子》）人只能生活在人类社会中，生活世界是人类德性修养的大舞台。离开了人类社会环境，人就无所谓德性，更不用谈德性的自由了。儒学思想的一大特征就是整体性思维和联系性思维。这种思维方式在很大程度上决定了德性自由的社会向度，它重视个体与群体之间的相互关系，并以整体和谐为终极目标。传统社会是一个讲究人伦关系、等差有序的社会，形成了"父子有亲，君臣有义，夫妇有别，长幼有序，朋友有信"（《孟子·滕文公上》）的伦常关系。对儒学而言，每一个人都是整个社会关系网络中的一分子。因此人不是一个原子式的独立的个体，而是一个关系范畴中的个体，人自出生，在其扮演的社会角色中与社群中的他者互动，并在每一次的社会交往中丰富和完善自身。《大学》曰："古之欲明明德于天下者，先治其国；欲治其国者，先齐其家；欲齐其家者，先修其身。"修身方能齐家，齐家方能治国，治国方能平天下。修身不只是为了"独善其身"，更是为了"兼济天下"。修身、齐家、治国、平天下是一个相互连贯而统一的过程，整个社会关系就是这样以修身为核心一圈一圈地"推"出去的。儒学总是将人放在整个社会关系的网络中来进行解读，认为人的德性的自由必须置身于这一家国天下的总体构建中才是完整的。德性的自由只有透过与他人的相互关系才能更好地呈现出来。个人必须融入整个人群中去，他越深入到人群之中，就越能更好地实现自我的本真之善，越是扎根于现实的社群生活中，就越能更多地彰显自我的德性。

　　传统儒学关于人伦关系的相处之道有一个著名的"金律"，即忠恕之道。在《论语》中被表达为"己欲立而立人，己欲达而达人"（《论语·雍也》）、"己所不欲，勿施于人"（《论语·卫灵公》），前者是忠恕之道的肯定表达，后者则是忠恕之道的否定表达。"忠"与"恕"是儒学德性操练的两个重要方面，"忠"是对己之忠，即忠实于自己的良善本性，是道德主体对自我的德性要求；而"恕"则是对他人之仁，即在忠于自我的基础上推己及人，是道德主体对他人的一种责任和义务。忠恕之道表达的是一种推己及人的道德行为，它要求君子士人有一种"博施于民而能济众"的博爱情怀，若自己想要在社会中有所安立，也要帮助别人同样能有所安立，若自己想要通达，也要协助别人同样能够通达。同时，能够将心比心、设身处地地为别人着想，自己不想要的东西也不要强加给他人。在人与我、群与己的相互关系中，忠恕之道将对己之"忠"与对他人之"恕"密切地联系在一起，从而使道德主体能够"大其心"，使德性自由从最切己处扩充开来，成为遍及整个社会范围乃至宇宙全体的自由。《中庸》一书继承了夫子一以贯之的忠恕之道。《中庸》所言"忠恕违道不远，施诸己而不愿，亦勿施于人"与孔子的忠恕之道是一脉相承的。《中庸》以"诚"连接天人，并以"诚"作为天道之本和人道之源。诚作为人道的道德准则，同样也是一个社会关系的范畴。"诚"不仅是"尽其性"，从更为开阔高远的角度而言，还应该与"尽人之性""尽物之性"相互关联，甚至达到了一个"赞天地之化育""与天地参"的宏大境界。故此，《中庸》曰："故君子不可以不修身；思修身，不可以不事亲；思事亲，不可以不知人；思知人，不可以不知天。"可见，修身不只是一个自我个体性的修养范畴，还是一个由己及人、由人及天的连续过程。

　　孟子也在"反身而诚"的自我修养上提出了"强恕而行"的思想，如果说，"自反而诚"是对人性之善端的一种存养扩充的话，那么，"强恕而行"则是在前者基础上的一种推己及人。孟子忠恕之道中最为传神的一个字眼就是"推"字，它既从自然人性的角度指出了人们的亲亲之爱，同时也从家庭关系中扩展开来，使道德修养成为一个社会性、宇宙性的关系范畴。孟子曰："人皆有所不忍，达之于其所忍，仁也；人皆有所不为，达之于其所为，义也。人能充无欲害人之心，而仁不可胜用也；人能充无穿逾之心，而义不可胜用也；人能充无受尔汝之实，无所往而不为义也。"（《孟子•尽心下》）他指出，每个人都拥有四端之心的善良禀赋，在后天的道德修养中，将这种四端之心在由己及人、由亲及疏、由远及近的过程中持续不断地扩充存养的话，就能够实现仁义礼智的四德。虽然儒学讲究等差之爱，以孝悌作为"为仁之本"，认为"仁之实，事亲是也；义之实，从兄是也"（《孟子•离娄上》），但是孔孟儒学所言的等差之爱只是指向德性实现的具体过程。它一方面从自然情感的角度肯定了亲亲之爱在人格修养方面的初始作用，另一方面，它又从社会整体性的角度指出了仁人君子所应具有的博爱情怀，能够将仁爱之情逐渐外推到他人、他物。如孟子所言："君子之于物也，爱之而弗仁；于民也，仁之而弗亲。亲亲而仁民，仁民而爱物。"（《孟子•尽心上》）这种等差之爱兼顾了仁爱的普遍性和特殊性原则。它不是个人主义的，因为它根植于家庭，它不是家族主义的，因为它立足于社群，它不是裙带主义的，因为它着眼于国家，它也不是国家主义的，因为它放眼于宇宙全体。即是说，亲亲之爱只是实现更高道德境界的一个跳板，真正的普遍的仁爱则是既出自亲亲之爱，又超越血缘亲情关系，践行仁爱是一个在不断扩大的家国天下的同心圆结构中逐渐外推的过程。正如贺麟先生所言，儒家的爱，"注重在一个'推'字，推己及人"[①]。可见，在儒学忠恕之道中，通过推己及人的移情范式，德性的自由旨在通过自我的修养，在整体社会的框架中实现社会的和谐和人际关系的和睦，这是儒学仁爱思想的充分表达。

（四）德性自由的快乐——孔颜之乐

　　顺从良知和本性去生活的人是快乐的，也是幸福的。与古希腊哲学"幸福就是合乎德性的现实活动"的思想相似，在传统儒学中也有"孔颜乐处"的说法。"孔

---

①贺麟：《文化与人生》，第55页。

颜乐处"所言之乐乃是一种德性的快乐，这种快乐不是肉体的，而是一种精神的、理性的快乐。

子曰："吾十有五而志于学，三十而立，四十而不惑，五十而知天命，六十而耳顺，七十而从心所欲，不逾矩。"（《论语·为政》）孔子自述了一生道德修养的历程，认为人的德性的自由需要一个循序渐进的过程。"十有五"开始立志于学，是德性之始，经过"三十而安身立命""四十而不被迷惑""五十而知晓天命""六十而耳顺"这几个人生阶段的修养，才能在"七十"最终实现"从心所欲，不逾矩"的德性的自由境界。由此可见，儒学并不认为自由只是"随心所欲"。绝对的自由是无处可觅的，不受限的自由只能走向自由的反面，反而让人没有了自由。自由与规矩是相辅相成的关系，为了实现自由本身，需对自由加以必要的限制，正如孔子的"从心所欲"也需要"矩"的约束一样，真正的自由境界在于做到自由与限制的统一。孔子之所以能实现"从心所欲而不逾矩"，是因为礼乐等外在的规范经过人的德性觉悟和理性认知之后，充分内化为人的主体精神，成为道德主体实有诸己的德性。因此，他能够完全顺从自己的内在精神和道德良知去为人处世，却又不会逾越礼乐的规范。这种建立在德性自觉之上的"随心所欲"是一种率性而行、一如自然、不假外求的自律精神，一种德性的自由境界。子曰："饭疏食饮水，曲肱而枕之，乐亦在其中矣。不义而富且贵，于我如浮云。"（《论语·述而》）饭至疏，水至清，人至洁，他能够在简朴的生活中体味到德性所带来的自由与快乐。孔子的得意门生颜回也是这样的一位贤德之人，如孔子所称赞："贤哉回也！一箪食，一瓢饮，在陋巷，人不堪其忧，回也不改其乐。"（《论语·雍也》）颜回在孔门中以德性著称，他身在陋巷、心在书香，能够超越外在环境的困顿而追求德性中的逍遥与自适，这也是一种自由的道德境界。可见，此处所言的孔颜之乐，绝不意味着一种物质的享乐，而是一种德性的快乐，这种快乐来自良知的自由和精神的洒脱。这种德性的快乐和自由使人能够不为外物所动，超越外在限制而安适于精神的满足和愉悦。

孟子以人性善为依据，进一步阐述了德性的自由和快乐。孟子曰："尽其心者，知其性也。知其性，则知天矣。存其心，养其性，所以事天也。"（《孟子·尽心上》）在孟子看来，人拥有从上天而来的道德禀赋和心性良知，能够通过"尽心""知性"的方式"知天""事天"，进而达到"所过者化，所存者神，上下与天地同流"（《孟子·尽心上》）的境界。在这种天人合一的道德至境中，道德主体能够摆脱一切外在的束缚，在心灵与宇宙大化的彼此交融中获得充分的精神享乐和德性满足。孟子说道："万物皆备于我矣。反身而诚，乐莫大焉。"（《孟子·尽心上》）人的德性自足，万物皆备，只要反躬自省，回归本心之诚，就能体悟到德性的快乐。这种德性的快乐不是从外而来的，而是从内而来的，是源自人先天所禀赋的德性和良知。正是在这种德性之乐的观照下，仁人君子能够超越外在的境遇而找到心灵的安宁。如孟子所言："人知之，亦嚣嚣；人不知，亦嚣嚣""尊德乐义，则可以嚣嚣矣。故士穷不失义，达不离道。穷不失义，故士得己焉；达不离道，故民不失望焉。古之人，得志，泽加于民；不得志，修身见于世。穷则独善其身，达则兼善天下。"（《孟子·尽心上》）正因为君子能够以践行仁义之德作为自己的使命，所以在任何环境面前都能怡然自得，以"仰不愧于天，俯不怍于人"为生命的安慰，他能够超越个人的机遇和人生的穷达，始终坚持道义的原则，能够在得志之时惠泽于民，不得志之时修身于世，在穷顿之时洁身自好、自我修养，在通达之时与民同乐、教化于民。故曰："君子深造之以道，欲其自得之也。自得之，则居之安；居之安，则资之深；资之深，则取之左右逢其原，故君子欲其自得之也。"（《孟子·离娄下》）君子所追求的是一种自得之乐，这种自得之乐是其安身立命、修养身心的精神动力。这种德性之乐使其能够取之不尽、左右逢源，这种精神的愉悦，从生命最本己的深处扩充良知，是本真人性的外在显露和内在心灵的道德体验，也是君子人格魅力的充分表达。

（五）总结：儒学自由观的特质与现代转向

综上所述，我们可以总结出儒学自由观的几大特质：

第一，主体性。传统儒学的自由观以人性之善作为德性自由的人性论根据，从人所独有的良知、良能出发为人的德性自由提供了心性保证，并在此基础上肯定了人的自由意志，凸显了人的主体性。

第二，道德性。传统儒学的自由观指向的是一种德性的自由，在天道的神圣光环中融入了人道的自由精神，并以仁义礼智信等德性为人之"天爵""天性"，认为道德主体能够尽心知性而知天、存心养性而事天，并进而达到天人合一的境界。

第三，整体性。传统儒学的自由观重视整体的和谐，以生活世界作为德性操练的场所，认为道德主体应以忠恕之道为行仁之方，在家国天下的同心圆社会结构中实现自己的内圣外王之道。

第四，乐感性。传统儒学的自由观追求一种孔颜之乐，在尊德乐义中感悟自得之乐，并以此为精神依托，能超越外在的机遇，以德性的实现和良知的自由作为精神的满足和心灵的愉悦。

对儒学传统自由观，我们对之应作客观的分析。既应该看到传统自由观的历史意义和思想价值，同时也应该审视其历史的局限性和理论的不足。特别是当我们将之与西方的自由观相互对照分析时，更能够发现儒学传统自由观的利弊与得失之处。

首先，与西方的性罪论传统不同，儒学传统自由观以性善论为人性基础，凸显了人在德性领域的自主性，挺立了人的主体性地位，认为人可以在反求诸己、自反而诚中实现人格的完善和境界的提升，又从这种自主性和主体性进一步强调了人的道德自律。这种对人性的"乐观"使儒学走向了一种"向内"的自由，侧重于道德主体的自我反思和自我修养。儒学的这种内向性使儒学的自由观侧重于道德主体的自律和自觉，执着于主体的自我改造和自我完善，而缺少了必要的外在他律和制度保证。建立在性罪论基础上的完全的他律固然不可取，然而只是一味地强调人之性善，人的德性自觉也无法保证自由的真正实现。传统儒学的自由观若要很好地适应现代社会，实现自我的现代化转型，必须在自律的基础上加强他律的成分，建立必要的制度规范来保证自由的实现。

其次，与西方强调权利的自由观不同，儒学传统自由的显著特色在于道德性，强调人内在的精神超越，促使道德主体在修身以道中实现心灵的自由，在反躬自省中提升道德的境界。德性是自由的护卫者，这种自由的道德性从某些方面可以对近代以来西方自由主义起到某种矫正作用。然而，这种对道德性的强调，使传统儒学更多地关注向内而圣，而较少去关注自由的现实层面。换言之，儒学"道"化的自由精神所指向的是自由的义务，而非自由的权利。儒学过度追求德性的自由和精神的洒脱，却一直以来没有形成严格意义上的权利意识。因此，儒学的自由精神很难直接融入以权利为核心的现代社会。正如哲学家康德所言："（人）通过权利的概念，他应该是他自己的主人。"①权利是自由的保证，在现代文明社会，法律、政治、人身、言论等诸多方面的权利才是个人自由的重要尺度。从这种意义上来讲，传统儒学自由观的现代转型，需要加强权利意识，维护道德主体在现实层面的自由。

最后，与西方以个人主义为核心的自由观不同，传统儒学的自由观重视社会的整体和谐，从普遍联系的角度形成了家国天下一体观的德性模式。这种自由观的整

---

①［德］康德：《法的形而上学原理——权利的科学》，沈叔平译，林荣远校，商务印书馆1991年版，第50页。

体性思维是儒学淑世精神的充分表现，显示了儒者的社会责任感。传统儒学自由观的这种整体思维可以从某种程度上弥补西方自由观中个人主义的某些偏颇之处。但是，儒学自由观的整体性也容易导致主体自我的一种缺失。因为传统儒学并不执着于具体个人的实体化，反而超乎人与人、人与物之间的相对和分际，追求圆融无碍的人我合一、天人无间的"无对"境界，这也是传统儒学的自由观不能适应现代社会的原因之一。现代社会的权利意识，以独立、实体性的个体为前提，强调作为一个独立、自由的个体，拥有自觉的权利和义务，要求主体双方在相互尊重、彼此承认中建立"交互主体性"，从洛克到罗尔斯、诺齐克，自由主义的思想家们都以个体的实体性为实现权利的客观诉求。

可见，传统儒学自由观与现代意义上的自由观有着时代上的差异和价值上的区别。传统的德性自由必须经历一个"道成肉身"的精神历练，才能更好地融入现代社会潮流。对传统儒学的自由观，我们既要"推陈"，又要"出新"，既能吸取传统自由观的精神资源，又能在西方自由观的观照下对之进行创造性的转化。积极探索传统自由观实现现代转向的可能性路径，使传统文化以新的形态继续成为社会发展的动力之源，是本文的论旨所在。

第二节 传统性善论的思想价值及其对于 当代平等观的启示意义

平等是人之为人的基本权利，追求人人平等、渴望天下大同是人类梦寐以求的永恒主题，也是人类共同追求的价值信念。平等观之所以如此吸引人类关注，在于它肯定了个人的主体性地位，能最大限度地维护个人的权利并实现个人的人生价值。平等是现代性的基本价值理念之一。我们今天所谓的平等，其价值和观念主要源自西方价值体系。众所周知，五四运动以来，西方现代价值观如自由、民主、平等、科学等随着西学东渐的时代潮流传入我国。就平等观而言，西方的平等观有其特定的历史背景和文化内涵。自文艺复兴以来，西方文化开始从中世纪教会一统天下的局面中逐渐萌生出个体精神和理性精神，将人从中世纪神权的压抑和束缚中解放出来，主张人们应该将眼光从天国转向现实生活、从神转向人，从而凸显了现世价值和人的世俗权利。到了启蒙运动时期，西方人开始从法律和制度的层面保证个体的价值和权利，这就是西方平等观念最初产生的宏观背景。与之相对，中国传统文化，特别是传统儒学却成为人们的众矢之的，受到了长期的非议和批判。人们往往从传统儒学的"三纲五常"之说和尊卑有等、长幼有序的"名教"指出传统文化的桎梏，传统儒学缺少平等理念似乎成了学术界的主流话语。难道平等观念对我国而言只能是舶来品？传统文化中的平等观真的是缺失的？真相并非如此。平等观既然是人类普遍的诉求，是人类社会的内在要求，那么，古圣先贤怎么会缺少平等的意识和觉悟呢？若我们仔细审视传统儒学，便可以在其中找到平等的些许亮光。在传统礼法等级社会中，平等虽然被边缘化，然而，平等总是努力寻求自己的实现方式，并在一定程度上体现着自己的价值原则。作为现代价值的平等观，同样也在儒学传统中得到了相应的体现。我们应该为传统儒学"正名"，在传统经典文献的阐释中重新开发和挖掘传统儒学的平等理念，并使其在与现代意义上的平等思想进行跨时空的对话中获得现代性转化。

（一）观念上的平等

古代文化的平等思想首先表现在人性的平等。可以说，人性的平等是一切平等的心性根据和思想前提。在古代汉语中，"生""性"是同源字，"性"最早是从"生"派生而来的。《说文解字·生部》曰："生，进也。象草木生出土上，凡生之属皆从生。""生"的本义是"草从地下生长出来"，后引申为人生而俱来的自然本能、欲望、能力等，后来从心从生的"性"字，也是在对人的自然之性进行改造的基础上建构起来的。传统文化的人性论以孔孟的性善论为主流。性善论的传统由来已久，它孕育于殷周时期的人文精神和道德觉悟，萌发于孔子的仁学理念和子思的天命观念，最终成熟于孟子的性善论体系。性善论的提出，在某种意义上促成了中国文化的"乐感"特征，集中体现了传统文化的人文精神、道德气质和宗教情结，也为传统平等观的形成奠定了思想前提和理论保证。

孔子并没有明确提出性善论，而且对人性和天道的问题也很少谈及，正如子贡所言："夫子之文章，可得而闻也；夫子之言性与天道，不可得而闻也。"（《论语·公冶长》）孔子关于人性论的表述集中体现在"性相近也，习相远也"（《论语·阳货》）一句话中。在他看来，每个人的人性在原始禀赋上都具有某种相似性，只是后天的习性、教育等外在环境的影响才造成了人与人之间的差异。孔子虽然没有明言人性之善，但如果深究其中的内涵，我们也可以洞悉孔子所言"性相近"之性中所蕴含的性善含义，正如顾炎武所言："相近，近于善也；相远，远于善也。故夫子曰：'人之生也直，罔之生也幸而免。'"黄汝成注云："'人之生也直'，即孟子所谓性善。"①孔子以"仁"作为其思想的核心，那么，孔子的人性论从本质上而言也应该是善的，否则孔子所言"为仁由己""求仁得仁"的思想便失去了内在依据和践行基础。而且，孔子晚年通过对《易》中哲理的阐发，深刻总结了性与天道之间的奥秘。《周易·系辞上》曰："一阴一阳之谓道，继之者善也，成之者性也。"天道是道德之本，人性之源，道德生命的一切善皆从天道"继之"而来，并通过道德主体"诚之"的道德功夫呈现为善性。从中我们可以窥见孔子在天人关系中所表现出的性善之旨。

孔子思想中虽然有性善论的隐义，但他并没有明确提出性善论，因此，"性相近"为后人对人性论的探讨留下了广阔的理论空间。子思继孔子之后，大谈天命，其中子思所言的天命无不与人道、人性有着密切的关系，子思天道观所体现的儒家思想的一大特色是：不以天道本身为对象，而是以天人关系言天道，以天道贯通人道，同时以人道彰显天道。《中庸》曰："天命之谓性，率性之谓道，修道之谓教。"在此，天有道德、义理之义，天之所命便是人之性。性由天而来，从天命处生化流行，人通过"率性"和"修道"的道德努力才能活出真正的人性。换言之，天道作为道德义理的终极之源，唯有通过人道才得以体现出来，人在道德修养的实践中实现自我本性的同时，便是对天命的持守和对天道的弘扬。子思在道德修养中凸显了人的主动性与能动性，从而在这种天人互动中将周孔以来的天人关系发展到了一个新的高度。

到了战国时期，随着百家争鸣的兴起，先秦各家各派都展开了对人性的大讨论。章太炎先生在《辨性》上篇中说道："儒家言性有五家：无善无不善，是告子也；善，是孟子也；恶，是孙卿也；善恶混，是杨子也；善恶以人异、殊上中下，是漆雕开、世硕、公孙尼、王充也。"②其中，最具影响力的当属孟子的性善论。如果说"夫子之言性与天道"是"不可得而闻也"，那么，孟子之性与天道，则是"可得而闻也"。夫子对性与天道之关系较为慎重，只是点到为止，启发人自己去感悟。而孟子则将性与天道的关系明朗化、具体化，以达到道德自觉和道德教化的目的。因此，作为先秦儒学的集大成者，孟子的性善论思想在心性结构中深化了孔子的仁学原则，进一步将夫子尚未明言的人性明确界定为"仁也者，人也"（《孟

---

① 〔清〕顾炎武：《性相近也》，黄汝成集释：《日知录集释》卷七，栾保群、吕宗力校点，上海古籍出版社2006年版，第415页。
② 章太炎：《辨性上》，《国故论衡》，商务印书馆2010年版，第188页。

子·尽心下》），将"仁"视为人之为人的根本特征。通过孟子的阐发，儒家的人
性论不仅达到了当时人性论的最高峰，而且对中国几千年来的人性论也产生了极为
深远的影响。

　　在《孟子·告子上》一篇中，公都子列举了当时言性的三派其他学说，分别是
"性无善无不善也""性可以为善，可以为不善"和"有性善，有性不善"。这三
种学说都有一定的现实基础和理论价值，但是，在孟子看来，只有从人性的根源处
肯定人之性善，才能实现内圣外王的道德目标和社会理想。因此，孟子从人之为
人的道德根源处提出了四端说。"恻隐之心，人皆有之；羞恶之心，人皆有之；恭
敬之心，人皆有之；是非之心，人皆有之。恻隐之心，仁也；羞恶之心，义也；恭
敬之心，礼也；是非之心，智也。仁义礼智，非由外铄我也，我固有之也，弗思耳
矣。"（《孟子·告子上》）恻隐之心属于仁，羞恶之心属于义，恭敬之心属于
礼，是非之心属于智，这四端之心不是从外部加给人的，而是人人皆有的善端之
心。孟子的性善论之所以历来为儒者所称道，是因为这种理论从人性深处寻找到了
道德的根基，积极肯定了人的道德性、自主性。性善论克服了告子"无善无不善"
的人性论所导致的生物中心主义趋向，肯定了人性的固有善性；克服了"性可善可
不善"的人性论所导致的环境决定论趋向，肯定人之性善对环境的超越性；克服了
"性有善有不善"的人性论所导致的善恶二元论趋向，肯定了人性之善的普遍性和
一致性。孟子性善论的提出，是先秦时期人性论的成熟表达，标志着心性之学发展
的全新阶段。

　　总体而言，孟子的性善论可以分为两条进路：一是以诚连接天人的天道宇宙观
进路，二是即心显性的心性进路。对孟子而言，人性绝非凭空之物，而是有其神圣
的天道来源。他引用《诗经》"天生蒸民，有物有则。民之秉彝，好是懿德"一语
指出，上天生育万民，使万事万物都有法则，人秉持这一法则，崇尚美好的德性。
故此，孟子曰："是故诚者，天之道也；思诚者，人之道也。"（《孟子·离娄
上》）孟子言下之天是一至诚无妄的本体，而人作为天之生物，也直接从天禀受了
"诚"之性。在此，孟子以"诚"为连接天人的纽带，将"诚"视为天人共有的道
德属性，并从中突出了人之思的心性功能和反思能力。在孟子看来，人之所具有的
善端之心是"人之所不学而能""不虑而知"的良能、良知。天道是宇宙大化的根
据，通过创生之真几落实在人道之中便是人性之诚、人性之善。通过此天命性情的
内在心性结构，既为人性赋予了超越的宗教指向，又使人性成为天道的自我表现和
实现形式，使人在自身的道德践履中呼应天道的生生不息。可见，对儒学而言，人
性不仅是一个人类学、社会学的概念，同时也是一个宇宙学或者宗教学的概念。在

天道宇宙观的映射下，孟子的性善论体现出贯通天地的超越情怀，赋予了人性以丰富、高远、豁然的内涵。更为重要的是，孟子并非只是抽象地谈论人性本身，而是通过"性由心显"的方式将天赋善性显现在人的具体实存之中。孟子通过"人乍见孺子将入于井"的现实事例总结出人人皆有"不忍之心"，即"怵惕恻隐之心"，这种恻隐之心便是"仁之端"。这种不忍之心是人类对同类他者的生存境遇所普遍拥有的同情和关切意识。"乍见"一词尤为传神，它表现出人之不忍之心不假外求，是人心直接、当下的自然呈现，是一种不受私欲、功利等意念干扰的下意识的行为。同情心是最基本的人性，同时也是最普遍、广泛的道德情感，由这种情感出发才能产生义、礼、智等其他的道德意识。孟子由恻隐之心推出人皆有的"羞恶之心""辞让之心"和"是非之心"，在他看来，四端之心是仁义礼智四德的端倪，使人在具体境遇中随感而发，对他人的生存境遇生发出一种本能的关切与同情。人如果没有这四端之心，便是"非人"。这种四端之心虽然只是一个端倪、萌芽，但却赋予了人无穷的道德潜能，若能"扩而充之"，便会像"火之始然，泉之始达"那样一发不可收拾。孟子曰："人之所以异于禽兽者几希，庶民去之，君子存之。"（《孟子·离娄下》）他指出，人之所以为人的本真，就在于人所独有的道德属性，正是四端之心造成了人与禽兽之间的根本区别。可见，孟子坚持从人与禽兽的"几希"之处定义人性，这种对人性的崭新定义，是孟子思想的"一大洞见"，这种以道德论人性的主张发现了人性的真实，在道德主体自身之中找到了道德实现的主动性和驱动力，从而极大地凸显了人自身的价值和尊严，体现出儒家特有的人文关怀和人道精神。

孟子正是通过人人皆有的四端之心作为"道性善，言必称尧舜"（《孟子·滕文公上》）的根基，正因为人人具有善性，所以"人皆可以为尧舜"（《孟子·告子下》）。孟子借用墨家"类"的术语提出了"圣人与我同类者"（《孟子·告子上》）的思想。他认为，"圣人之于民，亦类也"（《孟子·公孙丑上》），也就是说，凡夫俗子其实与尧舜等圣人在本质上并无差异，都是一类，二者的区别关键在于，圣人能够"出于其类，拔乎其萃"，真正实现了内在之诚和生命之善。因此，就道德应然的领域而言，圣与俗之间并没有不可逾越的鸿沟，凡人与圣人一样都拥有成为圣贤的潜质，每一个凡人都是一个潜在的圣人，只要存养心之善性，也可以成为圣人中的一位。因此，对每个人来说，成圣的人性根据和内在潜能都真实地根植于自身之中，成圣之旅就是一个自我转化、自我提升的道德修养过程。在性善论的建构中，孟子为人通往圣域提供了心性保证，使"圣"对个人而言不再是遥不可及的境界，而是每个人都可以拥有的道德潜能。他相信，只要忠于自己的良善本性，实现内心之诚，实现圣人的道德理想不仅是可能的，也是必然的。当然，当孟子说人人皆可以成圣人的时候，他并不是指人人天生就是圣人，或人会自然而然地成为一个圣人，而是说人人都有成圣的潜质。"人皆可以为尧舜"是从人的应然与可能性而言，若要真正成为像尧舜那样的圣人，得需要一系列扩充、存养的道德功夫才能实现。针对现实中普遍存在的"不善"或"恶"，孟子指出："乃若其情，则可以为善矣，乃所谓善也。若夫为不善，非才之罪也。"（《孟子•告子上》）在他看来，现实之恶不能驳倒人性之善，人之所以有不善，是因为"不能尽其才者也"。换言之，经验层面的恶不能归罪于人性的资质，而是因为不能扩充其本有的善性，使人性呈现出不同程度的异化而已，这种人性的异化即是"放心"。孟子坚持认为人性中固有的善质拥有超越一切的绝对优先性，人的"放心"只是人之性善的蒙蔽，而不是人性之善的全然缺失。故此，人可以通过自反而诚的修养方式"求其放心"，返归纯然的善性，回到成圣成贤的正途，在道德修养中不断地趋于至善的道德境界。可见，传统儒学的人性论充分体现了儒家哲学的乐感文化特质，表现出希圣希贤的崇高理想与自强不息的道德精神。正如牟宗三先生所言："开辟生命之源、价值之源莫过于儒家，察业识莫过于佛，观事变莫过于道。"[1]孟子的性善论，通过天命之谓性的路径，为人性赋予了通贯天人的意涵，既拥有超越的天道境界，又充满了人性的温情，既崇高宏远又谦逊精微，富含宗教学、形而上学、伦理学和心理学等多重内涵，从而使人在上下与天地同流中回应超越的天命，寻找道德的终极关怀，为人的精神信念和道德生命提供了永不枯竭的动力源泉。

孟子曰："夫仁，天之尊爵也，人之安宅也。"（《孟子•公孙丑上》）朱熹对此解释道："仁、义、礼、智，皆天所与之良贵。而仁者天地生物之心，得之最先，而兼统四者，所言元者善之长也，故曰尊爵。在人则为本心全体之德，有天理自然之安，无人欲陷溺之危，人当常在其中，而不可须臾离者也，故曰安宅。"[2]朱熹的解释无疑是很有见地的。无论现实的钱财、地位或权势有何等差异，每个人都是"天民"，每个人心中都有天赋之善性，每个人都有从天而来的内在神圣性和不可侵犯的人格尊严。孟子将"富贵不能淫，贫贱不能移，威武不能屈"（《孟子•滕文公下》）之人视为真正的"大丈夫"。他指出，真正的大丈夫应该居仁由

---

①牟宗三著，罗义俊编：《中国哲学的特质》，第186页。
②〔宋〕朱熹：《四书章句集注》，第222页。

义，无论得志与不得志，无论富贵还是贫贱，都能够坚持道义的原则。孟子此言闪烁着至刚至强的人格光辉，体现了其对现实的批判精神，至今犹能激励人心。可见，孔孟儒学的人性学具有浓厚的人文主义精神，它高扬了人的价值和尊严，凸显了人性的道德本质，从而奠定了传统哲学平等观的思想根基，从观念形态上肯定了人与人之间在人格上的平等性。正是这种人格上的普遍平等肯定了所有人在人格和精神上的平等性，使人类能够超越现实层面的性别、年龄、身份的限制，而寻求内在于人性的价值和尊严。正如孟子所言："一箪食，一豆羹，得之则生，弗得则死。呼尔而与之，行道之人弗受；蹴尔而与之，乞人不屑也。"（《孟子·告子上》）无论男女老幼，贫富尊卑，都应该有尊严地活着，相互之间都应该相互尊重，真正将社会上的他者视为"目的"，而不是"手段"。为了达成普遍平等的目标，传统儒学提出了重要的道德德目——仁。对儒学而言，"仁"既是一个身心的概念，又是一个人际关系的范畴。"仁"以"爱人"为精神本质，以忠恕之道为实现路径。孔子曰："己欲立而立人，己欲达而达人"（《论语·雍也》）、"己所不欲，勿施于人"（《论语·卫灵公》）。前者是忠恕之道的肯定表达，后者是忠恕之道的否定表达。"忠"是对自我的要求，要求道德主体修身以德，"恕"则体现于自我与他人的关系，要求道德主体在自我修身的基础上推己及人，设身处地地为他人着想。孟子也说道："万物皆备于我矣。反身而诚，乐莫大焉。强恕而行，求仁莫近焉。"（《孟子·尽心上》）"反身而诚"是"忠"，"强恕而行"则是"恕"，是在性善基础上的一种推己及人。孟子据此指出："老吾老以及人之老，幼吾幼以及人之幼。"（《孟子·梁惠王上》）在他看来，人拥有从天而赋的四端之心，将这种四端之心由近而远、由亲而疏、由内而外地不断推己及人，就能逐渐实现仁义之德。忠恕之道是一个以孝悌为出发点，并在不断扩大的家国天下的同心圆架构中逐渐外推的过程。儒学的这种忠恕之道所体现的就是儒学的人道原则和平等精神。

（二）实践上的"平等"

如果说人性平等和人格平等是形式上的平等，那么，政治和经济层面的平等则是实质上的平等。传统儒学"极高明而道中庸"，它并没有停留在人性的抽象层面，而是进一步从人格平等的基础上，进一步提出平等的现实诉求。虽然传统儒学不能摆脱当时等级制和宗法制的约束，但是却在制度许可的范围内积极寻求平等在政治与经济领域的实现方式。

1.政治领域的"对待"

就政治领域而言，传统儒学一贯主张的是一种道德的政治，认为道德是政治生活的核心要素。孔子从其仁学理念提出"为政以德"（《论语·为政》）的思想，认为君主的德性是决定政治是非成败、人民幸福与否的关键所在。因此，君主应该为民表率、以德服人，并进而达到"博施于民而能济众"。这种道德政治集中体现了传统儒学的内圣外王思想。孟子也以性善论为心性依据提倡"不忍之政"，孟子曰："人皆有不忍人之心。先王有不忍人之心，斯有不忍人之政矣。以不忍人之心，行不忍人之政，治天下可运之掌上。"（《孟子·公孙丑上》）不忍之心是不忍之政治的基础，不忍之政是不忍之心在政治领域的展开。在孟子看来，仁政、王道的政治理想并非遥不可及，而是一个不断由内而外、由亲而疏地扩充恻隐之心的过程，故曰："故推恩足以保四海，不推恩无以保妻子。"（《孟子·梁惠王上》）

这种为政以德、仁政王道中所蕴含的相对平等思想集中地体现在君臣关系、君民关系和君士关系这三对政治关系的相互性中。首先，就君臣关系而言，在先秦儒学中，君臣关系较为平和。孔子提出了君君、臣臣、父父、子子的"正名"原则，如其所言："君使臣以礼，臣事君以忠。"（《论语·八佾》）也就是说，君臣应该名实相符，君应该有君的样子，臣应该有臣的样子。君主应该以礼对待和任用臣下，而臣下应以忠诚来侍奉君主。君臣之间虽有尊卑之分，但是，君臣之间互为主体，二者应以道德为原则相互制衡。孟子思想中也有类似的表述。他说道："欲为君尽君道，欲为臣尽臣道，二者皆法尧舜而已矣。"（《孟子·离娄上》）他以尧舜作为君臣关系的典范，认为只有做到"君仁臣忠"才是真正的君臣之道。孟子甚至对齐宣王直言："君之视臣如手足，则臣视君如腹心；君之视臣如犬马，则臣视君如国人；君之视臣如土芥，则臣视君如寇雠。"（《孟子·离娄下》）他认为君臣之间是一种相互对待的关系。如果君主把臣下当作手足，那么，臣下就会把君主看为腹心；如果君主把臣下看为犬马，那么，臣下就会把君主视为一般人；如果君主将臣下视为泥土草芥，那么，臣下就会把君主看为仇敌。可见，孟子对于君臣关系的言说比孔子更为激烈。在这里，君臣关系虽然是不对等的，但是是相互的，不是单向度的，而是双向度的。孟子也指出："用下敬上，谓之贵贵；用上敬下，谓之尊贤。贵贵、尊贤，其义一也。"（《孟子·万章下》）即君臣之间，既应坚持"用下敬下"的"贵贵"原则，又应坚持"用上敬下"的"尊贤"原则，在这种双向的互动中，君臣关系才是良性的关系。他以尧舜之间的友谊为君臣关系的典范，并认为君臣之间不应只是一种上下级的关系，还应是一种朋友的关系，二者共同治理国家社稷，造福于民。难能可贵的是，孟子能突破君臣之礼的限制，以道义的原则提出了对君的置换。他义正词严地说道："贼仁者谓之贼，贼义者谓之残，残贼之人谓之一夫。闻诛一夫纣矣，未闻弑君也。"（《孟子•梁惠王下》）他认为，破坏仁爱、道义之人只是众叛亲离的"一夫"，不复为一君王，因此，汤放桀、武王伐纣不是"臣弑其君"，而是对"一夫"之人的诛灭。可以想象，孟子的这种直谏对诸侯国君如同晴天霹雳一样，足以使他们恐惧惊颤。秦汉之后，君主专制滋生出"君让臣死，臣不得不死"的绝对君权主义和"君为臣纲"的纲常关系，这是君臣关系的异化和扭曲。就君民关系而言，传统儒学自殷周以来就形成了"敬德保民""民惟邦本"的重民思想。孔子在"为政以德"的政治理念引导下提出了一系列爱民、养民、利民和教民的措施。他指出："道千乘之国，敬事而信，节用而爱人，使民以时。"（《论语•学而》）认为君主作为民之父母，应该心存敬畏、诚信节用，做到对人民的普遍的仁爱。孟子则进一步通过心性论的建构深化了民本思想，提出了著名的"民贵君轻"的理论，他说道："民为贵，社稷次之，君为轻。是故得乎丘民而为天子，得乎天子为诸侯，得乎诸侯为大夫。"（《孟子•尽心下》）他指出，在人民、社稷和君主三者中，最重要的是人民，君主只有得到民心才能成为天子。故曰："得天下有道：得其民，斯得天下矣；得其民有道：得其心，斯得民矣；得其心有道：所欲与之聚之，所恶勿施尔也。"（《孟子•离娄上》）得民心者方能得到人民的拥护，得到人民的拥护方能得天下，因此，政治生活应始终以人民的意志为依归、以民心的向背为转移。孟子还进一步提出了人民的察举、议政权。在孟子与齐宣王的对话中，孟子说道："左右皆曰贤，未可也；诸大夫皆曰贤，未可也；国人皆曰贤，然后察之；见贤焉，然后用之。左右皆曰不可，勿听；诸大夫皆曰不可，勿听；国人皆曰不可，然后察之；见不可焉，然后去之。左右皆曰可杀，勿听；诸大夫皆曰可杀，勿听；国人皆曰可杀，然后察之；见可杀焉，然后杀之。故曰，国人杀之也。如此，然后可以为民父母。"（《孟子•梁惠王下》）他认为，在人事的任免或者重大的案件审判中，君主应该广泛听取来自近臣、大夫、国人等各方面的意见，并在随后的实际考察中断定是非，从而有效地避免君主的专断独行。可见，在孟子的思想中潜存着原始民主的萌芽，虽然这种民主只是在一定限度内的民主。在日出而作、日入而息的传统农耕社会，人民的权利更多是潜伏性的，而不是实质性的，是抽象性的，而不是具体性的。就君与士人的关系而言，士人的崛起成为与君权相互抗衡的重要的政治力量。在传统哲学中，士人阶层既是天道的代言人，又是民意的代表人。正如曾子所言："士不可以不弘毅，任重而道远。"（《论语•泰伯》）士人不仅拥有丰富的知识文化和礼义修养，同时也有着深刻的道德情操和社会责任感。孟子曰："有天爵者，有人爵者。仁义忠信，乐善不倦，此天爵也；公卿大夫，此人爵也。"（《孟子·告子上》）士人拥有"仁义忠信"的天爵，而公卿大夫所拥有的只是人爵。与人爵相比，天爵才是真正的尊贵，是天赋予人的一种内在的尊贵。正因为如此，所以士人能够"居仁由义"，"从道不从君"，能够为民请命，以道义为道德准则来批判政治生活中的流弊，甚至"以德抗位""格君心之非"。可见，士人在某种程度上承担着先知般的拯救与启蒙社会的功能，我们也可以从中看到传统儒学中道统与政统、士绅与君权的相互制衡关系。

2.经济领域的"均分"

在经济领域，传统儒学也在维护君主专制和宗法等级制的前提下提出了一系列相对平等的思想，这种相互平等的思想主要体现为一种"均分"模式。孔子曰："丘也闻有国有家者，不患寡而患不均，不患贫而患不安。盖均无贫，和无寡，安无倾。"（《论语·季氏》）他指出，国家社稷担忧的不是物质财富的贫乏，而是物质财富不能被合理地分配。只有将社会财富在全社会范围内实现平均分配，才能实现政治的稳定和社会的和谐有序。继孔子之后，思孟学派也具有强烈的民主性和批判性。面对"率兽而食人"的社会现状，他们有着解民于"倒悬之苦"的社会责任感。孟子认为，要保证人民的基本生活、维持生产活动的有序进行，首先应该制民以恒产，这是仁政、王道得以实现的经济基础。孟子曰："无恒产而有恒心者，惟士为能。若民，则无恒产，因无恒心。"（《孟子·梁惠王上》）他指出，人民与士人不同，士人有着高度的道德自觉，即使没有恒产也拥有恒久的善心，而人民则缺少道德自觉性和主动性，他们必须有恒产之后才能拥有恒久向善之心。据此，孟子指出："是故明君制民之产，必使仰足以事父母，俯足以畜妻子，乐岁终身饱，凶年免于死亡。"（《孟子·梁惠王上》）他认为，英明的君王首先应该制民以恒产，使人民百姓上能奉养父母，下能供养妻子儿女，丰收的时候能够衣食无忧，灾荒之年也能勉强糊口。孟子理想中仁政之道的初步实现应该达到"五亩之宅，树之以桑，五十者可以衣帛矣；鸡豚狗彘之畜，无失其时，七十者可以食肉矣；百亩之田，勿夺其时，数口之家可以无饥矣；谨庠序之教，申之以孝悌之义，颁白者不负戴于道路矣"（《孟子·梁惠王上》）的状况。孟子深信，通过种桑养畜等经济措施，解决人民基本的温饱问题，"使民养生丧死无憾也"，才是施行王道之始。在孟子与滕文公的对话中，孟子甚至还重提了西周的井田制，认为"夫仁政，必自经界始"，他旨在通过这种"死徙无出乡，乡田同井"的恒产制度，实现"出入相友，守望相助，疾病相扶持"（《孟子·滕文公上》）的和睦景象。孟子的这种恢复井田、制民以恒产的思想一方面表达了孟子关注民生、为民请命的道义精神，以及孟子对诸侯争霸给人民生命、生活带来沉重灾难的深刻揭露和强烈指责，洋溢着深刻的现实批判意义和丰富的民主精神。另一方面，孟子对仁政的这种设想带有浓厚的理想主义色彩，与当时土地私有制普遍流行的历史潮流也是背道而驰的。这种"均分"的理想，不是要消除"治人"与"治于人"的区别，不是要实现官、民之间的均分，主要指的是在民众内部实现平均分配。这种均分是道德政治的理想，也是一种政治手段。通过社会资源在民众中的这种平均分配，在某种程度上有利于增强社会的凝聚力和向心力，促进人民的安居乐业与和睦共处。儒家哲学所构想的平等社会是《礼记·礼运》篇所言的"大同之世"："大道之行也，天下为公。选贤与能，讲信修睦，故人不独亲其亲，不独子其子，使老有所终，壮有所用，幼有所长，矜寡孤独废疾者，皆有所养。男有分，女有归。货恶其弃于地也，不必藏于己；力恶其不出于身也，不必为己。是故谋闭而不兴，盗窃乱贼而不作，故外户而不闭。是谓大同。"这种大同之世是一个"天下为公"的时代，天下公有，没有私有制；人们之间相互尊重信任、平等相处、和睦友善；国家治理遵循禅让制，没有尊卑高下的等级观念。这种大同之世是古人的"理想国"，是对原始氏族社会的理想化描述，表达了一种渴望平等、追求公义的社会诉求。然而这种"大同之世"只存在于人的理念之中，是一个永远不可能实现又让人魂牵梦绕的理想社会。

（三）传统平等观的局限——人格的平等，而非权利的平等

传统平等观从性善论的前提假设出发，指出了人性之善的普遍性与先天性，以及人通过道德修养成圣成贤的可能性，从而从道德人格上肯定人与人之间的平等性。但是这种以人类的共同本质为基础的平等观最多只是认可了人在道德主体上的平等性，而不能有效地保证人们在权利方面的真实平等。传统儒学在经济、政治等领域提出了一系列"平等"的观点，也只能说是一种有限度的"平等"。即传统的平等观只是停留在形而上的思辨层面，更多的只是一种抽象的平等，而缺少对现实平等的有效论证。孔孟儒学虽然有着"人皆可以为尧舜"的道德预设，却没有也不可能从根本上提出解决社会关系与政治制度不平等的有效途径，也没有从更深的理论层面保证人民的社会权利。这是传统平等观与现代意义上的平等观之间的重要区别之处。

从社会制度来看，传统社会是以等级制和宗法制为主要形态的社会，这种社会

制度主要体现在礼法制度上。"礼仪三百、威仪三千"（《中庸》），礼在传统社会中履行着"不成文法"的职责，规范着人伦秩序与道德规范，人们的视听言动都要依礼而行。孔子本人尤其崇尚周代的礼乐文化，认为礼乐文明是最好的社会制度。他认为礼是政治生活的调节器，主张一种"道之以德，齐之以礼"（《论语·为政》）的德治与礼乐社会。这种礼乐文化的核心特征是强调"君君、臣臣、父父、子子"的社会等级和尊卑观念，认为个人要各安其分、各守其职、各行其道，才能实现社会的和谐有序。孟子也指出了礼乐文化在政治生活中的调节作用，他说道："上无礼，下无学，贼民兴，丧无日矣"（《孟子·离娄上》）、"无礼义，则上下乱"（《孟子·尽心下》）。在他看来，只有在礼乐的调节之下，政治才能长治久安，社会才能和谐稳定。否则，如果缺少礼的规范，便会出现政治动荡和社会失调的后果。需要指出的是，孟子一方面在人性的层面指出人与人在道德人格上的平等性，另一方面又提出了"劳心者"与"劳力者"、"大人"与"小人"之分，并且指出："劳心者治人，劳力者治于人；治于人者食人，治人者食于人：天下之通义也。"（《孟子·滕文公上》）这在某种程度上肯定了人与人在现实层面的不平等。荀子对礼更重视有加，他认为："礼者，治辨之极也；强国之本也，威行之道也，功名之总也。"（《荀子·议兵》）礼作为人道之极，是最高的政治准则，在社会生活中起着明分使群、治国安邦的重要作用。在荀子那里，礼的特点是贵贱有等、长幼有差，贤愚有分，以人们"各得其位"为实现社会"至平"的前提，甚至认为"少事长，贱事贵，不肖事贤，是天下之通义也"（《荀子·仲尼》）。可见，这种礼乐制度以贵贱尊卑的等级制为主要特点，君子与小人之间、劳心者与劳力者之间、贤人与凡人之间有着差别的社会规范和行为标准。从某种程度上来讲，传统社会的等级意识和等差结构使平等性的诉求一直处于一种边缘化的地带。在这种礼乐文化的影响下，传统儒家无论如何强调人与人在道德人格上的平等性，也不能从根本上突破或改变传统社会不平等的事实。

可见，在传统社会中，人的主体性是缺失的。在等级宗法制的社会条件下形成了君臣、父子、夫妇、兄弟、朋友等伦理关系，这种伦理框架导致了人与人之间的关系不是主体间的平等关系，而是主客关系，在君与臣、父与子、夫与妇之间权利与义务是不能对等的。置身于这种有尊卑等级的社会关系网络中，人与人之间很难产生实质性的平等。鲁迅先生在《灯下漫笔》中就曾指出，在封建专制制度统治下，中国人向来就没有争到过"人"的资格，至多不过是奴隶，总是在"一治一乱"之间循环：一个是想做奴隶而不得的时代，一个是暂时做稳了奴隶的时代。[①]人格独立是实现平等的基本前提，只有从根本上消除了人身依附关系，才能实现人与人之间的主体性的平等。传统等级宗法社会之所以能延续几千年而稳固不动，关键在于这种宗法等级的秩序里面又蕴含着温情脉脉的人道成分。传统儒学中，"仁"与"礼"是一对相互区别又彼此联系的道德范畴。"礼之用，和为贵"（《论语·学而》），"礼"以人际关系的和谐为主要目标，为了达成这种目标，就要在维护宗法等级秩序的同时凸显礼的人道精神。孔子曰："礼云礼云，玉帛云乎哉！乐云乐云，钟鼓云乎哉！"（《论语·阳货》）他认为，真正的礼乐，绝非仅仅在于钟鼓玉帛的外在形式，而在于这些礼乐形式背后所蕴含的仁爱精神。儒学从"仁"出发，提出了"仁者爱人""亲亲仁民爱物"等政治主张。仁爱的这种道德特质使社会主体获得了一种心理认同感，从而使等差结构本身变得"合情化"和"合理化"。"仁"与"礼"的相互关系体现了传统儒学的中庸之道，"仁"是"礼"的精神与实质，"礼"是"仁"的形式与表现。将"仁"引入"礼"，其实就是将道德性和人文性融入社会的等差结构之中，从而使宗法等级的社会结构获得了一种道德和理性的支撑，为现实社会的不平等披上了一层温情脉脉的面纱。"仁"与"礼"的这种结合在很大程度上发挥了消解社会矛盾和平衡社会关系的重要作用。

与传统社会的平等观不同，近代以来所形成的平等观的独特之处在于，它更加倾向于人们在社会权利方面的平等性，包括了从政治平等、经济平等到法律平等等方方面面。正如泰勒指出的那样："十七世纪自然法理论的革命，部分地就在于运用这种权利语言表达普遍的道德规范。……谈论普遍的、天赋的或人的权利，就是把对人类生命和完整性的尊重与自律概念结合起来，就是设想人们在建立和保障他们应得的尊重方面，是积极的合作者。而这个表述是现代西方道德观的关键特征。"[②]在西方，这种权利意识是在人民反抗神权压迫以及政治专制的基础上逐渐形成和发展起来的。近代以来的权利言说，无论是洛克、康德、黑格尔的形而上思路，还是功利主义和实证主义的形而下思路，都一致地将权利视为平等的主要内涵。这种权利的平等，既关注人与人在主体人格和价值尊严方面的平等，又凸显人与人在实践领域和社会生活方面的平等，并从制度上保证了人们在宗教信仰、法律

---

① 参见鲁迅：《灯下漫笔》，《坟》，《鲁迅全集》（第1卷），人民文学出版社2005年版，第225页。

② ［加拿大］泰勒：《自我的根源：现代认同的形成》，韩震等译，译林出版社2001年版，第15—16页。

权力、政治权利、社会财富等方面的平等权利。这种以权利为核心的平等观突破了传统的平等模式，是一种建立在理性、契约和法治的基础之上的平等观。在这种平等观下，人与人摆脱了相互之间的人身依附关系而真正建立起一种相互性，每个人的权利与义务是对等的，每个人都拥有自己神圣不可侵犯的权利，这种权利不因种族、身份、地位的差异而不同，每个人都应该认同和尊重他人的人格和权利。现代的平等观从本质上表现了个体对特定价值或利益的自主性要求，蕴含了深刻的人权观念。现代社会虽然也没有完全消除不平等的现象，但是它所秉承的是一个以权利平等为价值理念的社会原则，这可以说是现代平等观与传统平等观的重要区别之处。

（四）传统平等观的思想价值及其现代性转化

综上所述，传统平等观有其历史的局限性，与现代意义上的平等观有本质上的区别。但是，传统平等观与现代平等观之间又有一定的联系，二者之间并非绝缘的。按照乔万尼·萨托利的说法，平等从历史的角度来看有所谓"前民主的平等和民主的平等"，其间经历了漫长的概念提炼过程。[①]我们可以将传统的平等观视为"前民主的平等"，以区别于现代意义上的"民主的平等"。前者是建立在个人对他人的义务上的平等观，而后者则是建立在个人对他人的权利上的平等观。二者之间既相互区别，又有着历史性的联系。传统的平等观是平等观的"萌芽"期，而现代的平等观则是传统平等观的"开花结果"期。传统人格平等是现代意义上政治、经济、权利平等的基础和前提，而现代意义上的政治、经济、权利的平等则是传统人格平等的必然要求。传统平等思想主要从抽象的人性论出发，指出每个人在道德人格上的平等性，但是，在宗法等级制的制约下，这种道德人格的平等性难以转化为实践层面上权利的平等，而权利的不平等性则反过来又影响了道德人格的平等性。即要真正实现道德人格的平等，必须以权利的平等为保证。现代社会的平等观主要从权利的角度指出了每个人在宗教、政治、经济领域的平等性，这种权利的平等所凭据的人性基础是道德人格的平等性，没有人格的平等，便难以解释为何主体间需要权利的平等。换而言之，人格的平等既是权利平等的前提，又是权利平等

[①]参见［美］萨托利：《民主新论》，冯克利、阎克文译，上海人民出版社2009年版，第372—375页。

的归宿。因此，在权利平等成为世界主旋律的现代社会，传统的平等观也有着其自身的思想价值和理论意义。传统平等观对人性之善的强调，高扬了人的道德主体性，从而为人格尊严和社会平等奠定了坚固的人性论前提；传统平等观对群己关系的阐述，强调了人我关系和社群关系在人际关系中的重要性，从而为整体的和谐及社会的稳定提供了充足的伦理保证；传统平等观中的爱民、保民、惠民等思想，重申了人民在政治生活中的重要作用，从而为为民请命、为民谋福提供了重要的理论基础。诸如以上的这些平等思想都在某种程度上成为现代平等观的思想源头，并可以继续对现代的平等观起到某种启迪作用。传统平等观要在现代社会中继续发挥其积极作用，就要在现代精神的洗礼中积极实现其自身的现代化，能够充分融入现代社会中，将传统社会的人格平等与现代社会的权利平等相互融合，使平等思想嬗变为政治、经济、社会等多方面的普遍诉求和普遍价值。传统平等观要实现这种现代化转型，需要一个长期的探索过程，这值得人们进一步深思。现代社会为传统平等观的现代转型创造了良好的社会条件和制度保证。平等观是社会主义的本质特征，是社会主义社会的内在要求，也是社会主义发展的内在动力。党的十八大以来，平等观作为积极培养和践行社会主义核心价值观的重要内容，日益成为重要议题。这种平等观与传统社会的平等观具有历史的延续性，同时又克服了传统平等观的局限性，使平等观渗透出时代气息，是平等观在现代社会发展的新形态。它以人格的平等为出发点，以权利的平等为着力点，通过建立健全各种政策法规及其社会保障机制，积极实现社会个体在政治、经济、法律等方面的实质性的平等，旨在全社会范围内营造一个平等公正的社会环境，保证人民享有充分的权利平等、机会平等、规范平等。在社会主义核心价值观的引导下，传统平等思想可以在不断探索中实现自我的现代化转型，重新绽放光彩。

第四章　传统美德与个人层面的价值观涵养

第一节　诚信美德的传承与现代转化

诚信是人与人交往的基本道德原则，也是市场经济运行的基本道德原则。现代社会的运行基础是以信用为特征的市场经济，这种经济运作模式的建立和完善尤其需要诚信这种道德观念来维系。然而，随着我国市场经济的发展，社会在政治、文化、商业等领域却日益表现出道德失衡、诚信缺失的弊病，社会上失信失范、以权谋私、造假欺诈的现象层出不穷，"无商不奸""无贾不欺"等现象也不断腐蚀着公平竞争的秩序，道德诚信问题日益成为困扰我国社会主义市场经济进一步发展的隐患因素。在这种诚信危机的时代语境下，传统诚信美德的现代价值转化问题日益成为人们关注的重要课题。《公民道德建设实施纲要》强调公民要"明礼诚信"，在党的十八大报告中也一再重申了诚信在公民道德建设中的重要性，明确将诚信提升为社会主义核心价值观的基本要素，积极提倡、全面推进政务诚信、商务诚信、社会诚信和司法公信建设，建立健全覆盖全社会的诚信系统。诚信是社会主义核心价值观的道德基石，也是我国道德文明建设的重心所在。在当前多元化的利益格局和市场样态下，必须将诚信建设作为道德建设的核心和重点。然而，要从根本上解决诚信问题，不能只是依靠行政手段或法律手段，更重要的是从思想深处入手，促使人们以一种心性的自觉性来反思诚信、践行诚信，能够以诚信进德立业。面对这样一项任重道远的历史重任，我们应该从传统社会，特别是儒家传统思想中寻求智慧和启迪。

（一）诚信的基本含义

诚信是中华民族的传统美德之一，是传统儒学的重要范畴和基本德目，同时也是我国传统道德体系的思想基础和根本价值取向。长期以来，"诚信"就被视为修身以道的基础，它既是道德的前提和标准，也是道德的规范和要求。诚信是天道之本、人性之根、价值之源，是古人安身立命的道德准则，亦是格致诚正、修齐治平的大道和通则。"诚信"最初是两个独立使用的德目，一般并不连用，但两者却有着相似或相通的含义。许慎《说文解字》曰："诚，信也"，"信，诚也"。《广雅·释诂》曰："信，诚也。"二者都有真实无妄、信实不欺等内涵，可以相互诠释，因此，后人将二者合为"诚信"一词来使用。但"诚""信"各自又有着不同的指向和侧重点。"诚"，"从言成声"，其主要内涵是"真实无妄""真实不欺"，与道德主体的自我修养有关。如《礼记·大学》所云："所谓诚其意者，毋自欺也。"因此，"诚"主要侧重于内向性，是向己而诚；相较而言，"信"的主要内涵是"言而有信""取信于人"，强调言行一致，与道德主体间的相互交往有关，即所谓"人言为信"。古代经典古籍《尚书·汤誓》所言"尔无不信，朕不食言"、《诗经·小雅》所言"慎尔言也，谓尔不信"均表达了言而有信、慎言慎行的含义。孔子的弟子有子也说道："信近于义，言可复也。"（《论语·学而》）因此，"信"，"从人言"，主要侧重于主体间性，指向人的一种外向性活动，是向他者而"信"。儒学传统非常强调"信"德的重要性，以"信"作为安身立命、行事为人的基本操守。孔子在"孔门四教"中将"信"列为教育的重要内容之一，孟子在"五伦关系"中将"信"作为朋友相处的道德准则，而董仲舒则把"信"列为"五常"之一，进一步扩大了信的含义，把它上升为普遍的道德品质。大致而言，"诚"是"向内而诚"，着重于内在的德性修养，而"信"则是"向外而信"，着重于外在的实践和交往。二者既相互联系又相互区别，对己曰诚，对人曰信，前者是后者的前提和保障，后者则是前者的必然诉求和外在体现。"诚"与"信"相互结合而产生的"诚信"一词，能够将二者的内涵相互贯通，既包含了内在的道德要求，又蕴含了外在的道德命令，即所谓"诚于中，行于外"，更好地表达了一种无妄、真实、信实、诚实、守信等含义。

（二）诚信的三重内涵

在传统儒学中，诚信是集宗教、伦理、政治等多重内涵于一体的道德范畴。它不仅是人与人之间交往的行为规范和伦理准则，同时也是天人之际的道德表述以及道德主体自我省察、修己慎独的伦理范畴。

1. 天人之际

诚信体现了传统儒学天人合一的思想范式，天道为人道的诚信提供了形而上的超越根基和神圣依据。在传统农业文明社会中，人们头顶蓝天，脚踏黄土，生活与自然息息相关。长期与天地自然的交往使先民萌生了对天道的崇拜之情和敬慕之感。正如《说文解字》所言："天，颠也，至高无上，从一、大。"天拥有无上的崇高性和神圣性，是人类物质生活的主要供应者，同时也是人类精神生活的终极关切和生命价值的神圣之源。在古人眼中，头顶上清澈、明朗的天，绝不是一种可以被征服、被盘剥的自然客体，天不仅意味着流变不息、寒来暑往的自然之天，而且还意味着道德、命运和宗教等丰富内涵。冯友兰先生指出，我们古代文字中"天"的含义非常丰富，他认为天有四义，分别是物质之天、主宰之天、自然之天和义理之天。[①]其中，义理之天是儒学思想中最重要的含义。先秦时期，随着人文精神和理性精神的崛起，儒学将天道的道德性、义理性发扬光大。《论语》中"唯天为大，唯尧则之"（《论语·泰伯》）、"天生德于予"（《论语·述而》）等语句中的天道就充满了道德义理的意蕴。天道被解释为一切道德活动的超越依托、人类伦理规范的终极参照，是一切真善美的神圣根据。至高神圣的天道作为道德的化身，是人道之诚、人道之德的超越源头，是与人的生命相互感通、与道德生活密切相关的道德实体。对孔子而言，天道既是崇高而神圣的道德之源和价值之本，同时又是可以在"下学上达"中逐渐实现的理想境界。子思作为孔子之后，将孔子的天道观进一步展开，并以"诚"为核心，进一步开启了先秦儒学的心性之学。《中庸》始终以"诚"作为核心主题，它对"诚"的描述是："诚者，天之道也；诚之者，人之道也。诚者不勉而中，不思而得，从容中道，圣人也。诚之者，择善而固执之者也。""诚"指的主要是一种真实、实在、无伪、纯澈的状态，"诚"是天、地、人三才之道，是天道之本真，人道之正途。"诚"既包括本体意义上的天道之诚，又包括道德伦理意义上的人道之诚，天道与人道在精神本质上是相互一致的。对神圣而超越的天道而言，"诚"是其本然而真实的状态，是天之"博也，厚也，高也，明也，悠也，久也"。人道不同于天道，对人道而言，"诚"是人的应然状态，是人性内在的禀赋或潜质。只有参透天道的圣人才能完全达到"诚者不勉而中，不思而得，从容中道"的境界，而凡俗夫子则只能"择善而固执之"。即圣人之"诚"与天道浑然一体、自然天成，而凡人则只能通过"博学之，审问之，慎思之，明辨之，笃行之"的修养功夫才能实现道德的不断超越。如杜维明先生所言："诚不仅是一种存在的状态，而且也是一种生成的过程。诚作为存在状态，意指人性的终极实在，而作为一个生成过程，则意指在人的具体日常事务中实现这种

---

①冯友兰：《中国哲学史》（上册），第35页。

实在的必然道路。"①故此，孟子也说道："故诚者，天之道也；思诚者，人之道也。至诚而不动者，未之有也；不诚，未有能动者也。"（《孟子·离娄上》）在孟子看来，"诚"是天之道，是宇宙大化流行的本然形态，而对人道而言，则是一个不断反躬自省、不断提升的"思诚"的过程。他指出："有天爵者，有人爵者。仁义忠信，乐善不倦，此天爵也；公卿大夫，此人爵也。"（《孟子·告子上》）"诚""信"是人作为道德主体的内在要求，是天道对人道的神圣召唤。因此，人应该效法天道之诚，通过一系列的道德修养功夫，努力彰显人性之诚，在道德境界的不断提升中逐渐达到圣域。于是，人和天之间的相互关系就被赋予了道德修养以宗教性维度。

可见，"诚"将至高无上的天道与现实的人道连接起来，"诚"是人道对至诚天道的追问、体认和效法，是人之所以为人的最基本的品质。换言之，天道是宇宙大化的根据，通过创生之真几落实在人道之中便是人性之诚、人性之善，通过此天命性情的内在心性结构，人便在自身的道德践履中呼应天道的生生不息，使自身的德性品质日趋扩存，与天道契合。天道与人道以"诚"为桥梁的互动和交融在很大程度上积极肯定了人性之善，为人的希圣希贤、成圣成贤奠定了人性论的前提保证。

2. 本真的自我——慎独

传统儒学一贯强调"人能弘道，非道弘人"（《论语·卫灵公》），天道之诚固然是人道之诚的超越根据和神圣来源，然而天道之诚要下落到现实世界中，须经由人道之诚彰显和体现出来。这在《中庸》中被表达为："天命之谓性，率性之谓道，修道之谓教。"一方面，由天而人，以超越而神圣的天道作为人之道德存在的依据，另一方面，又由人而天，以人类的道德修习作为天道的实在展开，使超越的天道成为"不远人"的道。在此，天的先验普遍性和绝对性与人的经验性和有限性有机地统一起来，即天—命—性贯通为一。儒学的突出特征即在于"发现了人自己"，肯定了人性之善和人性之真，凸显了人的道德主体性。对儒学而言，诚信源自至高神圣的天道，根植于人的良善本性之中，是一个由内而外的践行过程。要实现人道之诚，人道之信，必须立足于人类自身的道德和理性，侧重反躬内省的功夫，形成德行的自觉，这充分体现了儒学天人合德、性命一源的德性伦理特色。孔

---

① ［美］杜维明：《论儒学的宗教性：对〈中庸〉的现代注释》，段德智译，林同奇校，武汉大学出版社1999年版，第90—91页。

子曰："古之学者为己，今之学者为人。"（《论语·宪问》）在孔子看来，人类的求学问道，绝不是为了装饰自己、夸耀于人，而是为了提升自我、修养身心，这是一个不断反躬自身的内修过程。又曰："为仁由己，而由人乎哉"（《论语·颜渊》）、"君子求诸己，小人求诸人"（《论语·卫灵公》）。在他看来，君子之道，关键在于向内求索，注重个人的道德修养，挖掘自身的道德潜力。曾子作为孔子的得意门生，继承了孔子的这种"为己""求诸己"的思想，他说道："吾日三省吾身：为人谋而不忠乎？与朋友交而不信乎？传不习乎？"（《论语·学而》）正所谓"修己以安人"（《论语·宪问》），这种对自身的反省和认识，是实现诚信人格的关键，也是古人行事为人的基本出发点。孟子则通过性善论的理论体系建构，进一步将先贤的心性之学发扬光大，使天道更加内在化和心性化。孟子曰："恻隐之心，仁之端也；羞恶之心，义之端也；辞让之心，礼之端也；是非之心，智之端也。"（《孟子·公孙丑上》）四端之心是作为万物之灵长的人从天道而领受的先天道德禀赋。只要通过"思诚"的道德功夫，就能够将"四端"之心扩充为仁义礼智的"四德"。孟子的人性观，既保留了传统天道观的超越性和神圣性，同时又将天道系属于人的主体心性之中，从而真正树立起道德主体积极有为的光辉形象。他以心性之道贯通天人，认为道德主体可以通过"尽心知性知天""存心养性事天"的道德修养方式跃入宇宙大化之流，达到与天共融的道德境界。孟子通过这种由天而命而性而心的路径，为人性赋予了超越的宗教指向，将天道自上而下落实在人道之中，从而使人道成为天道自我表现的载体。孟子据此提出了"反身而诚"的思想，他说道："万物皆备于我矣，反身而诚，乐莫大焉。强恕而行，求仁莫近焉。"（《孟子·尽心上》）与原始宗教那种求天、祈福的宗教模式不同，孟子指出，人的德性自足，万物皆备，可以在反躬自省中实现自己真实而良善的本性。"仁义忠信，乐善不倦"是人神圣的天爵，居仁由义是人之最本己的可能性，因此，只要运用道德的自我意志，反思心中之诚，便可以真正从内心拥有诚善之德，从而洞悉天道之诚，并逐步达到与天契合的超越境界。因此，每个人应在修道以德中践行天命，在修身以敬中追求天道、体悟天道，使至诚无息的天道落实到现实的人道中来。

在《大学》和《中庸》这两本经典古籍中所提到的"慎独"这个道德概念，集中反映了传统儒学注重内修的一贯思路。《大学》曰："所谓诚其意者，毋自欺也，如恶恶臭，如好好色，此之谓自谦，故君子必慎其独也！"朱熹对此注解道："独者，人所不知而己所独知之地也。言欲自修者知为善以去其恶，则当实力用其力，而禁止其自欺。"①朱熹对此的解读还是有些偏颇，这里的"独"，不应该只是"人所不知而己所独知之地"，而应该是"道德良知的自持和自守"。以"毋自欺"来诠释"诚意"，即指忠实于人的良善本质，忠于心性的真实、无妄和纯澈。《中庸》也曰："是故君子戒慎乎其所不睹，恐惧乎其所不闻。莫见乎隐，莫显乎微，故君子慎其独也。""慎独"指的是一种心灵诚实、专一的状态，如《尔雅·释诂》所云："慎，诚也。"有德行的君子能够修己以敬，专一于至诚、至德的理想境界，对于所见所闻之事的未发潜存和已发显露都持有一种"戒慎""恐惧"的诚敬态度。因此，"慎独"所表达的首先是一个主体性的道德概念，这与孔子的"为己之学"和孟子"反求诸己"的思想是一脉相承的。它侧重于道德主体的道德自觉性和主动性，使人能够超越一切外在的境遇而持守内在的自我，在自反和内省中不断体认内在之诚，能够在道德自我的不断完善中实现道德境界的提升和道德人格的完善。

3. 人伦之道

诚信作为一个道德范畴，不能仅限于个人的修身养性，而应该在此基础上修己安人，由己及人，使诚信充分体现在人际交往之中。这是人作为社会性存在、社群存在的必然要求。人与人之间要达成相互合作、彼此和睦共处的社会关系，必须做到真诚相待、诚实不欺。这既是建立良好人际关系、维护社会和谐有序的内在要求，同时也是道德主体人格完善的外在体现。孔孟儒学将诚信视为立身处世的基石。如《论语·为政》曰："人而无信，不知其可也。"即说，诚信对人而言意义重大，诚信是人之为人的内在的道德要求，是个人安身立命的基本道德原则和价值标准。只有讲信用、守诚信，才能立足于社会。反之，如果不讲信用、不讲诚信，便无法在社会生活中安顿自我。孔子如此强调"信"的重要性，甚至慨然说道："自古皆有死，民无信不立。"（《论语·颜渊》）他认为人而无信则不能立足于天下，并将诚信提高到了与生命相提并论的高度。

儒学传统的"诚信"一般通过朋友关系传达出来。夫子之志是"老者安之，朋友信之，少者怀之"（《论语·公冶长》）。曾子"吾日三省吾身"的一项重要内容就是"与朋友交而不信乎"（《论语·学而》）。孟子的"朋友有信"（《孟子·滕文公上》）也是其五伦关系的重要组成部分。儒学通过朋友之信旨在指出，朋友之间应该以诚信为交往原则，彼此之间相互信赖、信任和信实。子曰："弟子

---

① 〔宋〕朱熹：《四书章句集注》，第8页。

入则孝，出则悌，谨而信，泛爱众而亲仁，行有余力，则以学文。"（《论语·学而》）朋友关系不同于父子关系或兄弟关系，它是独立于血缘亲情关系之外的另一种社会关系形态。如果说家庭关系主要体现为一种血缘亲情，那么，朋友关系则是一种血缘亲情关系之外的情谊，应该做到谨慎和信实。这种信德，不应仅局限于志同道合的友人之间，更应在广泛的意义上涵盖一切人际关系。

诚信作为人际关系的交往之道，最为重要的表现就是言而有信、言行一致。如孔子的弟子子夏所言："与朋友交，言而有信。"（《论语·学而》）在社会交往之中，朋友之间或者其他人际交往一定要信守诺言、说到做到。孔子曾对此指出："言忠信，行笃敬，虽蛮貊之邦，行矣。"（《论语·卫灵公》）一个人如果能说话忠实守信，做事笃厚恭敬，即便到了蛮夷之地也能行得通。在他看来，"古者言之不出，耻躬之不逮也"（《论语·里仁》）。古人之所以不轻易把话说出口，是因为他们以说到却做不到为耻。在孔子与弟子宰予的故事中，我们可以形象地看到孔子对弟子言行一致的道德要求。宰予旦寝，这让温良恭俭的夫子大动肝火，斥责他道"朽木不可雕也，粪土之墙不可圬也"，并说道："今吾于人也，听其言而观其行。"（《论语·公冶长》）可见，人际交往中要保持良性的社会伦理关系，就应该以诚信为本，做到言行一致、言必有信。孟子曰："经德不回，非以干禄也；言语必信，非以正行也。君子行法，以俟命而已矣。"（《孟子·尽心下》）他指出，人之所以能够尊德重道并不是为外在的利益，人之所以能够言而有信，并非只是为了端正行为，而是因为这是天命所在，是人作为天民从至诚天道而领受的道德命令，是人之所以为人的必然的内在要求。这便从宗教学的超越高度为诚信找到了神圣的依托。

当我们说诚信指言行一致时，我们并不能将言行一致作为终极的标准，而是应看到比诚信更高的道义原则。在一般情况下，言行一致、信守诺言是诚信的现实表现方式，也是建立人与人之间相互信任的纽带。但与此同时，儒学并非拘泥于僵化的诚信模式，并不以言行一致作为诚信的绝对标准。换言之，说到做到、一诺千金只是诚信的一个层面而已，要实现真正意义上的诚信，应该以道义作为最高标准。因为言行一致只是诚信的外在形式，道义才是诚信的内在灵魂。换言之，言行一致、表里如一本身是善的，但是这种善应服从于更高的善——道义。儒学坚持内在实质优先于外在形式的原则，这也就是儒学的权变原则或经权原则。"经"为总的标准，"权"则是对"经"的变通。这种原则要求道德主体要根据不同的道德处境，及时对诚信行为进行有原则的变通。儒学非常重视伦理道德的"境遇性"，它反对机械地固守诚信原则本身，而以道义作为更高的道德标准。据此，我们不难理解为何孔子指出"言必信，行必果，硁硁然小人哉！抑亦可以为次矣"。（《论语·子路》）孔子之所以认为那种出言必行、做事守信的人只是浅薄固执的小人，就是因为这类人缺少判断是非对错的标准，只认死理，而不懂得变通，失去了诚信的真谛。有子也对此指出："信近于义，言可复也。"（《论语·学而》）只有所守的信符合道义的原则，说的话方可以兑现。因此，孔子反复强调义的重要性，认为"君子义以为上"（《论语·阳货》）、"君子之于天下也，无适也，无莫也，义之与比"（《论语·里仁》）。孟子也反复强调"义"的重要性，指出："仁，人之安宅也；义，人之正路也。"（《孟子·离娄上》）即说，只有道义才是人生之正途，因此，士人君子应该做一个"尊德乐义""穷不失义，达不离道"（《论语·尽心上》）的人。孟子甚至指出："大人者，言不必信，行不必果，惟义所在。"（《孟子·离娄下》）他认为，有德之人没有必要对所说的话一定守信用，做事一定办到，只要合乎道义就行了。孟子对"义"的重要性的强调，一方面凸显了"义"的绝对性和至上性，另一方面，这种对"义"的过分侧重，无疑在某种程度上夸大了"义"的原则，并造成了诚信原则与道义的一种分离。

儒学作为积极入世的道德学问，也在政治生活中强调"诚信"的重要性。《左传》中就有"信，国之宝也"（《左传·僖公二十五年》）的说法。在孔子看来，唯有拥有"恭、宽、信、敏、惠"五种德行的人才能够称之为"仁"，因为他们"恭则不侮，宽则得众，信则人任焉，敏则有功，惠则足以使人"（《论语·阳货》）。诚信是仁德的重要因素，为政者只有取信于民，才能够得到民众的信赖，而这正是其统治的制胜法宝。孟子曰："得天下有道：得其民，斯得天下矣；得其民有道：得其心，斯得民也。"（《孟子·离娄上》）获得天下的方法在于得到人民的支持，得到人民的支持在于得到民心。正所谓"国保于民，民保于信；非信无以使民，非民无以守国"①，在政治生活中，为政者诚信与否关乎其治理能否赢得人民的拥护、其统治是否长治久安、社会秩序是否和睦有序。为政者应该身为表率，以诚信作为治理国家的道德原则。对此，孔子指出："上好信，则民莫敢不用情。"（《论语·子路》）如果为政者诚恳信实的话，百姓就没有不敢说真话的。上有表率，下有效法，国家才能政通人和。孔子对一国之君的要求是"敬事而信，节用而爱人，使民以时"（《论语·学而》），他认为谨慎虔敬、诚实守信是为政

---

① 〔宋〕司马光编著，〔元〕胡三省音注：《资治通鉴》卷二，"标点资治通鉴小组"校点，中华书局1956年版，第48页。

者治国平天下的王者之道。当弟子子贡问到政治生活中，如何在充足的粮食、充分的战备和人民的信任三者之间进行取舍时，孔子以人民的信任作为最后的道德底线，并义正词严地道出了"自古皆有死，民无信不立"（《论语•颜渊》）的豪言壮语。在他看来，治理国家最为核心的就是要得到人民的信赖和拥护，如果失去了人民的信任，其他的粮食、军备等都成了形同虚设的东西。孔孟儒学在政治生活中对诚信的重视，是儒学"内圣外王"思想的充分体现，这一方面能从道德的高度对君权的无限膨胀起到某种制衡作用，但另一方面，也从某种程度上夸大了君主的道德示范性作用。

（三）诚信美德价值的现代转化

在现代社会，儒学的诚信美德正面临着前所未有的冲击和挑战。首先，在信仰结构方面，天道信念日渐消逝。儒学诚信观念所建构的形而上前提是至诚无息的天道，这种在农耕文明下所产生的宗教信念已经与以理性、科学和实证为特征的现代社会格格不入。人们很难像古人一样滋生出对天道的尊崇感和敬畏感。其次，在德性结构方面，自律的德性被他律所取代。传统诚信观念注重道德主体的自我约束，期望人们在修身养性中自觉而主动地体悟天道之诚，践行人道之信。这种自律的德性要求对于以他律为特征的现代人而言显得过分理想化。在日益商品化和功利化的现代社会中，他律比自律更加制度化和规范化，人们的道德自觉性严重不足。再次，在社会结构方面，传统社会以血缘和亲情为纽带的伦理关系逐渐被打破，取而代之的是契约性的、理性的社会关系。随着现代社会的形成，传统的熟人社会逐渐消逝，人们交往的空间逐渐扩大，从而使诚信的外延逐渐向外扩散。最后，在政治结构方面，传统的圣人之治已经成为历史陈迹，现代社会是以法治为主要形式的社会。政治体制的革新，使制度成为比"人言"更重要的政治元素。传统诚信所面临的既是一种考验，同时也可以是一种契机。正是在传统与现代的差异面前，传统诚信美德才能够积极寻求自我的突破，在新的历史处境下实现自我的更新换代。从某种意义上来讲，诚信可说是现代社会的灵魂，现代市场经济是建立在自由、理性和契约制基础上的相互竞争、彼此协作机制，诚实信用原则是现代社会经济运作的基本前提和生存准则。因此，培养诚信美德，建立和健全平等、自由的竞争机制，是目前现代化建设的主要着力点。实现诚信的现代化转型，使诚信既保持传统的价值内涵和道德魅力，又努力适应现代社会的节奏，需要一个循序渐进的长期过程。可以从以下几个层面进行尝试性转化。

1. 树立诚信的价值信念

诚信美德的确立离不开形而上的德性源头，如果说传统社会以至高至诚的天道作为诚信的神圣源头，那么，在现代社会中，这种天道观念则日渐疏远。我们不能苛求现代人重新拾起对天道的虔信，但可以逐渐树立现代人的诚信信念。在一个市场化、商品化、世俗化的现代社会中，追逐利益的最大化是人们的合理欲求，但绝不能成为人们的终极目的。人们的终极关切不是物质性的，而是精神性的。在竞争日渐激烈的市场经济中，必须正确处理好义利关系，实现道义和利益的相互协调，在商业诚信的基础上实现利益的合理分配。要形塑诚信为本的现代社会，必须充分调动各种社会力量，积极采取各种有效措施和方法在全社会范围内树立诚信的道德理念；必须将诚信纳入公民道德建设中，在全社会范围内形成"以诚实守信为荣，以见利忘义为耻"的社会主义荣辱观；必须建立健全覆盖全社会范围的社会诚信机制，弘扬社会正气；必须发展和完善法制体系，有效地遏制和打击唯利是图、尔虞我诈的不良风气，充分调动各种社会力量，使诚信信念深入民心。

2. 加强诚信制度的建构

诚信在传统社会中是一个自律的道德要求，它通过"由天而命而性"的心性结构，确立了性善论的心性前提，认为人的德性自足，能够自觉地以"仁义忠信"为自己的天爵，可以通过"反身而诚"的修养之道，实现"慎独"的君子之德。传统诚信的这种"为己之学"深入挖掘了真实的人性之善，挺立了人的道德主体性，有其深刻的思想价值和社会影响。然而，在现代社会中，这种自律性的诚信美德犹如"水中月""镜中花"一般，可望而不可即。我们不能期望每个人都是君子，并不是所有的人都能够意识到人性之善，即使人认识到了也不能保证会"扩而充之"。现代市场经济的确立和发展需要规范化和体制化，对信用制度等道德规范的侧重是现代诚信不同于传统诚信的重要之处。市场经济社会中人与人之间主要体现为一种契约性的关系，在这种契约性的关系下，对契约的遵守、相互之间的信用是保证市场经济活动健康有序进行的关键因素。相应地，诚信在市场经济条件下不能停留在一种单纯的道德信念，其价值内涵已经延伸至当代法律规范和经济制度之中，诚信建设也不能局限于一种自律的方式，而应积极寻求自律与他律的结合，在道德主体的自我约束和德性修养之外，还需要一系列制度化和规范化的他律方式，为经济活动提供普遍有效的制度化保证。这在一定程度上克服了自律的软约束，使社会经济交往更具操作性、规范性和程序性。深化诚信的制度化和诚信制度的规范化，将继续成为我国经济工作的重点。完善的诚信社会必定既是自律又是他律的。自律为他律提供德性前提，他律则为自律提供制度支持。我们不能一味地"内省自反"和

"独善其身"，否则缺少规范的诚信自觉便会缺失一种必要的约束力；同时，我们也不能完全地依赖于外在的道德规范，否则缺少内在自觉的诚信规范便会流于一种形式。

3. 大力弘扬诚信公德

在自然经济和农耕文明的社会环境下，传统的社会结构是一种熟人社会，人们的交际范围比较狭窄，大都集中与自己有血缘或者地缘关系的群体之中，邻里、乡亲、宗派等关系构成了社会关系的主流，人们在这种家国天下的社会结构中形成了以孝悌为核心的等差之爱。现代社会则与之不同，现代社会中，人与人之间的接触和交往已经打破了血缘和地缘的限制。人们的交往活动范围逐渐突破了熟人社会，更多地涉入陌生人的社会，任何个人、组织、社群和国家之间都有建立相互关系的可能性，这使社会交往更具广泛性和普遍性。现代社会的理性、自由和契约特征促使人际交往的扩大化，而交往范围和交往对象的全方位扩大，也进一步促使诚信观念逐渐从一种私德转变为一种公德。即在现代化和市场化的时代背景下，诚信美德具有公共性和普遍性，它不同于传统社会以血缘亲情关系为内核的等差伦理关系，原则上它能够一视同仁。因为现代意义上的诚信，不仅仅是熟人世界的美德，也不仅仅是朋友间的情谊，而应该是具有普遍性、社会性、公共性的公民美德。这种诚信美德包括政府诚信、商业诚信、公众诚信、学术诚信等社会生活方方面面的诚信。诚信公共性的现代化转型，是经济与社会发展的历史趋势，也是与国际接轨的必然要求。

总之，诚信不仅是传统文化的核心范畴，更是现代社会的人际之本。诚信美德的重构不仅是经济发展的客观需要、社会和谐的基本前提，更是实现中华民族伟大复兴的时代要求。诚信美德的培养需要内化于心、外化于行，实现知行合一。只有人人讲诚信之言、行诚信之事，才能从根本上化解当今社会的诚信危机，真正建构起一个明礼诚信的美好社会。当然，从我国诚信建设的当下现状来看，诚信美德的形成和完善仍需要一个"路漫漫其修远兮"的过程。批判性地继承和弘扬传统诚信美德的哲理智慧，并对之进行现代化的转型，是历史赋予我们的伟大使命。

第二节　传统儒学的交友之道及其对现代社会的
启迪价值

正如培根所言："凡是喜欢孤独的人，不是野兽便是神灵。"人生不是一座孤岛，人生在世总是一个"关系性"的存在。作为一个群居性的存在者，人在生活世界中总是在与社会中的他者进行交往和沟通中形成诸多人际关系，其中，朋友关系是所有人际关系中最具平等意味的一种关系，也历来为人们所津津乐道。中西文化传统中都有关于重视友善以及如何交友的丰富哲理和智慧。在我国传统儒学中，对朋友关系的探讨也由来已久。众所周知，友善是传统儒学的重要道德范畴，也是传统社会基本的为人之道。传统儒学的这种友善观在朋友关系中得到了系统而具体的表述。儒学传统视朋友关系为五伦关系中非常重要的一环，重视朋友之间在互尊互信、互助互惠的基础上所结交下的友谊，鼓励人与人之间形成一种与人为善、平等友爱、和睦相处的社会关系。传统儒学的朋友之道以"仁者爱人"为道德依归，以"己所不欲，勿施于人""己欲立而立人，己欲达而达人"的忠恕之道为行仁之方，以"朋友有信"为交往准则，以"以友辅仁"为目的依归，以"天地人和"为价值目标，集中体现了传统儒学"为天地立心，为生民立命，为往圣继绝学，为万世开太平"的道德理想和"修齐治平"的人文精神。传统儒学的这种交友之道不仅在传统社会有着丰富个体德性生命、调节人际关系等重要的社会作用，而且其中的交友智慧还有着超越时空的永恒价值，可以对现代社会起着某种积极的启迪作用和借鉴意义。

（一）朋友之伦——五伦之一

朋友是传统五伦关系中重要的一伦，孟子曰："人之有道也，饱食、暖衣、逸居而无教，则近于禽兽。圣人有忧之，使契为司徒，教以人伦：父子有亲，君臣有义，夫妇有别，长幼有序，朋友有信。"（《孟子·滕文公上》）那么，何为朋友？从词源学的角度来看，"友"字在古文中是会意字，初见于殷商卜辞，甲骨文中作" "，形状像两只右手靠着一起，乃会意为以手相助之义。《说文解字·又部》训"友"："友，同志为友，从二又相交友。""又"从右手之"右"会意，古人以右手为便利，因此，"二又相交"也可引申为两人之间的相互佑助、彼此交好之意。在传统文献中，"友"从其"相互佑助"的本义又逐渐延伸出兄弟之间的友爱、朋友之间的友情等诸多含义。从历史演变的角度来看，友善的主体最初主要指手足之间的亲爱之情，而后再逐渐从这种血缘关系的亲情之关爱过渡到非血缘亲情的朋友之友爱。这在儒家经典文献《诗经》《尚书》《左传》《礼记》中可以找到佐证。如《诗经·小雅·六月》："侯谁在矣，张仲孝友。"《左传·昭公二十六年》："礼之可以为国也久矣，与天地并。君令臣共，父慈子孝，兄爱弟敬……兄爱而友，弟敬而顺……礼之善物也。"孔子在《论语·为政》中也援引《尚书》语："孝乎惟孝，友于兄弟，施于有政。"以上文献中所言之"友"均指向兄弟之间的一种手足之情，指出兄弟之间的感情血浓于水，彼此之间应该相亲相爱、彼此友善。先秦儒学之后，儒家的"友善"才从家庭血缘关系扩展开来，并逐渐深入到非血缘亲情关系的朋友范围。

在传统社会的五伦关系中，朋友关系有别于与父子、君臣、夫妇关系。如果说君臣是上下级之间尊卑有等的政治关系，夫妇、长幼是家庭之间的血缘亲情关系，那么，朋友关系则既不属于上下级关系，也不属于亲情关系，而是一种相对独立又相对平等的人际关系。换言之，朋友之间的友谊，从某种程度上挣脱了上下级的尊卑秩序，超越了血缘亲情之间的人身依附关系，从而获得了一定的平等性和独立性。正如孟子在谈论交友时所言："不挟长，不挟贵，不挟兄弟而友。友也者，友其德也，不可以有挟也。"（《孟子·万章下》）朋友之间真正的友谊只能建立在德性之上，以德而交，而不能依仗较长的年龄或者显赫的地位与人交友，那样，就不可能交到真正的朋友。值得注意的是，一方面，传统儒学将朋友关系独立出来，使之获得了一定的平等性、独立性。另一方面，鉴于传统社会"修身齐家治国平天下"的独特伦理结构，传统儒学又极力将朋友这种伦理关系拉入血缘亲情关系的网络中。这既源于先秦儒学独特的德性建构，又源于传统社会的长幼尊卑等差秩序。如果"亲亲，仁也"指代的是"兄弟之爱"，那么，"义者，宜也"则指向"朋友之爱"，二者在传统社会中始终处于一种相互独立又彼此联系的关系中。正如子夏安慰司马牛所言："君子敬而无失，与人恭而有礼，四海之内，皆兄弟也。君子何患乎无兄弟也。"（《论语·颜渊》）《中庸》也云："在下位不获乎上，民不可得而治矣。获乎上有道：不信乎朋友，不获乎上矣；信乎朋友有道：不顺乎亲，不信乎朋友矣。"在这种思想建构中，传统儒学将朋友之伦融入家国天下的"同心圆"结构中，使朋友之道成为五伦关系中重要的一伦，更大程度地发挥了朋友之道在传统社会的积极作用。

（二）"仁者爱人"——交友之道的道德根据

"仁"是传统儒学的核心道德范畴，就交友之道而言，"仁"为朋友之间的交往奠定了人性的基础和平等的根据。人与人之所以能够成为朋友，朋友之间之所以能够产生深厚的友谊，其心性基础就在于人具有仁爱的能力和潜质，在儒学看来，人的这种仁爱的潜能及其实现就是人之"仁"。在传统儒学的哲学体系中，"仁"不仅是一个身心概念，要求道德主体修身为本、修身以德，更重要的是，从社会学的角度而言，它也是一个人际交往的概念。《说文解字•人部》曰："仁，亲也，从人从二。"段玉裁注："'从人二'会意。《中庸》曰：'仁，人也。'注：'人也，读如相人偶之人。以人意相存问之言。'……'人耦（偶）'犹言尔我亲密之词，独则无耦，耦则相亲，故其字从人二。"郑玄以"相人偶"论仁，推崇以"以人意相存问"为仁的本质，指出人与人在相互关照和彼此问候中的社会关系。当代中国学者刘文英先生指出，郑玄之道"相人偶"是古代的一种礼仪形式，他在《礼仪•大射仪》注说形和本义考证道："仁"字原本是一副"两个侧身的人面面相对，双臂前倾，屈腿弯腰或屈腿下跪"图示，即两人同时躬入作揖状。[1]从以上解释，可以足见"仁"的伦理学、社会学维度。对儒学而言，"仁"是人作为道德主体的本质属性，这种"仁"德使人先天性地具有了"仁爱"他人的能力。

孔子在《论语》中多次言说"仁"，《论语•颜渊》曰："樊迟问仁。子曰'爱人。'"他认为，"仁"最为核心的含义就是"爱人"，"爱人"是仁德的内在要求，是人作为德性存在的道德命令，使人能在与社会中的他者进行交往时相互关爱、彼此扶持。继孔子之后，孟子更从人性善的角度指出："仁也者，人也。合而言之，道也。"（《孟子•尽心下》）他明确地以"仁"定义"人"，认为"仁"代表真正的道德生命，唯有拥有仁德才是真正意义上的人，否则，就是道德意义上的"非人"。"仁"又可以外化为"礼"，具体表现为"克己复礼为仁"（《论语•颜渊》）、"恭、宽、信、敏、惠"（《论语•颜渊》）、"居处恭，执事敬，与人忠"（《论语•子路》）等道德规范和行为准则。传统儒家区别于道家之处在于，传统儒学是一种积极入世、经世济俗的学问。孔孟儒学总是把人放在整个社会关系中来予以衡量，认为一个人只有在社群生活中才能够真正地完成自我

---

[1] 刘文英：《"仁"的本义及其两个基本规定》，中国孔子基金会编：《孔子诞辰2540周年纪念与学术讨论集》，上海三联书店1992年版，第252—266页。

的修养。对传统儒学而言，"仁"作为一种德性，如果不能参与到社会关系中去，便毫无意义可言。"仁"虽然是"为己"之学，却不是"利己"之学，"仁爱"的养成绝不意味着独自地修行和冥思苦想，而是与社会中的他人之间相互交往、彼此联系的修养过程。活生生的现实世界是人类价值展开的舞台，道德主体必须深入生活世界，通过具体的社会关系和人际交往才能够不断践行仁德。他越是深入社群的伦理关系中，越能更好地实现自我的本真，越能更深地体悟到仁爱的真谛。仁德正是在整个家庭、国家、天下的社会结构甚至宇宙关系中逐步拓展与丰富的。正如杜维明先生所言："'仁'也是一个起着统一作用的概念，它不仅赋予其他重要的儒学概念以意义，而且也决定着他们的性质并把他们综合成为一个整体。"[①]

传统儒学以忠恕为行仁之方。曾子总结夫子的一以贯之之道为"夫子之道，忠恕而已矣"（《论语·里仁》），朱熹对此注解道："尽己之谓忠，推己之谓恕。"[②]忠恕是行仁的左右两翼。所谓的"忠"，就是对自己忠实、诚实，是站在道德修养上对自身的一种道德要求。所谓的"恕"，则是在忠的基础上对他人的一种推及关系。这种忠恕思想在《论语》中又具体表述为"己欲立而立人，己欲达而达人"（《论语·雍也》）、"己所不欲，勿施于人"（《论语·颜渊》）。前者是忠恕之道的肯定表述，而后者则是忠恕之道的否定表述。这两个方面之间是彼此呼应、相辅相成、一体两面的关系。一方面，个体想要在社会中有所立，就要帮助别人也有所立，自己想要通达，也要协助别人有所通达。另一方面，将心比心、设身处地地为他人着想，自己不想要的东西，也不要强加给别人。忠恕之道以"人同此心"为预设前提，要求人与人之间的交往要将心比心、站在他人角度看问题。孟子也说道："万物皆备于我矣。反身而诚，乐莫大焉。强恕而行，求仁莫近焉。"（《孟子·尽心上》）如果说"万物皆备于我""反身而诚"是"忠"，是对自己本性之善的一种坚持与存养，那么，"强恕而行"则是"恕"，是在反身而诚基础上的一种推己及人。这里充分体现出忠恕之道所蕴含的尊重原则与人道精神，在人我、内外的相互联系中，忠恕之道将对己之"忠"与对他人之"恕"密切地联系在一起，从而使得仁德从切己处扩充开来，使其成为普遍社会范围内的一种德性。这种忠恕之道在宗教对话中被誉为人际交往的"金律"。儒学的仁爱观表现为一种爱

---

① ［美］杜维明：《仁与修身：儒家思想论集》，胡军、丁民雄译，生活·读书·新知三联书店2013年版，第10页。
② ［宋］朱熹：《四书章句集注》，第71页。

有等差的仁爱模式。仁爱既呈现为爱的普遍性，同时又表现出爱的特殊性。这两个方面既相互区别又彼此联系。儒学以"孝悌"作为"为仁之本"，认为"仁者，人也，亲亲为大"（《中庸》），认为践行仁爱应该首先以自己的家庭为起点，在家庭中尽到对父母长辈的孝道、对兄弟姐妹的悌道，然后以此为起点，将仁爱逐渐在整个"家—国—天下"的同心圆结构内扩充开来，整个仁爱的次序就像水波一样一圈一圈地荡漾开来。《孟子》一书中用了一个非常传神的字眼——"推"来说明忠恕之道。孟子在与齐宣王讨论仁政王道中说道："推恩足以保四海，不推恩无以保妻子。古之人所以大过人者无他焉，善推其所为而已矣。"（《孟子·梁惠王上》）他从人人所皆有的恻隐之心出发，从齐宣王对将衅钟之牛的"不忍之心"指明了齐宣王本心所拥有的善性仁德，他以此为人性依据，认为齐宣王既然能够推恩足以及禽兽，就能够推恩至百姓，之所以不能施行仁政，不是他不能，而是他能而不为。在他看来，"古之人所以大过人者无他焉，善推其所为而已矣。"（《孟子·梁惠王上》）古代的仁贤之人之所以超乎常人，就在于他们能够"以其所爱及其所不爱""以其所不忍达之于其所忍"，能够将仁爱逐渐由内而外、由亲而疏地推展开来。正如贺麟先生所言，儒家的爱，"注重在一个'推'字，推己及人。"[①]

可见，忠恕之道在推己及人的移情范式中，将仁德与爱人联系在一起，在人与人的伦理交往中，忠恕之道要求人们在自我修身的基础上去影响、关爱他人，在相互依赖与彼此渗透中架起仁爱之桥。在这种仁爱的道德基础上，儒学提出了"泛爱众而亲民"（《论语·学而》）、"博施于民，而能济众"（《论语·雍也》）、"君子之于物也，爱之而弗仁；于民也，仁之而弗亲。亲亲而仁民，仁民而爱物"（《孟子·尽心上》）等仁爱思想，使仁爱突破了血缘、亲情的限制，而推展到整个社会范围中来，充分体现了儒学匡世济俗的人文关怀和道德抱负。因此，在传统儒学中，"仁"不是个人主义的，因为它是家庭关系中的一种德性；"仁"也不是小家庭主义的，因为它是族群关系中的一种德性；"仁"不是裙带主义的，因为它是社会关系中的一种德性；"仁"也不是国家主义的，因为它是天道宇宙关系中的一种德性。这使仁德拥有了崇高恢宏、意境高远的道德境界。这种仁爱思想使人与人之间突破了身份等级、长幼亲疏以及穷困利达的外在限制，为朋友关系的建立提供了道德的基础，使人与人之间能够因德性生命的相互吸引而建立起朋友的关系。

---

① 贺麟：《文化与人生》，第55页。

（三）朋友有信——朋友之道的交往原则

　　传统儒学将诚信视为个人安身立命的道德原则和为人处世的价值标准，正如孔子所言"人而无信，不知其可也"（《论语·为政》），如果做人缺少诚信，就无法在社会上立足。对朋友之间的交往而言，诚信也显得非常重要。"人之相知，贵在知心"，朋友之间的交往，是心灵与心灵的对话，只有彼此之间坦诚相待、彼此诚信，才能催发出友谊之花。正如古希腊伟大的哲人亚里士多德所言，真正的朋友，是一个灵魂孕育在两个躯体里。朋友之间的交往需要某些"交集"，即彼此之间要志趣相投。孔子曰："无友不如己者。"（《论语·学而》）这句话不能从字面意思理解为"不要结交那些不如自己的人为朋友"，不然，照此逻辑，每个人都想与那些比自己优秀的人交朋友，比自己优秀的也想与那些比自己更优秀的人交朋友，如此一来，每个人便不可能交到朋友了。孔子这里的"不如"应当理解为"不像"，整句话可以解释为"不要结交不像自己的朋友"，这也就是我们常说的"物以类聚，人以群分"。要找到这样志同道合、意趣相投的朋友，必须拥有诚信这种美德。

　　儒学传统中非常强调朋友之间的诚信。子曰："弟子入则孝，出则弟，谨而信，泛爱众而亲仁，行有余力，则以学文。"（《论语·学而》）如果说孝悌之道主要是处理家庭伦理关系的行为准则，那么，谨慎而信实则主要是处理家庭关系之外的社会关系的道德规范。"子以四教：文、行、忠、信。"（《论语·述而》）孔子的教育内容之一就是诚信教育。孔子认为真正的君子应该是"义以为质，礼以行之，孙以出之，信以成之"（《论语·卫灵公》），以义作为根本，用礼加以推行，用谦逊的语言来表达，用忠诚的态度来完成，这就是君子。夫子之志就是"老者安之，朋友信之，少者怀之"（《论语·公冶长》），即让年老的得到安乐，让朋友彼此诚信，让少年得到关怀。孔子的这种志向充分显示了孔子的仁爱情怀，体现出他对朋友之诚信的重视。曾子也非常重视德性的内省功夫，他说道："吾日三省吾身，为人谋而不忠乎？与朋友交而不信乎？传不习乎？"（《论语·学而》）他反省的内容之一就是"与朋友交而不信乎"，强调了朋友之间诚信的重要性。孟子的思想中也集中体现了这一诚信思想。孟子曰："故诚者，天之道也；思诚者，人之道也。至诚而不动者，未之有也；不诚，未有能动者也。"（《孟子·离娄上》）"诚"是天之道，是天道真实无伪、自然而然的本然状态，而"思诚"则是人之道，是道德主体从宇宙大化中所禀赋的道德本性，使人能够在持续不断的道德修养中反身而诚。在《孟子》一书中多次指出了诚信对朋友之交的核心作用。孟子说道："人之有道也，饱食、暖衣、逸居而无教，则近于禽兽。圣人有忧之，使契为司徒，教以人伦：父子有亲，君臣有义，夫妇有别，长幼有叙，朋友有信。"（《孟子·滕文公上》）他指出，父子、君臣、夫妇、长幼、朋友是人类社会重要的五种人伦关系，是圣人教化于民，使之有别于禽兽的重要内容。其中父子、夫妇、长幼可说是家庭关系，君臣是政治关系，而朋友则区别于前两种关系，既不依附于家庭血缘关系，也不依附于政治等级秩序，是一种相对独立的伦理关系。朋友之间应该本着相互诚信、彼此友善的精神相互交往。

孔子曰："唯仁者，能好人，能恶人。"（《论语·里仁》）他指出，只有仁者才能够真正喜欢某人、厌恶某人。因为真正的仁者才能好恶得乎中道，不失心所正，所以能够真正做到好善而恶恶。对于朋友之交而言也是如此。"君子之接如水，小人之接如醴；君子淡以成，小人甘以坏。"（《礼记·表记》）真正的朋友之交高雅纯洁，清淡如水，彼此之间胸怀坦荡、不尚虚华，能够超越世俗的繁文缛节和客套应酬，追求一种平等而真实的友谊。反之，小人之交则是甜言蜜语、阿谀奉承，彼此之间心怀功利算计之心。孔子也对此指出："巧言令色足恭，左丘明耻之，丘亦耻之。匿怨而友其人，左丘明耻之，丘亦耻之。"（《论语·公冶长》）那种花言巧语、虚伪讨好、恭顺奉承的态度，流于外在的交际，而缺少了诚信的本质，所以孔子以之为"耻"，因为朋友之交应是质朴真情、以诚而交，缺少了诚与信，就失去了朋友的真谛。传统儒学历来反对"乡愿"之徒。子曰："乡原，德之贼也。"（《论语·阳货》）乡愿，即所谓的好好先生，孔子之所以斥责这类乡愿之徒是败坏德性的小人，就是因为这些人缺少道德原则，没有是非标准，一味地谄媚讨好别人。正如朱熹在《集注》中所言："盖其同流合污以媚于世，故在乡人之中，独以愿称。夫子以其似德非德，而反乱乎德，故以为德之贼而深恶之。"[1]孟子在《尽心下》篇中也具体指出了这种乡愿对德性的危害性。孟子曰："非之无举也，刺之无刺也；同乎流俗，合乎污世；居之似忠信，行之似廉洁；众皆悦之，自以为是，而不可与入尧舜之道，故曰德之贼也。"（《孟子·尽心下》）他解释道，这些所谓的好好先生，之所以是贼害道德的人，就是因为他们八面玲珑、四方讨好于人，自己却不能言行一致。这种人比较善于伪装自己，想否定他们却举不出什么过错，想讽刺他们却无法讽刺，他们和同于世俗，融合于污浊的社会，生活起居貌似忠实诚信，行为方式好像很廉洁，大家都喜欢，自以为是，但却进入不了

---

[1]〔宋〕朱熹：《四书章句集注》，第167页。

尧、舜之道中。所以，这种乡愿之徒对道德秩序有极大的破坏性，也是君子耻与之交往的原因所在。

（四）以友辅仁——交友之道的德性依归

如前所述，在传统儒学的价值体系中，朋友关系是区别于血缘亲情关系和上下等级关系的一种相对独立的伦理关系，这便从某种程度上决定了朋友之交所独有的道德特质。在传统儒学看来，处理亲情关系与处理朋友关系有着不同的价值标准。正如孔子所言："朋友切切偲偲，兄弟怡怡。"（《论语·子路》）这里的"切切偲偲"乃相互切磋、彼此督促之义，即朋友之交重在精神上的交往，彼此之间志同道合，兴趣相投，应该在相互切磋、彼此勉励中共同提升自我，共同致力于道义的追求。"怡怡"，乃和悦、和顺之义，指的是兄弟之间的相处应该以和睦融洽为道德标准。概括而言，兄弟之间是亲情血缘关系，应以和睦为主，而朋友关系则是非血缘亲情关系，应以道义为主，这是朋友之伦区别于兄弟之伦的重要方面。传统儒学认为，在家庭关系中应该以"和为贵"，父子之间、兄弟之间不应相互"责善"，不然就会造成家庭关系的紧张和冲突。与之相对，朋友之间，却不能一味地追求和睦相处，而应该相互"责善"，在彼此的切磋砥砺中完善道德人格、提升精神境界。曾子亦有言曰："君子以文会友，以友辅仁。"（《论语·颜渊》）"仁"是儒学的核心范畴，是修身养性的道德标准，因此，朋友之交理应以辅佐仁义之德为道德目标，彼此扶持、相互帮助，共同离恶趋善、进德修业，朝着成圣成贤而努力，这是朋友之间的本分，也是彼此之间真挚情感的体现。正如朱子所言："人之有朋友，不为燕安，所以辅佐其仁。"①故此，古人将朋友之交比喻为"丽泽之交"，认为朋友之间犹如两泽相丽，交相浸润，相互滋益，最终实现共同增益、共同提升的道德目标。因为朋友之间是建立在德性上的平等交往，彼此之间志同道合。在朋友面前，人们能够摆脱各种外在的限制而推心置腹、倾心交谈，从而实现相互责善、以友辅仁的德性追求。孟子对此指出："责善，朋友之道也。父子责善，贼恩之大者。"（《孟子·离娄下》）他认为父子之间如果相互以善相责，便会伤害父子感情，甚至导致父子关系的恶化，因此，父子之间不应责善，责善乃是交友之道。在他看来，朋友不只是一种人伦之道，同时还担负着践行仁义、

---

① 〔宋〕叶采集解：《近思录集解》，程水龙校注，中华书局2017年版，第381页。

以善相劝、共进于道的崇高职责。朋友之交不是追求一团和气，而是一种道义之交、德性之交，能够在相互学习、彼此劝勉中陶冶情操、明道进德、止于至善，这是朋友之交的价值目标和道德责任。孟子也提出了"与人为善"的思想，他说道："取诸人以为善，是与人为善者也，故君子莫大乎与人为善。"（《孟子·公孙丑上》）他认为，吸取别人的优点来补充完善自己，就是与别人一起行善。对君子而言，最重要的莫过于与别人一同行善。儒家的这种友善观与古希腊哲人亚里士多德在《尼各马可伦理学》中所提到的"善的友爱"有着某种类似性。亚氏将友爱分为三类，分别是"快乐的友爱"和"有用的友爱"，以及"善的友爱"①，在他看来，前两种意义上的友爱是偶性的，因为他们爱朋友都不是因朋友是哪种人，而是因他有用或能带来快乐。虽然这两种友爱也具有相当的价值，它们能够给人们带来某种用处或愉悦，然而，与之相比，善的友爱有更大的价值。这种善的友爱才是最好的友爱。并且只有这种友爱最稳定、最持久。可见，无论东方还是西方，都十分看重朋友之交的道德性基础，强调朋友之间应该因德而友、相善而友。

因着朋友之交的这种德性标准，传统儒学提出了益友与损友之分。孔子曰："益者三友，损者三友。友直，友谅，友多闻，益矣。友便辟，友善柔，友便佞，损矣。"（《论语·季氏》）益友，即对人有益处的朋友，能帮助朋友提升德性、提高修养的人。孔子指出，同正直的人交友，同诚信的人交友，同见闻广博的人交友，这是有益的。朱熹《四书章句集注》解为："友直，则闻其过。友谅，则进于诚。友多闻，则进于明。"②友直，那种有原则、有底线，能够对自己直言相劝、正直不阿的朋友。朋友之间应彼此坦诚相待，真实地表达内心，能做到"闻善相告，见善相示"。如果自己言行举止中有什么过错，或者一时失足做出了违背道德原则或社会规范的行为，那么，作为朋友的他会本着友善的原则积极地承担提醒、规劝的责任和义务，使自己能迁善改过，免入歧途。这就是荀子所言的"士有争友，不为不义"（《荀子·子道》）。当然，这种彼此之间的"责善"也不可能总是被对方所接受，因为直言相劝是出于"天理"而非"人情"。故此，孔子也补充道："忠告而善道之，不可则止，毋自辱焉。"（《论语·颜渊》）他指出，虽然提醒、规善是朋友的道义责任，但是当友人不听自己的逆耳忠言时，就应该闭嘴大

---

① 〔古希腊〕亚里士多德：《尼各马可伦理学》，廖申白译注，商务印书馆2003年版，第232、233页。
② 〔宋〕朱熹：《四书章句集注》，第160页。

吉，不要自讨没趣，不然就会伤害朋友之间的感情。友谅，即结交那种诚实守信、言行一致的朋友。朋友之交应该诚心诚意、言而有信，与这类朋友交往，能够使人"诚于中，形于外"，逐渐形塑自己的诚德。友多闻，即结交那种见多识广、知识渊博的朋友。这类朋友知识面非常丰富、眼界非常开阔，能够不断地开阔你的视野，拓展你的思维，让你更好地明白事理。这三类朋友能够不同程度地满足人们知情意的不同需要，对人的德性修养和人格完善是非常有益的。反之，"损友"则是对人有害的朋友。结交谄媚逢迎的人、表面奉承而背后诽谤人的人、善于花言巧语的人是有害的。这种"损友"与德性修养背道而驰，对做人及做事都百害而无一利，因此，与这类人应该谨慎相处，不能与之交友。正所谓"与善人居，如入芝兰之室，久而不闻其香；与不善人居，如入鲍鱼之肆，久而不闻其臭"（《孔子家语·六本》），朋友就像一面镜子，可以反映出人的兴趣、志向和品味，人的生活总是潜移默化地受到身边朋友的影响。益友可以让我们终身受益，充实和完善自己的生命，而损友则让我们一生受损，影响和制约自己的成长。因此，人们交友务必慎重，以结交良友、益友、净友为交友的道德标准，和朋友一起走向至诚至善的康庄大道。

林语堂先生在《生活的艺术》一书中说道："生活艺术家的出发点就是，如更想要享受人生，第一个必要条件即是和性情相投的人交朋友，须尽力维持这友谊，如妻子要维持其丈夫的爱情一般，或如一个下棋名手宁愿跑一千里的长途去会见一个同志一般。"①友谊是人类精神生活的需要，也是人生快乐的重要来源。孔子也以朋友间的友情为人生的一大快乐，并说："有朋自远方来，不亦乐乎？"（《论语·学而》）在茫茫人海中，心灵与心灵的息息相通是何等宝贵！孝悌之道承载的是亲情的温暖，举案齐眉承载的是爱情的甜蜜，君臣之义承载的是政治的责任，而相濡以沫、心灵共鸣则承载的是友情的宝贵。真正的友谊可以超越外在的年龄、地位或钱财的界限，是心灵与心灵之间的碰撞、思想与思想之间的交融，在德性中彼此扶持，在生活中患难与共，相诉衷肠、倾心吐意，这才是友谊之弥足珍贵之处。"欲取鸣琴弹，恨不知音赏"，千金易买，知己难求，人生遇一知己乃是人生之一大幸事。

传统儒学的这种交友之道是中华民族的哲学智慧，具有丰富的思想内涵和社会价值。古人交友之道中的仁者爱人、忠恕之道、朋友有信、以友辅仁等思想具有超

---

① 林语堂：《生活的艺术》，湖南文艺出版社2012年版，第215页。

越时空的永恒价值，不仅适用于传统社会，而且也可对现代社会的价值建构起到积极作用。因为传统的交友之道不仅体现了个人的道德品质，而且也富含群体的伦理意义。要实现中华民族的伟大复兴，离不开传统文化的历史积淀，要建设和谐社会，实现人际和睦，也离不开传统哲学中的友善之道。在现代化建设的过程中，随着社会结构的转变，人们的社会价值观也随之发生转变。经济在飞速发展，生活水平在显著提高，然而人与人之间的关系却呈现出人情冷漠、人际疏离，甚至矛盾冲突等不良现象。个体主义的盛行、城镇化的进程和市场经济的冲击是造成现代社会人际关系紧张的主要因素。就个体化而言，社会个体化是现代社会的重要标准。在个体化的社会转型中，个体成为独立自主的社会单元，能摆脱种种限制而充分享受个体的自由与权利。这种个体化的趋势，从积极的角度而言解放了个性，激发了自主性和自发性。从消极的角度而言也造成友善和同情心的缺失，导致了人与人之间的紧张与冲突。就城镇化的进程而言，随着城镇化进程的不断普及，社会的流动性逐渐增强，使社会结构从传统的"熟人社会"过渡到"陌生人"的社会。在"陌生人"的社会中，面对陌生或"异质"的人群环境，人与人之间缺少了"熟人社会"的某种温情，而对"陌生"的他者不由自主地产生某种戒备或警惕之心。这便从某种程度上造成了人际之间的信任危机，难以建构起一种友善、友爱的人际关系。就市场经济的冲击而言，市场经济提倡竞争机制，追求利益的最大化。在利益面前，人与人之间的关系也随之变得功利化和世俗化，这在某种程度上也造成了人际关系的矛盾和冲突。

面对现代社会人际关系的"异化"，传统的交友观及友善精神有着积极的启迪价值，对人际关系的冷漠、疏离、冲突与恶化乃是一剂良药。传统交友观的仁爱观能够激发人性中的良善本性，常存爱人之心；传统交友观的忠恕之道能够启发人际交往的道德法则，对己而忠、对人而恕；传统交友观的诚信原则能够重建人与人之间的相互信任，以诚待人、言而有信；传统交友观的以友辅仁能够唤醒友谊的真谛，以善而友、进德修业。在现代社会重建传统的交友之道，不仅能够提升个人的道德涵养和精神境界，而且在社会层面上也能从根本上改善人际关系，促进社会秩序的稳定与和谐。党的十八大以来，友善观作为社会主义核心价值观被正式提出来，成为核心价值观在个人层面的主要要求之一。作为社会主义核心价值观的"友善"与传统儒学的交友之道之间是一脉相承的，是传统友善观在现代社会发展的必然要求，也能够为传统交友之道融入现代社会提供某种社会基础和现实依托。在社会主义核心价值观的引导下，传统交友之道及其哲学智慧才能更好地实现自我的现代转化。

第三节　传统儒学敬业观与社会主义敬业价值观的
历史联系及其现代培育

从人类诞生之日起，劳动就成为人类的第一基本条件。劳动创造了人①，劳动是人类社会延续和进步的必然要求，也是人的尊严和价值得以体现的重要途径。劳动既为人类的生存、发展奠定了现实的物质基础，同时也为人类的文化生活提供了丰富的精神资源。在长期的劳动实践活动中，人类社会逐渐形成了各种职业，并由此产生了对职业的敬业态度。古往今来，敬业爱岗、忠于职守等敬业精神一直被人们奉为职业美德。敬业精神与特定的文化传统和宗教伦理观念息息相关。职业一词的德语是*benuf*，英文是calling，都含有"天职、召唤、圣召"等含义。在西方的文化语境中，职业不只是维持生计的工具，而是冥冥之中的神圣召唤和光荣使命。德国著名的宗教和社会学家马克斯·韦伯就曾提出一个非常著名的社会学假说，他认为，在任何一项事业表象的背后，可以发现一种支撑这一事业的无形的时代精神力量。在一定条件下，这种精神力量决定着该事业的成败。这种以社会气质为表象的时代精神，与特定社会的文化背景之间有着某种内在的渊源。他在《新教伦理与资本主义精神》一书中就分析指出了近代资本主义与基督新教伦理之间的渊源关系。他认为："几乎各个教派的禁欲主义文献都充满这样的观念：为了信仰而劳动……（新教的禁欲主义）不仅最有力地深化了这一思想，而且还创造出了唯一对它的效果有决定性影响的力量，即一种心理上的认可：认为这种劳动是一种天职，是最善的……是获得恩宠确实性的唯一手段。另一方面它使对这种自愿劳动的利用合法化，即把雇主的商业活动也解释成一种天职。"②因此，新教伦理在某种程度上赋予了劳动以神圣性和使命感，认为劳动本身是一种天职，是善的，主张为了上帝而辛劳致富，在诚实而辛勤的劳作中增益上帝的荣耀。韦伯指出，新教伦理在一定程度上促成了财富的增长，这种财富的增长与新教简朴的禁欲生活结合，便导致了资本的过度积累。受到韦伯这种思想的启示，特别是随着东亚地区社会经济的迅猛

---

① 参见中共中央马克思恩格斯列宁斯大林著作编译局编译：《马克思恩格斯选集》（第3卷），人民出版社2012年版，第998页。
② ［德］马克斯·韦伯：《新教伦理与资本主义精神》，于晓、陈维纲等译，陕西师范大学出版社2005年版，第103页。

增长，很多社会学家和经济学家也开始注意到儒家伦理学说对经济的积极作用。例如，余英时先生在《儒家伦理与商人精神》一书中就指出了传统商人的为商之道与儒学之间的密切关系，指出了儒家思想对商人伦理的重要影响。①美国学者彼得·伯格在深入研究亚洲"四小龙"的经济崛起中也总结指出，亚洲经济的迅速发展与亚洲企业文化中的奉献精神、敬业精神、集体意识和成就感是密不可分的。

可见，敬业精神是一个国家、一个民族复兴的重要动力之源。在市场经济的时代，敬业精神在经济和社会发展中的作用显得愈加重要。源远流长的传统文化是中华民族的立足之根与精神之魂，传统社会独特的社会结构和经济结构孕育了中华民族独特而丰富的敬业精神。以敬德修业、敬业乐业为核心的敬业精神是中华传统文化的重要内涵，也是中华民族的价值追求，至今仍散发着智慧之光，对职业道德的建构有着积极的价值和启迪意义。因此，如何探幽发微，古为今用，深入挖掘传统敬业思想的思想内涵和价值，以实现传统敬业思想的现代化转型，具有重要的理论价值和现实意义。

（一）敬业的思想内涵

敬业精神是人们从事职业活动的一种精神状态和行为态度，是职业道德的主要内涵。一般而言，敬业指的是"人们在对职业的价值、意义与使命有高度认知基础上形成的一种对职业的崇敬、虔诚、敬畏、热爱、专心、积极主动、开拓创新、忠于职守、勤奋认真、锲而不舍、精益求精的心理和精神状态"②。传统文化中的敬业思想集中在一个"敬"字上。何为敬？《说文解字》曰："敬，肃也。"段注："肃者，持事敬也。"《释名》曰："敬，警也，恒自肃警也。"从"敬"的字形构造来看，"敬"由"苟"和"攴"组成，"苟"是其核心。《说文解字·苟部》解释道："苟，自急敕也，从羊省，从包省，从口，口犹慎言也；从羊，羊与义善美同意，凡苟之属皆从苟。"可见，"敬"的基本内涵是自作主宰、时刻警醒的心理状态，是一种对待事情的谨慎、警惕和不懈怠的精神。

"敬"是传统文化的重要伦理概念，也是古人安身立命、为人处世的道德准则。从现存的传世经典来看，"敬"最初主要表现在人类对神圣事物的敬畏之中。

---

① 参见余英时：《儒家伦理与商人精神》，《余英时文集》（第3卷）。
② 肖群忠：《敬业精神新论》，《燕山大学学报（哲学社会科学版）》2009年第2期。

在古人祭祀宗教的活动中，"敬"是事奉天地宗亲和鬼神的基本态度，同时，在这种宗教祭祀活动中所形成的敬畏之心也可以从某种程度上起到"神道设教"的教化作用。正如《周礼·大司徒》所云："五物者民之常，而施十有二教焉。一曰以祀礼教敬，则民不苟。二曰以阳礼教让，则民不争……"唐贾公彦疏解："'一曰以祀礼教敬，则民不苟'者，凡祭祀者，所以追养继孝，事死如事生。……故《礼》云'祭，极敬也'。"①这里指出，祭祀之礼重在教民以"敬"，这样，人民就不会苟且随便。早在西周时期就出现了"敬"的文化观念。可以说，"敬"是周文化的核心理念。周人一切生活都始终贯彻着一个"敬"字。周人的这种"敬"的哲学是直承忧患意识而来的精神敛抑、集中及对事的谨慎、认真的心理状态。在忧患意识的跃动下，人的信心逐渐由神转移到人自身，此时的人们已经摆脱了对鬼神的忧惧意识，而转化为内在自觉的奋发审慎意识，体现了人的主动性、自觉性和理性意识。徐复观先生对此指出："周人建立了一个由'敬'所贯注的'敬德''明德'的观念世界，来照察、指导自己的行为，对自己的行为负责，这正是中国人文精神最早的出现；而此种人文精神，是以'敬'为其动力的，这便使其成为道德的性格。"②西周金文中，就常常以"敬夙夜勿废朕命"来告诫被册封官职的王或诸侯王，要求他们认识到工作的神圣性与责任性，在处理政事时要"如临深渊，如履薄冰"，能够以一种严肃谨慎的态度对待自己所领受的任命。"郁郁乎文哉，吾从周"（《论语·八佾》），自孔子以来，儒家哲学也继承和发展了周代的"敬"文化，使之升华为道德主体的一种理性自觉和价值规范，并从中凸显了儒学的人文精神和理性精神。在早期儒家哲学的经典著作中，"敬"是一个由内而外、内外兼修的道德概念，"敬"包含"敬德"和"敬事"两个方面。前者指的是"敬"的态度，重在内心的自觉；后者指的是"敬"的行为，重在外在的表现。前者是后者的前提和基础，后者则是前者的表征和体现。正如《周易·坤·文言》所言："君子敬以直内，义以方外。"君子主敬使内心正直，处事合宜，对外方正。传统儒学认为，"敬"与"德"密切相关。《左传·僖公三十三年》曰："敬，德之聚也。能敬必有德，德以治民，君请用之。"意谓"敬"是一种德性，人们能在对人对事之敬中聚集美好之德。

①李学勤主编：《十三经注疏·周礼注疏（上、下）》，《十三经注疏》整理委员会整理，北京大学出版社1999年版，第246—247页。
②徐复观：《中国人性论史·先秦篇》，第21—22页。

　　《礼记》首次提出了"敬业乐群"这个职业道德概念。《礼记·学记》曰："古之教者，家有塾，党有庠，术有序，国有学。比年入学，中年考校。一年视离经辨志，三年视敬业乐群……"意谓在古代学子每年进入学校学习，每隔一年考试一次。入学一年主要考察学子的读经断句及其对学习的兴趣，入学三年后主要考察学子对学业的专心及其与其他同学之间是否能够和睦共处，共同致力于学。可见，此处的"业"主要是指"学业"，还不是我们现代意义上的职业。到了唐代，孔颖达将"业"的内涵进一步扩大，孔疏曰："敬业，谓艺业长者，敬而亲之。"[1]这里的"业"就已经突破了"学业"的狭隘定义，而泛指各行各业，与现代意义上的"职业""事业"有某些类似之处。朱熹更是明确将"敬业"解释为："敬业者，专心致志，以事其业也。"[2]从学业之"业"到事业之"业"，体现了传统社会分工的发展演变，而且，这种敬业观也更加接近我们今天所谓的敬业观念和职业道德。传统儒学之所以如此强调"敬"的重要性，乃是因为敬业是关乎事业成败的关键所在。正如荀子所言："凡百事之成也，必在敬之；其败也，必在慢之。"（《荀子·议兵》）只有对所从之业、所做之事心存敬畏、谨慎之心，才能够取得事业的成功，否则，消极怠慢、玩忽职守，必然事无所成。

　　传统儒学的敬业思想内涵丰富、思想深刻，其敬业思想主要体现在以下几个层面。

（二）职业认知——敬事而信、主一无适

　　敬业精神首先表现在对职业的认知上。敬重、珍惜自己的职业是敬业观中最基本的内涵。只有正确地认知自己的职业，才能以正确而积极的姿态投入到工作中。

　　在儒学中，"敬"首先是一种普遍性的道德准则，也是人际交往和为人处世的基本原则。"自天子以至于庶人，壹是皆以修身为本"（《礼记·大学》），其中，"敬"是修身做人的重要内容之一。《论语·子路》篇曰："樊迟问仁。子曰：'居处恭，执事敬，与人忠。虽之夷狄，不可弃也。'""执事敬"指的就是对待工作严肃、认真、用心的态度。在孔子看来，"执事敬"是践行仁德的重要途

---

①李学勤主编：《十三经注疏·礼记正义（上、中、下）》，《十三经注疏》整理委员会整理，北京大学出版社1999年版，第1053页。

②〔清〕孙希旦：《礼记集解》卷三十六，沈啸寰、王星贤点校，中华书局1989年版，第959页。

径之一。他告诉樊迟，所谓"仁"，就是在家规矩、办事恭敬、待人忠诚，即使到了文明落后的蛮夷之地，也不可背弃。如前所言，在传统社会的早期，社会分工不明朗，职业划分不明确，因此，古人习惯以"事"来概括所从之业，以"敬事"来指代"敬业"。孔子将"敬"视为君子修身以德、内省自反的重要内容之一。他说道："君子有九思：视思明，听思聪，色思温，貌思恭，言思忠，事思敬，疑思问，忿思难，见得思义。"（《论语·季氏》）《论语·颜渊》也曰："君子敬而无失，与人恭而有礼。"足见孔子对敬德的重视。《论语》中特别强调了臣对君的敬德。孔子称赞子产有君子之道："其行己也恭，其事上也敬，其养民也惠，其使民也义。"（《论语·公冶长》）子产能够以恭敬之心侍奉君主，对内勤修国政，对外和睦诸侯，始终恭敬谨慎，严肃认真，这种敬业品质是孔子之所以称他为君子的缘由之一。孔子曰："事君，敬其事而后其食。"（《论语·卫灵公》）君子出仕事君，不尸位素餐，应以恭敬认真的态度做好本职工作为重，而不是首先考虑俸禄的问题。同时，孔子也对在上者的君主及诸侯提出了敬德的要求。在他看来，"敬"不但是为人臣的职业要求，同时也是君主治国安邦的基本原则。"道千乘之国，敬事而信，节用而爱人，使民以时"（《论语·学而》），为国者在政事中应举事敬慎，对民诚信，如此才能以德化民，实现政治的长治久安。《礼记》中也特别强调了为政者要敬德修业。《礼记·曲礼上》曰："毋不敬，俨若思，安定辞，安民哉！"《礼记·哀公问》则明确指出："古之为政，爱人为大。所以治爱人，礼为大。所以治礼，敬为大。……爱与敬，其政之本与！"这里都将"敬"视作为政之本，为政者要为政以敬，这才是治国安邦、勤政爱民的制胜法宝。

宋明理学时期，"敬"的重心发生了细微的转移，其内涵逐渐从严谨认真转向"主一无适"，强调执事的认真专一。朱熹特别重视"敬"德，他指出："'敬'字工夫，乃圣门第一义，彻头彻尾，不可顷刻间断。'敬'之一字，真圣门之纲领，存养之要法。"[1]朱熹认为，二程之所以有功于后学，就在于一个"敬"字。"敬"是为学的基本功夫，也是修身、齐家、治国、平天下的关键所在。他在解释孔子《论语·学而》"敬事而信"时，对"敬"作出了这样的解释："敬者，主一无适之谓。"[2]"主一"即用心专一、专注于一事之意，"无适"即心无杂念、心

---

①〔宋〕黎靖德编：《朱子语类》卷十二，杨绳其、周娴君点校，岳麓书社1997年版，第187—188页。

②〔宋〕朱熹：《四书章句集注》，第51页。

无旁骛之意。"主一无适"指的是对所从之业和所为之事的一心一意、全心全意的态度。这要求人们认定一件事就要集中精力去做，不三心二意，不见异思迁。王阳明则站在心学的立场，从道德本心的视角揭示出"敬"的道德本质。他指出，"敬"不是心理学意义上的意志集中，而是"心体之自然"。他说道："尧舜之兢兢业业，文王之小心翼翼，皆敬畏之谓也，皆出乎其心体之自然也。"（《答舒国用》）即说，"敬"是人之心体的自然状态，只有顺乎心之本体，才可以达到"主一无适"的敬事态度。顺乎心体之自然，不是"有所为而为之"，也无须意志的刻意集中，而是心体的一种自然而然的体现。这就从心之本体的角度为敬事找到了形而上的道德依据和践行路径。

（三）职业操守——忠于职守，尽心竭力

敬业的第二个层面即忠于职守、兢兢业业、尽职尽责的职业操守。如果说职业认知侧重于职业态度的话，职业操守则强调工作的效果。它要求人们要恪尽职守，努力做好自己的本职工作，这是敬业精神的基本要求之一。

"忠"在学术界是一个颇有争议的道德概念。谈起"忠"，人们就会将其与"忠君""忠孝"，甚至"愚忠"等内容联系在一起。在儒家传统经籍中，既有广泛意义上的平等主体间的忠德，也有特定意义上的非平等主体间的忠德。前者之忠体现在人与人之间忠恕、忠信等德性上，后者之忠则体现在下对上、臣对君的忠诚之德。在传统社会，这两种层面的忠德始终是并列存在的。一般来讲，原始儒家的忠德内涵丰富，价值多元，是具有普遍意义的行为准则和道德规范。即便是针对下对上之忠、臣对君之忠，也主张君臣关系的人格平等性。只是到了战国之后，随着君主专制的加强，忠德方出现了单向度的取向，并逐渐被纲常化、绝对化，使忠德不再具有先秦儒学的多元化内涵，从而局限于忠君的一元使忠德逐渐成为君主专制钳制人民思想的道德桎梏。从忠德的历史缘起来看，忠作为一个道德范畴，其最初含义颇为丰富，指的是待人处事的一种真心诚意、尽心尽力的态度。段玉裁《说文解字注·心部》曰："忠，敬也。尽心曰忠。"可见，"忠"与"敬"之间关系密切，可以相互阐释，共同指向忠信诚意、尽心尽意的处世态度。孔子十分重视"忠"德，并将其视为社会生活中为人处世之德。孔子曰："君子不重，则不威。学则不固。主忠信。"（《论语·学而》）又曰："言忠信，行笃敬。"（《论语·卫灵公》）他认为，君子做人应诚实守信，一个言语忠诚信实，行为敦厚严肃的人才能在社会中通达。孔子也将"忠"作为为政者处理政治事务的一项基本道德

原则。"子张问政。子曰：'居之无倦，行之以忠。'"（《论语·颜渊》）他指出，为政应该身居其位而不倦怠，执行命令而有忠信，这是政治生活的基本职业道德。曾子"吾日三省吾身"的内容之一就是"为人谋而不忠乎？"（《论语·学而》）在此，"忠"乃竭尽所能、全力以赴之意，只有竭尽自己的全部智慧和能力，才能算是忠。正如梁启超先生所指出的那样，敬业就是要忠实于自己的岗位，做到"凡做一件事便忠于一件事，将全副精力集中到这事上头，一点不旁骛"[①]。

忠德要求人们在工作中要做到名实相副，这就是孔子"正名"思想的主要内涵。孔子曰："名不正则言不顺，言不顺则事不成，事不成则礼乐不兴，礼乐不兴则刑罚不中，刑罚不中则民无所措手足。"（《论语·子路》）他认为，正名的思想之所以如此重要，因为名分不正，则说话就不能得当合理，事情也办不成，礼乐也不能兴盛，刑罚就不能得当，百姓就不知如何是好。因此，他提倡"君君臣臣、父父子子、夫夫妇妇"的正名思想，在他看来，每个人的所作所为应该与他的职分、位分相匹配。如君就应尽君之道、君之责，臣就应该尽臣之道、臣之责。否则，"君不君、臣不臣"，整个社会就会出现混乱无序的局面。一方面，儒家要求每个人都应该认真履行自己的社会角色，各安其位、各司其职、各尽所能，反对在工作中的无所作为、无名无实的消极态度。正如《礼记·杂记下》所言："居其位，无其言，君子耻之。"另一方面，儒学也反对人们去做超越工作权责之外的事情，正如孔子所言"不在其位，不谋其政"（《论语·宪问》）。即说，人们首先要坚守自己的职业岗位，做好自己分内的事情，不应该对他人的工作肆意干涉。曾子进一步将其表述为"思不出其位"（《论语·宪问》），认为工作中的人应该规矩本分，不考虑超过自己职权范围之外的事情。这种忠业的思想与《中庸》所言的"君子素其位而行，不愿乎其外"的思想之间有着某种相似性。真正的君子能够安守本分，安于自己所处的角色和地位去做自己应该做的事情，而不生非分之想。无论富贵贫贱还是在患难中，都能安然自得。特别值得注意的是，传统儒学进一步扩大了忠德的内涵，将"忠"与"公"联系起来，并以此为依据提出了忠廉的职业道德要求，即所谓"公家之利，知无不为，忠也"（《左传·僖公九年》）、"无私，忠也"（《左传·成公九年》）、"忠者，中也，至公无私"（《忠经·天地神明章》）。先秦儒学的这种忠德思想对传统敬业思想有重要的影响。《忠经》中专设有《冢臣章》《百工章》《守宰章》《兆人章》等篇章，有着对不同身份、不

---

① 梁启超：《梁启超全集》（第6册），北京出版社1999年版，第4019页。

同职业的人中忠于职守的具体表述。

（四）职业情感——好之乐之、爱岗乐业

敬业还包括乐业、爱业的价值追求。因为从事某种职业不但是人类谋生的手段，而且也是丰富自我、发展个性的重要途径，是人类精神生活的主要组成部分。"兴趣是最好的老师"，工作乃是个人自由的、有意识的活动，对职业的爱好与兴趣是激发工作动力、提高工作效率的动力所在。可以说，爱岗爱业、敬业乐业是人类职业生活的不二法门。

传统社会向来有"安居乐业"之说，传统儒学也十分强调"乐"在人类生产与生活中的重要作用，并由此赋予了工作以艺术、审美的意蕴。孔子曾指出："知之者不如好之者，好之者不如乐之者。"（《论语·雍也》）这句话道出了乐业在工作中的效果。无论是做学问还是事业，懂得的人不如喜爱的人，喜爱的人又不如以此为乐的人。如果人们在职业中领略到工作的趣味，并从中得到愉悦之感，那么，工作之于他，就不再是一种谋生的职业，而是一种自我实现的事业。孔子就是这样一位致力于学问之道而乐此不疲的人。子曰："饭疏食饮水，曲肱而枕之，乐亦在其中矣。不义而富且贵，于我如浮云。"（《论语·述而》）"发愤忘食，乐以忘忧，不知老之将至云尔。"（《论语·述而》）孔子之所以能够安贫乐道，在艰苦的物质环境中仍然能悠然自乐，就是因为他能深刻体味到学问之乐、德性之乐。孔子在《论语·雍也》中称赞其得意门生颜回道："贤哉，回也！一箪食，一瓢饮，在陋巷，人不堪其忧，回也不改其乐。贤哉回也。"颜回之所以被孔子称为贤德之人，不在于颜回甘于箪食瓢饮和乐居于陋巷，而是因为颜回所表现出的那种因乐业、乐道而超越外在条件限制的道德精神。

孟子在前人的基础上，进一步发展了乐业的思想，并将乐业与人性之善相互联系起来，从而奠定了乐业的人性论根据，并扩大了乐业的思想内涵。孟子曰："万物皆备于我矣。反身而诚，乐莫大焉。强恕而行，求仁莫近焉。"（《孟子·尽心上》）在他看来，人的德性自足，一切皆备。反躬自省回到自身之诚，便能体会到莫大的快乐。这种德性的快乐便是现实生活中一切快乐的源泉。当宋勾践问孟子如何能突破仕途穷达的外在境遇而做到自得其乐时，孟子曰："尊德乐义，则可以嚣嚣。"（《孟子·尽心上》）君子崇尚德性、喜爱仁义，所以在任何时候都能够自得其乐，并能够践行"穷则独善其身，达则兼济天下"的政治抱负。孟子指出，君子有三乐："父母俱存，兄弟无故，一乐也。仰不愧于天，俯不怍于人，二乐也。

得天下英才而教育之，三乐也。"（《孟子·尽心上》）"父母俱存，兄弟无故"指向的是家庭生活中的天伦之乐，"仰不愧于天，俯不怍于人"指向的是精神世界中的德性之乐，而"得天下英才而教育之"则指向的是教书育人中的工作之乐。可见，孟子在此将德性之乐与工作之乐相互连接，从而实现了从德性之乐到工作之乐的过渡。更难能可贵的是，孟子对为政者提出了"与民同乐"的执政要求。正如孟子在与齐宣王的对话中所指出的那样，"独乐乐"不若"与人乐乐"，"与少乐乐"不若"与众乐乐"，"乐民之乐者，民亦乐其乐；忧民之忧者，民亦忧其忧。乐以天下，忧以天下，然而不王者，未之有也。"（《孟子·梁惠王下》）他反复强调与民同乐在仁政王道中的核心作用，认为只有那些能以百姓之乐为己之乐、以百姓之忧为己之忧的君王，才能得到人民的拥护而成为真正的"王者"。孟子这种"与民同乐"的思想，既是其政治理念的积极宣讲，又是其乐业思想的充分体现。

孔孟儒学的这种爱岗乐业的精神能使工作从一种消极意义上的他律转向一种积极意义上的自律，使敬业出于从业者的自主意愿和自我兴趣，从而"爱一行、干一行"，葆有对从事工作的激情，以积极的心态和主动的情感态度投入工作之中，使工作成为生活快乐和满足的一部分。这种乐业之道不仅能极大地提高工作效率，同时也能最大限度地挖掘自身的潜力，充实和完善自我的价值。

（五）行为意向——克勤克俭、止于至善

敬业精神也体现在克勤克俭、止于至善的职业意向上。一个具有敬业精神的人，在工作中必然具有勤业意识和精益求精的超越精神。这种职业意向表现在刻苦勤勉、兢兢业业的执业态度和自强不息、追求至善的能动精神上。

中华民族是世界上公认的最勤劳的民族之一。"天行健，君子以自强不息"（《周易·乾·象》），君子应该效法天的刚健有为，积极地自强不息、进德修业。这种自强不息的精神体现在职业生活中就是勤业精神。"勤"，《说文解字·力部》曰："劳也。从力，堇声。"《尔雅》曰："勤……劳也。"勤业的思想由来已久，《周易·谦卦》中就讲："劳谦，君子有终，吉。"《尚书》中也有"天道酬勤"的表述，相信上天会按照每个人的努力和付出给予其相应的酬劳。一分耕耘一分收获。只有那些勤奋努力的人，才能得到上天的眷顾。从社会生产的视角来看，勤业是人类生活富足、安居乐业的前提条件，正如《左传·宣公十二年》所言："民生在勤，勤则不匮。"百姓维持生计重在辛勤劳作，只有勤于劳作，货财才不会匮乏。此外，勤业也是对为政者的道德要求，为人君者要勤政爱民，克勤

克俭，尽心尽力地治理国家。《尚书·大禹谟》中就讴歌了大禹"克勤于邦，克俭于家"的高风亮节，认为大禹能在政治事业上竭尽全力，在家庭生活中勤俭节约。《尚书·大诰》也曰："尔惟旧人，尔丕克远省，尔知宁王若勤哉！……天亦惟用勤毖我民，若有疾，予曷敢不于前宁人攸受休毕！"以此歌颂文王忧勤国事的美德，并且告诫为政者要勤于政事，使民安宁。正所谓"忧劳可以兴国，逸豫可以亡身"①，唯有忧虑劳苦才能振兴邦国，安逸享乐则祸害终身。

在《论语》中，我们可以发现孔子对勤业、勤奋工作态度的重视。孔子曰："君子食无求饱，居无求安，敏于事而慎于言，就有道而正焉，可谓好学也已"（《论语·学而》）、"君子欲讷于言而敏于行"（《论语·里仁》）。他认为真正的君子不追求物质生活的享受，对工作勤劳敏捷，言语谨慎小心。就"劳"与"得"的关系而言，孔子主张先劳后德。如其所言："仁者先难而后获，可谓仁矣"（《论语·雍也》）、"先事后得，非崇德与"（《论语·颜渊》）。他认为真正拥有仁德之人必先付出一定的努力而后才能有所收获。孔子之所以反对那些"饱食终日，无所用心"（《论语·阳货》）的人，就是因为他们满足肚腹之欲后却无所事事。孔子认为这种人不足为道。孔子本人也是这样一个身体力行的人，他认为自己是一个"学而不厌、诲人不倦"的人，能够致力于学问而不厌倦，悉心教导弟子而不知疲倦，甚至达到了"发愤忘食，乐以忘忧，不知老之将至"（《论语·述而》）的境界。孔子"韦编三绝"的著名故事，就充分体现了孔子勤奋努力、孜孜以求的敬业精神。

勤业精神自形成以来，就成为民族精神和内在德性而深嵌在中华民族的血脉之中。韩愈《进学解》曰："业精于勤，荒于嬉；行成于思，毁于随。"②在勤勉努力、兢兢业业的工作中，人们才能不断地超越自我，达到精益求精、日新月异的水平。传统儒学向来重视道德境界的自我提升和精神领域的向上超拔，正如《大学》曰："大学之道，在明明德，在亲民，在止于至善。""至善"乃是最高之善，大学的宗旨在于弘扬光明正大的品德，使人弃旧图新，达到最完善的境界，即道德学问的追求是一个永无止境、不断提升的操练过程。因此，人们需要"苟日新，日日新，又日新"（《大学》），通过"博学之，审问之，慎思之，明辨之，笃行之"

---

① 〔宋〕欧阳修撰，〔宋〕徐无党注：《伶官传序》，《新五代史》卷三十七，中华书局1974年版，第397页。

② 〔唐〕韩愈：《进学解》，《韩愈文集汇校笺注》卷二，刘真伦、岳珍校注，中华书局2010年版，第146页。

（《中庸》）的实践活动使自己不断趋向至善的境界。儒学的这种止于至善的精神追求，也从某种程度上造就了中华民族追求卓越、精益求精、不断创新的敬业精神。

（六）价值信念——居仁由义、重义轻利

敬业也是一种价值观和世界观的集中反映，敬业最深层的境界是把职业作为个人的价值追求和生命信仰，把从事职业转化为生命的内在要求和人生价值的体现，能够在工作中体证内心所信守的价值与信念，这是敬业思想的最高层面。

君子"谋道不谋食""忧道不忧贫"（《论语·卫灵公》）就经典地诠释了敬业的价值信念。在儒学看来，工作的首要价值和意义，不在于"谋食"，而在于"谋道"，即工作不仅是满足口腹之欲的途径，更是践行仁德、追求道义的人生历程。"仁"是儒学的核心德目。"仁"的精神宗旨在于"爱人"（《论语·颜渊》），即一种仁爱他人的道德情怀。正如孔子所言，真正的仁者能够"修己以敬""修己以安人""修己以安百姓"（《论语·宪问》）、"博施于民而能济众"（《论语·雍也》），他们能在修身以德的基础上将仁爱之德推己及人，从而实现修齐治平的价值理念。孟子更以"仁"定义人，提出了"仁也者，人也。合而言之，道也"（《孟子·尽心下》）的思想，并将"仁"置于仁义礼智四德之首。在他看来，"仁"是"恻隐之心"的扩充，代表真正的道德生命，唯有拥有仁德才是真正意义上的人。孟子曰："由仁义行，非行仁义也。"（《孟子·离娄下》）他认为，仁义不是一种流于表象的外在规范，而是一种从内心深处发出的道德命令。忠恕之道是儒学的行仁之方，也是儒学的一以贯之之道。孔子曰："己所不欲，勿施于人"（《论语·卫灵公》）、"己欲立而立人，己欲达而达人"（《论语·雍也》）。朱熹对此注解道："尽己之谓忠，推己之谓恕。"[①]"忠"与"恕"两个方面是彼此呼应、相辅相成的关系。"忠"是对己而言，"恕"则是对他人而言，既能忠实于自己仁义礼智的道德本性，又能够将这种德性由己及人、由内而外地推展开来，就是忠恕之道。这里充分体现出忠恕之道所蕴含的尊重原则与人道精神，在人我、内外的相互联系中，忠恕之道将对己之"忠"与对他人之"恕"密切地联系在一起，从而使得仁德从切己处扩充开来，使其成为普遍社会范

---

①〔宋〕朱熹：《四书章句集注》，第71页。

围内的一种德性。在儒学的世界中，践行仁道是一个以孝悌为出发点，并在不断扩大的家国天下的同心圆架构中逐渐外推的过程。儒学以一种博爱之心，践行仁爱之道，积极倡导"老吾老，以及人之老；幼吾幼，以及人之幼"（《孟子·梁惠王上》）、"亲亲而仁民，仁民而爱物"（《孟子·尽心上》）的仁爱之道。儒学的这种仁爱精神赋予了职业以崇高性和神圣性，使工作拥有了终极的理想价值。

儒学也提出了著名的义利之辨的命题。历来义利之说被称为儒者第一义，也是古往今来的一大辩题。儒学传统主张以利从义，这种思想不反对对物质利益的自然欲求，而是坚持认为对物质利益的追求应从属于对道义的追求。孔子曰："君子喻于义，小人喻于利。"（《论语·里仁》）认为君子和小人的重要区别就在于重视道义的追求还是重视利益的满足。正所谓"君子爱财，取之有道"，当外在的富足与内在的德性发生冲突时，君子应该坚持道德的优先性，遵守"见利思义"（《论语·宪问》）、"义以为上"（《论语·阳货》）的原则。与孔子相比，孟子更加强调义利之辨。孟子曰："生，亦我所欲也；义，亦我所欲也，二者不可得兼，舍生而取义者也。"（《孟子·告子上》）义高于利，仁义之德是人之为人的价值所在，因此，面临生与死、义与利的相互冲突时，虽然欲生恶死、趋利避害是人之常情，但是因为心中存有道德良知，有德性的人能够超越世俗的利害关系，去追求仁义之德。只有这样，才能维护人的道德尊严，保持善良的本心而不丧失。在孟子与墨家的争辩中，充分暴露了儒家道德主义与墨家功利主义之间的分歧。墨家的"兼相爱、交相利"之道是其功利主义的体现，以孟子为首的儒学之所以猛烈抨击墨家，就是因为墨家这种以利益为导向的原则会使人与人之间的关系变得功利化和世俗化，并继而造成对仁义之德的破坏。故孟子重申了儒学重义轻利的原则，使整个社会形成以仁义为价值取向的关系网络。不可否认的是，儒学的义利之辨为了凸显道义，也不免片面夸大了义的价值和贬抑了利的作用，并造成了义利之间的紧张关系。

儒学的这种尊德重道和重义轻利的思想将道德生活与经济生活、自我实现与社会责任相互联系在一起，使伦理道德渗透到生活工作和经济领域之中，使工作获得了价值取向和信仰诉求，使人们能够在工作中实现自己的人生价值和社会价值，积极地在职业生活中践行仁德、福泽于民。

综上所述，敬业是传统儒学的重要德目，有着独特而丰富的思想内涵，包含敬事而信、主一无适的职业认知，忠于职守、尽心竭力的职业操守，爱岗乐业、好之乐之的职业情感，克勤克俭、止于至善的行为意向和居仁由义、重义轻利的职业信念。"敬"逐渐成为传统儒学的重要道德法则，在传统社会中起到了举足轻重的作用，并在历史的发展演变中积淀为中华民族的心理结构和文化基因。传统儒学的这种敬业思想有着永恒的思想价值和哲学智慧，在今天仍有积极的现代启示。在市场经济的现代社会中，"敬业"是职业道德的核心，是市场经济自身运作的内在要求，对促进经济发展、维护社会稳定、实现国泰民安都有着重要的作用。党的十八大以来，敬业观得到了前所未有的重视，上升为社会主义核心价值观的重要内容之一，是针对公民个人的职业道德和行为规范而提出的价值要求。敬业精神的培育将成为职业道德建设、公民道德建设和精神文明建设的重要内容。传统文化是中华民族的文化之根和精神之魂，是中华民族长期以来奉行的价值理念和道德追求。培育与弘扬敬业价值观必须立足于传统文化的土壤。我们需要积极传承和弘扬中华优秀传统文化，并结合现代处境对之进行一系列的现代性转化，使传统的敬业思想在现代社会重新焕发生机。当传统的敬业思想与现代的敬业价值观在特定的时代坐标下相互融合时，当敬业思想内化于心，外化于行时，必定会形成一种强大的精神动力作用于现代社会，推动文明进程不断向前发展。

第三编　传统美德的转化与当代道德观建构

第一章　传统道德的治化意义及其现实困境

第一节　论德主刑辅的政治哲学
——以《论语》《孟子》为中心的考察

儒家政治哲学思想，始终是以德治为本位，德主刑辅历来是儒家修齐治平与身家国天下的根基和归宿。中华民族在近代以来，由于在科技与经济上严重滞后于西方，加之未能适应近代以来的人类政治文明转型，致使被西方世界远远地甩在了后面，落后挨打的现实无比残酷。当人们在面对救亡图存之境时，一方面是寻求改造命运之道，另一方面则是追问弱败的祸根，作为千百年来所谓的正统官学及政治意识形态，儒家自然饱受诟病并成为被批判的对象。毫无疑问，贯通天人与中正平和的儒家之道，在面对风云变幻的现实社会时，虽不乏审时度势的权变之道，但儒家之为儒家，正因其坚守着本然大道，不因一切权变而放弃根本，所以儒家在变动之际以世俗眼光观之，无疑显得刻板甚至保守无用。

因此之故，儒家在根本上真正坚守以人为本的修齐治平之道，身家国天下不过是生命之身和修德志道的大而化之之存在境而已。因为坚守天生人成之道，儒家在其根本关怀上坚守着人性的德善，所以治群之道以个体的觉悟修善为本，德不仅是个体生命安身立命之本，同时也是群体治化之本，至于暂未觉悟德善生命而迷失犯错乃至作恶者，儒家并不会在根本上否定和抛弃之，而是怀着人性本善的大道仁德之心，永不放弃地教化之、挽救之，使之归于正道。这既是儒家的人学之本，也是儒家的治群之本。这正是以儒家为主流的传统政治哲学坚持以人为本、德主刑辅的根本原因之一。就中国传统而言，严格说来并没有所谓的政治哲学，至少没有西方哲学意义上的政治哲学，退而言之，至少与一般意义上的西方政治哲学存在重大区别。中国传统的德治同时是个体的人和群体的人之人治之本，刑罚乃不得已而为之。这也就不难理解为何到了宋代，程朱理学认"四书"为儒家正统，而不把《荀子》列入其中，原因在于荀子之学不够纯正，正所谓见道不真，所以主张"化性起伪"，但"四书"的根本之道是觉悟人性本善，因其天生人成。而荀子没有在根本上觉知或说坚持人性本善，所以面对残酷的世俗政治，必然走向隆礼重法，其或直接或间接开导出韩非、李斯，并非无端无故。总之，宋明理学坚持将"四书"作为儒家的心法和根本，毫无疑问就此而言是高明之见和有功于世的。以儒家为主流的传统政治哲学，通过"四书"，可以自然而然地明白其中深厚的终极性的人文人性之道，其当然不是一般意义上的政治哲学和政治思想可与之相提并论的，当然更不应该用种种毫不相关的思想学说去妄加架构和格义儒家为主流的政治哲学。就今天的学术而言，实际上不断地返本溯源，说清楚儒家本身的政治哲学思想仍然是一项需要为之努力的学术工作。

（一）《论语》中的德主刑辅政治哲学思想

一部朴实无华的《论语》，不仅反映出孔子本人的政治哲学思想理念，而且也反映出儒家政治哲学的根基性理念。正如牟宗三所说："道化的治道与德化的治道，自今日观之，实不是普通所谓政治的意义，而是超政治的教化意义，若说是政治，亦是高级的政治。……人民在以前说为'天民'，而不是国民，亦不是公民。国民、公民，与权利义务同，都是政治意义中的概念。"[①]正是在所谓的"天民"的终极意义上，孔子才会坚持将在世俗意义上可能会显得幼稚的德治作为身、家、国、天下的修齐治平之根本。因为每个人都是天生人成的，都具有天德内化的神圣性道德生命，一切的所谓政治，不过是社群存在与发展的事物而已，其治化的基础是个体的人，其终极的目标仍然是个体的生命。因此，以德为本的礼乐教化、仁政德治始终是人世的根本，而社群的治化又以个体的修养自觉为根本；因此，孔子对离开具体的、活生生的个体生命的人而空谈所谓的政治并不感兴趣，也几乎从来不作这样的追求。

从根本上来说，如果说德是着眼于鲜活的个体生命的自觉，是出于自愿与自在自为，是类似于《黄帝内经》所谓"治未病而不治已病"的因治，那么刑则是出于他律的、不自觉不自愿的，"治已病"的不得已而为之的果治。前者在因上用功，目的是自觉避免不愿意的果出现，而后者则是面对不愿意的果时的不得已之举。所以，正如苏格拉底所说的那样，德性即知识，无知即罪恶，有德性自觉和修养的人，显然具有智慧和知识，而不会做出害己害人的错误行径，而相反则是无知的表现，无知者常会做出害人害己的事情，便是不可避免的情形。因此之故，孔子政治哲学的核心，只是希望天下所有人都能通过良好的教养教育、教化感化，通过实实

---

① 牟宗三：《政道与治道》，吉林出版集团有限责任公司2010年版，第36页。

在在的自觉的道德修养，成就一个觉悟生命德性，成就生命德行而富有智慧知识的人，由这样的人，或是由绝大多数这样的人所构成的社会，就自然而然地在社会的细胞层面（即个体）产生良好的自觉行为和道德智慧，从而实现近于无为而治的德治世界。刑法之治乃不得已而为之，补偏救弊的补充而已，是应对极少数暂时尚未自觉而迷惑的无知者，其不针对绝大多数自觉的生命。因此，正如孔子所说："听讼，吾犹人也。必也使无讼乎。"（《论语·颜渊》）要使听讼"无讼"，按今天的话来说，如果诉讼双方或多方都能在根本上自觉觉悟情理之间，发自内心地以德服人、以理服人，那么即使是无意之中的听讼之事，也会化干戈为玉帛，言归于好，实现各方心甘情愿、心安理得的结果，而不是冷酷无情的法律条文和明知故为的损人利己。如果不是这样，即便刑罚的形式和程序上实现"无讼"，但肯定不可能如孔子之意所谓"必也"，因为真正的将心比心、视人如己的仁德之境，绝不是仅靠刑罚就可以实现的，而且实际上从根本上来说永远不可能真正实现。历来被中国人视为不祥的官司听讼，往道德智慧的深处说，正因为中国人知道走到这一步是之前没有如老子所说"重积德"，由此生出不善的结果，因此一方面是内疚惭愧，另一方面是不愿面对冷酷无情的相互推诿和指证加罪乃至迫害的情形。这就是德主刑辅一个方面的缩影，实际上它已经反映出问题的全部。

因此，可以说孔子从不离开真正意义上以人为本的立场而谈论所谓的政治，孔子对人世的一切看法始终紧紧围绕德这个中心。孔子并非不知道刑罚，也不是决然避而不谈，孔子之为孔子，圣人的境界只是秉本执要，持守道体，一切的细枝末节都将之收摄进本体根源，因此，在不明白这一层意思之前，可能会认为孔子过于依赖道德而轻忽其他方面。也正是在此意义上，孔子才强调指出："道之以政，齐之以刑，民免而无耻。道之以德，齐之以礼，有耻且格。"（《论语·为政》）孔子不愿意看到大家在公开的大场面守理守法，而内心则缺乏自觉自愿的情形，如果一个社会在刑罚的根基上没有真善美的共识与自觉，那么即便是严刑峻法，甚至天网恢恢般密不透风的所谓健全的法律体系，也不可能真正实现长治久安及和谐社会，而更多的是钻法律的漏洞，久而久之只能是好人失利遭殃，坏人得势当道，由此再谈道德美善，已经是不可能的事情，而只有以德礼修为为根本，抓住这个永恒的主题，才能实现人心归服、和谐世界的最终目标。

对孔子而言，德治始终是一切修齐治平的根本。所以，孔子指出："为政以德，譬如北辰，居其所而众星共之。"（《论语·为政》）德治的最高境界正如众星环绕北极星且稳定不移的天道气象，而并非九龙治水、各自为政、应接不暇的混乱烦琐局面。至于政治中第一位的民众信任问题，孔子的标准实际上很简单，正如："哀公问曰：'何为则民服？'孔子对曰：'举直错诸枉，则民服；举枉错诸直，则民不服。'"（《论语·为政》）孔子指出，只要把有德行、正直正派的人提举上来统领管束邪曲小人，老百姓自然而然就会心悦诚服，如此，求天下不治也是不可能的，相反，如果出于种种原因和目的，将邪曲的势利小人委以重任，导致亲小人而远贤人的局面，那么老百姓即便不敢怒不敢言，但一定不会真心服从和支持，政权终究要失信倾倒。孔子赞誉那些一心一意以天下为公的官员百姓，所以，"子游为武城宰。子曰：'女得人焉尔乎？'曰：'有澹台灭明者，行不由径，非公事，未尝至于偃之室也。'"（《论语·雍也》）这也间接反映出孔子对为政者品性的追求。正如孔子对伯夷、叔齐的评价以示自己的立场："冉有曰：'夫子为卫君乎？'子贡曰：'诺，吾将问之。'入，曰：'伯夷、叔齐何人也？'曰：'古之贤人也。'曰：'怨乎？'曰：'求仁而得仁，又何怨？'出，曰：'夫子不为也。'"（《论语·述而》）在孔子看来，如果伯夷、叔齐不是以德为本，不是为了道义仁德，而是为了自己的权力富贵，即便判断失误也会见风使舵，从而实现自己的功利目的，但其并未如此，他们只是不想看到以下叛上与杀戮兵刑。因此，正如孔子所谓"求仁而得仁，又何怨？"，如果离开仁德，即便一时得到整个天下，又有什么值得肯定的呢？

对孔子而言，为政唯在以德服人、以德服众，只有通过实实在在的仁政德治修为，才是取信于民、建立政治威信力的根本途径。正如："子贡问政。子曰：'足食，足兵，民信之矣。'子贡曰：'必不得已而去，于斯三者何先？'曰：'去兵。'子贡曰：'必不得已而去，于斯二者何先？'曰：'去食。自古皆有死，民无信不立。'"（《论语·颜渊》）在孔子看来，建立民众真正信服和诚心诚意、同心同德的政治和政权，在根本上既不是靠"足食"（今天所谓的GDP），也不是靠"足兵"（今天所谓的强权暴力保障），归根到底靠民众的心悦诚服，正所谓得民心者得天下，反之即使再雄厚的物质经济、再强大的军队暴力机构，都是不可长久的，终究会在失信于民众的汪洋大海中覆灭，历史昭昭，无须赘言。

总之，孔子坚守为政以德，而不提倡舍本逐末的隆礼重法，既是注重礼乐之治，也是基于道德，正所谓"人而不仁，如礼何？人而不仁，如乐何？"（《论语·八佾》）所以，"季康子问政于孔子。孔子对曰：'政者，正也。子帅以正，孰敢不正？'"（《论语·颜渊》）以德为本，才可以正身，正身则可以言政。因此，孔子强调："其身正，不令而行；其身不正，虽令不从。""苟正其身矣，于从政乎何有？不能正其身，如正人何？"（《论语·子路》）完全不必把政治说得过于高级和为难，按今天的话来说，完全不必受西方思想所谓"政治是高级智商游戏"观念的影响，更不是所谓的"不流血的战争"，长期处于这种错误政治意识的引导下，一定会导致人心阴险诡诈、世道不宁。政治并不难，如孔子所说，只要持守"正身"这个根本，一切的起用都会以德服人，一切的政务都会自然而然地走向天下为公这个始终的根本方向。因此，"卫灵公问陈于孔子。孔子对曰：'俎豆之事，则尝闻之矣；军旅之事，未之学也。'明日遂行。"（《论语·卫灵公》）对孔子而言，一个不以仁政德治为本的国君，当然会以"军旅之事"为要，这样的人，还暂时无法与之言真正的政治，更不可能与之共谋"阵"事，所以只得去之。孔子对政治的根本追求是君子政治，而不是小人政治，也不是世俗政权的事情，身国同构是儒家的理想追求。"子路问君子。子曰：'修己以敬。'曰：'如斯而已乎？'曰：'修己以安人。'曰：'如斯而已乎？'曰：'修己以安百姓。修己以安百姓，尧、舜其犹病诸！'"（《论语·宪问》）这实际上就是孔子最根本的政治之道，离开这个根本，都可能是无本之木、无源之水，再大也没有生机，会是死水一潭。所以，当有人质问孔子："子奚不为政？"孔子的回答是："'《书》云：'孝乎惟孝，友于兄弟，施于有政。'是亦为政，奚其为为政？"（《论语·为政》）由此再一次凸显了孔子主张以德为本的立场。始终以德为修齐治平之道，正是孔子所持守和追求的根本目标，因此，德主刑辅始终是孔子对待所谓政治的根本之道，所以孔子罕言刑罚听讼之事，因为这不是人世的根本，更不可以颠倒。

（二）《孟子》中德主刑辅的政治哲学思想

孟子生于比"春秋无义战"愈烈的战国，面对"邪说诬民""争地以战，杀人盈野；争城以战，杀人盈城"的局面，孟子一方面不得已展开了激烈的现实批判，展示了因时致治的刚健一面；另一方面，无论世俗情景多么纷乱不堪、波谲云诡，孟子却固持不惑不动、秉本执要之道，始终不迷惑和忘却人皆有是心、心皆具是性的根本，始终不曾在根本上抛弃仁民爱物的天道情怀。孟子激烈指斥世俗的权贵统治阶层和腐朽的政治势力，但从来不会将之与朴实善良的广大民众相含混，因此，孟子在两千多年前便毅然高扬"民为贵，社稷次之，君为轻"（《孟子·尽心下》）的旗帜，孟子关于天下事物的根本立场，可以说在根本上继承和弘扬了孔子的"为政以德"之道，仁政德治是孟子现实主义关怀的根本，依仗刑罚和战争则是孟子在根本上所坚决反对的行径。

关于仁政德治在现实政治意识中的主导性地位，孟子始终坚定不移。孟子首先强调指出："离娄之明，公输子之巧，不以规矩，不能成方员；师旷之聪，不以六律，不能正五音；尧舜之道，不以仁政，不能平治天下。今有仁心仁闻而民不被其泽，不可法于后世者，不行先王之道也。"（《孟子·离娄上》）孟子首先强调"徒善不足以为政，徒法不能以自行"（《孟子·离娄上》），即在主张德治仁政治国为根本的同时，也客观理性地指出，仅仅依靠仁义和良好的发心，不足以治理政治，但仅仅依靠周密的法律条文和制度设计，也不会自行得治，毕竟无论多好的制度法规，其本身也要依赖人，其关键是以天下为公的仁人志士来拟定和制作，以及靠身正者来运行实施。那么，如此一来，人还是根本，也就是说，由什么样的人来制作"法"，制作的"法"代表谁，又由谁来监督和实施"法"，这一系列重大的所谓政治问题，其核心问题仍在人，仍然取决于人。还是孔子那句话，人存之举、人亡政息，而人的核心取决于是否具备仁德之心、身正之行，其核心又自然而然地归结到道德上。这实际上是孟子德主刑辅政治观的灵魂所在。闻名遐迩的尧舜之治，其根本也是仁政德治，即"不以仁政，不能平治天下"。从《孟子》一书开篇即可看出，汲汲焉于利害得失的梁惠王刚见孟子时，便直问："叟不远千里而来，亦将有以利吾国乎？"利当然与仁政德治在根本上并非完全不容，但作为一国之君，心中却只有利字，似乎其他一切都不重要，这在孟子看来，实际上已经不配做一国之君，所谓"不仁而在高位，是播恶于众"的情形。所以孟子直言不讳地对梁惠王说："'王何必曰利？亦有仁义而已矣。'王曰：'何以利吾国？'大夫曰：'何以利吾家？'士庶人曰：'何以利吾身？'上下交征利而国危矣。万乘之国弑其君者，必千乘之家；千乘之国弑其君者，必百乘之家。万取千焉，千取百焉，不为不多矣。苟为后义而先利，不夺不餍。未有仁而遗其亲者也，未有义而后其君者也。王亦曰仁义而已矣，何必曰利？"（《孟子·梁惠王上》）从孟子的回答可以看出，如果一个国家的政治形态都是利字当头，最终一定会出现"上下交征利"的局面，如果后义而先利，则"不夺不餍"，这样国家就会陷于危险的境地。相反，孟子指出，如果从上至下的核心理念和价值观是以仁义为本，古今中外还没有真正奉行此道而不和乐安定的，如孔子所谓："不患寡而患不均，不患贫而患不安。盖均无贫，和无寡，安无倾。"（《论语·季氏》）因此，孟子告诫梁惠王，无论怎么样，都应该从长计议，坚守"仁义而已矣"的仁政德治之本，这是家国天下安定繁荣的根本所在。20世纪80年代我国在大力实行改革开放之初，邓小平同志就强调"两手抓，两手都要硬"的战略，其中精神文明这一手丝毫不亚于物质文明，而在根本上，前者甚至比后者更为根本，如果没有这个根本，一切的物质完全可能失控，这在根本上与孟子义利之辨不无吻合。

　　孟子之所以十分重视义利的问题，因为逐利可能会忘义，正所谓见利忘义，而以仁为本，则是身家国天下的永恒根基，无论古今东西，没有任何学说和力量可以在根本上将之否定和抛弃。仁是德政的根本，其发端于人心，初现于修身，推之于家国，普惠于天下。对于孟子而言，"诐辞知其所蔽，淫辞知其所陷，邪辞知其所离，遁辞知其所穷。生于其心，害于其政；发于其政，害于其事"（《孟子·公孙丑上》）。因此，从思想观念和起心动念处着手，是政治的智慧之道。孟子矢志不渝地奉劝当政者以德不以力，他指出："以力假仁者霸，霸必有大国，以德行仁者王，王不待大。汤以七十里，文王以百里。以力服人者，非心服也，力不赡也；以德服人者，中心悦而诚服也，如七十子之服孔子也。《诗》云：'自西自东，自南自北，无思不服。'此之谓也。"（《孟子·公孙丑上》）只有以德服人，才能在根本上获得人心，取信于民，否则，天下民众因"力不赡"而不得已口是心非，阳奉阴违，长久则人心离散，尔虞我诈，欺上瞒下，结党营私，无所不为，这样的局面几乎不可收拾，而预防和治理的根本在于以德服人。正如孔子的学生真心信服孔子一样，如果孔子不是以德服人，而是以利诱人、以力服人，乃至于以刑罚服人，即便局面得以短暂的维系，也绝不会长久。在孟子看来，对一个国家而言，在终极和根本层面，实际上与一个人并没有根本的质的区别。因此，孟子进一步指出："域民不以封疆之界，固国不以山溪之险，威天下不以兵革之利。得道者多助，失道者寡助。寡助之至，亲戚畔之；多助之至，天下顺之。以天下之所顺，攻亲戚之所畔；故君子有不战，战必胜矣。"（《孟子·公孙丑下》）如果政治以利与力及冷酷无情的刑罚为本，这时如果坚持道义者兴起，则会获得天下人的相助，由此，面对"亲戚畔之"者，胜负结果已不言而喻。所以，孟子以史为鉴，强调指出："三代之得天下也以仁，其失天下也以不仁。国之所以废兴存亡者亦然。天子不仁，不保四海；诸侯不仁，不保社稷；卿大夫不仁，不保宗庙；士庶人不仁，不保四体。今恶死亡而乐不仁，是犹恶醉而强酒。"（《孟子·离娄上》）如果离开了仁德的修齐治平之道，就正如厌恶醉酒却天天豪饮，不仁的结果只有自作孽而死路一条。

　　因此，孟子对政治是同样的理路，即"人有恒言，皆曰'天下国家'。天下之本在国，国之本在家，家之本在身"（《孟子·离娄上》），"吾未闻枉己而正人者也，况辱己以正天下者乎？圣人之行不同也，或远或近，或去或不去，归絜其身而已矣。"（《孟子·万章上》）对孟子而言，政治的核心永远是"归絜其身"这个根本，政治的出发点和归宿绝不在身外之物上去讨求钻研，只能坚持身家国天下这条永恒的真理逻辑。也许德治仁政会空空荡荡，不如条条框框的隆礼重刑和各式各样的法律条文，但正是这样，才会直指人心，具备当下修养实践的可能性，而且最关键的是它会与产生同心同德的人性共鸣，达到教化感化之效。

孟子作为真正的士的精神化身，他对仁政德治保持终极的乐观和忠贞不渝，其在根本上早已觉悟人之为人，世道人心的根本即仁德是永恒不易的真善美本根，所以，孟子只希望天下的政治哲学理念及其各种制度设计和实施行为，都往仁政德治、德主刑辅这个大本大根上来。至于其他的包括"刑辅"之事，孟子并不是完全置之不顾，但正如"笾豆之事，则有司存"（《论语·泰伯》），技术性设计和繁文缛节，并不是孟子当务之急的根本，如何在"诐辞知其所蔽，淫辞知其所陷，邪辞知其所离，遁辞知其所穷。生于其心，害于其政；发于其政，害于其事"（《孟子·公孙丑上》）的启蒙和觉悟中，从根本上去除害政害事的根源，即种种荒谬错误的政治概念意识，亟待正本清源，这才是孟子之所急。所以，当别人无法理解孟子，认为他应该立即投身于具体的政治实践中，去动手实干，而不是空谈时，孟子仍然不会为各种无知和短见以及功利与气急暴躁的言行所迷惑动摇。正如，"淳于髡曰：'男女授受不亲，礼与？'孟子曰：'礼也。'曰：'嫂溺则援之以手乎？'曰：'嫂溺不援，是豺狼也。男女授受不亲，礼也；嫂溺援之以手者，权也。'曰：'今天下溺矣，夫子之不援，何也？'曰：'天下溺，援之以道；嫂溺，援之以手。子欲手援天下乎？'"（《孟子·离娄上》）作为士，面对"天下溺"，孟子并不主张蛮干，也不主张逞匹夫之勇和妇人之仁，明智之举是探索解决溺的方法，并由此去消除和改善，这才是士的根本的任务与天职。对孟子而言，这样的天职是如何让最大多数的人启蒙觉悟人世之本的仁政德治，而决不可认人性为恶，从而走向隆礼重法、行刑暴力的路子。同为儒家的荀子和孟子，二者之间的区别，正在于此，故孟子必须昌明性善，以反对性恶论，从荀子的学生韩非、李斯的结局，也可以明证一二。由此，再次确证程朱理学归根于"四书"而不是荀学，是历史的必然。

因此，孟子倡导："君子之事君也，务引其君以当道，志于仁而已。"（《孟子·告子下》）最后，孟子可谓苦口婆心、谆谆教诲："人皆有不忍人之心。先王有不忍人之心，斯有不忍人之政矣。以不忍人之心，行不忍人之政，治天下可运之掌上。"（《孟子·公孙丑上》）孟子之意既是鼓励，也是鞭策，更是警醒。所以，孟子进一步道出了脍炙人口的千古名言，所谓："桀纣之失天下也，失其民也；失其民者，失其心也。得天下有道：得其民，斯得天下矣；得其民有道：得其心，斯得民矣；得其心有道：所欲与之聚之，所恶勿施尔也。民之归仁也，犹水之就下、兽之走圹也。故为渊驱鱼者，獭也；为丛驱爵者，鹯也；为汤武驱民者，桀与纣也。今天下之君有好仁者，则诸侯皆为之驱矣。虽欲无王，不可得矣。今之欲王者，犹七年之病求三年之艾也。苟为不畜，终身不得。苟不志于仁，终身忧辱，以陷于死亡。《诗》云'其何能淑，载胥及溺'，此之谓也。"（《孟子·离娄上》）得民心者得天下，反之，失民心者失天下，正是历史事实的真理展现，这一正一反、人心向背之间的关键在于由仁心弘廓而成的仁政德治，孟子并不提刑罚之事，根本智慧即在于此。对不相信乃至公然违背德主刑辅的根本之道者，即便一时得逞，也不可能长久。正如世俗社会总有人追问，既然善福一体，那么为何似乎总是恶人当道，小人得志？对这样的回答，在孟子看来，就和一个国家的政治及其政权的命运一样，正所谓："不仁而得国者，有之矣；不仁而得天下，未之有也。"（《孟子·尽心下》）毫无疑问，这样的真理也是历史事实的不证自明之道。

　　总之，德主刑辅不仅是以儒家为主流的政治哲学的灵魂，实际上包括道家在内也是主张德治为本，反对刑罚之治道。正如《诗经·大雅》所谓："予怀明德，不大声以色。"孔子由此解释并发表自己的根本政治主张："声色之于以化民，末也。"（《中庸》）以孔孟为代表的儒家政治哲学，德主刑辅的实践理念始终贯穿于其一切的经世致用、修齐治平、身家国天下，德是一切人世之道的一以贯之的根本精神和不朽灵魂。儒家并没有公开反对刑罚，其更多的时候是用力于强调根本之道。儒家的德主刑辅政治哲学就现代性而言，即在人类近现代以来的政治文明主流精神之中，其强调德主、仁政德治，正是一切政治制度设计与政权运行的根本正义性之根基；同时，现代政治文明中的人权、平等、自由、法治理念，既与儒家的根本精神相契合，也与真儒所"因时制治"完全相容。这也许是新儒家牟宗三所说"故中国以往对于治道之讲论，已达极端微妙之境界"[①]之故。进入现代政治文明时代，我们一方面在正本清源、传承弘扬儒家德主刑辅政治哲学精华的同时，也应该不断开显现代意义上"刑"的一面，相对于"德"，虽然其在终极根本层面而言永远是"辅"，然而其要走的路仍然很长。

---

① 牟宗三：《政道与治道》，第27页。

第二节　传统道德是当代中国文化自信的根基
——以传统道德文化本身的发展为例说与启示

进入新时期以来，以习近平同志为核心的党中央，高度重视文化建设问题，并把坚持文化自信与坚持道路自信、理论自信、制度自信一道，作为全党全国人民继往开来、实现中华民族伟大复兴最根本的四大自信之道。其中，就文化自信而言，习近平总书记强调指出："文化自信，是更基础、更广泛、更深厚的自信。在5000多年文明发展中孕育的中华优秀传统文化，在党和人民伟大斗争中孕育的革命文化和社会主义先进文化，积淀着中华民族最深层的精神追求，代表着中华民族独特的精神标识。"①文化自信作为更加基础、更加广泛、更加深厚的自信之道，它最丰厚肥美的沃土正是5000多年文明发展中孕育的中华优秀传统文化。"不忘本来才能开辟未来，善于继承才能更好创新。"优秀传统文化是一个国家、一个民族传承和发展的根本，如果丢掉了，就割断了精神命脉。中华优秀传统文化是中华民族的根和魂，是中华民族的突出优势，中华民族的伟大复兴需要以中华文化发展繁荣为条件。②

中华优秀传统文化作为中华民族的根和魂，在一定程度上，其核心精神可以用《周易》的"自强不息""厚德载物"八个字作为概括和表达。"自强不息"取法天道生生不息，志于由道开物成务，"厚德载物"取法大地承载养育，据于以德守身成生。开物成务虽志在于我，但乘势待时亦不可缺，所谓天时地利人和众缘和合，而守身成生则可谓"为仁由己""万物皆备"，成为用行舍藏、进取退守之本，因此据之在我不在外。所以，"厚德载物"一定程度上又成为中华优秀传统文化的根之根、魂中魂。正如背弃了德，那么社会主义核心价值观中的"爱国、敬业、诚信、友善"这一个人层面的价值准则便将瞬间破裂，如此，社会层面和国家层面的价值目标将随即在细胞层面病变并产生根本性倾倒。这正是中华优秀传统文化中身家国天下这一修齐逻辑所昭示的永恒价值。可以说，离弃了"厚德载物"精神修养中的德这一根基，一切的精神文化与价值诉求都将当下性地丧失根本生命力

---

①习近平：《在庆祝中国共产党成立95周年大会上的讲话》，《人民日报》2016年7月2日。
②中共中央宣传部编：《习近平总书记系列重要讲话读本（2016年版）》，学习出版社2016年版，第201—202页。

而流于物欲、功利、权谋、异化的行径。所以，正如习近平总书记所指出："国无德不兴，人无德不立。"①聚焦归元于一"德"字，可谓一语道尽。

（一）道德是文化的根基

文化对于一个国家、民族，在瞬息万变的现实社会中，就表象而言，更多时候是无形和虚化的存在，很难于一时一地、一事一物上立竿见影，也很难力求当下性的效验功用。然而事实上，文化才是一个国家民族的本源生命力！国家就是放大的个人，在中国传统智慧中，所谓身国同构，这有其特殊意义。譬如一个人，如果没有良好的文化教养与道德品性，若要指望其可靠可信赖，并赋予重任，恐怕是不太现实的。而且，甚至仅望其能自立自生，过一个正常人的生活，有时也会变得很难。原因何在？实则既非现代一般意义上所谓的心理问题，也非仅仅是现代社会的种种异化所致，而根本原因通常是自身缺乏良好的家庭教育、学校教育和社会教育，而其核心则基本可以归结于缺乏良好的道德文化根基。常言所谓"授人以鱼，不如授人以渔"，后者的目的正是催生其自我的造血功能，而核心仍然是道德文化根基这个大本大根。这就是中国传统道德文化的智慧之见，正如其发用于中医，则所谓培根固本、善养元气、修养自我精气神三宝，才是防病祛病、修身养生之本，离开此根本，一切的所谓养生之道，都是细枝末节，为之繁难而常常事倍功半。当然亦并非轻视或舍弃细节，但正如《大学》所说："知所先后，则近道矣。"中国传统哲学的智慧常常如此，善于直指本根，指探源头。

因此，如若一个人没有良好的文化根基和底子，常常也很难有稳健积极、向上向善、赤城坦荡的精神品质，如此，于己则难免侥幸苟活，于社会则无负面影响也罢，更难指望其有良善巨大的贡献。当然，一个国家没有文化根基，则如同一个人，即便一时拥有丰厚的物质财富，正如孔子所谓，得之不仁而守之也难，日久终究要在是非诚伪上见其分晓。而且，文化缺弱，就正如一个人血气不足，精气神涣散微弱。如想要有所作为，也实在是很难的事情，而要有大的志向追求，成就更大的德业造化，则注定是不可能实现的。相反，如果一个拥有良善刚健的道德文化品质的人，即便由于种种原因一时失利，也可以从头再来，而且他的内心是自信和强

---

① 《习近平在山东考察时强调　认真贯彻党的十八届三中全会精神汇聚起全面深化改革的强大正能量》，《人民日报》2013年11月29日。

大的，他会自明何为真正的失败与成功，不会随之流转漂泊，而是坚守定慧人生之道。进一步而言，有文化不一定有道德。也就是说，譬如茶文化、酒文化、武文化等等，如果没有道德根基，则随即流俗，丧失真善美的内在生命力。推而广之，一切所谓的文化莫不如此。比如一个国家，文武百官都具备统治精英的才干与政治文化，但如果不是基于为政以德、仁政德治，没有胸怀天下为公的真实志向，那么，越有文化才干越会结党营私、欺盗天下。又比如，现代的大学教育存在一个现象，即有文凭但不一定有知识，有知识但不一定有文化，即便有文化但不一定有道德，这是一个不争的事实。如此等等，例说不尽。

我们谈当代中国的文化自信，就说明客观上我们的文化还不够自信，或者说本来应该自信，也有自信之本，但还缺乏一定的自觉自为之道。进一步说，即便当代中国文化有自信，但其自信的威信力和归服力何在呢？当然可以说是种种文化吸引力和魅力，但不可忘却，大本大根还是在以德服人，则近者悦，远者来，中心悦而诚服之。如果以力服人，以物服人，则口服心不服，出于功利得失之心而不得已作种种形式表演，终究要倾倒和离散。如果仅仅玩弄小聪明，矫揉造作，种种小道，以彰显魅力，博人眼球，炫耀于世，严重说来，则顶多只能吸引和欺骗二三流货色，中上良善智慧文化之人则或避之，或逃之，或沉默，或唾弃，终究也要真假归真假，是非归是非，人心归人心，成败归成败，古今中外的历史皆可证之。因此，有大道者，不患无大德；有大德者，不患无大仁；有大仁者，不患无大义；有大义者，不患无大礼；有大礼者，不患无大信；有大信者，不患无兄弟朋友，以至长治久安、兴旺发达。总之，有道德者，乃真谈得上有文化，真可脱离超越低俗文化，建立人本人性、良善广大的君子圣贤文化，如此，求无自信，不可得也。因此，离开道德的根源，一切的所谓文化在根本上都会缺乏正义与正气，都是苍白无力、终究要幻灭的镜花水月。所以，文化自信的根基在于道德建立，道德是一切文化的真、善、美、大的永恒根源。

（二）儒家道家道德文化发展的启示

传统道德的主流是儒家道家。儒家道家历经数千年至今而不衰，可以肯定地说，只要还有人类存在的一天，它本身是不会真正衰败的，因为这是人的需要、人性的需要，存在性的需要。儒家道家文化，无论在历史上遭遇了多少曲折与磨难、误解与抵制、诽谤与毁灭，都会生生不息，根本原因即在于它不是一般的道德说教，也不是一般的实用理论，更不是违背人性的不道之说，它的生命力之所以如此强大，正因为它秉受、打通了天道生生之德。来源于天道天德的道德文化，自然可以顶天立地、与日月同辉、共天长地久，当然就更不用谈自不自信的问题。就正如一个时刻活灵活现于自身生命最本质朴素的真善美大化境界中的人，要问他自不自信，实际上唯一的可能性就只有以为他或希望他不自信，这就等于自毁而欲伤日月的情形。因此，儒家道家实际上已经没有文化自信的问题存在，因为自信是树立客观对立面而后所言的，而儒家道家已经消融了客体及其对立面，其视天地万物都是一体同仁，都是"天命之谓性"中的一生一物，只有自不自觉，而没有自不自信的问题。即儒家道家之所以会如此，不是因为其以世俗道德为根基，而是以天道天德为根基，才会演化出如此博大精深的文化体系，从而才真正自然而然地实现不言而喻的文化自信。因此说，儒家道家的文化根于道德。正如孔子所说："天生德于予，桓魋其如予何？"（《论语·述而》）"谁能出不由户？何莫由斯道也？"（《论语·雍也》）这样的自信是建立在道德根基之上的。亦正如孟子所谓："圣人复起，必从吾言矣。"（《孟子·公孙丑上》）孟子为什么拥有如此坚定的自信？因为他明白，只要是人，就一定会秉持天生之德，只是有没有自我觉悟发明而已。如果是君子圣贤，则一定所见略同、感同身受，不是一定要从孟子之言，而是一定会同孟子一样，感悟觉受并冥合于孟子所说之道，正所谓先知觉后知，先觉觉后觉，"圣人先得我心之所同然耳"（《孟子·告子上》）。

孔子重道德，在孔子看来，道德是一切文化知识的根本。通过《论语》一书可以看出，孔子认为："君子怀德，小人怀土；君子怀刑，小人怀惠""德不孤，必有邻。"（《论语·里仁》）孔子指出："德之不修，学之不讲，闻义不能徙，不善不能改，是吾忧也。"（《论语·述而》）孔子把怀德修德放在了第一位，孔子自述："吾十有五而志于学，三十而立，四十而不惑，五十而知天命，六十而耳顺，七十而从心所欲，不逾矩。"（《论语·为政》）其所志之学，最根本的是道德，因此如他所说："志于道，据于德，依于仁，游于艺。"（《论语·述而》）孔子正是以志道据德为人生的根本，由此立志成就圣贤，因此通过刻苦修为，才能在三十岁人格志向挺立，四十岁智慧通达心神不惑，五十岁知天命而上达，以达至从心所欲不逾矩的自在自得。因此，孔子并不是如许多现代人所理解的那样仅靠广博学习、强力记忆知识学问而有所得，而恰恰是基于自身的道德修养，其核心正如《礼记·中庸》所谓"尊德性而道问学"，德性始终是根本。因此，孔子强调："有德者必有言，有言者不必有德。仁者必有勇，勇者不必有仁。"（《论语·宪问》）孔子认为，一个整天夸夸其谈、巧言令色，总是把仁义道德挂在嘴上的人，不一定有道德，也可以说，一个号称文凭很高，文化很多，乃至于著作等身的人，也不一定有道德；而反过来，一个真正有道德的人，可以肯定地说，一定有文化！同样，一个真正的仁义之人，一定会在大义当前时伸张正义，在大是大非面前不含糊，这就是真正的勇者，而不是舞刀弄枪，逞匹夫之勇者。正如："景春曰：'公孙衍、张仪岂不诚大丈夫哉？一怒而诸侯惧，安居而天下熄。'孟子曰：'是焉得为大丈夫乎？……居天下之广居，立天下之正位，行天下之大道。得志与民由之，不得志独行其道。富贵不能淫，贫贱不能移，威武不能屈。此之谓大丈夫。'"（《孟子·滕文公下》）公孙衍、张仪只能算智谋之士，还不是以天下为己任的真正的仁智勇——所谓三达德的修为者，在孟子看来，他们离真正的大丈夫还很远，因为他们还远不在广居正位之大道大德上。一句话，他们有智谋纵横之文化才干，却没有"与民由之"的道德品质，因此他们如若在圣人而言，还仍然是内心阴暗而不自信的。

通过《孟子》一书可以得知，正如孟子所说："'我知言，我善养吾浩然之气。''敢问何谓浩然之气？'曰：'难言也。其为气也，至大至刚，以直养而无害，则塞于天地之间。其为气也，配义与道；无是，馁也。是集义所生者，非义袭而取之也。行有不慊于心，则馁矣。'"（《孟子·公孙丑上》）孟子的一切道德文化智慧都由持其志、勿暴其气而来，其所持的志就是孔子志道据德、成就下学上达之志，而这一修养过程，正如孟子所说，要养浩然之气，而养此浩然之气，关键还要"配义与道；无是，馁也。是集义所生者，非义袭而取之也。行有不慊于心，则馁矣"。换句话说，如果有一点违背道德之言行，随即便气馁而无浩然之气，至少是大打折扣，长久则成为负能量。因此，道德仁义对人之根本性，从孟子处可见一斑。此外，孟子谓："君子有三乐，而王天下不与存焉。父母俱存，兄弟无故，一乐也。仰不愧于天，俯不怍于人，二乐也。得天下英才而教育之，三乐也。君子有三乐，而王天下不与存焉。"（《孟子·尽心上》）孟子认为，人生最根本和最重要的三大乐事之中，最为重要的是"仰不愧于天，俯不怍于人"，而要做到这样，毫无疑问，唯一的道路就在自我的心性本体之中，如果有一事一物违背了自己的道德良知，则势必当下愧于天怍于人，如此，即便再有文化，再有才华，可能也不会真心地快乐，至少不会长久地真快乐。正如孔子所说："不仁者不可以久处约，不可以长处乐。仁者安仁，知者利仁。"（《论语·里仁》）一个不仁德的人，是不会真正长久地心安理得而发自内心地快乐自在，也更不可能长期坚持操守而贫贱、富贵、威武能不移。正如："在陈绝粮，从者病莫能兴。子路愠见曰：'君子亦有穷乎？'子曰：'君子固穷，小人穷斯滥矣。'"（《论语·卫灵公》）孔子告诫学生，不可以落于不仁德的小人行径，所谓只可共富贵，不可同患难，更不可贫贱患难不移。有道德的君子，即便有贫贱穷困乃至患难艰险，也不会因此而改变操守，胡作非为，否则，还谈什么君子、道德仁义、文化品质呢？这就是儒家的精神、儒家的教育、儒家的道德与文化志向和修养。

同样，就道德而言，在道家看来，其不仅是文化的根本，也是万物众生的生命与存在性之本。通过《老子》一书可以看出，老子所谓："大道废，有仁义；智慧出，有大伪；六亲不和，有孝慈；国家昏乱，有忠臣。"（《老子》第十八章）在老子看来，没必要整天喊道德仁义、礼义廉耻，也不必抓着忠信孝慈的榜样大肆宣传不放，因为这样做的原因正是没有道德仁义、缺乏忠信孝慈的表现。要有如此的真实内容与自信，就应该不断地返回真正的道德仁义之道，由此开出道德忠信文化，也只有从此之道，才会获得不证自明的真正的自信。因此，老子指出："上德不德，是以有德；下德不失德，是以无德。上德无为而无以为；下德无为而有以为。上仁为之而无以为；上义为之而有以为。上礼为之而莫之应，则攘臂而扔之。故失道而后德，失德而后仁，失仁而后义，失义而后礼。夫礼者，忠信之薄，而乱之首。前识者，道之华，而愚之始。是以大丈夫处其厚，不居其薄；处其实，不居其华。故去彼取此。"（《老子》第三十八章）真正有德者，并不认为自己有德，而缺德者，则总是标榜自己站在道德的制高点，仁义礼智信莫不如此。由此，老子强调去华取实、扎扎实实地进德修业、志道据德，才是人世的根本之道。就正如老子所说："修之于身，其德乃真；修之于家，其德乃余；修之于乡，其德乃长；修之于邦，其德乃丰；修之于天下，其德乃普。故以身观身，以家观家，以乡观乡，以邦观邦，以天下观天下。吾何以知天下然哉？以此。"（《老子》第五十四章）老子认为，要实实在在地修养道德，才能谈论道德，否则宣传说教是没有用的。从身家国天下观之，道德毫无疑问是根本。由此，老子强调："我有三宝，持而保之。一曰慈，二曰俭，三曰不敢为天下先。慈故能勇；俭故能广；不敢为天下先，故能成器长。今舍慈且勇；舍俭且广；舍后且先；死矣！夫慈以战则胜，以守则固。天将救之，以慈卫之。"（《老子》第六十七章）老子的"三宝"，既是其守身之本，也是其智慧德业之本，更是道家文化得以成就博大精深、源远流长、海纳百川、近悦远服之本。老子的"三宝"中，"慈"固然是道德，"俭"当然也是道德，所谓俭以养德，奢侈挥霍摆阔者不可能有道德。而"不敢为天下先"，其核心正是谦和之德，如《周易》所谓"谦者，德之柄也"，亦如孔子所谓"如有周公之才之美，使骄且吝，其余不足观也已"（《论语·泰伯》），而并非世俗误解误读的不作为的所谓消极无为之说。由此，"三宝"无不与道德有关，实际上其本身也无不是道德，可以说，德既是老子之为老子的根本，也是老子所开创的道家哲学文化的根本。

而说到道家的庄子，虽其给世人以逍遥不羁的印象，然而庄子同老子一样，也是真正的道德者，其讽刺讥笑的是假道德。通过《庄子》一书可知，正如："庄子见鲁哀公，哀公曰：'鲁多儒士，少为先生方者。'庄子曰：'鲁少儒。'哀公曰：'举鲁国而儒服，何谓少乎？'庄子曰：'周闻之：儒者冠圜冠者知天时，履句履者知地形，缓佩玦者事至而断。君子有其道者，未必为其服也；为其服者，未必知其道也。公固以为不然，何不号于国中曰：'无此道而为此服者，其罪死！'于是哀公号之五日，而鲁国无敢儒服者。独有一丈夫，儒服而立乎公门。公即召而问以国事，千转万变而不穷。庄子曰：'以鲁国而儒者一人耳，可谓多乎？'"（《庄子·田方子》）庄子的意思是，天下人都在热火朝天地附庸风雅、讨好卖乖、图名图利地大谈儒家文化，以弘扬儒家文化为己任，而且俨然自己就是一副儒者之样，甚至自己就是儒家文化的自觉自信和代表者。然而，正所谓有其表未必有其里，有其服未必为其道，更未必有其道。所以，在庄子看来，真正像孔孟一样的大儒真儒实在太少。连孔子当年赞扬"鲁一变至于道"的周公之后的鲁国，虽然庙堂、大街都是服儒服、言儒言、道儒道的人，但真正有儒家道德志向与修养的人却屈指可数。正如庄子所谓"道隐于小成，言隐于荣华"（《庄子·齐物论》），真正的大道大德都被多数一孔之见的小人儒遮蔽破坏了，真言也同样被无数夸夸其谈的浮华歪曲之词遮蔽蒙昧了。所以正如老子所说："信言不美，美言不信。善者不辩，辩者不善。博者不知，知者不博。"（《老子·第八十一章》）孔子所说："巧言令色，鲜矣仁！"（《论语·学而》）善于美言，善于辩论，知识文化广博者，老子认为不一定有道德，而且常常是没有道德的表现，孔子也认为真正怀有仁德之人，绝不会有巧言令色的举止。总之，在庄子看来，真正的道德必须是实实在在的修为。庄子强调：

世丧道矣，道丧世矣，世与道交相丧也。道之人何由兴乎世，世亦何由兴乎道哉！道无以兴乎世，世无以兴乎道，虽圣人不在山林之中，其德隐矣。隐故不自隐。古之所谓隐士者，非伏其身而弗见也，非闭其言而不出也，非藏其知而不发也，时命大谬也。当时命而大行乎天下，则反一无迹；不当时命而大穷乎天下，则深根宁极而待：此存身之道也。古之行身者，不以辩饰知，不以知穷天下，不以知穷德，危然处其所而反其性已，又何为哉！道固不小行，德固不小识。小识伤德，小行伤道。故曰：正己而已矣。乐全之谓得志。古之所谓得志者，非轩冕之谓也，谓其无以益其乐而已矣。今之所谓得志者，轩冕之谓也。轩冕在身，非性命也，物之傥来，寄者也。寄之，其来不可围，其去不可止。故不为轩冕肆志，不为穷约趋俗，其乐彼与此同，故无忧而已矣！今寄去则不乐。由之观之，虽乐，未尝不荒也。故曰：丧己于物，失性于俗者，谓之倒置之民。（《庄子·缮性》）

庄子强调指出，所谓的有德而隐居者，不是真要隐居，只是时命大谬，不得已而为之，正所谓"存身之道"而已。庄子认为"道固不小行，德固不小识。小识伤德，小行伤道"，一般的知识技能和文化，往往在自以为是中，正伤害着真正的道德与文化。因此，在根本上要"正己"，也就是修养自己、端正自己，这是一切识与行的根本，不可以随波逐流，"不为轩冕肆志"，"不为穷约趋俗"，不要为功名利禄和世俗红尘所肆志变节，不可以成为"丧己于物""失性于俗"的"倒置之民"，否则这就是人生在根本和终极层面最为悲哀的情况。总之，在庄子看来，在根本上一切的知识文化才干，都必须基于道德才有意义和价值，否则，都可谓"丧己""失性"，都不免成为"倒置之民"，那么，如此的世道人心，更免谈道德与文化自信了。

（三）《周易》"乾""坤"两卦的开衍所示

《周易》素有群经之首之称。《周易》为中华文化最为根本的经典之一，可以说奠定了中华文化的基本属性和内在品质。《周易》以"乾""坤"两卦为代表，可以完全体现出其以道德为根基的哲学文化取向。正如孔子所说："加我数年，五十以学《易》，可以无大过矣。"（《论语·述而》）可见《易》之重要性。孔子不仅间接道出了《易》的重要性，而且孔子也是迄今为止学《易》解《易》最为智慧和权威者，当然孔子无疑是我注"六经"与"六经"注我的典型代表。就《周易》而言，孔子指出："乾坤，其《易》之门邪？乾，阳物也；坤，阴物也。阴阳合德而刚柔有体，以体天地之撰，以通神明之德。"（《周易·系辞下》）孔子认为，以"乾""坤"两卦为代表的阴阳合德，则通神明之德，因此是《易》之门。

以"乾"卦来看，所谓"乾。元亨利贞"，《易传·文言》解道："元者，善之长也；亨者，嘉之会也；利者，义之和也；贞者，事之干也。君子体仁足以长人，嘉会足以合礼，利物足以和义，贞固足以干事。君子行此四德者，故曰'乾，元亨利贞。'"可见，元、亨、利、贞代表着"乾"卦的四德，即善长、嘉会、义和、事干，君子体验修养此四德，则足以长人、合礼、和义、干事。如尚秉和所解："盖元亨利贞，合之为乾德，分之为八卦之德，故即为六十四卦之根本。《彖》或曰亨，或曰元亨，或曰贞，或曰利贞，或曰亨利贞，或曰利亨贞，或曰元亨利贞，似以此四德，为衡量卦德之准的者。"①也就是说，无论是"乾"卦还是卦辞本身，都是以德为本，这是共识，即便圣人孔子也仅作如此开示。进一步而言，《周易·乾·彖传》曰："大哉乾元！万物资始，乃统天。云行雨施，品物流形。大明终始，六位时成，时乘六龙以御天。乾道变化，各正性命，保合太和，乃利贞。首出庶物，万国咸宁。"其中就谈到"乾道变化，各正性命"，而无论是从"乾"卦本身还是从整个《易》来看，"各正性命"的根本和可能性只能是德。至于说到现代中国人由于过度欲求所谓自信自尊自强尤其是自强而找到的民族精神文化根据，即《周易·乾·象传》所谓"天行健。君子以自强不息"，就更是言德了。何以见得？因为天行即天道，天道本身是健动不止、生生不息的，正如《周易·系辞下》所谓"天地之大德曰生"，因此，作为天地大化境界中之一物的人，当然自然而然地秉受天地生化之德而自强不息，这不仅仅是所谓效法和鼓励之意，而是在说人道之必然。因此，仍然是谈德，而且是天道天德之大德。

至于说到同样为中国人口头禅式的所谓"乾"卦初九爻爻辞所谓"潜龙勿用"，常常被俗见之人当作不可用世乃至隐遁之意，实则大谬。作为《易》之首爻，可谓意涵深邃！从孔子之解可得而知。"初九曰'潜龙勿用。'何谓也？子曰：'龙，德而隐者也。不易乎世，不成乎名，遁世无闷，不见是而无闷，乐则行之，忧则违之，确乎其不可拔，潜龙也。'"（《易传·文言》）也就是说，《易》的"乾"卦初九爻辞"潜龙勿用"的本意是指有真正大德内怀于身者，这样的大德不会被世俗变节而随波逐流，不会强求世俗名利，由此即便遁世而不被人知也不苦闷怨尤，做自己真心想做的，不愿做不该做的便远离，顶天立地、稳健沉潜而不可拔动，因此比喻为如藏于九地之下的潜龙一般深沉不拔。可见，其核心仍然是德！即便就"乾"卦后五爻辞看来，也莫不如此。如九二爻辞说："见龙在田，利见大人。"何谓也？孔子解释道："龙，德而正中者也。庸言之信，庸行之谨，闲邪存其诚，善世而不伐，德博而化，《易》曰'见龙在田，利见大人'。君德也。"（《易传·文言》）所谓"德而正中者也。庸言之信，庸行之谨，闲邪存其诚，善世而不伐，德博而化"，仍然重在言德。而九三爻辞的："君子终日乾乾，夕惕若厉，无咎。"何谓也？孔子仍然开示为："君子进德修业。忠信所以进德

---

① 尚秉和：《周易尚氏学》，中华书局1980年版，第15页。

也。修辞立其诚，所以居业也。知至至之，可与几也。知终终之，可与存义也。是故居上位而不骄，在下位而不忧，故乾乾因其时而惕，虽危无咎矣。"（《易传·文言》）接下来的九四爻之"或跃在渊，无咎"，九五爻之"飞龙在天，利见大人"，上九爻之"亢龙有悔"，无不以所谓"非为邪""进德修业""本乎天""本乎地"等为说，意在说明道德与谦下之根本性。因此，《易传·文言》强调："'飞龙在天'，乃位乎天德。"也就是孔子所谓下学而上达，由此实现天人合一的天道天德境界，仍然是以德为本、以德为终。因此《易传·文言》最后强调："夫大人者，与天地合其德。"天德好生不息，因此不可"亢龙有悔"。

当然，说"乾""坤"为《易》之门，也是孔子兼顾阴阳表象而已，实则只"乾"，已可为《易》之门，甚至就初九爻辞已可谓《易》之门。正如王阳明所说："《易》之辞，是'初九，潜龙勿用'六字；《易》之象，是初画；《易》之变，是值其画；《易》之占，是用其辞。"[①]可谓一语道尽。"潜龙勿用""初画"，也就是初九爻及其爻辞，核心在强调以德为本！非是不用，而是德而正用。至于说到《易》之"坤"卦，在此只点到同样为中国人安身立命式的《周易·坤·象传》所谓"地势，坤。君子以厚德载物"一语便可，其余则更无须赘言。"坤"卦并非大地，而是取象大地，意为承载并养育万物。说到此，如若有深厚良知道德仁慈感之君子，顿时生起感恩之心！"予欲无言"！德无外乎此。现代的人类社会，众国拼命一股脑地争夺、抢占、挥霍大地母亲的种种有限的血肉精气资源，污染、破坏环境，而不知省止收敛，终极而言，何谈道德、何谈文化、何谈自信？在根本性或终极性层面而言，这种来自对存在性的深厚关怀的传统道德，当然也可以说是当代文化自信的根基。

综上所述，当代中国文化自信之本，其最根本、最终极的根基源流当然是历经5000年发展过程而孕育积淀涵化而来的中华优秀传统文化，这是中华民族最根本的安身立命、成己成物之本。而中华优秀传统文化的核心根基当然是也只能是道德这一根基。因此可以说，传统道德是当代中国文化自信的根基，这样的逻辑本来应该是不证自明的。由于中华民族自近代以来，几近迷失方向，丧失自信，正庄子所谓"小惑易方，大惑易性"（《庄子·骈拇》），而庶几成"倒置之民"。当代的道德建设，必须要以对儒家道家乃至于三教为主流的传统道德不断返本溯源、继承创新为最根本的前提条件，只有培植好这一民族精神文化的根源和土壤，才能种出种

---

①〔明〕王阳明：《王阳明全集（新编本）》，吴光等编校，浙江古籍出版社2010年版，第19页。

种佳谷果实。如果说当代中国的文化自信是结果，那么传统道德无疑是其最悠久、最根本、最深沉、最博厚、最广大的根源和沃土。

第三节　传统道德在当代道德观建构中的现实困境
——基于现代教育的分析

需要首先作一些说明的是，传统道德在当代道德观建构中的现实困境，很大程度上表现为社会形态的变迁所导致的困境。在此并不是说社会化形态的改变而决定和改变着传统道德，而更应该是现代社会的诸多失序失控的可能性趋势。这与其说是传统道德在现代道德建构中的困境，不如说是整个传统生活方式和生活智慧在现代所面临的困境乃至危机。也就是说，人从何处来，人要干什么，最终应该走向何处等等这样一些人类根本性、最终极性问题，在现代社会，无论是东方的急速追求发展进入现代化的社会，还是西方在现代化进一步发展，进入后现代社会化模式，在不同的社会化形态里都同样面临着人与人性、存在与价值、理想与追求的困境和危机。就其表现而言，现代人类无论是急速追求和仰仗现代化，还是高度享受和依赖现代化，在高度工业化与商业化、多样化与全球化、信息化与碎片化的现代社会，人之为人的根基在哪里？根本是什么和应该如何，共同的价值追求何在？如何理性地面对和冷静地思考现代性？个体的人其存在的根本性意义价值何在，如何维系？……此类带有根本性的存在问题和价值问题，已经不可避免地凸现出来。这一切都不是简单功利世俗的所谓文化可以回答解决，也不是简单的所谓形上观照可以化解，更不是虚无缥缈的所谓彼岸世界的实际意义上的对象化的宗教可以解决，当然，也不可能仅仅靠不计后果地抢占资源，依靠物质经济互相军备竞赛等可以解决。

回到根本上来说，面对问题的本身，传统道德在当代道德观建构中的现实困境，是当代道德观在现实中如何回应和化解现代人的存在性与价值性困境与危机这一根本性问题。就中国而言，传统道德在参与当代道德观建构中的现实困境，主要表现在以原始儒家道家为主流的传统道德如何被人们重新理性正确地认识并修养化用，以解决首先作为活生生的个体的、特立独行的人的生命的存在性问题即安身立命之道，以及现实社会生活的道德建构问题。一方面，传统道德是当代道德观建构的最为根本和丰厚的土壤基质，是当代道德观建构的源头和根本。但同时，传统道德在当代道德观建构中，又面临着诸多现实困境。

（一）家庭教育的现实困境

家，是传统道德的重要根基，离开了家庭，就传统道德而言，论整个社会的道德观建构，便是不太现实的事情。在传统社会里，对一个人的评价，首先说的是其有没有良好的家风家教，如果有严父慈母，家教醇厚，那么社会对这样的家庭出身者，便已经不会有太差的评价。在传统社会中，一定程度上也类似于现代对人这样评判的重要标志（相当于一种变相的审查考核），严重的更要从祖上追问而来，如果家庭里祖上有污点败德之迹，那么这样出身者势必会受到影响。如果说修身齐家治国平天下是一个顺其自然的人世修齐逻辑，那么这更多的是谈论一个独立的成人而言，而就成人所在的家庭，或者说就其所成长的家庭环境而言，家庭的教育便显得尤为重要乃至成为其根本。其中，家庭教育的核心正是道德的教育，也就是通常所谓的人格的教育和养成。

家这一人生成就更重要的环节，在传统的人格养成和人性教育中，无论是儒家还是道家，都是极为重视的。众所周知，儒家最重强调身家国天下，最著名者正如《礼记·大学》所说："古之欲明明德于天下者，先治其国；欲治其国者，先齐其家；欲齐其家者，先修其身；欲修其身者，先正其心；欲正其心者，先诚其意；欲诚其意者，先致其知。致知在格物。物格而后知至，知至而后意诚，意诚而后心正，心正而后身修，身修而后家齐，家齐而后国治，国治而后天下平。自天子以至于庶人，壹是皆以修身为本。其本乱，而末治者否矣。其所厚者薄，而其所薄者厚，未之有也。"《礼记·大学》所说，虽然侧重于所谓修身齐家，但即便落实到个体，固然可以说先有修身，才可以齐家，但如果没有齐家，又何来修身呢？也就是说，作为个体的修身，其养成成长的环境即家庭，如果没有齐家之德，也就丧失了良好的教育养成环境，也就不太可能甚至根本不可能真正实现修身。所以，由此推论之，即便是说个体家庭环境的重要养成者是由比如父辈乃至祖父辈的修身而得，但其父辈与祖父辈又何以得修身呢？当然也是由于良好的家庭教育环境，故由此而言，齐家中的家，才是社会道德建构的最基本的单元，它是养成修身的基本环境的现实依托，也是治国最重要的前提条件，正所谓家庭是社会和国家的细胞。与此同时，历来饱受所谓消极无为之指的老子，也同样以道德修养的身家国天下为根本，如谓："修之于身，其德乃真；修之于家，其德乃余；修之于乡，其德乃长；修之于邦，其德乃丰；修之于天下，其德乃普。故以身观身，以家观家，以乡观乡，以邦观邦，以天下观天下。吾何以知天下然哉？以此。"（《老子》第五十四章）可见，道家仍然以家庭教育的道德教育为本，即"修之于家，其德乃余"，其对于以德为本的家庭教育修养，与儒家并没有根本的相左之处。

然而，现代的家庭现状，却在客观上导致了道德建构这一最为根本的家庭教育的诸多问题和缺失，使一个人从刚出生到进入社会生活之前的人格道德养成和教育的最为重要的阶段，便错失和缺漏正确良好的道德观养成教育，乃至于反而受到不良不善的错误观念的影响。一方面，现代家庭的单一化是传统道德在当代道德观建构中的重要现实困境之一。即便在传统社会，家庭小则几世同堂，基本上没有现代小家庭的概念，也很少有现代社会的所谓分家之说，常常是几代人和睦地生活在一个家庭里，其乐融融。往大的方面说，传统的家庭更有家族的概念，因此，对道德的养成极为重要，客观上也为道德教育营造了良好的环境。晚辈对长辈、幼小对兄长，首先强调的是礼貌和尊敬，从一开始就注重做人之礼，实际上就已经开始了最为良好的道德教育。而且，当家庭成员在日常生活中看到自己的父母兄长等对待其更长一辈或更大年龄者所奉行的尊敬和礼貌时，实际上已经不用特地教育和言说，这就是真正的言传身教、不言而喻和潜移默化。然而，现代社会的家庭则恰恰相反，平常多数为三口之家，而下一代则绝大多数是独生子女，所以，在客观上，无论有意或无意，包括老人在内，都确实心疼和爱护幼小的孩子，而且在日常生活或聚会时，更多的时候是一家人都围绕和关心爱护照顾孩子，反倒是把传统社会尊老且居于首位的家庭风气颠倒了，使爱幼居于首位了。毫无疑问，现代社会的家庭，既缺乏上行下效、言传身教的客观环境，又在普遍独生子女和娇生惯养的社会氛围中，导致道德养成中，最为重要的家庭教育的缺失，甚至更多的时候是颠倒和破坏。

另一方面，现代家庭的不稳定性也是社会道德观建构的重要现实困境之一。所谓的不稳定性，并不是说迁徙变动，而是家庭成员关系的不稳固性，比如现代社会离异现象已经相当普遍。从媒体报道来看，不少官员为了保住乌纱帽，明里有健全的家庭，实则暗地里胡作非为的并不罕见。试想，这样的父母主导的家庭，夫妻之间的亲情爱情会纯正和厚实吗？由此，这样的家庭，丧失道德教育的教化感化能力便是不证自明的事情。同时，在所谓的演艺圈，也常常给人一种混乱不堪的印象。甚至于有的所谓大牌导演和大牌明星，凭借自己的种种社会优势资源，其对象甚至与自己的孩子年龄不相上下。试想，这样的人构成的家庭，要说有良好的厚道厚德的教育养成，实在令人难以相信。现代社会中存在的不健康、不健全的家庭，其所养育的孩子，实际上多半存在人格上的缺陷、心理上的疾病，很难有所谓仁义礼智信的家庭养成教育。所以说，由传统道德淳朴厚实的家庭风气中所养成的夫妻和睦、海誓山盟、天长地久、白头偕老等道德的土壤性文化氛围，在现代社会已经变得离散随意。夫妻之间已经以朋友的伦常关系相处，所谓义断恩，合意则合，不合意则离，甚至为了一点点琐碎之事而随即离散，何谈厚德载物？家庭的厚德难以维系，由此，孩子的成长环境可以想见。这是作为现代道德观养成之关键环境，也是家庭不可回避的现状。这是值得常常自诩为高知识、高文化、高素养的现代文明人深思的。

（二）学校教育的现实困境

社会道德观构建的第二大重要场所和环境是学校。即便在古代，学校教育也是重中之重。如《礼记·学记》所谓："玉不琢，不成器；人不学，不知道。是故古之王者建国君民，教学为先。"并指出："古之教者，家有塾，党有庠，术有序，国有学。比年入学，中年考校。一年视离经辨志，三年视敬业乐群，五年视博习亲师，七年视论学取友，谓之小成；九年知类通达，强立而不反，谓之大成。夫然后足以化民易俗，近者说服，而远者怀之，此大学之道也。"建国军民，教学为先，而且古代更有家有塾，党有庠，术有序，国有学，有不同的学校等级和规格。传统教育的一大宗旨即所谓敬业乐群、博习亲师，从中可以看出，在那时非常重视道德教育，而且可以肯定的是，道德教育的成败具有一票否决式的地位。道德不过关，一切的术业与人格健全相关，都是在根本上要被否定的。

纵观现代教育，毋庸讳言，与《礼记·大学》所谓"大学之道，在明明德，在亲民，在止于至善"已经相差甚远。虽然人们知道不能完全背弃"明德""亲民""至善"之道，而且也始终在呼吁所谓的素质教育，但事实上，众所周知，知识已经取代了修身，技能完全压倒了道德，功利已经遮盖了至善。姑且不论大学，即便小学，本来是天真自在的童年，却已经被考试的分数深深地笼罩着，被各种各样的技能培训和所谓特长训练所宰割。而最让人闻之色变的是，从中学开始，书包越来越沉重，孩子们的笑容越来越稀少，有时候甚至起早贪黑超过了家长的工作强度。黑色六月的高考，数十年来成了数以千万计的家长们最为焦急紧张的事情，如果细心者走访所谓教学质量稍好一些的中学，会发现大部分的初三和高三毕业班的同学，家长都特地租用了学校周边的房屋，常年守护在孩子身边，专门为其做饭洗衣，料理生活杂事，唯一的希望是孩子能考高分，特别是高三学生的家长，如果其孩子能如愿地考上好的大学，似乎意味着终身解脱一般。可以说，唯分数至上的理念已经深入骨髓，即便其他方面差一些，迈过高考这道关卡，似乎一切再重新开始也不迟。多少年来，有多少人在为之思考呼吁，但唯分数至上的社会现实却始终挥之不去，一切的所谓素质教育只是一厢情愿的思想安慰而已。那么，建立在这般功利和无奈的残酷现实之上的教育，何谈真正的素质，更何谈道德教育？现代社会，许多优秀的考生，考入了一流的大学，却出现了种种的问题，而且是一些从小就应培养好、本可以避免的基本道德和心理问题，更有甚者，即便是全国最为顶尖的大学，还发生了杀父杀母的事件，像这样的"高材生"和所谓"社会精英人才"，还能指望其身体力行，在社会生活工作中成为德业的表率吗？所谓精致的利己主义者，可能表面上打着道德与文明的旗帜，内心却变本加厉地干着仰愧天俯怍人的勾当，这样的人在我们这个社会还少吗？

遗憾的是，即便是面临这样的社会现实和教育现实，各大名校及普通大学还有不少所谓的知名和成功的校友，每每以功成名就的身份回到大学，首先便指手画脚，指责大学里所谓的人文社科等许多学科和专业不利于大学生就业，不利于社会物质经济的建设，甚至公开主张以所谓的就业率来决定大学专业的取舍。不得不说，这实在是一种极其鼠目寸光、极其功利和无知的行径。其危害的不仅是当下的社会，而且也腐蚀着整个国民教育，败坏着整个社会的成就基业，一帮这样所谓的精英，最后只能把整个社会带向越来越功利物欲和弱肉强食的异化之境。

另一方面，现代大学教育，实行严格的分科制，就道德教育方面而言，导致广大理工农医学科专业的许多学生，连基本的人文社科知识都是空白，对道德教育，就如同父母从小安排穿衣吃饭、安排读书就学一样，完全丧失了自觉自律的动力，与道德教育越来越不相干，甚至认为道德教育和人文学养是文科生的事情，是可有可无的社会点缀而已。有时候，这样的认识恐怕已经不仅仅局限在高校的学生，甚至有一部分教师，也视道德教育为束缚和无用。与之相伴的是，大学教育已经越来越导向了西方式的教育模式，严格上说，也只是学到了西方大学教育的皮毛，并没有深入学习西方大学教育的内在精神。因为发源于神学院的现代西方大学教育，其最初的宗旨即以道德哲学为主导，以信仰和生命的救赎为根本目标，因此最早设立博士学位的学科就是哲学，哲学就是爱智，核心理念在于追求人类存在的真善美的根本，甚至古希腊的苏格拉底也指出所谓"德性即知识"。而我们今天所面临的大学教育，培养的是一些匠才，即专业技术人才、学到了不少知识的人才，却是严重地缺乏接受过良好人文人性教育、道德教育的人才，最后的结果就只能是社会上所谓掌握了更多知识的人，可能会干出更大的坏事。在此甚至不得不一提的是，就连我们一度似乎要引以为豪的国际孔子学院，开设到了各个国家，甚至是进入了世界一流的大学，然而当我们认真一看其教学内容，发现多数是剪纸画画、古筝二胡、识字作诗之类的内容，与孔子的教育宗旨风马牛不相及。孔子"志于道，据于德，依于仁"（《论语·述而》）的教育宗旨，似乎只能对书斋学院里的艰涩研究而言。总之，在普遍以功利为主导的学校教育里，传统道德观不是势弱而是正在缺席，以传统道德观为根本土壤的道德教育不是在起主导作用，而是逐渐地走向边缘化，如果长此以往，当代道德观构建的最为重要的场地或者说阵地之一的学校教育，会让整个社会陷入只输出所谓的知识和技能，以及一批又一批的精致利己主义者，由这样的人作为社会精英，以此统治社会，形成所谓的精英联盟统治，要谈真正意义上的淳朴厚实的社会道德建构，实在并非易事。

（三）社会教育的现实困境

常言道社会就是一所最好的学校。社会这所大学，其教育是全方位的，其核心突出体现在社会风气的感召和引领上。从一定程度上可说，有什么样的社会风气，就会有什么样的社会人心，进而就会产生出相应的社会道德文化观。现代社会的道德观构建所面临的一个重要消解性因素，便是对物质与功利的过度依赖和追求，这虽然已经远远超过了许多人的生活需求，但是没法遏止社会生活中的追逐、攀比和奢华。而逐物逐利的社会风气，它所带来的不仅是对自然资源和其他物质资料的争夺与挥霍，更使得社会风气从以道德为本位，急速跌入了以物质为本位的状态。在一段时间里社会上流行的所谓"笑贫不笑娼"风气，并非空穴来风，其所反映的正是物性对人性的强势和扭曲。

长期以来，我国在国家层面对社会精神道德文化的引导，逐渐由相对单一的思维模式走向综合立体、系统思维的引导治理模式。改革开放之前，我们在很长一段时间里，一度实行"宁要社会主义的草，不要资本主义的苗"的思想，这显然是一种极端和线性单一的思维模式。改革开放之后，邓小平同志倡导一手抓物质文明，一手抓精神文明，两手抓，两手都要硬。今天，我们践行经济建设、政治建设、文化建设、社会建设、生态文明建设的"五位一体"的治国方略，其中的文化建设与社会建设，与社会道德观的建构密切相关。然而，客观而言，当前的社会道德观建构并不令人满意。各种不道德的风气和行为正在腐蚀着社会道德和世道人心。

面对当代社会的道德观建构问题，我们应该回顾千百年前古圣先贤的洞见。正如："孟子见梁惠王。王曰：'叟不远千里而来，亦将有以利吾国乎？'孟子对曰：'王何必曰利？亦有仁义而已矣。王曰：'何以利吾国？'大夫曰：'何以利吾家？'士庶人曰：'何以利吾身？上下交征利而国危矣。万乘之国弑其君者，必千乘之家；千乘之国弑其君者，必百乘之家。万取千焉，千取百焉，不为不多矣。苟为后义而先利，不夺不餍。未有仁而遗其亲者也，未有义而后其君者也。王亦曰仁义而已矣，何必曰利？'"（《孟子·梁惠王上》）通过孟子与梁惠王的这段对话，值得现代社会反省借鉴的是，"王何必曰利？亦有仁义而已矣"。即，我们不应该一切以利为中心，不应该在谈论所有人事物时完全围绕利字展开。孟子并非要放弃一切利益，这也是不现实的事情，孟子意在强调，如果一个社会从上至下都以利为中心，而不讲仁义，不讲道德，那么长此以往，其结果就完全可能出现"苟为后义而先利，不夺不餍""上下交征利而国危矣"的情形。反过来说，在孟子看来，正所谓"未有仁而遗其亲者也""未有义而后其君者也"，也就是说，一个追求仁义礼智信、充满真善美和人文关怀、人性关爱的正能量社会，正如一个真正仁德的人，绝对不可能干出遗弃自己亲人的事情，同时，一个真正以仁义为本的人，当然也绝不会首先考虑自己的利益得失而把国家利益放在后面，甚至于伤害国家民族的利益，这样的事情，仁义道德之人是不忍心干的。

通过孟子的这段话，我们再来观察当今社会，尤其是社会风气及价值观的情形，我们会发现，在许多时候，如果有人还坚守孟子之言，即所谓"王何必曰利？亦有仁义而已矣"，甚至会成为别人的笑话，将被视为迂腐保守。如果我们进一步对比儒家倡导的理念，其将会反映出社会道德观的诸多深层问题。亦如王阳明所说，在上古之世，社会氛围较为淳朴厚道，整个社会俨然以道德为本位，一切都建立在道德的基础上，不道德的情形几乎见不到。如王阳明所说"上古之世"："其心学纯明，而有以全其万物一体之仁，故其精神流贯，志气通达，而无有乎人己之分，物我之间。譬之一人之身，目视、耳听、手持、足行，以济一身之用。目不耻其无聪，而耳之所涉，目必营焉；足不耻其无执，而手之所探，足必前焉；盖其元气充周，血脉条畅，是以痒疴呼吸，感触神应，有不言而喻之妙。此圣人之学所以至易至简，易知易从，学易能而才易成者，正以大端惟在复心体之所同然，而知识技能非所与论也。"[①]而遗憾的是，在王阳明看来，"三代之衰，王道熄而霸术猖；孔、孟既没，圣学晦而邪说横。教者不复以此为教，而学者不复以此为学。霸者之徒，窃取先王之近似者，假之于外，以内济其私己之欲，天下靡然而宗之，圣人之道遂以芜塞，相仿相效，日求所以富强之说，倾诈之谋，攻伐之计，

---

① 〔明〕王阳明：《王阳明全集（新编本）》，吴光等编校，第60页。

一切欺天罔人，苟一时之得，以窃取声利之术，若管、商、苏、张之属者，至不可名数。"①因此，当我们在回顾王阳明对他所在的明代社会的看法时，我们会发现即便是在500年前，王阳明已经很不满社会风气的功利性和道德人心的败坏。如他所说："盖至于今，功利之毒沦浃于人之心髓而习以成性者几千年矣，相矜以知，相轧以势，相争以利，相高以技能，相取于声誉。其出而仕也，理钱谷者则欲兼夫兵刑，典礼乐者又欲与于铨轴，处郡县则思藩臬之高，居台谏则望宰执之要。故不能其事，则不得以兼其官；不通其说，则不可以要其誉；记诵之广，适以长其敖也；知识之多，适以行其恶也；闻见之博，适以肆其辩也；辞章之富，适以适其伪也。"②

　　讨论当代道德观构建的社会现实困境，通过与古代社会的对比，更多的时候需要现代人转变社会风气，扭转道德观念。正如王阳明所说，如果我们不是出于道德的纯粹动机，那么，显然会出现"记诵之广，适以长其敖也；知识之多，适以行其恶也；闻见之博，适以肆其辩也；辞章之富，适以适其伪也"的社会风气，而"相矜以知，相轧以势，相争以利，相高以技能，相取于声誉"的情形便在所难免。现代社会，当然是物质经济高度发展的社会，随着人口增多，对物质资源的消耗和依赖程度提高，但我们不能唯经济尤其是唯GDP至上，如果不扭转这样的社会导向，要真正构建社会道德观，便是非常不容易乃至不可能的事情。

　　总之，当代道德观构建的现实困境有很多方面值得人们警醒和反思，但就大的面向而言，家庭、学校、社会三个维度显得尤为重要。社会道德观的构建，不仅仅是社会的事情，而是一整个的联动与系统问题，如何构建或者说拯救作为现代社会细胞的家庭，让良好的道德观在最初也是最重要的养成之地即家庭得以播种和萌芽，为每个人进入社会打下坚实的基础，显然是最重要和紧迫的事情。没有家庭道德观的构建，社会道德观的构建便是空中楼阁，某种程度上正如细胞恶变的生物不可能枝繁叶茂。而学校作为德育最为重要的环境和阶段，直接决定了个体的人走入社会之前的最后形态，是成为真正的社会人的最后一关，没有受到良好学校教育的人，很难指望其对社会道德观构建起到正面的巨大贡献。同时，无论是家庭还是学校，实际上都属于社会这一最大的教育场域中的一部分，不存在与社会绝缘的家庭与学校，因此，归根到底，社会的道德风尚，正浸染并在最大范围内和最广层面上

---

① 〔明〕王阳明：《王阳明全集（新编本）》，吴光等编校，第61页。
② 〔明〕王阳明：《王阳明全集（新编本）》，吴光等编校，第61页。

潜移默化地引导着包括家庭与学校在内的所有道德养成与教化的地方。家庭、学校与社会是不可分割的有机体，当代道德观的构建应该着眼于整个社会大局，在根本上使社会风气朝着有利于道德文明养成的大方向发展，而同时又应该扎扎实实地立足于家庭这一最重要的单元，守护好道德养成的每一个港湾。通过家庭单元和社会的大势，才能共同作用于学校的中间环节，从而做好学校道德教育，三位一体地促进整个道德观的构建进程。但孟子的"义"与"利"之辨，仍然是当代道德观构建的现实困境中的核心问题之一，这样的困扰，无论是在家庭、学校还是社会，都是值得全社会认真反省的。

第二章　礼、德及道德观的传统与现代之维

第一节　现代礼仪制度的建构之思
——从传统礼仪精神及其构建展开

中国历来号称"礼仪之邦"。中国传统道德文化博大精深，在数千年的历史演进中，以身家国天下为核心理路的修齐治平，从某种程度上可说，是礼仪文化的外化和显用。东周末期所谓的"礼崩乐坏"，实际上正反映了礼乐之治在社会生活及国家政治中的根本性地位。"礼崩乐坏"并不是真正的彻底崩坏乃至废弃，而是以儒家为代表的道德文化及其对身家国天下的修齐立场和理想追求目标之间的相离，从而导致了对现实的不满。同时，处在统治贵族由自觉自愿践礼传统向僭越礼仪的变动时期，其重要的表现是士族阶层对现实的批判和对礼仪精神的有为性主体担当，因此加深了对"礼崩乐坏"的凸显。而实际上，即便在"礼崩乐坏"的背景下，中国传统社会及其政治架构仍然以礼或者说礼乐为重要模式，只是正如梁惠王对孟子所说："寡人非能好先王之乐也，直好世俗之乐耳。"（《孟子·梁惠王下》）对礼乐的追求和境界有所下降或堕落，这是儒家所不愿意接受的，所以当孔子在力挽这种局面时，常被视作所谓的复古和顽固，孔子实际上是复礼乐精神本身的"古"，坚守礼乐本身的精神世界，根本不存在所谓的为那些没落阶级代言和维护的说法。礼仪的根本精神，虽然有民族性特色，但却不属于某一个特殊的阶级，礼仪的表现形式有与时俱变的变化，但其根本精神则不可能发生彻底的改变，就正如在构建现代礼仪之中，古今中西的种种有形之礼可能需要融合的过程，但其能融合的根本在于人性相同的根基。

（一）传统礼仪精神是构建现代礼仪制度的文化母体

毫无疑问，在构建现代礼仪制度的进程中，传统礼仪精神及其化现的礼仪规制是最为根本和重要的传承与根基。无论哪一个国家和民族，都不可能彻底抛弃并斩断自己的传统礼仪精神与制度，而横空创造出一套崭新的礼仪制度，这是决然不可能的事情。即便因时制治的客观要求，礼仪规制及其表现形式在传统与现代之间会

进行许多变更，但礼仪作为人类存在的生活化表现和精神文化的延续，其内在的精神文化基因及其性格取向具有天然的持续性特质。因此，现代礼仪制度的建构，必须不断返本溯源，在弘扬中演进，在继承中创新。而继承弘扬的前提必须是本然性地返回传统礼仪精神及其制度本身，尤其是领会传统礼仪精神的本然追求，而不是动辄用种种的现代或西方礼仪去考量传统礼仪，这样做的结果只能是歪曲与误读，最终必将自掘根基、沿门托钵、不伦不类，落于上不在天而下不在田的形式主义，这是一个国家民族道德文化传承发展的悲哀。

众所周知，三代以后的礼仪制度，汉代较为发达，后世的礼仪规制沿袭汉代的较多，但汉代上溯，先秦儒家礼仪精神是其最重要的源头之一。我们以《论语》为例，其论及礼所反映的礼仪精神，完全不是所谓的封建专制与腐朽没落的复古主义，而恰恰反映的是人性的光辉和对生命存在本真的真善美的质朴追求，其具有最为深厚乃至终极的人文主义关怀。《论语》中涉及礼仪精神的有许多处，例如，《论语·学而》篇中曾子曰："慎终，追远，民德归厚矣。"有子曰："礼之用，和为贵。先王之道，斯为美，小大由之。有所不行，知和而和，不以礼节之，亦不可行也。"其中的"慎终"与"追远"，所涉及的是祭祀和丧葬之礼，它表征的是对逝者的追思缅怀，对生命的尊重，包括今天所谓的的临终关怀。这毫无疑问是极为深厚的对生命的敬重之情。今天人们将人完全唯物般地对待，有的地方出台过于违背人性的丧葬规定，甚至掘地平坟，太多的关于"慎终"与"追远"的浅薄无知乃至亵渎情形，正昭示着物化、异化的社会现实。现代关于丧葬与祭祀的礼仪建构，不能无视数千年以来对生命敬重的内在精神。

在《论语·为政》篇中，孟懿子问孝，"子曰：'无违。'樊迟御，子告之曰：'孟孙问孝于我，我对曰"无违"。'樊迟曰：'何谓也？'子曰：'生，事之以礼；死，葬之以礼，祭之以礼。'"而当子游问孝时，"子曰：'今之孝者，是谓能养。至于犬马皆能有养；不敬，何以别乎？'"而在回答子夏问孝时，"子曰：'色难。有事，弟子服其劳；有酒食，先生馔，曾是以为孝乎？'"从中可以看出，对孝道之礼，孔子没有给三个问礼的人具体的规定，而是指出孝的内在精神和起心动念，也就是以什么样的心意对待孝。如对"生""死""祭"三个阶段，都不应该怠慢。比如父母或长者在世，未尽心尽意善养尊敬，当他们有一天去世，再大操大办，已经于前一个阶段于事无补了，现代人常常感叹，却永远追悔莫及，等拼命挣到许多的钱财，如果父母已逝，即便想要真心尽孝，又有何意义呢？当然，对父母长者的孝敬，也不仅仅是给他们吃穿而已，关键要有发自内心的孝敬之心，即便吃穿差一些也无妨，相反，如果仅仅只是提供吃穿，那与犬马并没有区别。由此看来，近代以来评判儒家愚忠愚孝的，只能是假儒家，与真儒的精神追求并不相干。真儒的孝敬精神完全应该得到继承弘扬。

在《论语·八佾》篇中，孔子评判季氏，所谓"八佾舞于庭，是可忍也，孰不可忍也？"从季氏对礼仪的僭越，可知这样的人是什么样的心态，没有什么事情是他干不出来的。相反，对君子之礼，如孔子说："君子无所争，必也射乎！揖让而升，下而饮。其争也君子。"这样的礼仪是孔子所称赞的，所谓公平竞技，不伤和气，不搞主观的争斗。这实际上是中国传统武术的武德礼仪精神。此外，孔子强调指出："祭如在，祭神如神在。子曰：'吾不与祭，如不祭。'"与《学而》篇中所强调的"慎终""追远"一样，对孔子而言，如果不是出于内心虔诚的本意去施行或参加各种祭祀活动，则不去反倒不是亵渎。在《论语·八佾》篇中，孔子指出："居上不宽，为礼不敬，临丧不哀，吾何以观之哉？"其中就强调了为礼的关键是"敬"，即敬重虔诚，否则对孔子而言，其他的一切排场格调都没有丝毫的可观性。在《论语·泰伯》篇中，孔子还强调："恭而无礼则劳；慎而无礼则葸；勇而无礼则乱；直而无礼则绞。君子笃于亲，则民兴于仁；故旧不遗，则民不偷。"如果不真正领会礼仪精神的一以贯之之性，而仅仅机械刻板地学礼，那么便会出现"劳""葸""乱""绞"的负面情况。正如在《论语·颜渊》篇中，颜回问仁时，孔子回答："'克己复礼为仁。一日克己复礼，天下归仁焉。为仁由己，而由人乎哉？'颜渊曰：'请问其目？'子曰：'非礼勿视，非礼勿听，非礼勿言，非礼勿动。'颜渊曰：'回虽不敏，请事斯语矣。'"孔子虽然没有直接说出何谓"非礼"，然而从孔子在其他地方的说法来看，并不是现代一些孤陋的学者所说的封建乃至没落奴隶主阶级的周礼，而是内心神圣的自知自明之良知本心本性，正如《礼记·大学》所说："所谓诚其意者，毋自欺也。如恶恶臭，如好好色，此之谓自谦。故君子必慎其独也。小人闲居为不善，无所不至，见君子而后厌然，掩其不善，而著其善。所谓诚其意者，毋自欺也。如恶恶臭，如好好色，此之谓自谦。故君子必慎其独也。小人闲居为不善，无所不至，见君子而后厌然，掩其不善，而著其善。"至于非不非礼，从每个人的"诚意"的"慎独"本心便会自知和自我判断，而不是临场从外在找出条文和规制标准。即如《礼记·中庸》所谓："是故，君子戒慎乎其所不睹，恐惧乎其所不闻。莫见乎隐，莫显乎微，故君子慎其独也。""《诗》云：'相在尔室，尚不愧于屋漏。'故君子不动而敬，不言而信。"它是内心生命的敬畏，是良知本心的自明，这也是儒家礼仪精神的根基，而不是外在的标准化仪节。

所以，虽然孔子极为重视礼仪，并强调"不知礼，无以立也"（《论语·尧曰》），但孔子重视的是礼仪的内在心境和精神品格，是行礼的主体即人的道德内涵。因此，孔子强调："人而不仁，如礼何？人而不仁，如乐何？"（《论语·八佾》）即，人如果缺乏乃至违背仁义的道德精神和人性修养，其与礼仪发生的一切关系都毫无意义，只能是欺骗他人、虚伪功利的手段和伎俩而已，正如王阳明所谓的"扮戏子"，扮得越好越违背礼仪的目的。由此可见，仅仅以《论语》为例，略举其中涉及礼仪的问答探讨，便已不难看出，儒家传统礼仪的精神追求和内在本质不但不是封建落后的，反而恰恰是现代纷繁花哨的礼仪所需要乃至缺乏的内在精神，也就是《礼记》中所强调的礼义精神。正如孔子所说"人而不仁，如礼何？"如果不在根本上养成礼义精神，再多的礼仪，再健全的礼仪规制，可能都会流于有形无神的形式与排场，最后都难免如孟子所说而落于"不诚，未有能动者也"（《孟子·离娄上》）的局面，如此，礼仪就丧失了其教化世人、感化人心、人文化成的目的，而反会成为钳制、束缚、僵化、刻板的外在行为而被人反感。

（二）从传统冠礼与乡饮酒礼为例获取启发

传统礼仪制度经过历朝历代的发展演进，其中肯定有许多仪规内容不一定适合现代的要求，但也并不是所有方面都是过时的，并且其中的礼仪精神是值得肯定和继承的。如《礼记·曲礼》所谓："道德仁义，非礼不成，教训正俗，非礼不备。分争辩讼，非礼不决。君臣上下父子兄弟，非礼不定。宦学事师，非礼不亲。班朝治军，莅官行法，非礼威严不行。祷祠祭祀，供给鬼神，非礼不诚不庄。是以君子恭敬撙节退让以明礼。鹦鹉能言，不离飞鸟；猩猩能言，不离禽兽。今人而无礼，虽能言，不亦禽兽之心乎？夫唯禽兽无礼，故父子聚麀。是故圣人作，为礼以教人。使人以有礼，知自别于禽兽。"现代礼仪的建构，必须不断返本溯源，从中吸取礼的精神与有益规制。如古代重冠礼（即成年礼），对现代便是一种重要的启发，尤其是现代的人相对浮躁，许多人快入而立之年乃至不惑之年，却仍然幼稚而不成熟，如果能够通过举行成年礼，通过仪式化的过程，使其觉悟人作为人应该有不同年龄阶段的任务，尤其应该成熟稳重，应该有一个自我认知的正式仪式，由此标志着进入成年人的阶段，要有所担当，成就德业。

正如《礼记·冠义》所说："凡人之所以为人者，礼义也。礼义之始，在于正容体、齐颜色、顺辞令。容体正，颜色齐，辞令顺，而后礼义备。以正君臣、亲父子、和长幼。君臣正，父子亲，长幼和，而后礼义立。故冠而后服备，服备而后容体正、颜色齐、辞令顺。故曰：冠者，礼之始也。是故古者圣王重冠。"古代成人礼认为，礼真正的外在化表现的重要形式便是所谓的"容体正，颜色齐，辞令顺"，按今天的话来说，即一个人应该站有站相、坐有坐相，言行举止、动止语默之间，都戒去浮躁轻佻，此其一。同时，通过成年礼的洗礼加冕，正式步入成人之列，开始自觉地学习践行关于君臣、父子、长幼之礼，实际上也就是从修身开始推之于齐家治国之列，从未成年人的自我世界迈入成年人的社会存在和处理他者关系的世界。在成年礼上，还有专门的礼服衣冠，礼毕则正容端庄，出入皆以成年人的衣冠为服。可以说，成年礼实际上是一个非常隆重的传统礼仪，在传统社会里，正所谓"冠者，礼之始也。是故古者圣王重冠"。之所以说冠礼即成年礼是"礼之始"，因为成年礼后，人便入列大人之列，而彻底脱离小孩之列，则已经可以正式参与乃至执持各种礼仪，也就是礼仪的执行者和担当者，所以说是"礼之始"。

当我们仔细观摩成年礼的整个仪式，其可能看似烦琐，实际上却有其重要的内在文化品质，每一个环节都有重要的考量。如，"故冠于阼，以着代也；醮于客位，三加弥尊，加有成也；已冠而字之，成人之道也。见于母，母拜之；见于兄弟，兄弟拜之；成人而与为礼也。玄冠、玄端奠挚于君，遂以挚见于乡大夫、乡先生；以成人见也。"（《礼记·冠义》）正如孔子之行状："乡人傩，朝服立于阼阶。"（《论语·乡党》）当本地方的人在举行傩戏即跳舞迎神驱鬼时，孔子虽然没有直接参加，但"立于阼阶"，非常慎重与敬畏，因为这是礼对外在的要求。同样，传统冠礼也是在阼阶上为嫡子加冠，阼阶即主人所立的东边台阶，这表示嫡子是未来的继承人。当冠礼开始后，在客位对受冠者举行酪礼，表示他已受到成人的尊重，而且要三次加冠，加的冠一次比一次尊贵，意在鼓励和启发冠者立志向上，节节高升。冠礼毕，对受冠者要改称字而不再称名，因为他已经是个成年人，需要有自己的字。加冠结束后，接着去拜见母亲，并由母亲答拜还礼；而后又去见兄弟，兄弟也对他拜而还礼。这都是因为受冠者已是成人，而应该与之相互行礼。最后，受冠者还要很正式地戴上淄布冠，穿上玄端服，带着礼品去拜见国君，并把礼品放在指定的地上，表示不敢直接授受以示谦卑。之后，又拿着礼品去拜见乡大夫和乡先生，这些都是以成人的身份前去拜见。在这样的一个冠礼过程中，《礼记·冠义》中认为，既然加冠以后已经是成人的身份，那就应该以成人的礼数来要求受冠者。所谓以成人的礼数来要求他，在拜见父母、兄弟、君上、乡大夫与乡先生时，其中的礼仪目的也就是要求他做一个合格的儿子、一个合格的弟弟、一个合格的臣子、一个合格的后辈，要求受冠者从今以后具备这四个方面的德行，所以冠礼重要。《礼记·冠义》最后强调说明："故孝弟忠顺之行立，而后可以为人；可以为人，而后可以治人也。故圣王重礼。故曰：冠者，礼之始也，嘉事之重者也。

是故古者重冠；重冠故行之于庙；行之于庙者，所以尊重事；尊重事而不敢擅重事；不敢擅重事，所以自卑而尊先祖也。"也就是说，在加冠后，能做到对父母孝顺，对兄长友爱，对国君忠诚，对长辈尊重顺从，然后才能被称为真正的人或成年人。能被称为真正的人，然后才可以参与治理别人和管理家国事务，进入修齐治平之道，所以圣王明君对冠礼十分重视。因此，冠礼是成人之礼的开始，是礼中之重。古人都很重视冠礼，冠礼都要在宗庙举行，表示郑重其事。因为郑重其事，所以不敢擅自为之，之所以在宗庙进行，也表示谦卑，对先祖的尊重。

实际上冠礼并不十分烦琐，每一个环节都有其特殊的意义和明确的仪轨目的，根本不是在做形式。尤其是在礼见父母、兄弟、君上、乡大夫与乡先生四个环节，将使受冠者产生明确的社会身份意识和担当意识。由此反观现代社会，许多人过了十八岁后，仍然常常是一个未成年人的打扮，有的人即便二十几岁之后，仍然是一副学生装扮，而且心理也极为不成熟。当然，说到现代社会里的所谓"啃老族"，一方面固然是社会变迁而带来的种种压力所致，另一方面也有不成熟的影响，即，人过十八岁以后，许多人并没有真正意识到自己已经是成年人，应该有独立的社会生活意识和能力。所以，传统冠礼所包含的礼仪精神及其仪轨规制，对现代社会具有重要的借鉴与参考价值，而并非过时的封建行为。

此外，又如传统的乡饮酒礼，其所包含的礼仪精神以及仪节养成，对现代礼仪建构也具有重要的参考借鉴价值。《礼记·乡饮酒礼》谓："乡饮酒之义：主人拜迎宾于庠门之外，入，三揖而后至阶，三让而后升，所以致尊让也。盥洗扬觯，所以致洁也。拜至，拜洗，拜受，拜送，拜既，所以致敬也。尊让洁敬也者，君子之所以相接也。君子尊让则不争，洁敬则不慢，不慢不争，则远于斗辨矣；不斗辨则无暴乱之祸矣，斯君子之所以免于人祸也，故圣人制之以道。"也就是说，乡饮酒礼开始后，主人走出乡学门外迎宾，并向宾行再拜礼；主宾入门后，彼此再行三次作揖之礼，而后才来到堂阶前；升阶之前，主宾又要互相谦让三次，然后主人升堂，宾随之，以示对对方的尊重和谦让。主宾洗手以后再盥洗酒器，然后举杯饮酒，以示洁净。在饮酒礼之中，宾至而主拜迎，主盥洗酒器而宾拜洗，主献酒而宾拜受，而后宾受献酒而主拜送，宾饮酒毕而主拜谢干杯，这整个过程都是为了表示相互的敬意。相互尊重谦让，饮酒清洁卫生，互相致敬，君子之间的交往就应该如此。最后，通过乡饮酒礼，也表示君子彼此尊重谦让，就不会有争斗之事；饮酒器具洁净，互相致敬，就不会有怠慢之事。没有怠慢，没有争斗，就不会有斗殴官司之事，由此，也就无暴乱灾祸，这就是君子避免人祸之道，所以圣人才制订乡饮酒礼。由此可见，乡饮酒礼的礼仪精神，它有一个周密细致的设计理念和内在目的，绝不是现代人意义上的饮酒，与现代的所谓酒文化更是相差甚远。现代饮酒有的可能是挥霍、奢侈、攀比、炫耀、铺张浪费，更多的时候是一种低俗的吃喝消费，以及功利目的，与古人"尊让洁敬也者，君子之所以相接。君子尊让则不争，洁敬则不慢，不慢不争，则远于斗辨矣"之旨大相径庭。因此，谈论建构现代礼仪制度，实际上方方面面都是细致与困难的，要在消化传统礼仪的基础上，进行继承创新、推陈出新，并不是那么容易，更不是工具主义和拿来主义者可以轻易得之，其并非仅仅是传统社会的产物，而是人的社会性存在的需要。一个粗疏无知、教养文化低俗的国家和民族，可能会与之不相应而鄙弃之、评判之，这当然是悲哀之事。

回到《礼记·乡饮酒礼》，所谓："祭荐，祭酒，敬礼也。啐肺，尝礼也。啐酒，成礼也。于席末，言是席之正，非专为饮食也，为行礼也，此所以贵礼而贱财也。卒觯，致实于西阶上，言是席之上，非专为饮食也，此先礼而后财之义也。先礼而后财，则民作敬让而不争矣。"也就是说，饮酒礼开始后，主向宾进献酒食，先献脯酸，宾取以祭先人，再献酒，宾同样取之以祭先人，表示敬重主人之礼。然后宾才尝脯，以示接受主人敬意，又尝酒，以示接受主人献酒之礼。而且，宾尝酒时，要坐在席的末端，表示此酒席目的不是酒肉本身，而是行礼。而在酒食之礼方面，所谓："六十者坐，五十者立侍，以听政役，所以明尊长也。六十者三豆，七十者四豆，八十者五豆，九十者六豆，所以明养老也。民知尊长养老，而后乃能入孝弟。民入孝弟，出尊长养老，而后成教，成教而后国可安也。君子之所谓孝者，非家至而日见之也；合诸乡射，教之乡饮酒之礼，而孝弟之行立矣。"（《礼记·乡饮酒礼》）也就是说，六十岁以上的人坐着，五十岁的人站着侍候，表示对长者的尊敬。六十岁的人三个菜，七十岁的人四个菜，八十岁的人五个菜，九十岁的人六个菜，表示对不同年龄长者的奉养。因此，《礼记·乡饮酒礼》篇认为，百姓懂得尊敬长者、奉养老人，然后才能孝顺父母、敬重兄长，并随之才可能实现修身齐家乃至治国之道，并由此实现国家安定。所以，君子教人奉行孝顺父母、敬重兄长，并非挨家挨户去告诫教导，而是通过乡饮酒礼以及乡射礼把百姓召集起来，并由此培养教化之。正如孔子所说的那样，在观摩乡饮酒礼之后，便知道王道教化其实是很容易的事。

乡饮酒礼还有很详细的礼仪规制和精神文化内涵，但即便就如上所述，已经不难看出，正如孔子所说的那样，通过一个看似简单的乡饮酒礼，已经完全可以看出一个国家或说一个地方是否可以实现王道之治。实际上，乡饮酒礼所包含的主宾、长幼等之间的礼仪，对不同的人实行不同的社会关系和礼仪要求，对教导整个社会的礼仪文化、文明程度，具有极大的促进作用。反观现代社会，毫不夸张地说，大家在社会交往之中，可以说是一片混乱，根本就不懂礼，也根本就不讲礼，甚至关于行住坐卧也根本没有基本的礼节。并且，就仪节背后的精神而言，更是空白。大家常常处于陌生人的关系中，只要相互之间没有天大的约束关系，基本上为所欲为，人与人之间可谓人情淡薄，更缺乏相互敬畏敬重和谦卑之意，处处透显出的都是所谓的权利、利益、自我的身份地位，这与真正的礼仪及其精神，完全是背道而驰的。传统礼仪的精神是增进敬爱，现代社会的许多形式则是加强自我和权势，这不但不是所谓的封建遗留的影响，反而是对传统真正的礼仪及其精神文化的亵渎。

（三）现代礼仪制度建构应注重民族性

在现代礼仪制度的建构过程中，毫无疑问，坚持民族性与国际化显然是重要方向，但如果从纵向的传承与积淀以及民族性养成而言，说传统性与现代性，或者说民族性与现代性及国际化之间的融合可能更为恰当。但由于种种原因，实际上现代性或者说国际化的礼仪形式在当下的社会占据了主流，正如西方的情人节，多数年轻人已经只知道这一所谓的国际化节日，而对中国传统的七夕节甚至感到陌生。尤其是西方的圣诞节，在中国几乎压过了所有传统节日，如果不是春节放长假，其影响力甚至有可能被圣诞节超过，这一点不是危言耸听。节日的重要性，虽然看似与礼仪没有直接的关联，比如圣诞节，其主题是基督教信仰内容，而如果多数人都崇尚过此节日，则中国自己的民族性节日及其关涉的礼仪文化就可能被淡化直至取代，在此不是说要彻底排斥和否定国际多元节日文化交流，而是强调一个民族首先应该不忘本来，才有民族性的根基，同时也才有可能有民族性的文化参与对话和交流，并促进多彩文明。比如春节，百姓祭祀天地神灵祖宗、走亲访友，这里面实际上涉及了很多的礼仪内容和文化，它是民族性礼仪制度建构极为重要的土壤或文化基础，如果一再被削弱，那么谈民族性礼仪制度的建构便会落空。

如果在全球化的环境中，没有办法发挥民族性的礼仪文化，随之而来的绝不仅仅是礼仪问题，更根本的是整个民族性的精神文化可能面临消解的问题。我国在民国之后，几乎已经没有了自己汉民族的服饰，太多的民族性文化与其中的礼仪快速消失，取而代之的是以所谓现代性、国际化而实际上就是西方式的礼仪文化，甚至当下在一线城市，不少家庭已经将孩子送入专门培训西方餐饮等礼仪文化的机构，接受专门系统的西餐礼仪培训，虽然这并不值得加以反对，但其中值得反思的是，与此同时，中餐的礼仪怎么样了？作为中国人，数千年的中餐礼仪是否学习规范，或者说领会其中的礼仪及其精神文化了呢？这就是值得注意的地方。

以婚礼为例，在当下社会，一个不争的事实是，越来越多的年轻人开始接触西方化的婚礼礼仪，有不少影视明星，会选择直接到国外举办全西方式的婚礼，这甚至是一种潮流。西式的婚礼本身并不是要加以反对的对象，但如果中国人逐渐淡化乃至于放弃中式婚礼仪式，那么，受到消解的不仅仅是婚礼仪式的形式，而更严重的是由婚礼所包含的礼仪精神。正所谓："夫礼始于冠，本于昏，重于丧祭，尊于朝聘，和于射乡——此礼之大体也。"（《礼记·昏义》）古人认为，礼是"本于昏"，可见婚礼之重要性。《礼记·昏义》认为："昏礼者，将合二姓之好，上以事宗庙，而下以继后世也。故君子重之。是以昏礼纳采、问名、纳吉、纳征、请期，皆主人筵几于庙，而拜迎于门外，入，揖让而升，听命于庙，所以敬慎重正昏礼也。"也就是说，婚礼是结合两姓之好，因此，对上关系到祭祀宗庙，对下关系到传宗接代，所以君子很重视它。在婚礼的纳采、问名、纳吉、纳征、请期这五个步骤中，每逢男方的使者到来时，女方家长都是在庙里铺设筵几，然后拜迎使者于门外。进入庙门，宾主揖让升阶登堂，在庙堂上听使者传达男方家长的意见，之所以有这样的礼仪，就是为了表示对婚礼的敬慎和郑重其事。因此，《礼记·昏义》进一步指出："敬慎重正而后亲之，礼之大体，而所以成男女之别，而立夫妇之义也。男女有别，而后夫妇有义；夫妇有义，而后父子有亲；父子有亲，而后君臣有正。故曰：昏礼者，礼之本也。"敬慎郑重地举行婚礼，目的是要达到夫妇相亲，这是婚礼的根本目的，并确定男女之别，建立起夫唱妇随、家庭和谐的夫妇关系。《礼记·昏义》篇认为，正因男女有别，所以夫唱妇随的夫妇关系才能确立；并因此才会有父子相亲，进而君臣才能各正其位。所以说，婚礼是各种礼的根本。

西方社会学发达，伴随着社会学和民族学的视角，甚至有人把二姓之好的婚姻视作社会关系，把结婚视为社会生活的需要，以及简单的繁衍生息的组合方式，这完全落入动物性的维度。这与中国传统婚礼，将二姓之好及其结合视为天地阴阳的伟大结合，其正是代表着天道神圣性的人间实践，根本不是世俗的性与繁衍以及社会生活的需要，它是人道贯通天道神圣性的修为，所以，正如《中庸》所说："君子之道，造端乎夫妇，及其至也，察乎天地。"因此，中国传统的婚礼及其每一个程序环节，都是根据天道人道之维的一以贯之性而考量和设置的，并非现代不少人因无知而误读的所谓封建性。

客观而言，西方在社会层面除了把婚姻视为性及其组合以外，在教堂举行婚礼时，也会有上帝及其神圣性的倡导，但这与中国传统的婚礼有很大的不同。在根本上，中国传统是天人一体贯通的，而西方在根本上是人神相隔的，其倡导的信仰，是人与上帝之间的关系，而不是人与人之间的关系，因此，人与人之间的关系更多时候就成为现实功利的需要，而并不具备人间的神圣性，所以，当现实性中出现了人与人之间的紧张，那么这样的关系就显得松散，甚至随时可以终结，因为人之为人的根本不是为他人，而是为上帝。然而，反观中国传统对婚姻的态度，完全是天人一体的，并强调敬畏天首先就得敬畏人，而敬畏人也就是敬畏天，二者在根本上不可分离。中国传统不承认只敬畏天而不敬畏人的道德性，同样，也不承认只敬畏人而不敬畏天的合乎神圣性。所以，礼仪及其制度与内在精神，岂止是礼仪如此简单，其关涉的甚至是一个民族精神道德文化的根基，如果民族性的礼仪制度及其精神消失了，可以说，这个民族的文明也就在根本上趋于消亡。

　　以上仅略举一二，如果说开了，论当代礼仪制度的建构，不是一篇论文，也不是一部著作可以说清楚的，如上所述，礼仪制度是一个民族的精神文化系统和礼仪化现象，对于保持民族性具有根本性作用，是民族性的根基和土壤。说到此，又比如，现代许多地方政府频频发布政令，要求简化丧葬祭祀之礼，甚至出现平坟之举，实在让人感到无知和对民族传统的不负责任乃至亵渎。正如婚礼是"礼之本"，而丧葬祭祀则是"慎终追远，民德归厚"的极为重要的礼仪，完全没必要以种种所谓的"现代文明祭祀""文明丧葬"等口号为理由，而进一步把世道人心引向乃至于逼上肤浅世俗、功利物化的道路。总之，现代礼仪制度的建构，无论多么追求所谓的国际化、现代化，无论礼仪的规制和形式仪节多么千变万化，但礼仪背后的精神，也就是礼仪本身的目的，却是规范社会行为，教育感化世道人心，传承民族精神与道德智慧，那么，就此而言，现代礼仪的建构，就不应该只是现代性这么简单，而更应该是民族性的传承和时代性的扬弃相融合，这才是健康积极、长久的礼仪之道。

第二节　传统道德的现代洗礼之思

　　中国传统哲学文化的根基在道德。要论传统道德，就正如要论中国哲学及其文化一样，实际上难免手足无措。说传统道德，绝不能只联想到三纲五常、礼义廉耻等义项，传统道德本身就是博大精深、意蕴无穷的哲学文化体系。从汉字的六书系统来看，当然每一个汉字都有其特定指向与内涵。以道德而论，道德有统称统指，然而其间又有道与德的独立意义及其构成。就单论其一字一意，恐怕也非易事。合论道德，完全是一个精深庞大的哲学系统。而由道德所演化开来的宗教、伦理、文化等意涵属性，显然又是堂奥层叠，更何况儒释道及诸子百家，都涉及道德问题。如果试图单刀直入地探寻以西学为学科归属和概念而界定思维模式的现代学科性质的所谓道德，以及涉及所谓社会公德、私德，德性伦理，伦理道德等学理意义，更是需要小心谨慎的事情。谈道德则涉及伦理道德，那么正所谓"中国之社会伦理乃是一个大题目，断非几千字所能讲清楚"。[①]而论社会伦理背后的道德属性，当然更非易事。正如传统道德是什么，现代是什么，传统与现代之间如何，何以洗礼？如此等等，皆为纵贯古今、横跨东西的重大课题，议之甚难。在此仅局限于儒家道家而粗浅尝试观之。

（一）传统道德本源述要

如上所说，传统道德绝不是今天通常所谓的道德之意如此简单，甚至说如此浅薄。传统道德的本源意义涉及高深的本体存在即天道运化生息的神奇微妙境界。正如中国传统真正的音乐礼制，即礼乐之治，听之简易，思之深微，绝非现代一些所谓礼乐的浅薄通俗。

如《礼记·乐记》之谓："大乐与天地同和，大礼与天地同节。"即真正的音乐是与天道或天地和同的，类似今人所谓的天籁之音，此语实际上也是庄子所说。绝非现代绝大多数情爱缠绵的靡靡之音——弄耳泯心，动情乱性，浮沉意志。因此，《礼记·乐记》认为："乐者，天地之和也；礼者，天地之序也。和故百物皆化；序故群物皆别。乐由天作，礼以地制。过制则乱，过作则暴。明于天地，然后能兴礼乐也。论伦无患，乐之情也；欣喜欢爱，乐之官也；中正无邪，礼之质也；庄敬恭顺，礼之制也。若夫礼乐之施于金石，越于声音，用于宗庙社稷，事乎山川鬼神，则此所与民同也。"所谓"明于天地，然后能兴礼乐焉"，礼乐何其高妙深微，有本有源！

因此，《礼记·乐记》进一步言道："天高地下，万物散殊，而礼制行矣。流而不息，合同而化，而乐兴焉。春作夏长，仁也；秋敛冬藏，义也。仁近于乐，义近于礼。乐者敦和，率神而从天，礼者别宜，居鬼而从地。故圣人作乐以应天，制礼以配地。礼乐明备，天地官矣。天尊地卑，君臣定矣。卑高已陈，贵贱位矣。动静有常，小大殊矣。方以类聚，物以群分，则性命不同矣。在天成象，在地成形；

---

①冯友兰：《三松堂全集》（第11卷），第122页。

如此，则礼者天地之别也。地气上齐，天气下降，阴阳相摩，天地相荡，鼓之以雷霆，奋之以风雨，动之以四时，暖之以日月，而百化兴焉。如此则乐者天地之和也。化不时则不生，男女无辨则乱升；天地之情也。及夫礼乐之极乎天而蟠乎地，行乎阴阳而通乎鬼神；穷高极远而测深厚。乐着大始，而礼居成物。著不息者天也，著不动者地也。一动一静者天地之间也。故圣人曰礼乐云。"由此可以很明白地看出，礼乐其大本大根、源头本意来自天地之道，是天道化生中的人道效法而现用之物，并非仅仅产生于人道世俗，更非仅仅为了治理天下而功利性、工具性的制作那么简单。因此，中国传统，尤其是三代所谓的礼乐之治，何其大哉！由此，进一步理解孔子在东周末年面对天下"礼崩乐坏"，何故如此不安，正因为此涉及的不仅仅是世俗治理之道，而是整个人类生命安顿化成的大本大根，是人类文化的生命母体。所以说，孔子不是奴隶主阶级的维护者和代言人，而是天道的敬畏者和坚守者。

因此，仅就一礼乐，亦如此难以追究本源，更何况欲论传统道德。尽管如此，现代人只能在种种极其庸俗势利的教条中挣扎着，并试图回溯大道大德。如果出于虔诚恳切之求，经过冥思感悟，也可在古圣先贤只言片语中感受其道德的写真传神之迹。论传统道德，姑且先观摩传统主流的儒家道家所涉及的道德论说，因为它无疑是一切传统道德文化的最重要根源。不对其略观一二而论传统道德，就难免舍本逐末、旁系小径。而儒道二家虽可融通，但其各自所涉道德，都可谓博大精深。正如礼乐之本源于天地，道德何其不然。真正的传统道德，既非现代人出于种种的无知而胡言乱语所谓的封建伦常，更非仅仅所谓的三纲五常、愚忠愚孝，也非一切僵死的教条。传统道德是天道生生不息的人间秩序，是活灵活现的生命化成，是通天达地的智慧之本，是安身立命的本体归元。

就儒家为主的传统道德而言，通过一部朴实无华的教学语录《论语》，可以看出，孔子对道德的理喻感悟与践行修养。孔子描写自己的一生，言简意赅，所谓："吾十有五而志于学，三十而立，四十而不惑，五十而知天命，六十而耳顺，七十而从心所欲，不逾矩。"（《论语·为政》），孔子所志所学的根本是什么？也许有人会说是世间种种的知识、技能，但如若就此，则当然不可为孔子，更不可开创广大的儒学。孔子所真正志于学的，正是他自己所道明的："志于道，据于德，依于仁，游于艺。"（《论语·述而》）也就是说，孔子之为孔子，孔子安身立命的根本在道德，因此是"志于道，据于德"。孔子最大的志向和最根本的学问不是别的，只是道德。因此，今天人们动则谓孔子的核心思想是仁爱，儒家的核心在爱和仁爱，这样说固然不会犯根本错误，但也不会从根本理解孔子及儒家。因为孔子及儒家的根本在道德，而仁爱只是道德的表现和化用。至于其他才能技艺，则又次之，因为这是人类社会的宗本，而只是关于生存的部分知识与技能。因此，孔子所说的"志于道，据于德，依于仁，游于艺"，何等博大精深。现代社会，反其道而行之，将"游于艺"即种种知识才能作为最重要的事情，而将人文人性关怀与慈善关爱即"依于仁"次之，甚至可有可无，这是非常不明智和危险悲哀的！由此，更迷失智慧，无法感悟自觉人类的生命本根源头，也就是真正的道德，即孔子所说的"志于道，据于德"，何其雪上加霜、异化危机，岂不焦虑、彷徨、失落、自卑、无方，岂可心安理得、安身立命、成己成物，天人物我安宁和乐！如此，《周易·乾卦·象传》所谓"乾道变化，各正性命。保合大和乃利贞，首出庶物，万国咸宁"之境当然就不可理喻，也就不可能"各正性命"，更不可能"万国咸宁"。

因此，论传统道德，不知道、不知德，而可论之乎？传统道德之意深矣广矣，博大精微矣。由此，我们才会明白在《论语》中为何孔子对学生子路感叹："由，知德者鲜矣。"（《论语·卫灵公》）因为真正懂得德的人，并不多，而真正有德的人，就更少了。因为大德必然感应通达天道天理，这当然不易。这就是孔子所说"天生德于予"（《论语·述而》），人本来就是天生人成，即《中庸》所谓："天命之谓性，率性之谓道，修道之谓教。"孔子成就天德，只是真诚刻苦修为而成，众人则落于财色名利的俗套，不知人之为人，也不知何为道德。正所谓"百姓日用而不知，故君子之道鲜矣"（《周易·系辞上》）。

如上所说，孔子是真正修养道德，懂得道德的人，正所谓大德。大德不言小道，不落俗套，当然也很难有知音。所以，孔子感叹："'予欲无言。'子贡曰：'子如不言，则小子何述焉？'子曰：'天何言哉？四时行焉，百物生焉，天何言哉？'"（《论语·阳货》）大德通天，其容正如天道生化百物、四时天序交更，不言而喻。如庄子所谓："天地有大美而不言，四时有明法而不议，万物有成理而不说。圣人者，原天地之美而达万物之理。是故至人无为，大圣不作，观于天地之谓也。……六合为巨，未离其内；秋豪为小，待之成体；天下莫不沉浮，终身不故；阴阳四时运行，各得其序；惛然若亡而存；油然不形而神；万物畜而不知。此之谓本根，可以观于天矣！"（《庄子·知北游》）这就是大德之状，只因"观于天"，通达本根之故，正如孔子所谓"下学而上达"。因此，孔子进一步感叹道："'莫我知也夫！'子贡曰：'何为其莫知子也？'子曰：'不怨天，不尤人，下学而上达。知我者其天乎！'"（《论语·宪问》）说得难听一些，正如庄子所谓，燕雀安知鸿鹄之志哉！对孔子而言，就连孔门高足子贡也很难真正明白孔子之道德生命境界，因此孔子感叹"不怨天，不尤人，下学而上达。知我者其天乎"，因为感通天道大德，当然并非通常之人可以知道，就更不用说沉沦迷念于财色名利的斗筲之徒！因此之故，正如孔子所谓十五志于学，所志所学的根本在道德，所以孔子对不能真正了解自己的子贡再一次言道："'赐也，女以予为多学而识之者与？'对曰：'然，非与？'曰：'非也，予一以贯之。'"（《论语·卫灵公》）孔子告诉子贡，他的学养根本上不是通过广泛学习世间种种知识才能而得，而恰恰是"一以贯之"，即通过志道据德的本根上养来。其他的一切知识技能，必须建立在人之为人的本根上，才是以人为本的长久广大之基，否则，知识愈多，机巧愈多，物化、异化越深，最终可能会以桀纣的心地却想成尧舜的事业，盗家盗国盗天下，却自我标榜美名，这就是天下的不幸之源。这也是包括儒家在内的传统哲学文化为何始终把道德作为安身立命、家国天下的根本之故，当然，这里所说的道德，如上所说，是真正的道德，而不是现代多数拘泥庸俗浅薄者所谓的道德。

因此，在《论语》中，孔子正是在上述意义上，才如此地重视道德，并强调要学道学德，有道有德。如说："为政以德，譬如北辰，居其所而众星共之。"（《论语·为政》）并强调"道之以政，齐之以刑，民免而无耻。道之以德，齐之以礼，有耻且格"（《论语·为政》），"朝闻道，夕死可矣"，"士志于道，而耻恶衣恶食者，未足与议也"，"君子怀德，小人怀土；君子怀刑，小人怀惠"，"德不孤，必有邻"。（《论语·里仁》）孔子最担忧的是："德之不修，学之不讲，闻义不能徙，不善不能改，是吾忧也。"（《论语·述而》）他直言不讳地指出："吾未见好德如好色者也。"（《论语·子罕》）对孔子而言，即使是所谓的千里马，其之所以为千里者，最为重要的素质并非千里之行的马力，而是千里之行的德力，这就是坚韧不拔、吃苦耐劳、勇于牺牲、甘为奉献，所谓老骥伏枥、志在千里的刚健不息的龙马精神，才是千里马最为根本的精神品德。因此孔子感叹道："骥不称其力，称其德也。"（《论语·宪问》）换言之，对一个人而言，孔子的态度更是如此！即使在最危难之际，孔子也从未动摇自己的道德人生，因此，"在陈绝粮，从者病莫能兴。子路愠见曰：'君子亦有穷乎？'子曰：'君子固穷，小人穷斯滥矣。'"（《论语·卫灵公》）这就是儒家千百年来杀身成仁、舍生取义的道德品格，特立独行的人格魅力，这毫无疑问是民族精神的脊梁，是无数英雄豪杰、仁人志士的精神动力。此外，通过《孟子》一书，儒家亚圣孟子同样指出："以力假仁者霸，霸必有大国，以德行仁者王，王不待大。汤以七十里，文王以百里。以力服人者，非心服也，力不赡也；以德服人者，中心悦而诚服也，如七十子之服孔子也。诗云：'自西自东，自南自北，无思不服。'此之谓也。"（《孟子·公孙丑》）为人为国，最为关键和根本的都是以德服人，而绝不可以以力逞强。孟子坚持走仁义道德的大道，所谓："仁，人之安宅也；义，人之正路也。旷安宅而弗居，舍正路而不由，哀哉！"（《孟子·离娄》）对孟子而言，人生最根本的价值不在权力富贵，而在道德修养并达到安身立命。因此，他说："欲贵者，人之同心也。人人有贵于己者，弗思耳。人之所贵者，非良贵也。赵孟之所贵，赵孟能贱之。诗云：'既醉以酒，既饱以德。'言饱乎仁义也，所以不愿人之膏粱之味也；令闻广誉施于身，所以不愿人之文绣也。"（《孟子·告子上》）孟子为什么能够养浩然之气，不被世俗动摇变节？主要是他能够不违背自己的道德良知，从不干违背仁义之事，久而久之，人生的光辉品德自然而然培根固本、刚健光辉，而且会成就大美神圣的道德生命智慧及其仰不愧于天、俯不怍于人的大丈夫胸怀。

不仅儒家，道家同样也以道德作为安身立命、治国平天下之本。而完全不是部分学者所肤浅认为的儒家主积极入世的道德礼仪、人文精神建构，而道家则消极出世。通过一部看似玄之又玄的《道德经》，老子却恰恰是反对虚伪造作，坚守朴实质真之道。他指出："大道废，有仁义；智慧出，有大伪；六亲不和，有孝慈；国家昏乱，有忠臣。"（《老子》第十八章）老子并不是反对仁义、孝慈、忠臣，而是本真地指出，不应该天天抓住极少部分的所谓仁义、孝慈、忠臣者，大肆宣传弘扬，而掩盖冰山一角的阴暗反面，而应该直面问题的根本，正因为缺乏大道、机巧横出、人情亲情冷漠、国家混乱不堪，才会鼓吹仁义、孝慈、忠臣，不应该自欺欺人，更不应该愚蠢地以为由此可以愚民而掩盖病症，这实在是天下国家的不幸与悲哀，极其危险，应该思善省改。对老子而言，真正的道德是不用自我标榜的，标榜的道德不是真正的道德。如说："上德不德，是以有德；下德不失德，是以无德。上德无为而无以为；下德无为而有以为。上仁为之而无以为；上义为之而有以为。上礼为之而莫之应，则攘臂而扔之。故失道而后德，失德而后仁，失仁而后义，失义而后礼。夫礼者，忠信之薄，而乱之首。前识者，道之华，而愚之始。是以大丈夫处其厚，不居其薄；处其实，不居其华。故去彼取此。"（《老子》第三十八章）有人据此认为老子解构道德仁义，然而老子要解构的是自我标榜的虚伪造作的假道德，而且老子主张礼、义、仁、德、道的由外而内的次序，这同孔子"志于道，据于德，依于仁，游于艺"是一样的，道德建立以后，才能谈仁义，有仁义后才能谈礼仪，否则顺序相反，则必定没有根基而成为形式主义，如老子所说，会流于华而不实。由此，关于道德及其修养，老子所谓："故建言有之：明道若昧；进道若退；夷道若类；上德若谷；大白若辱；广德若不足；建德若偷；质真若渝；大方无隅；大器晚成；大音希声；大象无形；道隐无名。夫唯道，善贷且成。"（《老子》第四十一章）所谓"上德"，也就是大德，真正的大德定是虚怀若谷，不敢认为自己就有道德，更不敢说自己代表道德，也不会到处宣传标榜道德。

（二）传统道德的现代性扬弃之思

关于传统道德的现代性发展问题，或者是现代洗礼问题，是一个宏大的历史性学术思想及其社会文化演进发展问题，绝非三言两语可以言之。姑且将所谓的保守性与现代性进行搁置，就道德论道德，那么问题可能会更明朗。这样的考虑主要基于道德的本源意涵而言。正如上述所说，处于现代的人应该更加谨慎地对待所谓的传统道德，更加虚心地对待传统与现代。众所周知，道德不像生物进化，不是随着时空而流转的，至少道德本源意义上的许多意涵属性是不会随意变更的，否则，人类就不可能具有延续性和恒常性的文化心理和道德养成。即便就所谓的洗礼而言，洗礼一词的本意也必须是一种基础性的传承延续和基于此的革新，而不是革命性的置换和全盘抛弃。比如20世纪发生的新文化运动和后来的"文化大革命"，都不同程度地对传统文化及其道德进行了较为刻薄和不够理性的对待，其结果也是有目共睹的，它产生了巨大的负面作用，以至于今天，我们在重建民族共有精神家园的时候，还需不断地归于理性和正道，今天对传统文化的大力弘扬，就是最有力的证明。

正如杨国荣教授所指出："人既是存在的追问者，又是特定的存在者。从价值的层面看，人的存在与道德难以分离：人既以道德为自身的存在方式，又是道德实践的主体""道德当然并不是人的存在的全部内容，但它所追求的善，却始终以达到存在的具体性、全面性为内容；而达到本身则从一个方面为走向这种理想之境提供了担保。在这里，达到意义上的善与人自身存在的完善呈现出内在的统一性，二者的实质内容，则是作为潜能多方面发展的真实、具体的存在。"①也就是说，关于传统道德的现代性洗礼问题，我们不可以将道德、具体地说是传统道德狭隘化，将之与现代性的伦理学科及现代社会治理层面的一般性社会公德与道德教育画等号。实际上，即便是现代道德，现代道德包括公德，它最根本的存在也是在化解现代人的生活及存在的焦虑，在尽力促成以人为本的人性及其由此构成的社会的和谐。也就是说，古今的道德，它最本质的属性必然地指向人及其存在性。就此而言，传统道德与现代道德其本质无二，即使是社会形态发生了巨大的变化，比如从

---

①杨国荣：《引言》，《伦理与存在——道德哲学研究》，北京大学出版社2011年版，第X页。

农业社会转变到工商社会、科技社会，但就社会的根本性存在即构成社会的人的本质性存在而言，人毕竟还是人，人毕竟还没有异化为机器或者其他的东西，人性虽然有异化物化的危险和现象，但毕竟还是人性。因此，儒家道家所强调的道德修养，可能其本质内涵并没有发生根本性的改变，实际上也不可能发生根本性的改变。亦正如王阳明倡导致良知，五百年后的今天，我们不可能不需要良知，也不可能说与王阳明讲的良知不一样，这是无须赘言的。

　　也许，传统道德的现代性洗礼问题，更根本的是形式与教育方式改变的问题，而不是本质性的革除置换问题。但现代性的道德建设，它的大本大根又必须基于传统道德，否则，势必是无本之木、无源之水，教化越多，内容越浅薄，宣传越多，越不感人，最终流于形式和公共道德的不自在不自愿的他律，然而无论是传统道德还是现代道德，即使有很大的区别，自觉自律作为根本生命力这一点，却不可能有根本区别。因此，传统道德的现代性洗礼问题，又展开为传统与现代的衔接融会与通贯问题，在表象形式的洗礼与根本精神的一贯与传承问题上，宣传教育的方式方法改变问题，以及去除假的传统道德、弘扬真正的传统道德的问题，最后，也必须包括对现代道德的审视反思反省乃至批判问题。当然，还会存在其他的问题。其间一个基本问题是传统道德必须适度收缩其道德主体性面向，开拓其道德的公共性面向，这类似牟宗三先生所说的良知的坎陷说，即不是不要良知，只是不能过于强调良知而客观上导致科学和民主政治等公共理性的弱化。某种程度上，现代道德与传统道德的主要区别就在于现代社会是多样化、商业化、信息化、开放化、公共化、国际化的社会，它更加强调道德的社会性及其公共准则，更加凸显道德他律属性的呈现。比如一个人固然具备一定的道德修养，但是如果不注重社会性的公共道德律则，而社会，即匆匆忙忙的大千世界，热火朝天的芸芸众生，是不可能停下脚步慢慢理解感知你的道德意义的，不是不愿意，在某种程度上是不能愿意，因为这是一个讲究公共性、标准化、量化、社会化公平的现代社会，它在许多层面已经无法真正地做到人性化存在与人性化生活和管理。因此说，传统道德如果不注重现代性的社会化属性面向的重大改变，那么，即便是孔子，可能也会更加感叹"莫我知也乎""知德者鲜矣"！所以，就此而言，现代性的人的存在性危机，已经是一个国际性的重大而根本的问题，也是人类社会存在的根本性问题，并非传统道德与现代性道德建构之间的问题那么简单。

　　正如现代新儒家熊十力所言："儒者之然实证本体，而不务论议，专在人生日用间提撕人，令其身体力行，而自至于知性知天。故儒者之学，自表面观之，似只是伦理学，而不必谓之玄学，实则儒家伦理悉根据其玄学，非真实了解儒家之宇宙观与本体论，则于儒家伦理观念必隔膜而难通。"①也就是说，我们今天讨论道德，如果仅仅局限在伦理道德层面，而不了解传统道德或者道德本身的本体性与神圣性，则不仅会对儒家的伦理观念隔膜不通，而且对真正的所有道德都会隔膜不通，因为没有领悟道德本源之意。又如20世纪的天才学者刘咸炘所说："道德非二，道言宇宙所共由，德言万物之各得，故曰道生德蓄，志道据德。道不离器，视道为别一物者，狭道者也。德必由心，惟以行迹为德者，伪德者也。道德，物之通名，而今所论局于人。道德皆事实之自然，而今所论之道德，乃规范之当然。"②也就是说，我们今天的人所论说的道德，已经完全不是道德的本源意义，已经严重偏离了道德本根，而把世俗社会种种通俗的、变化不定的道德律则指认为就是道德本身，这实在太狭隘，说得不客气一些，这实在太没有哲学素养和文化底蕴，一句话，太没有道德学问与知识学养。道德是整个天道或存在境的事实本然及其运化规律，岂止是人道社会的丁点儿生活他律。

　　就此意义上，老子则强调指出："道生之，德畜之，物形之，势成之。是以万物莫不尊道而贵德。道之尊，德之贵，夫莫之命而常自然。故道生之，德畜之；长之育之；成之熟之；养之覆之。生而不有，为而不恃，长而不宰。是谓玄德。"（《老子》第五十一章）道德的本源意义是道生德蓄，也就是天道或者是宇宙化生万物，并同时以德蓄养万物，因此万物不能不尊道而贵德，因为这是自身存在的本质，是生命之源。道德并非仅仅是世俗社会的公共律则这么简单浅薄，当然，真正的道德也是不会舍弃一物一则的，但绝不仅仅局限于此。否则，就注定不懂道德，注定不会建立真正的道德。对老子而言，"修之于身，其德乃真；修之于家，其德乃余；修之于乡，其德乃长；修之于邦，其德乃丰；修之于天下，其德乃普。故以身观身，以家观家，以乡观乡，以邦观邦，以天下观天下。吾何以知天下然哉？以此。"（《老子》第五十四章）只有领悟天道的道生德蓄的神圣存在及其运化境，才会真正领悟生命，并进而自觉自愿、自在自为地去修养道德，并进而成就身家国天下，除此之外，一切的道德教条和种种的宣传说教及规章制度，与真正的道德风马牛不相及！

　　正如庄子所说："不离于宗，谓之天人；不离于精，谓之神人；不离于真，谓

---

① 熊十力：《十力语要》，《熊十力全集》（第4卷），萧萐父主编、郭齐勇副主编，湖北教育出版社2001年版，第172页。
② 刘咸炘：《善纲》，《推十书（增补全本）·甲辑》（第2册），上海科学技术文献出版社2009年版，第664页。

之至人。以天为宗，以德为本，以道为门，兆于变化，谓之圣人；以仁为恩，以义为理，以礼为行，以乐为和，熏然慈仁，谓之君子；以法为分，以名为表，以参为验，以稽为决，其数一二三四是也，百官以此相齿。"（《庄子·天下》）真正的道德是有"圣人""君子""百官"之别的。圣人是感通道生德蓄，从而志道据德，上德不德，同于造化；君子则动辄谈仁义礼智信，也会努力修为，但已然下而次之，尚未得道德之大本大宗；而政治统治者，则通过百官天天抓道德建设，并力求立竿见影，追求眼前的功效，规定许多的条款，但自身也只是"相齿"，即仅仅是为了抓工作而假惺惺地把道德挂在嘴上，所谓道貌岸然，实际上大多是伪君子，说一套做一套，与真正的道德相差甚远，反倒是在破坏民风民俗，带头败坏道德。因此，正如庄子最后不得不感叹世俗社会的所谓道德现象："天下大乱，贤圣不明，道德不一。天下多得一察焉以自好。譬如耳目鼻口，皆有所明，不能相通。犹百家众技也，皆有所长，时有所用。虽然，不该不遍，一曲之士也。判天地之美，析万物之理，察古人之全。寡能备于天地之美，称神明之容。是故内圣外王之道，暗而不明，郁而不发，天下之人各为其所欲焉以自为方。悲夫！百家往而不反，必不合矣！后世之学者，不幸不见天地之纯，古人之大体。道术将为天下裂。"（《庄子·天下》）所谓的"内圣外王"，也就是道德修养的自然境界与必然结果，然而在庄子看来，这样的情形已经越来越少了。今天的人们动辄大谈特谈道德，但是都只说到道德的枝节皮毛，把真正的道德搞得支离破碎、面目全非，割裂了道德浑然朴素、厚德载物的本源，何谈道德！

因此，传统道德的现代洗礼，与其说是洗礼，不如说是真正的传承和弘扬，用真诚朴素的用功体悟领会道德的本源，并由此开出有本有源、有根有据的现代真道德，并自然而然地化去种种似道德而非道德的假道德。也许古今道德的形式形态和方式方法发生了重大变化，需要我们做出种种的现代性改善与变更，如果说这是必需的，那么，对于不应改变、不可改变的道德源流精神，则更是现代道德建设所必须要追本溯源、反本开新、培根固本的当务之急和大本大根。也许这是对传统道德的现代洗礼的重要见解，如果真明白了根本，则形式上的变通就并不是最难的事情。最后，需要说明的是，传统道德所表现的身家这一所谓的"私德"属性，实际上更多的是由传统社会形态所决定，而非传统道德本身之故，道理很简单，因为传统道德本身正是道生德蓄、志道据德，它本质性地决定了不可能局限于身家而漠视隔离公共社会，因为天道化生万物，所谓厚德载物，传统道德的生命是与天道的生命贯通为一的，这一点已经不用多说。至于现代道德的公共性、社会化功能的凸显与要求，当然应该大力加以建设，但实际上没有必要太纠缠于假象的、君权化的所谓传统道德，因为其本身不能代表传统道德。而现代道德建设则恰恰需要从真正的以人为本、以人性为本、以天道生化即"天地之大德曰生"的本体道德中获取智慧，这是必然的，这样的洗礼可能才更加具有真正的神圣性与长久广大性，也才会如愿以偿，天下咸宁而造福于生民。

第三节　古为今用、洋为中用是建构当代道德观的根本出路

对于当代道德观的建构，实际上绝不仅仅是道德观本身的建构问题，而是涉及道德观所生成的整个文化宗教哲学系统，从来没有孤立的道德观，或者说，不可能有全然脱离文化宗教哲学系统的健康良善的道德观。虽然道德观可以有某种程度的提炼或升华，但真正稳健而被广泛接受和遵守的道德观，一定是像大江大河一样，经由无数的小溪流逐渐共同汇聚而成，道德观背后的无数或直接或间接的文化宗教哲学思想和观念，正是稳健良善的道德观所生成并发展壮大的隐性文化因素。这其中，又分为两大主流，其一是所在社会的本体文化宗教哲学系统，其二是本土外的文化宗教哲学，前者是本土化的、历史性的、根本性的、源流性的、纵向的道德观生成与涵化的根源，带有强烈的民族性。后者则更多表现为外来性、交融性、横向性的文化宗教哲学系统，带有非本民族性的特点。在传统社会，前者是道德观生成的绝对主流，后者则影响甚小甚至不产生影响，而在现代社会，由于全球化所带来的信息化、商业化、多样化等巨大变化，后者也对一个国家民族和社会产生着极为重要的影响，甚至是不可或缺，或者说不可能抵制排除的影响，除非彻底拒斥全球化，但在现代社会绝对是不可能的事情。

因此，我们在考察当代道德观建构的时候，古为今用、洋为中用，既是一种考量和策略，更是一种必要和必然。只是，我们应该有一定的主次和主客之别，这也是尊重民族性、历史性本身的需要，当然也是道德观建构健康稳妥的需要。而在对待洋为中用的问题上，我们决不能犯拿来主义的错误，或者说决不能犯工具主义和功利手段的错误，认为工具性的采纳借鉴便可以，而不真诚地学习和吸收所谓洋文化的优长，在现代性的条件下，这是绝对行不通的。从主客性或者说主次性上来说，古为今用是纵轴，洋为中用是横轴，共同构成当代道德观建构的坐标系，都是缺一不可的。这样的比喻虽然不尽恰当，因为纵向的、民族性的、历史性的文化宗

教哲学系统当然占主流，但这样的比喻也意在说明洋为中用的重要性。当代就是一个存在的场域，它本身由纵横交错而成，所以，在建构当代道德观的时候，古为今用、洋为中用是方法，是智慧，更是存在性的道法。

（一）古为今用是坚持民族性的必由之路

在促进当代道德观建构这一宏大的历史性文化工程时，实际上最为根本的是，应该首先思考建构的来龙去脉及其可靠性。也就是说，我们建构的基础是什么，建构的根源在哪里，依靠的根本在何处，要建构什么样的道德观，它与中华民族有什么样的关联，它的发展取向将是什么，它如何以代表中华民族的根本民族性与世界交流共处，以及它是否是华夏民族和炎黄子孙心悦诚服、发自内心地自觉自愿地去拥护和践履的道德观，等等一系列的问题，都会首先反映到大众的心里。因此，在当代道德观建构的宏大场景之中，从上述一系列可能涉及的问题而言，我们发现，其中的一条主线就是中华民族的民族性，离开了民族性来谈所谓的现代性以及世界性和全球化，那是丢掉了自我的主体性存在的虚假的全球化，没有民族性的事物最终都会在民族性的回归之中消亡，这是人类历史发展的昭示。因此，在建构当代道德观的时候，不是说一味地埋头苦干、扎实践履就可以完成，而应该是一个在理性的、开放的、全面性和古今纵横的大场景下的综合考量，而且，道德观的建构与其他政治经济军事等方面具有更多可操作性和可控性的事物有很大的区别。道德观并非功利性、工具性的事物，它必须是与民族性、人民性存在真实不虚的内在深刻关联的，以及发自内心的自觉自愿的相应的价值体系，是不可以通过任何政治经济乃至军事等手段可以完成的。正如常言道，有些东西不是钱的问题，不是物质和经济可以搞定的，道德观的建构恰恰就是这样一类涉及人性与人心的问题。实际上，凡是所谓的观，比如世界观、人生观、价值观，当然包括道德观，都是带有根本性的价值存在的问题，都是只能顺应民意、相应民心、通融民族性精神文化慧命的自然之道。亦正如感情不是有形之物可以彻底掌控的，因为但凡涉及以人的存在为根本属性的价值性问题时，都是极为微妙和难以通过主观意愿把握的。因此，与其说出于主观意愿，走多快好省的路线建构一套道德观，不如理性和冷静下来，分析清楚整个的民族性和文化持续性的源流和根本，走真正符合民族性，与中华民族优秀传统文化及其道德智慧相契之路，同时又不犯关门主义和拒斥排外的错误，才可能建构入政、入脑、入心、入文化传统的健康良善的道德观。

毫无疑问，在建构当代道德观时，所谓的古为今用是我们根本的出路，也是本然应然之路。进入新时期以来，以习近平同志为核心的党中央，高度重视对中华民族优秀传统文化的继承和弘扬，这其中当然涉及一个国家民族的根本性精神文化发展的战略性考量。比如，中华民族优秀传统文化不仅是社会主义核心价值观和核心价值体系的最为深厚及根本的文化母体和土壤，而且也是建构当代道德观的最为根本的民族传统精神文化渊源。离开了中华民族优秀传统文化这个根本，凭空建构当代的道德观，这是真正的空想和海市蜃楼。因此，党和国家的高瞻远瞩和从中华民族大局出发的文化发展战略，具有根本性的智慧和指导地位。以继承和弘扬优秀传统文化为根本，而其中的各种化用则自然而然，可以达到事半功倍的效果，而且真正符合中华民族的根本利益，代表中华民族为主体的根本文化发展方向。这就是当代道德观建构所应该顾及的大背景，即古为今用，绝对不应该是一种功利目的和工具手段，而是审时度势后的通盘考量，是伟大的文化智慧之道，更是当代道德观建构的必然之路。

中华优秀传统文化是中华民族的根和魂。正如习近平总书记所反复强调的，中华优秀传统文化是中华民族的突出优势，中华民族伟大复兴需要以中华文化发展繁荣为条件，必须结合新的时代条件传承和弘扬好中华优秀传统文化。5000多年连绵不断、博大精深的中华文化，积淀着中华民族最深沉的精神追求，包含着中华民族最根本的精神基因，代表着中华民族独特的精神标识，是中华民族生生不息、发展壮大的丰厚滋养。[1]因此，在建构当代道德观时，毫无疑问，正如习近平总书记所说，作为中华民族最根本的精神基因和精神标识，数千年连绵不断、博大精深的中华优秀传统文化不仅是中华民族伟大复兴的根基和条件，而且也是当代道德观建构的根基和前提。古为今用绝不仅仅是手段，它是实实在在的中华民族的根本文化传承和民族精神家园建构的根子和活水源头。如果说以张之洞等为代表的一百年前的仁人志士坚持和高扬中体西用在当时的特殊时代背景下，可能会显得保守乃至顽固不化，那么，当中华民族在伟大复兴中国梦的征程中不断稳健前进时，今天我们再来弘扬中体西用的民族性之路，恐怕不会再像当时那样备受抵触、责难与排斥。每一个国家民族既然是特殊的、特立独行地屹立于世界民族之林，那么，每一个国家民族也就自然而然地拥有属于它自己的、特殊的、特立独行的民族性，不应该也不能迷失和舍弃自我的存在属性，当然也不能被其他民族所泯灭和取代。

常言道，国家的覆灭可能是暂时的，但民族文化的覆灭，便有可能是永远的，

---

① 中共中央宣传部编：《习近平总书记系列重要讲话读本（2016年版）》，第201页。

古今中外的历史反复证明，一个国家的灭亡，并不意味着一个民族的灭亡，因为政权王朝的更迭，并不会从根本上伴随着民族文化的更迭，比如明王朝的覆灭，取而代之的是清朝入主中原，但历史证明，满族入关后，在继承和弘扬中华民族优秀传统文化的方向上，并没有发生根本性的改变，甚至有过之而无不及。然而，当日本帝国主义入侵我国时，其不仅仅是侵占我国的土地和财富，而且更为险恶的是大举进行文化侵略，在占领区实行日本殖民化教育，试图从根本上改变中华民族的民族精神和文化，以期达到一劳永逸的侵略目的。从日本的险恶用心中，也可以反思，一个民族的传统精神文化对民族性的根本性地位，是任何其他力量和事物都无法替代的。没有民族精神文化的国家，宛如行尸走肉，这绝不仅仅是比喻，而是实实在在的历史真理。从正面的例子来看，犹太人在历史上曾长期遭受无比残酷的欺凌和摧残，但今天的以色列国能在中东雄踞，众所周知，正是因为犹太民族对其民族精神文化的深刻信仰和坚守传承，才能在高度的凝聚力和感召力的作用下，实现家国天下的失而复得，正所谓有根本的花草树木，野火烧不尽，春风吹又生。因此，无论是从正反面的人类历史发展事例，还是从道理本身的应然性而言，在建构当代道德观时，没有理由不坚持古为今用，并且其核心正是坚持和传承弘扬民族性。总之，中华民族优秀传统文化及其内在蕴含的宝贵精神价值和道德文化，是我们建构当代道德观时最为根本的、最为深厚的民族精神文化母体，是一切当代道德观得以生长和发展壮大的土壤。没有对中华民族优秀传统文化的良好继承和全面发展，就不可能有稳健良善的当代道德观的建构及成功。当代道德观的建构必须以儒家、道家、佛家等代表中华优秀传统文化中三大主流的传统哲学文化为主体，以包括诸子百家在内的整个优秀传统文化的继承和发展为条件和前提。这本来应该是一个不证自明的自然之道。一个国家民族在一定程度上就如同一个人，也许在某一时段或者某些方面的才能有差异，方式方法有区别，甚至追求和喜爱的也各不相同，但作为道德品质，却不能输给他人，因为这具有根本性。所以，今天的中国人，完全没有必要因为一时的失败而妄自菲薄乃至崇洋媚外，而应该回归和高扬中华民族的精气神，打造中华民族的新天地，建构中华民族顶天立地、特立独行的精神文化家园和一以贯之的共同的道德观，这是中华民族伟大复兴中国梦的题中应有之义，甚至是最为重要的前提和条件之一，这不是口号，而是真正的文化软实力，是中华民族安身立命之本。

（二）洋为中用是面对现代性的客观要求

如上所述，当代道德观的建构，除了传承和坚持民族性这个根本外，客观理性地面对当代世界和人类社会的发展潮流，排除不必要的民族情感和本土情怀，开眼看世界，以开放的胸怀和海纳百川的胸襟面对全球化及其现代性要求，以真诚和谦虚之心对待外来文化，并在有选择地吸收，有鉴别地借鉴的前提下，化用人类优秀的精神文化和价值理念，以促成当代道德观建构的稳健发展，不失为智识之举。

其一，所谓的洋为中用，不应该是一种被动之计。洋为中用是近代以来，在落后挨打的局面下，有识之士在扭转所谓天朝上国的自大情结时，谦虚谨慎地面对西方文明的背景下，所做出的不得已之举。但其中夹杂着难以言表的民族情怀，中华民族自三代以降，即便经历了数十次的王朝更迭，但中华民族的精神文化却始终是一路领先的，而中国的特殊地理位置及其地大物博的优势，有让中华民族物质经济富饶，进行宏大的礼乐行政的基础，因此，中华民族几乎从来没有近代以来的尴尬遭遇。中华民族历史上的变动，都只是在中华民族内部范围内的，而近代以来的遭遇，却是空前的变动，因为它是中华民族与真正的外国民族之间的遭遇，而且是和许多外来民族的遭遇，尤其是和在经济及军事等方面占据绝对优势和领先地位的外来民族之间的遭遇，加之面对的是来者不善的殖民化，因此，洋为中用无疑夹带着近代以来的民族情结，因为这个词语本身就是近代以来的特殊产物。然而，中华民族走到了今天，我们完全有理由重新面对自己，重新面对世界，我们应该有自我革新的勇气，也应该有勇于面对过去的坦荡，更应该有正确的心态面对曾经的失败，而不应该抱有近代以来的洋为中用的历史背景和怀着特殊民族情结。今天的洋为中用应该转变为我们的一种胸怀和气度，一种开放的智慧，应该从整个民族心理上彻底地扭转，化过去的被动为现代的主动，以积极的心态开展互通有无、自信开放的交流融合，以诚恳的谦和及虚怀若谷的涵养，学习一切西方及亚非拉其他民族的优秀文化，学习一切可以供我们在建构当代道德观过程中有参考价值的新事物，这应该是中华民族本来具有的自信和胸怀，本来具有的真诚和气量。

其二，在建构当代道德观的进程中，洋为中用不应该是一种权宜之计，或者说不应该是一种工具理性的拿来主义。我们在实现洋为中用的目标时，不应该是一种低俗的功利思想，而应该是一种基于根本意义乃至终极意义上的文化文明及其道德智慧的交流借鉴，是一种孔子所践履的"三人行，必有我师焉。择其善者而从之，其不善者而改之"（《论语·述而》）的胸怀和学习态度，更是一个民族的修养和品质的体现。正所谓"东海有圣人出焉，此心同也，此理同也。西海有圣人出焉，此心同也，此理同也。南海北海有圣人出焉，此心同也，此理同也。千百世之上至千百世之下，有圣人出焉，此心此理，亦莫不同也"①。我们当然应该相信人类之所以为人类，就在于心性相通，感情相同，都是生命的共同体，在本质上都存在相同性的可能。因此，只能说有文化习俗和方式方法的区别，但很难说存在根本性的差异，正如孔子所谓"性相近，习相远"（《论语·阳货》）。因此，在建构当代道德观的进程中，切不可犯盲目自大、自赞毁他的错误，要自始至终保持正确和理智的心态。我们不能一方面在需要的时候高扬"同一个世界，同一个梦想"，另一方面又自相矛盾地拒斥相同性因素而做出绝对的以自我为中心的傲慢行径。如果是这样，本身就不可能建构真正的道德观，因为在做人方面，严格说来已经不道德，至少不是道德的人所应该做的。

其三，在建构当代道德观的进程中，坚持洋为中用，也是促进古为今用的根本道路，是一种有效补充和必要的激发与触动。历史证明，一种文化和文明如果长久地自我封闭，缺乏外来文化文明的交流和碰撞，也会产生懈怠或低沉的走势。正所谓法久生弊，如以儒家文化为主流的华夏本土文化，在三代以降至春秋战国，出现了百花齐放、百家争鸣的繁荣局面，产生了一大批影响古今中外的世界级哲学家和文化名人，如雅思贝尔斯所说人类的"轴心时代"的伟大哲学家，中国的孔子和老子便是为数不多的几个之一。在先秦时代，中华民族的文化哲学及其宗教和道德智慧可谓一马当先、一枝独秀，然而，到汉代以后，所谓汉学独统天下，以高度政治化、意识形态化的儒学为独尊，中华民族的哲学思维和道德智慧水平实际上已开始走下坡路，我们今天所谓的汉唐盛世，从深度的精神文化而言，实际上是表面的虚华，因此几乎没有产生世界级的大家。直到汉末，佛教东传，在一次次的迎佛和拒佛的斗争中，才开启了中华民族精神文化与哲学智慧的第二高峰即宋明理学。宋明理学正是在佛教的义理与修正的强烈触动下自我反求诸己，回归先秦哲学，并进行创造性继承和创新性发展的典范。换句话说，如果没有佛教入主中原的触动，很难说一定能产生出像王阳明这样的世界级哲学大家。在建构当代道德观的进程中，在以民族文化作为根本即继承古为今用的同时，洋为中用也是不可或缺的，尤其是在全球化的现代性条件下，这是一种必然和必须的举措。客观上而言，传统文化也不是尽善尽美，所以我们要继承和弘扬中华民族优秀传统文化，而不是历史上的各种封建、专制、独裁、腐朽与窒碍人性的文化。所以，在洋为中用的大背景下，不怕

---

① 〔宋〕陆九渊：《陆九渊集》，钟哲点校，中华书局1980年版，第483页。

不识货，就怕货比货，对于提高鉴别能力，促进健康良善的道德观建构，是大为有益的。

（三）在纵横激荡中促进当代道德观的建构

如上所述，在推进当代道德观建构的历史进程中，古为今用、洋为中用，构成了我们的坐标系。古为今用是纵轴，是中华民族的历史文化源流，是中华民族一以贯之的精神文化命脉，是建构当代道德观的根本。洋为中用则是建构当代道德观的横向参照系，是共时性的当下性感应和融合。世界发展的潮流不是单一性和线性的，而是交会性和圆形的，因此，不可能有封闭的道德观，这就是洋为中用的学理必然。

在全球化的开放性大背景下，各国的发展都面临着空前的场景，如果说近代是世界民族国家打开国门的真正开端，是人类社会发展的大开之揭幕，那么，在当代，这种大开的局面已经到了相当的程度，是在经历长期的探索和磨合之后走向创造性大合之路的时候，在处于自觉或者不自觉的大开后，又重新回归民族性，而且是在全球化的情形下寻求民族性的大合的时候。纵观人类社会，在建构当代道德观的进程中，不应该仅考量建构民族性的道德观，还应该为整个人类的道德观进行探索。换句话说，当代中国需要不断探索建构更加良善和健全、入政入心的道德观，这不仅仅是中国的问题，整个人类社会都面临着现代化、工业化乃至于后工业化的问题，都在面临宏大叙事的消解的问题，都在面临正统思想的被解构问题，而且也都在面临过去的道德观被去魅化、去神圣化的问题，甚至是都在面对碎片化和庸俗化的问题。那么，从这样的基于全人类的宏大场景来审视当代道德观的解构，我们可能会获得更大的思想空间、更多的主观能动性。因此，从另一方面来说，解构中华民族的当代道德观，也是在为包括中华民族本身在内的全人类在努力，也是对全人类的贡献。这既要求作为华夏民族的我们真正充分继承和弘扬中华民族的优秀传统文化及其蕴含的道德观，同时也应该以开放的、具有全球性的眼光和胸怀进行洋为中用的努力，只有这样，才是纵横交错、历时性和共时性地激荡与交感，共同蕴化当代大合的道德观。

总之，在建构当代道德观的进程中，基于民族性的古为今用是我们的根本出路和依靠力量，而洋为中用则是我们必需的客观现实及应有智慧。没有古为今用就没有民族性，没有民族性的当代道德观显然是无本之木、无源之水，不可以长久广大的。而没有洋为中用，也就意味着没有真正的当代性，也没有世界性和国际化素养，这在现代性的世界潮流中，本身就存在问题，应该说是一种不健全的道德观，是不被多数人所理解和接受的观念，这也就无法真正以民族性的特色而融入世界性的共性，也是孤立无缘的。所以，古为今用、洋为中用是我们建构当代道德观唯一正确的出路，在建构当代道德观的进程中，既要防止极端保守主义和民族主义，也要防止所谓的国际化和普世性以及崇洋媚外的心理和行径。古为今用、洋为中用，既是方法，也是警醒。当然，在一纵一横的强调之中，最重要的还是实实在在地继承和弘扬民族性的纵的精神文化命脉，这毕竟是中华民族之为中华民族的本根，是中华民族的民族魂和精神标识，它具有最大的共识性和代表性，也同时具有最大的凝聚力和民族根基，如果离开整个根基，洋为中用只能说是没有根本和丧失主体的效仿，也是置换性的行为，终究要见其流弊和憔悴。还是那句话，没有了民族性而谈世界性，这是一个假命题。因此，在古今中外之间，也存在主次轻重的权衡。

第三章　传统美德与社会主义核心价值观

第一节　当代道德观建构的十大前提

　　毫无疑问，当代道德观的建构，其本身是一个深邃庞大的价值体系和文化工程，从根本上说，它实实在在地涉及中华民族的古往今来、人类文明的纵横交错。当代道德观的建构，是中华民族与中华文明生生不息数千年以来，在全新的世界发展情景和场域中，重新定位自己的安身立命之道，重新开显自己的德业成就之路，重新审视中华民族存在与发展的修齐治平与身家国天下之价值维度。因此，当代道德观的建构，既是中华民族历史发展的纵向演绎，又是中华民族屹立于世界民族之林的横向交感，它的建构必须在大开大合的宏大视域中进行纵横的通盘考量。当然，正如一个人在谈论道德观修养时，必须首先反求诸己，落实到自己身上，从自我觉悟和自我的主体性担当做起一样，中华民族的当代道德观建构，也必须是首先反求诸己，从中华民族本身的实际和特质进行审视，走与中华民族数千年的传统民族文化和哲学价值体系相契合之路，走与中国的黎民百姓心心相印之路，走中国特色的道德观建构之路。为此，从以下十个方面展开思考和探析，将会更好促进当代道德观建构朝着更加稳健良善的方向前进，同时，也可以将其视为当代道德观建构的十个重要前提条件。

（一）中华民族伟大复兴中国梦的感召

　　众所周知，伟大的事业需要伟大的感召力和高度的凝聚力，在推进当代中国的道德观建构这一属于全体中国人的伟大文化工程时，需要每一个中华儿女的热情参与，积极贡献。因此，需要有属于中华民族的共同理想目标和追求方向，以此作为指引和砥砺我们精神品质的灯塔，毫无疑问，这样的伟大目标就是实现中华民族伟大复兴的中国梦。只有在中华民族伟大复兴中国梦的指引下，中华民族才能形成最大的合力，才能众志成城，干出惊天地泣鬼神的伟大事业，也才能重新建构属于中华民族的安身立命之道的道德观，并以此作为实现中华民族伟大复兴这一千秋大业的价值探析、志道据德、开物成务，在精神文化这一根本层面保障我们在民族伟大复兴之路上一路前行、斗志昂扬、意气风发、锐意进取、以德守身、以德服人、以德造福，实现民族复兴的光荣使命，造福华夏子孙。

中国梦的本质是国家富强、民族振兴、人民幸福。这个梦想，把国家的追求、民族的向往、人民的期盼融为一体，体现了中华民族和中国人民的整体利益，表达了每一个中华儿女的共同愿景。正因为如此，中国梦具有广泛的包容性，成为回荡在13亿人心中的高昂旋律，是中华民族团结奋斗的最大公约数。因此，中国梦具有强烈的国家情怀、民族情怀、人民情怀的高度统一。"家是最小国，国是千万家。"国泰而民安，民富而国强。中国梦的最大特点，就是把国家、民族和每一个人作为一个命运共同体，把国家利益、民族利益和每个人的具体利益紧紧联系在一起，体现了中华民族强烈的"身家国天下"情怀。实现中华民族伟大复兴的中国梦，没有振奋激昂的精气神，没有高尚赤诚的品格，没有坚如磐石的伟大志向，我们的民族不可能实现真正的伟大复兴，也不可能真正屹立于世界先进民族之林。中华民族伟大复兴的中国梦，不仅仅是物质经济上的伟大复兴，更根本的是要中华民族的精神文化的伟大复兴作为先导，在精神上强大起来，才能不断在中华民族伟大复兴的中国梦的感召下，增强团结一心、众志成城的精神纽带，自强不息的精神动力和勇于开拓、甘于奉献的厚德载物的道德品质。因此，在建构当代道德观时，这一系列的精神品质，都应该而且必须达到最大的呈现，从而形成最大合力，而这恰恰是也只能是在中华民族伟大复兴中国梦的共同感召下，才可能实现最大化和最高凝聚力，因为这是中华民族的命运和情景，是中华儿女的美好愿景，是属于中华文明的崇高志向和矢志不渝的身家国天下及其修齐治平的伟大德业精神。

（二）社会主义核心价值观的引领

在建构当代道德观的伟大进程中，应有一个大致的价值体系作统领，才可能事半功倍，更好地建成符合中华民族自身价值追求的道德观，同时又能反映时代特征，体现时代精神，凝聚时代共识的道德观，毫无疑问，这应以社会主义核心价值观作为引领。正如习近平总书记所指出："中华民族创造了源远流长的中华文化，也一定能够创造出中华文化新的辉煌。"要坚持社会主义先进文化前进方向，坚定文化自信，增强文化自觉，加快文化改革发展，加强社会主义精神文明建设，培育和践行社会主义核心价值观，增强国家文化软实力，建设社会主义文化强国。[①]

在建构当代中国的道德观进程中，必须有一套相对稳定集中的、与经济基础和政治上层建筑相一致并能形成广泛社会共识的核心价值观，因为核心价值观在一定的社会文化中起到定盘针和坐标系的作用，对社会的文化性质和发展方向起着稳定器的作用。正如习近平总书记所说："人类社会发展的历史表明，对一个民族、一个国家来说，最持久、最深层的力量是全社会共同认可的核心价值观。"如果没有共同的核心价值观，一个民族、一个国家就会魂无定所、行无依归。[②]因此，在建构当代中国的道德观时，社会主义核心价值观的统领性地位必须得到实实在在的体现，必须贯穿于当代道德观建构的整个过程。以公民个人层面的"爱国、敬业、诚信、友善"为核心德目范畴，以社会层面的"自由、平等、公正、法治"为核心德目范畴，以国家层面的"富强、民主、文明、和谐"为核心德目范畴的社会主义核心价值观，实际上已经为当代中国的道德观建构提供了身家国天下与修齐治平的蓝图和指引，道德观的具体建构则是充实其中的精气神，夯实其中的根本和源头，使社会主义核心价值观更加充实饱满，有血有肉，更加扎实可靠。因此，当代道德观的建构，社会主义核心价值观是一个重要的前提性参照系。

（三）中华民族优秀传统文化的根基

在建构当代道德观的进程中，如何继承和弘扬好中华民族优秀传统文化这个根本和源头，在最根本上决定着道德观建构的成败或质量。正如习近平总书记所指出，对社会主义核心价值观而言，牢固的核心价值观，都有其固有的根本。中华文明绵延数千年，有其独特的价值体系。中华优秀传统文化已经成为中华民族的基因，根植在中国人的内心，潜移默化影响着中国人的思想方式和行为方式。提倡和弘扬社会主义核心价值观，必须从中汲取丰富营养，否则就不会有生命力和影响力。要利用好中华优秀传统文化蕴含的丰富思想道德资源，使其成为涵养社会主义核心价值观的重要源泉。[③]中华民族优秀传统文化既是社会主义核心价值观得以形成和发展壮大的根基，又是建构当代道德观的根本和源头。必须首先在尊重和传承

---

①中共中央宣传部编：《习近平总书记系列重要讲话读本（2016年版）》，第186页。
②中共中央宣传部编：《习近平总书记系列重要讲话读本（2016年版）》，第189页。
③中共中央宣传部编：《习近平总书记系列重要讲话读本（2016年版）》，第191页。

中华民族历史与文化的前提下，不断增强中华民族的归属感、认同感、尊严感、荣誉感。在建构当代道德观的进程中，必须继承和弘扬中华民族在数千年生生不息的生存发展的历史长河中涵化和积淀形成的传统美德，加强在社会公德、职业道德、家庭美德、个人品德等方面的建设，从而激发人们形成善良的道德意愿、道德情感，培养正确的道德判断和道德责任，提高道德实践能力尤其是自觉践行能力。这一系列的道德观所包含的内容，涉及社会生活的方方面面，小到个人，大到整个国家和民族的道德品性。正如习近平总书记曾经强调指出，要使核心价值观像空气一样无处不在、无时不有，要与人们的日常生活紧密联系起来，使人们在实践中感知它、领悟它，达到"百姓日用而不知"的程度，使之成为人们日常工作生活的基本遵循。

正如社会主义核心价值观一刻也不能离开中华民族优秀传统文化一样，建构当代道德观，如果离开了中华民族优秀传统文化，也将是无本之木、无源之水，便会出现立刻憔悴枯竭的局面。因此，在建构当代道德观的进程中，真心实意地、实实在在地继承和弘扬好中华民族优秀传统文化是根本前提，割断了中华民族优秀传统文化这个命脉和精神，就不可能建构出顺天应人、传续中华民族慧命和生息之道的道德观。中华民族优秀传统文化的核心价值理念本身就是以道德为本位，离开了道德，一切的起用都是非道德、非正义性的。因此，当代道德观的建构无论从哪一方面而言，都只能以中华民族优秀传统文化的继承和弘扬为根本前提。

（四）全民族文化自信的自觉践履

在建构当代道德观的进程中，如何使每一个中国人都对道德观及其文化产生积极的自觉自信，是当代道德观建构成败的重要试金石。早在2012年党的十八大报告就明确提出坚持发展和完善中国特色社会主义，自觉和坚持道路自信、理论自信、制度自信的三大自信为根本的一体化的中国道路。正如习近平总书记所指出："中国特色社会主义特就特在其道路、理论体系、制度上，特就特在其实现路径、行动指南、根本保障的内在联系上，特就特在这三者统一于中国特色社会主义伟大实践上。"[①]在三位一体的中国特色社会主义的自信前提下，2016年7月1日，"在纪念中国共产党成立95周年大会上的讲话"中，习近平总书记再次强调指出："文化自信，是更基础、

---

①中共中央宣传部编：《习近平总书记系列重要讲话读本（2016年版）》，第25页。

更广泛、更深厚的自信。在5000多年文明发展中孕育的中华优秀传统文化，在党和人民伟大斗争中孕育的革命文化和社会主义先进文化，积淀着中华民族最深层的精神追求，代表着中华民族独特的精神标识。"由此，文化自信与道路、理论、制度自信一同，作为实现中华民族伟大复兴中国梦最根本的四大自信之道，正式纳入理论指导与实践建设蓝图。从习近平总书记的讲话中可以看出，文化自信被提升到"更基础、更广泛、更深厚"的高度，足见其在国家和民族生存发展中所具有的重要性与根本性地位。文化自信的核心宗旨在于构建全民族的精神文化家园，实现最大程度上的文化认同与价值认同，在文化这一身家国天下良善存在与健康发展的大本大根上，构筑一体多元、和谐共荣的中华民族精神文化命运共同体，在中华民族伟大复兴之路上，保障和促进中华民族有本有源、长久广大地和谐发展和长治久安。

因此，在建构当代道德观的进程中，每一个中国人都应该有一份发自内心的文化自信的基本信念，都应该在风云变幻、波谲云诡的全球化浪潮中，坚持并展现作为华夏民族、炎黄子孙的特有气质，在纷繁复杂的市场经济环境中，坚守作为中国人的那一份数千年积淀传承下来的、流淌在我们血液中的民族价值和文化，而不应该随波逐流，更不应该主动放弃作为中华民族子孙的那一份应有的深沉、厚重与荣耀。如果绝大部分的中国人都觉悟了民族文化的来龙去脉，都肩负起一份中华民族的民族情怀，都自觉地为中华民族的伟大复兴而努力，那么，建构当代道德观就没有什么真正的困难和障碍，因为这将是发自我们每一个人内心深处的神圣道德律令，是一种基于自律的自觉与自愿，因此是强大的、不可动摇的。在这样的一个中华民族本有的道德观的根本上，我们再来谈论当代性，更多的就是一个权变和与时俱进的灵活性问题了。

（五）社会主义文化强国战略的自觉落实

在建构当代道德观的进程中，我们不仅要在根本的方式方法和理念上达成高度的共识，在战略层面和宏观维度上制定出理想科学与合理的方案，同时也应该在具体的实际行动中做出来，并且勇于在具体的实践行动中去验证和修正，要经得起历史的检验，经得起老百姓的考验，经得起现代性的风吹雨打，这才是坚固的、深入人心的道德观。为此，必须使全国人民更加团结和统一起来，积极响应和拥护国家的相关大政方针和实施规则，一同促进道德观的落地生根和枝繁叶茂，乃至开花结果而丰收。

党的十八大报告中，明确提出"五位一体"的发展战略。党的十八大提出，建设中国特色社会主义事业总体布局由经济建设、政治建设、文化建设、社会建设"四位一体"拓展为包括生态文明建设的"五位一体"，这是总揽国内外大局、贯彻落实科学发展观的一个新部署。就此而言，建构当代道德观应该纳入"五位一体"大战略中的文化建设之中，要有这样的政治自觉和政策自觉，才能更好更快干好事情，做出事业。同时，道德观的建构，本身就是打造国家文化软实力的重要内容，它甚至是其他文化软实力的保障。如果中华民族数千年发展至今，却淡化乃至丢掉道德这个中华民族的安身立命之本，那么，在谈论文化强国、精神文化软实力时，都会是流于功利和扭曲的文化路径，都不符合中华民族的民族性和发展方向，同时也是危险的。正如习近平总书记在一系列重要讲话中所强调的文化软实力集中体现了一个国家基于文化而具有的凝聚力和生命力，以及由此产生的吸引力和影响力。习近平总书记强调指出，提高国家文化软实力，关系我国在世界文化格局中的定位，关系我国国际地位和国际影响力，关系"两个一百年"奋斗目标和中华民族伟大复兴中国梦的实现。[①]因此，如果绝大多数的中国人都有这样国际战略的自觉，都积极响应和拥护国家政策，意识到包括道德观建构在内的国家文化软实力的重要性，那么，我们在推进当代道德观建构的进程中，就会更加得心应手，更加同心同德。

（六）海纳百川的文化心态

毫无疑问，在建构当代道德观的进程中，既然是当代，即是在全球化的大背景下来建构属于中华民族当代的道德观，其中的一个必然问题即是开放性的问题。正如我们国家的发展道路一样，坚持改革开放是我们的基本国策，是中国发展壮大的必由之路，开放性同样是我们建构道德观的重要前提和应有的文化心态。早在汉唐时期，尤其是在唐宋以来，东亚和东南亚以及西亚等广大地区的国家和民族，曾到我国进行了长期的、大量的交流学习，我们在历史上的开放性可以说是前所未有的，既因中华民族自古以来热情好客，所谓有朋自远方来，不亦乐乎，同时，中华民族本来也应该有这样的文化自信和胸怀气量，正所谓海纳百川，有容乃大。许多古今中外专家学者的研究表明，世界上的民族和文化系统虽然众多，但最具有民族特征和一以贯之精神特征的，就只有中华民族及中华文化系统。早在唐代，基督教

就已经开始传入我国，当时被称为景教，在首都长安还专门设立了传道的场所（即今天的教堂）。然而，在随后的一千多年时间里，基督教在我国并未大行其道，而被中华民族的文化系统所同化。反观亚非拉的广大地域，基督教所到之处，几乎都流行起来，甚至已成为当地的主要宗教信仰。

中华民族优秀传统文化作为世界上最古老、最具智慧和最深沉博大的文化系统之一，其本身具有最为强大的同化力、吸纳力，而且凭借其本身的博大精深，它从来不会惧怕任何外来的文化，即便是佛家传入，也被中国化而成为本土化的佛家信仰形态。所以，只要我们真心诚意地、扎扎实实地继承和弘扬属于中华民族精气神的优秀传统文化，在建构当代道德观的进程中，就一定会以我为主、海纳百川、包容开放，在借鉴吸收以及同化一切人类优秀文化成果的基础上，实现集大成式的中华民族的当代道德观建构。

（七）传统礼义精神的涵化

在建构当代道德观的进程中，我们必须要打开思维，其中，应该自觉化用传统资源。道德观不仅仅是规约和教条，其内容涉及丰富的文化系统，而且许多良好的道德观的养成，不仅仅是言传和宣传，更重要的是潜移默化，在许多礼义的涵化中养成。因此，必须要注重礼义的精神内涵和终极指向对当代道德观养成与建构的巨大作用。因为真正有本有源、可长可久的道德观建构，更多的是长久的涵养积淀，而不是功利的一时之举，在短期内想要建构真正的被百姓广为接受的、自觉自愿的道德观，是不太可能的事情。因此，应该注重传统礼义精神的涵化作用，许多看似礼仪礼节的问题，实际上本身就包含着道德观。

正如孔子所谓："不知礼，无以立也。"（《论语•尧曰》）人不立，国家社会何以兴，世道何以平治？孔子认为："道之以政，齐之以刑，民免而无耻；道之以德，齐之以礼，有耻且格。"（《论语•为政》）孔子主张通过德礼的礼义精神与文化，从根本上使天下人心归善归厚、自觉于荣辱廉耻之间，建立良好的社会道德观，由此以人为本地催促长久的人文化成。所以，"子贡欲去告朔之饩羊，子曰：'赐也！尔爱其羊，我爱其礼。'"（《论语•八佾》）孔子认为礼的形式可能会被人破坏和践踏，但礼的精神即礼义却不可以被亵渎和消解。孔子曾经积极称赞过管仲的丰功伟业，并指出："管仲相桓公霸诸侯，一匡天下，民到于今受其赐。微管仲，吾其被发左衽矣。岂若匹夫匹妇之为谅也，自经于沟渎而莫之知也。"（《论语•宪问》）然而在礼与功面前，孔子仍然毫不客气地批评指出：

"'管仲之器小哉！'或曰：'管仲俭乎？'曰：'管氏有三归，官事不摄，焉得俭？''然则管仲知礼乎？'曰：'邦君树塞门，管氏亦树塞门；邦君为两君之好，有反坫。管氏亦有反坫，管氏而知礼，孰不知礼？'"（《论语·八佾》）对孔子而言，一个人和一个国家如果不讲礼而导致社会道德文化、道德观念的败坏，哪怕再大的功勋和再多的物质都不足以弥补其缺陷。因此，如何更好地引导世道人心走向仁义道德，共同建构和自觉维护良好的道德观，是每个人的责任。在建构当代道德观的进程中，应该注意吸收包括传统礼仪在内的各种礼仪及其精神，以便在所谓的形式上促成内容的内化。不能仅有干瘪的道德观教条，这一点，要注意借鉴西方基督教的传播方式，基督教极其重视传教过程中的各种仪式和形式，比如在共同唱诵诗歌的过程中，在教堂婚礼中，在共同的慈善活动等仪式和过程中，就自然而然地达到其传教的目的。因此，应该注重发挥礼仪对道德观养成的作用。

（八）仁政德治的上行下效

在建构当代道德观的进程中，首先是从"我"出发，这是毋庸赘言的道理。与此同时，从"我"出发也有其中的功能性区别，也就是说，不同的人在自觉践行道德观的时候，本质上都一样，但影响力却不一样。因此，在促进道德观的建构与落实过程中，必须注意上行下效的巨大作用。换言之，政府官员，尤其是高级政府官员，包括整个政府的行政行为，对一个社会道德观的建构与良好践行起关键性的作用。正所谓上梁不正下梁歪，所谓上行下效。上级的作派，民众都听在耳里，看在眼里，心里都会有杆称，听其言而观其行，如果政府官员说一套做一套，显然道德观会受到巨大的冲击。官员不能只要求老百姓该怎么做，却不要求自身该怎么做，尤其是不去率先垂范、以身作则、身体力行，如果是这样，道德观一定会落空，反而形成社会上的歪风邪气。

正如孔子所谓："其身正，不令而行；其身不正，虽令不从"（《论语·子路》），"政者，正也。子帅以正，孰敢不正？"（《论语·颜渊》）上级官员自身行得正，自然起到上行下效的作用，所谓上有所好，下必甚焉。相反，则会大打折扣，乃至于像所谓的黑天鹅效应一样，有时候或许只需要一个反例，就会推翻一切的正面说教。因此，孔子极为重视上行下效而后民众的信任。正如，"子贡问政。子曰：'足食，足兵，民信之矣。'子贡曰：'必不得已而去，于斯三者何先？'曰：'去兵。'子贡曰：'必不得已而去，于斯二者何先？'曰：'去食。自古皆有死，民无信不立。'"（《论语·颜渊》）"民无信不立"，老百姓这样的信任，即便是在当代，情况也一样。因此，在建构当代道德观的时候，政府及其官员应从我做起，率先垂范，严格说来，就是力行仁政德治的根本理念，这样，其产生的上行下效效应就会非常正面和强大，那么，由此促进当代道德观的建构，就会更加有力。试想，从反面论说之，政府及其官员不奉行上行下效的身体力行，不严格实行仁政德治的修养，带头干坏事，那么，全社会的道德观是否还会健康良善，建立起来是否还会顺利如愿呢？答案显然是不证自明的。

（九）教育体系的革新

在建构当代道德观的进程中，所谓百年大计，教育为本。有什么样的教育，就会教出什么样的人，也就会由此构成什么样的社会及其世道人心，这是自然而然的常识逻辑。由此，教育对社会道德观的建构和形成，其作用是根本性的。在中国传统社会，从启蒙教育一直到大人之学，始终将道德观教育作为更根本的教育内容，正如《大学》所谓"大学之道，在明明德，在亲民，在止于至善"，传统教育自始至终都离不开德和善以及亲，这些都是道德观最基础性的文化教育养成因素。此外，从小讲究对孩子的家教，对一个成年人的最根本评价也落在家教上，没有家教的人，在社会上立不住脚，没有人愿意和他交往。正如《大学》所说："自天子以至于庶人，壹是皆以修身为本。"修身是根本，其他的知识才能都只有在这个根本上，才会得到肯定，所谓德才兼备，以德为先，即便是当代，中国共产党的选人用人标准中，德仍然是最根本的。

然而，纵观现代教育，从小学起，甚至说从幼儿园起，教育便染上极其严重的功利目的和工具手段色彩，都一股脑地想把孩子培养成各自心中的人物，极度偏重在才能和所谓的兴趣爱好上，虽然智力和才能得到了不同程度的开发，但有的孩子即便就读于最一流的大学，仍然连做人的基本常识都极其匮乏。前不久，甚至在国内最一流的大学出现大学生亲手杀害父母的行径，实在令人发指。这样的教育，这样的所谓一流人才，不知道谁还敢用，也不知道对社会起到什么样的作用和贡献。许多年前，有人已经总结道：一流大学培养的人才，不少是所谓的精致利己主义者，这实在令人不安和感叹！中华民族在历史上从来没有舍弃厚德载物的人本精神，自强不息也只能在厚德载物这个根本上才会被肯定，然而，当代的教育，多少年的所谓素质教育，大学里的思政教育，实际上都值得整个社会深刻反思！教育用全国人民的血汗税收钱，如果培养出来的是一批又一批的精致利己主义者，都以利为逐，见利忘义，甚至根本就不讲义不信义，整个社会都将趋于危险的境地。正如孟子所谓"上下交征利而国危矣"。在涉及当代道德观建构时，不得不重新审视以道德为根本的素质教育，如何在从小学到研究生教育，乃至一直到中央党校的高级干部研修班教育中，真真正正地得以落实！"国无德不兴，人无德不立！"而教育无德，或者说教育无法完成真正的德育，毫无疑问，即便培养出越来越多的所谓人才，恐怕对社会的长治久安、公平正义，并不是好事。正如《礼记·学记》所谓："建国君民，教学为先。"我们的教育，尤其是素质教育、德育，这个作为教育的大本大根，必须要真正引起全社会的重视并设法改变！

（十）现代政治文明的制度保障

在建构当代道德观的进程中，在宏观层面，或者说在制度设计层面，如何设计出良好的制度和体制，以促进整个社会健康良好的道德观的养成和实施，是极为重要的保障，同时，如何在制度层面对败坏社会道德观的行为实行惩戒，对践行道德观的行为实行褒奖和鼓励，这也是制度设计的重要内容和考量。正如有老人昏厥倒地，到底该不该帮助的问题，实际上这根本不是问题，而敢不敢帮助的问题，才是问题本身。正如孟子所说，恻隐之心，人皆有之。在一个正常的社会，正常的世道人心的环境下，即便是三岁小孩也知道同情，可能也会帮助急需帮助的老弱病残者，然而，当今社会，人们却常常冷漠不堪，因为帮老人这件本是举手之劳的事，却涉及权益的维护，涉及法律责任，所以人们便事不关己高高挂起，这也是不得已的行为。

如上所述，在学校教育里，如果没有良好的考核考评和晋升体制机制，那些常年埋头苦干、扎扎实实为人师表者，可能会得不到应有的权益，而恰恰是那些喜欢钻营、喜欢搞暗箱操作、溜须拍马的势利小人，反倒是风生水起，如鱼得水，这是什么原因呢？有时候不完全是能力问题，而是人心问题。所以，如果政治文明方面的制度设计不顺民心、得民意，则老百姓不真心诚意地拥护，体制机制不能保障良好道德观的落实，甚至起到反面的作用，那么，社会道德观的建构就会迟滞不前，甚至出现滑坡倒退的现象。因此，当代社会良好道德观的建构，离不开良好健全、正义美善的政治体制机制层面的保障，如果离开这个重要乃至根本保障，而只抓道德观，最终也不能如愿。所以，良好的道德观建构离不开良好的制度保障。

第二节 社会诚信是当代道德观建构的必要前提
——兼从传统和现代两个维度分析

在推进当代道德观建构的进程中，无论如何分析论证，也无论如何建构，甚至于无论建构出多么严密完美的道德观体系，如果没有社会诚信作为根基，一切都如海市蜃楼般虚无缥缈，都会成为自说自话、自我陶醉的心外之物。道德观建构的根基是社会诚信，道德观建构的目的也是为了社会诚信，道德观的终极指向也无外乎社会诚信这个根本目标。毫无疑问，如果没有社会诚信，一切关于道德观的论说与行径，都是枉费心机的不义之举，都是掩耳盗铃、文过饰非、自欺欺人的手段图谋。因此，可以肯定，社会诚信是当代道德观建构的必要前提，离开这个前提，任何的造作在严格意义上说来都是没有意义的，也都是徒劳的。

（一）儒家对待诚信的重视程度及其启示意义

社会诚信不仅是当代道德观建构的必要前提，也是中华民族优秀传统文化的根基，是做人处世的根本。基于中华民族优秀传统文化本身就是当代道德观建构的最为重要的条件之一，因此，有必要对社会诚信进行民族文化的传统追溯，以便更加凸显其重要意义。

儒家是中华民族优秀传统文化中的典型代表，儒家在根本上较少讨论社会诚信的问题，而是着眼于人的诚信修养问题，因为儒家不仅仅把社会看作社会关系范畴，也不仅仅是交换和社会生活及其生产劳动范畴，儒家把社会视作由活生生的个体生命、特立独行的人所组成的社群，因此，对待人的社群，儒家仍然视其为生命体，以个体生命的基本态度对待之，所以，儒家是真正以人为本的社会，以人性为本的治群之道。因此之故，儒家对社会诚信的重视程度，就绝不仅仅是社会问题，而是人的问题，人的价值问题与根本存在性问题。所以，儒家对诚信极为重视，甚至视之为世道人心的根本，没有诚信，就没有儒家的思想价值，在儒家而言也就可以说没有了真正的社群，而只是失控的乌合之众。因此，儒家始终把社群治理之道紧紧地落实到每一个个体生命上，从这个社群的细胞即个体生命的活灵活现的人抓起。就儒家而言，社会诚信的根本在人，社会诚信的归宿也在人。所以，诚信总离不开人这个根本。

正如孟子所说："可欲之谓善，有诸己之谓信，充实之谓美，充实而有光辉之谓大，大而化之之谓圣，圣而不可知之之谓神。"（《孟子·尽心下》）孟子认为，人们可以正当地渴望和欲求的，便是属于善的，并不是要人实行绝对的禁欲主义，但前提是善而非恶，同时，要真正从自己做起，自己做到了，才可以谈诚信的问题，也才有资格与别人谈诚信。至于以诚信为根基而不断修养道德充实光辉，乃至于"美大圣神"即充满美德美政美俗的社会，充满精气神的正能量的社会，充满崇尚圣贤豪杰的社会，以至于充满神圣和敬畏及其信仰的人和社会，都只能以善和诚信为根基，没有这个根基，就不可能有后面的结果。

关于诚信，一部朴实无华的《论语》，足见儒家对其重视程度。如，曾子曰："吾日三省吾身：为人谋而不忠乎？与朋友交而不信乎？传不习乎？"（《论语·学而》）曾子把自己每一天之中最重要的三方面修养概括为"忠""信"与"习"，其中，前两者都直接指向诚信问题，可见诚信对于儒者及其生命修养的庄严性。而孔子本人更是处处强调诚信。孔子认为："道千乘之国，敬事而信，节用而爱人，使民以时。"（《论语·学而》）治理一个国家，其中最重要的是严肃认真地对待老百姓的大大小小的事务，不苟且懈怠，绝不能失信于民，绝不能欺骗百姓，也绝不能欺上瞒下，搞阴谋诡计。因此，治理社会国家都具体地落实到人的修养上。所以，孔子强调："弟子入则孝，出则弟，谨而信，泛爱众，而亲仁，行有余力，则以学文。"（《论语·学而》）一个人从小的教育养成，其中最重要的就是谨慎诚实做人做事，人与人之间讲究诚信为本，有了诚信这个根基，再谈学文之事，否则，正所谓"知识越多越反动"，越具有为恶的能力，这是儒家所警觉的。所以，孔子指出："君子不重则不威，学则不固。主忠信，无友不如己者，过则勿惮改。"（《论语·学而》）到了君子即大人的阶段，仍然要以忠信文本，即"主忠信"。正如子夏所说："贤贤易色，事父母能竭其力，事君能致其身，与朋友交言而有信。虽曰未学，吾必谓之学矣。"（《论语·学而》）与朋友交往，最重要的是"言而有信"，这是五伦或者说五常之中朋友之道的根本，朋友最根本的是信义。如果一个人坚守信义，即便没有高文凭高学历，也比那些拥有高文凭高学历而不讲信义的人更值得尊重，在根本上说来也更有真学问。正如孔子所说"谨而信"，行有余力才学文，可能会更可靠，而非今天这样，只追求学历文凭，只看分数和出身背景，却不考察人品方面的诚信道德修养，这实在是本末倒置，不可理喻，而且会鼓励人不讲信义而只管功利。这对当代道德观的建构是一个沉重的打击，不得不引起反思和改变。正如孔子所说："人而无信，不知其可也。大车无辕，小车无轨，其何以行之哉？"（《论语·为政》）做一个人，或者说社会中的人，不讲诚信道义，就像一辆牛车马车没有輗和軏一样，就不能运行，也不能载物，根本就不能成为一辆车。而一个社会及其中的人如果没有诚信，也就不成其为社会和人，或者说就不是人的社会。

因此，诚信在儒家看来是人和社会的根本，是人立身处世的根基。所以，当"子张问行"，即如何才能所到之处都能立身处世而行得通，孔子只告诉他"信"与"敬"二字，所谓："言忠信，行笃敬，虽蛮貊之邦行矣；言不忠信，行不笃敬，虽州里行乎哉？立则见其参于前也；在舆则见其倚于衡也，夫然后行。"（《论语·卫灵公》）孔子指出，如果做到信和敬，即便到了蛮貊之地，也能畅行无阻，相反，如果失去信与敬，即便在自己的家乡，也寸步难行。所以孔子强调诚信和充满内心的敬畏对做人的重要性无可替代。此外，孔子还劝诫不要和不讲信义的人交朋友，所谓"益者三友，损者三友。友直、友谅、友多闻，益矣；友便辟、友善柔、友便佞，损矣"。（《论语·季氏》）其中的"谅"即忠信诚实，与这样的人交往是有益的，反之，则可能会给自己带来危害。正如孔门另一高足子张向孔子问何为"仁"，孔子指出能够实行五个方面的修养，即是做到了仁，即"恭、宽、信、敏、惠。恭则不侮，宽则得众，信则人任焉，敏则有功，惠则足以使人"（《论语·阳货》）。孔子认为，一个人坚守诚信忠实，就会得到别人的信任与重用。那么，走到任何地方，都不担心没有自己的立身处世之道。因此，"子贡问政。子曰：'足食，足兵，民信之矣。'子贡曰：'必不得已而去，于斯三者何先？'曰：'去兵。'子贡曰：'必不得已而去，于斯二者何先？'曰：'去食。自古皆有死，民无信不立。'"（《论语·颜渊》）近代以来，有不少人受到西方一些歪理邪说的影响，一度抨击儒家所谓的"不患寡而患不均""不患贫而患不安"的说法，认为这会导致平均主义泛滥，并且不重视经济的发展。实际上，这完全是一种歪曲和误解。孔子认为，一个国家的经济和军事固然重要，但要与老百姓的真心诚意、国家和民众之间上下一条心、同心同德相比，宁可先重视后者，因为正所谓人心齐泰山移，"二人同心，其利断金"，而如果是上下交征利，则即便有一时强盛的物质经济和军事实力，也会在自伐内讧中走向危亡，古今中外的事例举不胜举。因此，孔子强调"民无信不立"，一个国家社会，老百姓光天化日之下不讲诚信，政府在民众中严重失去信任，人与人之间只讲利害不讲信义，这实在太悲哀和无意义，即便拥有物质经济和军事实力，也不是贤者乐意居住的地方，当然也不是老百姓所愿意身处其中的。

所以，诚信对于孔子、对于儒家而言，可以说有之即有一切的可能性和根基，无之即无一切意义和价值。社会的道德观首先出于社会的诚信，有了诚实忠信的人，才有诚实忠信的社会，也才有可能建构真正的良善自觉自愿的道德观。在儒家看来，甚至诚信本身就是最重要的道德观，离开诚信，什么样的道德观都是虚假和无意义的，最终也会失去信义而走向憔悴枯亡。因此，从儒家对诚信的重视程度，可以给当代道德观建构以巨大的启示，儒家诚信本身的思想文化资源，也是建立以诚信为本的当代道德观的最为重要和最具价值的民族文化根基。

（二）当代道德观建构应该以社会诚信为根本

在建构当代道德观的进程中，不能只顾形式，更不能图多快好省而搞虚妄的事情，而应该实实在在地从根本抓起。对于当代道德观的建构，实际上最基础最根本的是社会诚信这个前提。没有社会诚信这个根基，一切都是侥幸和不安的，甚至会越行越远。因此，当代道德观的建构，时刻不能忘社会诚信这个根本，社会诚信可说是当代道德观建构的灵魂和最基本的试金石，是老百姓实实在在可以看得见摸得着，并且在日常生活和工作中实实在在切身感受觉知到的，如果在这一点上犯了自欺欺人的错误，便会彻底失信于民，那么，再谈道德观，就毫无意义甚至加剧人心离散，这是应该警醒和注意的地方。

早在2006年，"八荣八耻"便直至市场经济条件下的社会道德观问题，并表明社会诚信的重要性。当今社会，在市场经济的冲击下，加之受到国外不良思想的影响和误导，一些不健康、不文明的现象在社会上有蔓延之势，如拜金主义、享乐主义、极端个人主义，以及思想价值混乱，道德缺失，对基本的是非、善恶、美丑不加辨别等等。由此造成对社会道德体系和道德观的巨大冲击，严重败坏了社会风气，深刻影响了社会的健康稳定发展，危害着每一个公民的切身利益。毫无疑问，一个社会要全面健康良善地发展，那么，物质文明、精神文明必须协调发展，不可偏颇。社会风气的好坏，社会道德观的健康健全程度，是现代社会文明的重要标志。全体公民的思想道德建设，必须以正确的社会价值观和健康的道德观作为引领。"八荣八耻"就是针对一些不良现象及时做出的教育和救治。"八荣八耻"要求在全社会尤其是代表国家和民族未来的广大青少年中坚决落实坚持"以热爱祖国为荣、以危害祖国为耻，以服务人民为荣、以背离人民为耻，以崇尚科学为荣、以愚昧无知为耻，以辛勤劳动为荣、以好逸恶劳为耻，以团结互助为荣、以损人利己为耻，以诚实守信为荣、以见利忘义为耻，以遵纪守法为荣、以违法乱纪为耻，以艰苦奋斗为荣、以骄奢淫逸为耻"的荣辱观，全社会应该明确是非、善恶、美丑的界限，这是做人处事的基本常识，也是基本的大是大非问题。其中，"八荣八耻"

在一定意义上，可以说又集中体现在社会诚信问题上。如果全社会的每一个公民都讲诚信，以诚实忠信做人做事，那么，自然不会干危害自己祖国的事情，自然不会背离生养自己的百姓，自然不会受人欺骗搞愚昧无知的活动，自然不会好逸恶劳，当然也不会干损人利己乃至于损人不利己的事情，也不可能见利忘义，更不可能干违法乱纪的勾当，一个真正坚守诚实忠信的人，更不可能堕落至骄奢淫逸的境地。因此，正如儒家所强调的一样，社会诚信是一切家国天下的根本，而社会诚信的根本又落实到每一个人的自身诚信修养上，诚信是每个人最基本的操守和涵养，离开这一点，毫无疑问，一切都会是虚假和阴险的。离开社会诚信，一切的所谓价值观和道德观都绝对不会被真正诚信善良的人们所认可和接受，这一点无论置之古今中外，都是准确无疑的。因此，社会诚信是社会道德观建构和健康运行的前提。

进入新时期以来，以习近平同志为核心的党中央，对社会诚信等问题高度重视，并制定了包括社会诚信在内的社会主义核心价值体系和核心价值观，作为全社会的价值观和道德观中最基本的遵循和要求。党的十八大首次明确提出，倡导富强、民主、文明、和谐，倡导自由、平等、公正、法治，倡导爱国、敬业、诚信、友善，积极培育和践行社会主义核心价值观。其中，富强、民主、文明、和谐是国家层面的价值目标，自由、平等、公正、法治是社会层面的价值取向，爱国、敬业、诚信、友善是公民个人层面的价值准则，这24个字是社会主义核心价值观的基本内容。社会主义核心价值观是社会主义核心价值体系的基本内核，体现了社会主义核心价值体系的根本性质和基本特征，同时也反映了社会主义核心价值体系的丰富内涵和实践要求，是社会主义核心价值体系的高度凝练和集中表达，是对全社会每一个公民的基本规范和要求。从社会主义核心价值观的三个层面24个字来看，基本遵循了儒家身家国天下与修齐治平的思想逻辑，即从爱国、敬业、诚信、友善是公民个人层面的价值准则，到自由、平等、公正、法治是社会层面的价值取向，再到富强、民主、文明、和谐是国家层面的价值目标，层层递进，一级为一级的根基，这实际上再一次证明了儒家身家国天下与修齐治平逻辑的普世性和恒常性，其放之四海而皆准的真理性是不容否认的。其中，社会主义核心价值观的个人层面要求，诚信即是重中之重，正如上述"八荣八耻"所规定的内容一样，一个人没有诚信，如何谈爱国、敬业、友善？一个没有诚信的人，他的爱国、敬业、友善一定是造作出来给别人看到，一定是打着爱国、敬业、友善的旗号和幌子，充分利用世道人心，将价值观和道德观作为手段和工具，实际上是为了更好地达到自己一己私利的种种目的。这样的人，在当今的社会上并不少见，而且常常都是所谓的情商极高的人。正如有的官员，可谓见人说人话、见鬼说鬼话，喜怒哀乐运用自如，为了掩盖自己，欺骗百姓的情感，可以当即流泪甚是真切，然而等到真相揭穿的那一天，带给百姓的只有无限的失望和受骗，这样的负面影响太大了，当我们苦口婆心地树立了一百个好的榜样，也许有时候只需要几个这样的负面人物，就会彻底消解老百姓的信任心。所以，没有个人层面的修养，不可能有社会层面的落实，更不可能有国家层面的实现，这样的逻辑应该是不证自明的。如上所说，个人层面的根本，没有诚实忠信作为根本和底线，也不可能真正落实，这也同样是不证自明的。因此，基于公民个人诚信及其由此构成社会诚信，是一切价值观道德观建构成立的根本前提。离开这个根本前提，不少也许和可能性的问题，变成一定的问题，即不可能有"八荣八耻"价值观道德观的根本落实，也不可能有社会主义核心价值体系及其价值观的真正落实。这放之古今中外，都是不言而喻。

综上所述，在推进建构当代道德观的进程中，无论是从传统文化及其社会发展的启示，还是立足于现代社会来看，社会诚信是最根本的前提性条件。而社会诚信又必须落实到每一个人的身体力行上。正如《礼记·大学》所说："古之欲明明德于天下者，先治其国；欲治其国者，先齐其家；欲齐其家者，先修其身；欲修其身者，先正其心；欲正其心者，先诚其意；欲诚其意者，先致其知。致知在格物，物格而后知至，知至而后意诚，意诚而后心正，心正而后身修，身修而后家齐，家齐而后国治，国治而后天下平。自天子以至于庶人，壹是皆以修身为本。其本乱，而末治者否矣。其所厚者薄，而其所薄者厚，未之有也。"如果说"欲明明德于天下"是当代道德观建构的终极目标，那么修身的"正心""诚意"则是其前提性条件，没有这个根本性前提，不可能实现"明明德于天下"。因此，没有"皆以修身为本"这个根本，"其本乱，而末治者否矣。其所厚者薄，而其所薄者厚，未之有也"，本末倒置的事情，不可能有意义，也不可能取得成功。当然要实现当代道德观建构这样一件具有历史性意义的十分宏大的时代课题，以人为本、以每一个个体生命的实实在在的修养涵化为本，以诚信为本，是成功与否的关键性前提。

不仅仅是诚信，而且应该是至诚至信，应该是无比诚实的忠信者，才可以有资格担当此重任。正如《礼记·中庸》所谓："唯天下至诚，为能尽其性；能尽其性，则能尽人之性；能尽人之性，则能尽物之性；能尽物之性，则可以赞天地之化育；可以赞天地之化育，则可以与天地参矣。"只有至诚的人，才可以谈真正的涉及人的存在和人性根本的道德观问题，也才可以由此人人相同的人性之本，去感通他人，感通社会，感召集体，实现参赞天地而化育万物的伟大事业。因此，《礼记·中庸》进一步谓："唯天下至诚，为能经纶天下之大经，立天下之大本，知天地之化育。夫焉有所倚？肫肫其仁，渊渊其渊，浩浩其天。苟不固聪明圣知达天德者，其孰能知之？"只有至诚至信的人，才可能担当建构道德观这样的根本性事业，因为道德观不是具体的一事一物，而是涉及所有人的、跨越时空的存在性价值问题，所以，不"达天德"者，即自己不具备深刻道德修养者，不可能实现道德观的建构。从这个意义上说，基于个体的社会诚信，当然是当代道德观建构的基本前提。换句话说，没有社会诚信，就没有资格、也不可能建构成功的当代道德观。

第三节　传统道德必须以社会主义核心价值观为归宿

在讨论传统道德必须以社会主义核心价值观为归宿这样的宏大问题时，应该对二者各自进行一定的认识，尤其是对前者的认识，这是基本的严谨态度。因此，首先，要认识清楚的是，作为中华民族优秀传统文化根本的道德，这一点很重要，因为谈论传统道德，首先的任务应该是尽量还原传统道德本身，然后再谈论其在现代性条件下的继承和发展问题，以及它和当代社会主义核心价值观之间的文化渊源及其交融和升华问题。

（一）传统道德及其意涵探微

传统道德主要以儒家为代表，儒家的根本在道德，而不是一些专家学者所说的仁爱，仁爱是道德修养的自然结果，但必须隶属于道德根本。但纵览现代学术，却多以仁和仁爱定格儒家，这首先源于对孔子的认识。在《论语》中，提及仁字足有一百多处，因此，把儒家解读为仁和仁爱，似乎符合量化依据，这也并非错误，但却不尽周延。孔子及儒家的仁不仅是爱和仁爱及爱人，更多的是主体道德修养的过程和结果表征，其表现和化用具有仁民爱物的仁慈大爱之境，但仁爱不是本体，本体在道德。论儒家的道德，并非易事，其远不如说仁爱平易近人。这也许就是孔子多言仁、少言道德之故。就此，孔子本人的说法最为重要。孔子自述："志于道，据于德，依于仁，游于艺。"（《论语·述而》）并谓："吾十有五而志于学，三十而立，四十而不惑，五十而知天命，六十而耳顺，七十而从心所欲，不逾矩。"（《论语·为政》）孔子的终极目标是"志于道"，其次是"据于德"，再次才是"依于仁"，最后才是"游于艺"，其关系既可以是共时性，但也凸显层次性，志道据德是根本。孔子十五所志之学即"志于道"，至于何谓"道"，何谓"德"，孔子说得不多，因为真论道与德并非易事。如孔门高足子贡感叹："夫子之言性与天道，不可得而闻也。"（《论语·公冶长》）而孔子对子路只得说："由，知德者鲜矣。"（《论语·卫灵公》）所以孔子也难觅知音，而感叹"知我者其天乎！"（《论语·宪问》）"予欲无言。"（《论语·阳货》）因为道德已经涉及儒家形上性的根本，包括天道、人道，人道之成必据天道之德，德成而道至，道德成就，即所谓"天人合一"的上达进路。而仁及仁爱多重人道，所以说仁民爱物。正如孟子指出："仁也者，人也。合而言之，道也。"（《孟子·尽心下》）仁和人都经由德最终归合于道。所以，说儒家为道德本位，而不说为仁本位。

除此之外，传统道德的重要代表还包括道家，因此，在涉及传统道德时不得不对道家的道德思想进行探微，一则追溯传统道德本身及其意义，同时以备在当代社会道德文化及其价值观的转化之用。在道家看来，道德可不仅仅是现代以西方为主流的道德观念，道德本身是一切万物众生的生命与存在性之本。通过《老子》一书来看，老子谓："大道废，有仁义；智慧出，有大伪；六亲不和，有孝慈；国家昏乱，有忠臣。"（《老子》第十八章）老子看来，没有必要整天喊道德仁义，也不必抓着忠信孝慈的榜样大肆宣传，要有如此的真实内容与自信，就应该不断地返回真正的道德仁义之道，由此开出道德忠信文化。正如老子所强调指出："上德不德，是以有德；下德不失德，是以无德。上德无为而无以为；下德无为而有以为。上仁为之而无以为；上义为之而有以为。上礼为之而莫之应，则攘臂而扔之。故失道而后德，失德而后仁，失仁而后义，失义而后礼。夫礼者，忠信之薄，而乱之首。前识者，道之华，而愚之始。是以大丈夫处其厚，不居其薄；处其实，不居其华。故去彼取此。"（《老子》第三十八章）老子指出，真正有道德的人，并不认为自己有道德，而缺乏道德者，则总是标榜自己站在道德的制高点，仁义礼智信也是一样。老子强调去华取实、志道据德，才是世道人心道德建设的根本之道。所以老子说："修之于身，其德乃真；修之于家，其德乃余；修之于乡，其德乃长；修之于国，其德乃丰；修之于天下，其德乃普。故以身观身，以家观家，以乡观乡，以国观国，以天下观天下。吾何以知天下然哉？以此。"（《老子》第五十四章）老子强调，要真正修养道德，才能谈论道德。正如老子强调："我有三宝，持而保之。一曰慈，二曰俭，三曰不敢为天下先。慈故能勇；俭故能广；不敢为天下先，故能成器长。今舍慈且勇；舍俭且广；舍后且先；死矣！夫慈，以战则胜，以守则固。天将救之，以慈卫之。"（《老子》第六十七章）老子所说的"三宝"，既是守身之本，也是德业之基。所谓的"慈"，本身就是道德，"俭"，也是道德，常言道，俭以养德。"不敢为天下先"，所谓谦和之德谦，正所谓："谦，德之柄也。"（《周易·系辞下》）"如有周公之才之美，使骄且吝，其余不足观也已。"（《论语·泰伯》）因此，老子所说的"三宝"本身就是道德。

而道家的庄子则贬斥虚假伪善的道德现象，追求真正的道德。正如："庄子见鲁哀公，哀公曰：'鲁多儒士，少为先生方者。'庄子曰：'鲁少儒。'哀公曰：'举鲁国而儒服，何谓少乎？'庄子曰：'周闻之：儒者冠圆冠者知天时，履句屦者知地形，缓佩玦者事至而断。君子有其道者，未必为其服也；为其服者，未必知其道也。公固以为不然，何不号于国中曰：'无此道而为此服者，其罪死！'于是哀公号之五日，而鲁国无敢儒服者。独有一丈夫，儒服而立乎公门。公即召而问以国事，千转万变而不穷。庄子曰：'以鲁国而儒者一人耳，可谓多乎？'"（《庄子·田方子》）庄子通过事例意在指出，天下人都常常在追赶时效性地附庸风雅、讨好卖乖、图名图利，并进而大谈儒家，俨然一副儒者模样。可是，表面的文章做得再好，却未必有儒家之道。庄子认为，真正的真儒实在太少。甚至于虽然满朝廷满大街都是服儒服、言儒言、道儒道的人，但真儒却屈指可数。在庄子看来，真正的道德是实在的内在修为，而不是宣教和做给别人看的。所以庄子说："古之行身者，不以辩饰知，不以知穷天下，不以知穷德，危然处其所而反其性己，又何为哉！道固不小行，德固不小识。小识伤德，小行伤道。故曰：正己而已矣。乐全之谓得志。古之所谓得志者，非轩冕之谓也，谓其无以益其乐而已矣。今之所谓得志者，轩冕之谓也。轩冕在身，非性命也，物之傥来，寄者也。寄之，其来不可圉，其去不可止。故不为轩冕肆志，不为穷约趋俗，其乐彼与此同，故无忧而已矣！今寄去则不乐。由是观之，虽乐，未尝不荒也。故曰：丧己于物，失性于俗者，谓之倒置之民。"（《庄子·缮性》）庄子认为，"小识伤德""小行伤道"，并强调修养道德根本上要"正己"而不随波逐流，"不为轩冕肆志"，"不为穷约趋俗"，不能成为"丧己于物""失性于俗"的"倒置之民"，这才是真正的道德。实际上，道家所说的道德，仍然是以做人为本，道德本来就是个体生命立身处世最根本的操守，是生命得以自在畅达的根基，离开道德修养这样的守身成生之道，一切都是虚假和无意义的。就正如"以鲁国而儒者一人耳"，不能做表面文章，不能搞形式主义，否则不但不能建立道德，反而一定会损害道德，败坏世风，这是老子所谓"失道而后德"的根本原因，也是庄子嬉笑怒骂世间各种不道德的原因所在。所以，不能把道家理解为对人文主义精神和道德仁义礼智信的消极解释乃至于解构，这是完全不正确的，如果这样，也会妨碍现代我们进一步化用传统道德资源的进程和效果，这既伤害歪曲了传统道德，也对当代道德经价值观的建构产生消极阻碍及不良影响。

然而，自从近代以来，受到西方在船坚炮利开路下的各种思想学说的冲击，不少学者认为儒家的道德是基于宗族血亲、家庭伦理，注重私德而忽视公德，全然陷入现代西方话语中的所谓公私之德与社会伦理范畴，出现了对儒家去魅化，以西方学术思维消解儒家道德神圣性的认知行为。今天所谓的道德，只是局限于社会规范意义上而言的，仅局限于人道，而真正的儒家道德，则是通天达地，深具神圣性、形上性、超越性的道化境界，而远非现代狭隘的公私之道德和社会伦理范畴。现代社会对儒家道德本源意义的不少认知错位，由来已久，需要在不断返本溯源中正本清源、刷新认知，开显儒家道德的原发性意义世界。由此，通过上述对以儒家为代表的传统道德的简单梳理，已不难发现，传统道德实际上是一个很大的哲学范畴，传统道德本身所包含的内容和意义世界，甚至不亚于传统文化这样的范畴。比如，作为国术的传统武术，虽然门派诸多，但无论哪一派，都承认学武先习德，都把道德作为根本前提。同样，作为国医的中医，不仅哲理高深，文化博大，而且也无一例外地主张和坚持医德第一，大医大德。因此，在谈论传统道德这样具有十分广泛意义的问题时，应该至少尽量对其有一个追本溯源的大概理解，否则所谈论的传统道德可能并不是真正的传统道德本身。正如上所说，近代以来，出于种种原因，作为中华民族安身立命根本的传统道德，一度被评判解构成面目全非的封建腐朽思想和现代文明的绊脚石。然而，这实在是一种对民族历史文化的极大误解和亵渎。所以，在谈论传统道德与社会主义核心价值观之间的关联时，必须要对传统道德有起码的理解和领会，这是最基础的前提条件，否则会风马牛不相及，这样的错误我们今天不能再犯，这是必须要有的正本清源的基本观念。

（二）传统道德的转化只能归宿于社会主义核心价值观

在历经了数千年的积淀和发展演变后，传统道德走到了今天，这是中华民族源远流长、博大精深的宝贵民族遗产和文化记忆，是中华民族最根本的精神文化家园，但与此同时，人类社会的发展在18世纪左右发生了根本性的演变，正如梁启超所谓两千年来从未有过的巨变，这不仅发生在中国，实际上也发生在全世界，在这样的巨变下，传统道德当然也应该有所权变和调试，也就是我们今天常说的创造性继承和创新性转化的问题。这个问题的存在本身应该是没有太大疑问的，也就是说，不是有没有、要不要的问题，而是怎么样做的问题。

党的十八大明确提出，倡导富强、民主、文明、和谐，倡导自由、平等、公正、法治，倡导爱国、敬业、诚信、友善，积极培育和践行社会主义核心价值观。其中，富强、民主、文明、和谐是国家层面的价值目标，自由、平等、公正、法治是社会层面的价值取向，爱国、敬业、诚信、友善是公民个人层面的价值准则，这是社会主义核心价值观的基本内容。社会主义核心价值观是社会主义核心价值体系的内核，体现社会主义核心价值体系的根本性质和基本特征，反映社会主义核心价值体系的丰富内涵和实践要求，是社会主义核心价值体系的高度凝练和集中表达。社会主义核心价值观对全社会每一个公民都起到基本的价值观和道德观的规范和引领作用。

至于社会主义核心价值观的当代意义，毫无疑问，在建构当代中国的道德观进程中，必须有一套相对稳定集中的、与经济基础和政治上层建筑相一致并能形成广泛社会共识的核心价值观，因为核心价值观在一定的社会文化中起到定盘针和坐标系的作用，对社会文化性质和发展方向起着稳定器的作用。如果没有共同的核心价值观，一个民族、一个国家就会魂无定所、行无依归。必须通过教育引导、舆论宣传、文化熏陶、行为实践、制度保障等，使社会主义核心价值观内化于心，外化于行。

因此，当代中国已经发生了深刻的社会变革，处于世界全球化和多样化、信息化与商业化的社会形态，一方面，我们既要实实在在地继承和弘扬好中华民族优秀传统文化及其蕴含的优良宝贵的道德文化和精神价值追求的理念和修养之道，另一方面，又必须面对现实，放眼世界，对中华民族的精神文化家园进行与时俱进的所谓创造性继承和创新性发展，在继承与扬弃的过程中，结合新的时代特征和新的社会形态，以及人们对精神文化的新的追求等等因素，审时度势地继承创新的民族精神文化及其推进道德观的伟大发展进步。那么，在当代，作为推进中华民族优秀传统文化及其精神价值的伟大创新发展的指导性价值观念是什么呢？答案当然是而且只能是党的十八大提出和凝练而成的社会主义核心价值观。在中华民族优秀传统文化及其道德价值与社会主义核心价值观二者之间，存在纵横交会、因果源流这样的关系。没有中华民族优秀传统文化及其道德，就不可能有当代社会主义核心价值观的提炼和形成，同时，没有社会主义核心价值观的引领和聚能，传统道德也可能会落入历史的僵局而无法更好地适应现代性的需求。因此，在中国大地上，在中华民族的共有家园中，二者之间既是一种内生的、天然形成的源流发展关系，同时也是别无选择、体用不二的必须关系。作为中华民族，我们无法选择别的价值观和传统道德源流，我们唯一的前进方向只能是在社会主义核心价值观这个时代精神价值的规范引领下，发掘弘扬和最大限度地激活凝练聚能传统道德，为中华民族伟大复兴、中华民族精神文化、价值追求的一体化命运共同体而团结奋斗。

由此，在建构当代道德观进程中，如何继承和弘扬好中华民族优秀传统文化这个根本和源头，如何更好起用传统道德这个精神文化宝藏，在最根本上决定着道德观建构的成败或质量。正如习近平总书记所指出，牢固的核心价值观，都有其固有的根本。中华文明绵延数千年，有其独特的价值体系，中华优秀传统文化已经成为中华民族的基因，植根在中国人的内心，潜移默化影响着中国人的思维方式和行为方式。提倡和弘扬社会主义核心价值观，必须从中汲取丰富营养，否则就不会有生命力和影响力。要利用好中华优秀传统文化蕴含的丰富思想道德源泉，使其成为涵养社会主义核心价值观的重要源泉。中华民族优秀传统文化既是社会主义核心价值观得以形成和发展壮大的根基，当然更是建构当代道德观的根本和源头。必须首先在尊重和传承中华民族历史与文化的前提下，不断增强中华民族的归属感、认同感、尊严感、荣誉感。在建构当代道德观的进程中，必须继承和弘扬中华民族在数千年生生不息的生存发展的历史长河中涵化和积淀形成的传统美德，加强在社会公德、职业道德、家庭美德、个人品德等方面的建设，从中激发人们形成善良的道德意愿、道德情感，培养正确的道德判断和道德责任，提高道德实践能力尤其是自觉践行能力。这一系列的道德观所包含的内容，涉及社会生活的方方面面，小到个人，大到整个国家和民族的道德品性。与此同时，社会主义核心价值观还是中华民族传统道德的高度提炼和集中表达。如在国家层面的爱国方面，中华民族传统道德可谓浓墨重彩。因此，在社会主义核心价值观中，最深层、最根本、最永恒的爱国主义这个主体，就是对传统道德核心的最好阐释。

总之，社会主义核心价值观中的核心内容，其中二十四个字所表达的意涵，绝不仅仅是二十四个字本身这么简易。就其三个层面而言，对于传统道德正好是协调一致的关系，同时更是提炼和升华结晶的关系。传统道德基于每个人的修身齐家治国平天下，虽然有其永恒的价值，但在现代社会而言，如果还是仅仅照着古人讲，甚至于照抄这般，搞教条主义，在高度全球化、商业化、信息化与多样化的当代社会，可能不是绝大多数老百姓能够轻易明白和易于践行的，因为过于含混的表达，对于哲学化、思想化的表达，所谓身家国天下和修齐治平，并不能很好地在现代社会的教育模式、舆论导向、宣传方式、职场交往等等工作和生活中含混地分疏和简明地用于规范各行各业的活动。而社会主义核心价值观的分层分类，既一目了然，同时又可以帮助当下理解和立即从我开始实践，但又不失集大成式的言简意赅、深入浅出的哲学与道德、思想与价值的深沉追求。对于普遍快节奏的现代社会而言，除了在特定的系统和方面实行慢节奏和长期的熏陶涵化，对于公共社会层面，要起到通俗易懂、易于上手、当下可行的社会价值观的规范和引导作用，毫无疑问只能由高度凝练的社会主义核心价值观作为指引。从这个意义上来说，传统道德必须要以社会主义核心价值观为归宿，是肯定无疑的。当然，这样说的目的并不是要降低传统道德的丰厚滋养和肥沃土壤地位，更不是要以社会主义核心价值观为横截面式的孤立之物，而恰恰是通过社会主义核心价值观，让一切古今中外的有益价值观资源都活用起来，在社会主义核心价值观这个大体系、大熔炉之中不断交融、历练、升华，以滋养更为广大的社会面，发挥更大的价值。正如传统道德是社会主义核心价值观最为重要的民族价值滋养，同时，社会主义核心价值观又是民族传统道德观最根本最相应的表达，这是一体和谐的自然过程。

第四节　社会主义核心价值观是传统美德的最高体现

作为当代中国最根本的价值规约和指导路向，社会主义核心价值观是每一个公民的基本行为规范，也是中华民族优秀传统文化的根基，即中华民族优良传统美德的最高体现和集中表达，代表着中华民族源远流长、一以贯之的共同精神文化家园的核心理念。我们应该要自觉地把自己的言行举止、动止语默向社会主义核心价值观这个基本要求上靠拢看齐，在实现中华民族伟大复兴中国梦的伟大征程中最大范围和最深层次地凝精聚力，并在"四个全面"和"五位一体"的社会治理与改革发展中，最大程度地彰显社会主义核心价值观在促进世道人心向善向上的功能，最大程度地发挥社会主义核心价值观的精神动力和智力支持作用。如果没有共同的核心价值观，一个民族、一个国家就会魂无定所、行无所依。中华民族自古以来就以基于道德而追求安身立命、开物成务为本，正所谓自强不息、厚德载物，这是中华民族数千年以来一以贯之的、最具民族认同感和凝聚力、最能感召民族情怀和精气神的基本理念。到了当代，社会主义核心价值观则是这一基本理念的提炼和升华，是新时期新阶段最能代表中华民族共同理念和价值追求、最能为中国人所接受的基本价值观。

（一）社会主义核心价值观是传统美德修身为本的凝练

社会主义核心价值观中的第一个层面的基本规范即"爱国、敬业、诚信、友善"，既是当代中国人的修身之本，也是中华民族优秀传统文化的核心即传统美德本身的根本要求。只是，到了现代，随着社会的发展变化，需要更加清晰、更具有切实实行力和可操作性的提炼和表达，因此我们才在此综合的运筹考量下，自然而然地在继承弘扬的基础上，形成了八个字共四个方面的具体表达。传统美德的修身虽然可以说无所不包，但也正因为这样，难免让人感觉浑然不知所措，有时根本就难以从当下着手实践，所以，将社会主义核心价值进行分疏，具有很强的创造性继承和创新性发展效果，这样的表达是十分必要的。

以社会主义核心价值观个人层面的爱国为例，以端午节为代表，只要是中国人，都会马上联想到屈原的伟大感人事迹。屈原不仅是伟大的诗人、思想家、哲学家，同时更是伟大的爱国人士，是中华民族爱国分子的典型代表。而另一爱国伟人岳飞，以精忠报国为人生最高的使命，视国家民族的团结统一高于自己的生命。文天祥则为了国家民族的大义，视死如归。谭嗣同则认为国家民族的革新必须要有人为之牺牲流血，因此甘愿献出自己的生命，为国家民族的前途命运作奠基。而到了革命战争时期，中华儿女在古圣先贤的感召下，为了中华民族的独立和富强，赴汤蹈火、前赴后继，涌现出了无数的英雄人物。中国人耳熟能详者，如刘胡兰、董存瑞、黄继光、杨靖宇、狼牙山五壮士等等，数不胜数。他们都是中华民族的优秀分子，都是伟大的爱国主义者，都为中华民族的伟大复兴献出了自己最宝贵的青春和人生，历史会永远铭记他们的伟大爱国事迹。

因此，社会主义核心价值观中的爱国，毋庸赘言，它本身就是中华民族自古及今一以贯之的伟大家国情怀，是中华民族自古以来最根本的爱国主义精神的最高体现。当代中国的发展，离不开伟大的爱国主义精神的激励和感召。社会主义核心价值观中，最深层、最根本的是爱国主义。必须把爱国主义教育作为永恒主题，贯穿国民教育和精神文明建设全过程。"必须坚持爱国主义和社会主义相统一，始终围绕实现民族富强、人民幸福而发展，最终汇流于中国特色社会主义。必须维护祖国统一和民族团结，旗帜鲜明反对分裂国家的图谋、破坏民族团结的言行；必须尊重和传承中华民族历史和文化，不断增强中华民族的归属感、认同感、尊严感、荣誉感。"①社会主义核心价值观是中华民族传统美德的当代发展，是和中华民族优秀传统文化一脉相承的根本价值诉求，代表着中华民族数千年以来最深厚的那一份家国情怀。

而社会主义核心价值观中个人层面的敬业、诚信、友善，更是中华民族传统美德的主体。敬业，是一个人的基本修养，不敬业，就难以在社会上工作和立足。中国传统的儒商，就以讲道义、先义后利为修养，而且，儒家讲究战战兢兢、如临深渊、如履薄冰的敬业精神。国君召唤孔子，孔子不待驾而行，体现的正是一份发自内心的敬业精神。正如："陈成子弑简公，孔子沐浴而朝，告于哀公曰：'陈恒弑其君，请讨之。'公曰：'告夫三子。'孔子曰：'以吾从大夫之后，不敢不告也。'君曰：'告夫三子者！'之三子告，不可。孔子曰：'以吾从大夫之后，不敢不告也。'"（《论语·宪问》）如果仅从个人的得失利害而言，孔子完全可以学别人，事不关己高高挂起，完全不必要给自己找麻烦，但孔子所谓"以吾从大夫之后，不敢不告也"，可见孔子对自己工作职责的敬业精神。又如："齐景公问政于孔子。孔子对曰：'君君，臣臣，父父，子子。'公曰：'善哉！信如君不君、臣不臣、父不父、子不子，虽有粟，吾得而食诸？'"（《论语·颜渊》）后世不少孤陋寡闻者评判儒家及孔子，认为孔子宣扬一套君臣礼仪，钳制人性自由，实际上孔子是在回答齐景公问政这样一个具体的语境下说的，并不是在普遍意义上说的。孔子之意，根本在强调，各行各业都应该自觉干好分内事，摆正自己的角色，也就是今天的敬业精神的传统说法。因此，我们今天的社会主义核心价值观以敬业二字作为现代性表达，就会更加浅显易懂，也不会产生太多歧义。

至于友善，中华民族历来以善为修身之本，且强调与人为善。正如《礼记·大学》所谓："大学之道，在明明德，在亲民，在止于至善。"大人之学，也就是君子最为根本的修养与学问之道，在于"明明德"，即发明内心光明的德性，这即是友善之本，内心友善。同时，发之于外，就是"亲民"，以他人、以百姓为亲近，乃至于与万物众生为亲近。这无不是社会主义核心价值观之友善的具体内容，亦正如孔子所说："道千乘之国，敬事而信，节用而爱人，使民以时。""弟子入则孝，出则弟，谨而信，泛爱众，而亲仁，行有余力，则以学文。"（《论语·学而》）对孔子而言，治理天下最根本之道，就在于"爱人"，这当然是以友善为本。因此，孔子教导学生应该以友善修身，以友善存心，以友善待人待物，即"泛

---

① 中共中央宣传部编：《习近平总书记系列重要讲话读本（2016年版）》，第191页。

爱众"，推而广之，正如张载所谓"民胞物与"，视天下百姓和万物为同仁一体之爱。这是何等伟大广博的气象。因此，"子禽问于子贡曰：'夫子至于是邦也，必闻其政，求之与，抑与之与？'子贡曰：'夫子温、良、恭、俭、让以得之。夫子之求之也，其诸异乎人之求之与？'"（《论语·学而》）从孔子的学生之言，可以想见，孔子无论是待人接物还是所到之处，其最根本的处世之道皆以"温、良、恭、俭、让"为本，离开这个根本，即便是再大的荣华富贵，对孔子而言都是浮云，也都是人所不该贪得欲求的。因此，可以说孔子及其儒家一切都以友善为安身立命之本。正如王阳明所说："是故亲吾之父，以及人之父，以及天下人之父，而后吾之仁实与吾之父、人之父与天下人之父而为一体矣。……君臣也，夫妇也，朋友也，以至于山川鬼神鸟兽草木也，莫不实有以亲之，以达吾一体之仁，然后吾之明德始无不明，而真能以天地万物为一体矣。夫是之谓明明德于天下，是之谓家齐国治而天下平，是之谓尽性。"①儒家在追求修身养性的根本时，正是以所谓"君臣也，夫妇也，朋友也，以至于山川鬼神鸟兽草木也，莫不实有以亲之，以达吾一体之仁，然后吾之明德始无不明，而真能以天地万物为一体"为一体同仁的追求，因此，社会主义核心价值观以友善为概要，实际上很深刻、很全面地反映了传统美德的内涵，是传统美德言简意赅的最高表达。

（二）社会主义核心价值观是传统美德家国天下情怀的最高表达

　　社会主义核心价值观在个人层面的价值要求即"爱国、敬业、诚信、友善"的基础上，进一步往前推进到社会层面的"自由、平等、公正、法治"的价值追求以及国家层面的"富强、民主、文明、和谐"的价值追求。对社会主义核心价值观中的社会层面和国家层面的价值追求，同样是中华民族优秀传统文化及其传统美德的优良传统，是深深注入中华民族的民族文化血脉基因里面的根本价值和社会基础。身家国天下与修齐治平，历来是中华民族最根本的世道人心与人世之本，这应该是中华民族更根本的民族价值逻辑和理路，可以说，再也找不出另外的逻辑和理路以代替这一根本之道。因此，社会主义核心价值观提出社会层面和国家层面的价值追求，绝不是空穴来风，其本质上立足于中华民族优秀传统文化及其传统美德的深厚沃土之中，是中华民族最根本的民族性格，是中华民族最原始的安身立命之本。只

---

① 〔明〕王阳明：《王阳明全集（新编本）》，吴光等编校，第1016页。

不过，社会主义核心价值观以更加简要和凝练的语言作了更加概括的表达，同时与时俱进地注入了新的元素而已。

对中华民族优秀传统文化及其传统美德，即便人常常认为消极无为的道家，也并非真正的消极无为，而是主张真正意义上的有为和作为，是基于真诚友善和诚信为本的作为，反对世道人心的不善作为和虚假作为。在道家看来，家国天下也不可以不讲。通过《老子》一书可以看出，老子谓："大道废，有仁义；智慧出，有大伪；六亲不和，有孝慈；国家昏乱，有忠臣。"（《老子》第十八章）老子批判虚假的忠信孝慈，呼唤真正的仁义忠孝，呼唤国家的忠臣。在老子看来，应该成为真正的为国为民的忠臣和道德之人，正所谓："上德不德，是以有德；下德不失德，是以无德。上德无为而无以为；下德无为而有以为。上仁为之而无以为；上义为之而有以为。上礼为之而莫之应，则攘臂而扔之。故失道而后德，失德而后仁，失仁而后义，失义而后礼。夫礼者，忠信之薄，而乱之首。前识者，道之华，而愚之始。是以大丈夫处其厚，不居其薄；处其实，不居其华。故去彼取此。"（《老子》第三十八章）老子强调去华取实、扎扎实实地进德修业、志道据德，为人世的健康良善发展做出自己应有的贡献。因此，老子也不忘却那一份中华民族共有的家国天下情怀，所以，老子强调指出："修之于身，其德乃真；修之于家，其德乃余；修之于乡，其德乃长；修之于邦，其德乃丰；修之于天下，其德乃普。故以身观身，以家观家，以乡观乡，以邦观邦，以天下观天下。吾何以知天下然哉？以此。"（《老子》第五十四章）老子认为，要实实在在地修养道德上身，从而推之于家、推之于乡，进而推之于邦国，甚至推之于普天之下，这才是大丈夫应有的作为，这也是身家国天下的本根，即基于真正的友善和道德，为家国天下分忧，为天下修齐治平的千秋大业做贡献。

在道家的庄子看来，也应该修养真正的道德，从而为身家国天下和修齐治平的德业做准备，而不能夸夸其谈，自以为是，自我标榜。因此，"庄子见鲁哀公，哀公曰：'鲁多儒士，少为先生方者。'庄子曰：'鲁少儒。'哀公曰：'举鲁国而儒服，何谓少乎？'庄子曰：'周闻之：儒者冠圜冠者知天时，履句屦者知地形，缓佩玦者事至而断。君子有其道者，未必为其服也；为其服者，未必知其道也。公固以为不然，何不号于国中曰："无此道而为此服者，其罪死！"'于是哀公号之五日，而鲁国无敢儒服者。独有一丈夫，儒服而立乎公门。公即召而问以国事，千转万变而不穷。庄子曰：'以鲁国而儒者一人耳，可谓多乎？'"（《庄子·田方子》）庄子意在说明，真正以德为本，以身家国天下的修齐治平大业为本的人，并不是所有人都可以自诩为己任的，甚至不乏虚假者，庄子召唤的是真正的儒者！只有儒者从来以身家国天下为己任，才会将自己的生命价值与国家天下的存在价值紧密相连，乃至于融为一体。所以，正所谓天下兴亡匹夫有责，而绝不能打着国家天下的旗号，行一己之私的目的。这与儒家实际上在根本上是一致的。因为庄子是在呼唤更多的真儒出世。所以，正如老子所说："信言不美，美言不信。善者不辩，辩者不善。知者不博，博者不知。圣人不积，既以为人己愈有，既以与人己愈多。天之道，利而不害。圣人之道，为而不争。"（《老子》第八十一章）圣人是不以一己之私为目的的，正所谓天下为公，只有天下人的幸福多起来了，自己的幸福才会真正地稳健和增加，否则，不可能真正地独善其身。而且，道家效法天道的"利而不害"，因此，其对天下国家，奉行"为而不争"之道，只知道作为，只问耕耘，不问自己的私利。这样的家国天下情怀，当然不是消极无为的，而是最积极、最正派、感天动地的伟大价值追求。因此，它是社会主义核心价值观最丰厚的滋养，而社会主义核心价值观是其最精练的表达，其内在是一以贯之的身家国天下的修齐治平的伟大情怀和价值观照。

正如《礼记·大学》时刻不忘的："古之欲明明德于天下者，先治其国；欲治其国者，先齐其家；欲齐其家者，先修其身；欲修其身者，先正其心；欲正其心者，先诚其意；欲诚其意者，先致其知。致知在格物。物格而后知至，知至而后意诚，意诚而后心正，心正而后身修，身修而后家齐，家齐而后国治，国治而后天下平。自天子以至于庶人，壹是皆以修身为本。"这样的一份身家国天下的伟大而真诚的情怀，始终不离中华民族的安身立命之道。亦正如《礼记·中庸》所说："凡为天下国家有九经，曰：修身也，尊贤也，亲亲也，敬大臣也，体群臣也，子庶民也，来百工也，柔远人也，怀诸侯也。修身，则道立；尊贤，则不惑；亲亲，则诸父昆弟不怨；敬大臣，则不眩；体群臣，则士之报礼重；子庶民，则百姓劝；来百工，则财用足；柔远人，则四方归之；怀诸侯，则天下畏之。"儒家的起心动念始终不忘怀"天下国家"，始终以天下国家为自己的生命存在与价值实现的最根本使命，离开天下国家，便没有了自己的所谓真正的终极性的存在价值。所以，《礼记·中庸》最后也不忘强调："唯天下至诚，为能经纶天下之大经，立天下之大本，知天地之化育。夫焉有所倚？肫肫其仁，渊渊其渊，浩浩其天。苟不固聪明圣知达天德者，其孰能知之？"儒家处处不离天下，也处处不离至诚德善，这在社会主义核心价值观中得到了淋漓尽致的提炼和升华表达。总之，对社会主义核心价值观中的社会层面和国家层面，传统美德虽然没有那么明确地表达出许多现代性的意思，但传统美德本身蕴含着相应的价值内涵，而通过社会主义核心价值观则实现了新的升华。综上所述，传统美德是社会主义核心价值观最根本的民族精神文化与道德价值的滋养，是社会主义核心价值观的源头沃土，而社会主义核心价值观则是传统美德的最高体现和最集中表达。在当代，应该在社会主义核心价值观的规范和引领下，谱写中华民族身家国天下与修齐治平的永恒追求的新辉煌，为中华民族伟大复兴中国梦而更好地凝精聚力、团结奋斗，在更深沉、更根本和更源流的层面凝聚中国精神，涵养中国气派，开显中国智慧，实现中国鼎新强盛。